매산집

이 책은 2014·2015년도 정부(교육부)의 재원으로 한국고전번역원의 지원을 받아
수행된 '권역별거점연구소협동번역사업'의 결과물임.

This work was supported by Institute for the Translation of Korean Classics-Grant funded by the Korean Government.

한국고전번역원 한국문집번역총서/성신여자대학교 고전연구소·(사)해동경사연구소

매산집 7

梅山集

홍직필 지음
洪直弼

이정은
신상후
김성은 옮김

일러두기

1. 이 책의 번역 대본은 한국고전번역원에서 간행한 한국문집총간 295·296집에 실린 《매산집(梅山集)》으로 하였다. 번역 대본의 원문 텍스트와 원문 이미지는 한국고전종합DB(http://db.itkc.or.kr)에서 확인할 수 있다.
2. 내용이 간단한 역주는 간주(間註)로, 긴 역주는 각주(脚註)로 처리하였다.
3. 한자는 필요한 경우 이해를 돕기 위하여 넣었으며, 운문(韻文)은 원문을 병기하였다.
4. 맞춤법과 띄어쓰기는 한글 맞춤법과 표준어 규정을 따랐다.
5. 이 책에서 사용한 부호는 다음과 같다.
   ( ) : 번역문과 음이 같은 한자를 묶는다.
   〔 〕 : 번역문과 뜻은 같으나 음이 다른 한자를 묶는다.
   " " : 대화 등의 인용문을 묶는다.
   ' ' : " " 안의 재인용 또는 강조 문구를 묶는다.
   「 」 : ' ' 안의 재인용을 묶는다.
   『 』 : 「 」 안의 재인용을 묶는다.
   《 》 : 책명 및 각주의 전거(典據)를 묶는다.
   〈 〉 : 책의 편명 및 운문·산문의 제목을 묶는다.

차례

매산집 제17권

서書

매산집 제18권

서書

매산집 제19권

서書

매산집

제17권

書서

서書

강문로[1] 주흠 에게 답함 무오년(1798, 정조22)

答姜文老 周欽○戊午

조부가 손자의 관례(冠禮)를 주관하게 되면 사당에 고유할 적에 마땅히 '모(某)의 아들 모(某)의 아들 모(某)'라고 해야 합니다.

빈(賓)[2]이 없는 관례(冠禮)는 없는 이상 계빈(戒賓)[3]과 숙빈(宿賓)[4] 등의 절차를 어찌 거행하지 않을 수 있겠습니까. 초례(醮禮)[5]를 행하

1 강문로(姜文老) : 강주흠(姜周欽, ?~?)으로, 자는 문로이며, 자세한 인물정보는 미상이다.

2 빈(賓) : 관례(冠禮) 때에 예를 주관하여 행하는 자를 이른다.

3 계빈(戒賓) : 계(戒)는 '경계함〔警〕', '고함〔告〕'의 뜻으로, 관례(冠禮)를 치르는 집의 주인이 자신의 가까운 벗에게 가서 빈(賓)이 되어줄 것을 고하여 오게 하는 절차이다. 《儀禮 士冠禮》

4 숙빈(宿賓) : 숙(宿)은 '나아감〔進〕'의 뜻으로, 관례 하루 전에 주인이 자제를 보내어 빈(賓)에게 나아가게 해서 관례 당일에 꼭 와야 함을 알리는 절차이다. 《儀禮 士冠禮》

5 초례(醮禮) : 관례(冠禮)의 한 절차로, 세 번 관(冠)을 씌우는 절차인 삼가례(三加禮)를 마친 뒤에 빈(賓)이 관례를 올리는 자에게 술을 따라주는 것이다.

고 자(字)를 지어주는 것은 차례대로 행하는 일이니, 이것이 어찌 그만둘 수 있는 것이겠습니까. 빈(賓)에게 예우하여 배사(拜謝)하는 절차는 바로 관례를 끝맺는 부분이니, 더더욱 빠뜨려서는 안 됩니다.

강문로[6]에게 답함 무진년(1808, 순조8) 2월

答姜文老 戊辰二月

존숙부(尊叔父)의 상기(常期)[7]가 어느새 임박하였으니, 남들보다 한 층 더한 좌하(座下)의 효심으로 볼 때, 짐작컨대 스스로 마음을 달래지 못하고 계실 것입니다. 이를 생각하면 목이 멥니다.

지금 좌하께서는 병이 아닌 병[8]이 극심합니다. 수수(滫瀡)의 봉양[9]도 못하고 쌀독에도 쌓아둔 곡식이 없으니, 비록 원망하고 한탄하지는 않겠지만 생계는 어떻게 꾸려가겠습니까. 계책을 세워보려고 해도 막

6 강문로(姜文老) : 강주흠(姜周欽, ?~?)으로, 자는 문로이며, 자세한 인물정보는 미상이다.

7 상기(常期) : 소상(小祥)을 이른다. 소상의 축문(祝文)에 '이 상사를 올린다.〔薦此常事〕'라는 말이 있는 데에서 이렇게 일컫는 것이다.

8 병이 아닌 병 : 가난을 가리키는 말이다. 공자(孔子)의 제자 원헌(原憲)이 노(魯)나라에서 몹시 곤궁하게 지낼 적에 자공(子貢)이 화려한 수레를 타고 방문하여 말하기를, "아, 선생은 어찌하여 이렇게 병들어 지내십니까?〔嘻! 先生何病?〕"라고 하자, 원헌이 대답하기를, "내가 듣건대, 재물이 없는 것을 가난하다고 하고 배우고도 그대로 실천하지 못하는 것을 병들었다고 한다고 하오. 지금 나는 가난한 것이지 병든 것이 아니라오.〔憲聞之, 無財謂之貧, 學而不能行謂之病. 今憲貧也, 非病也.〕"라고 하니, 자공이 한 발 물러서며 부끄러워했던 고사에서 나온 말이다.《莊子 讓王》

9 수수(滫瀡)의 봉양 : 부드럽고 맛있는 음식으로 부모를 봉양하는 것이다. '수수'는 전분을 음식에 섞어 부드럽게 만드는 조리법의 일종으로,《예기(禮記)》〈내칙(內則)〉에서 부모를 음식으로 봉양하는 방법을 말하면서 "근(堇), 환(荁), 분유(枌榆)의 날것과 말린 것을 잘 조리하여 부드럽게 하고 기름진 것으로 맛있게 한다.〔堇、荁、枌榆免薧, 滫瀡以滑之, 脂膏以膏之.〕"라고 하였다.

막하여 어떻게 도모해야 할지를 알지 못할 것입니다. 그러나 이미 이것이 떳떳한 일임을 알았다면 응당 그 지조를 바꾸지 아니하여 지키는 바를 온전히 해야 할 것입니다. 좌하의 훌륭한 기질과 독실한 행의(行義)는 동시대의 사람들을 하나하나 꼽아보아도 짝할 만한 이가 드뭅니다. 이 때문에 저는 좌하께서 도(道)를 듣고 덕(德)을 이루어서 오당(吾黨)의 광영이 되기를 항상 원하였습니다. 저의 구구한 이 바람은 밤낮으로 늘 잊지 못하는 것이지만, 제때에 좌하의 급박한 사정을 도와주지 못하여 헐벗고 굶주리도록 내버려두어 강학(講學)하는 데에 전심치지할 수 없게 하니, 이러한 친구를 장차 어디에 쓰겠습니까. 부끄러운 마음이 망극합니다. 그러나 좌하가 축빈(逐貧)[10]하거나 송궁(送窮)[11]하는 것은 원하지 않고 오직 금석(金石)과 같은 소리로 독서하면서 끝내 그 즐거움을 바꾸지 않기를 원합니다.

병환은 나아지고 있습니까? 사청환(瀉淸丸) 열 개와 우황(牛黃) 두 개를 삼가 구하여 보내드리니, 부디 시력을 회복하는 데에 도움이 되기를 바랍니다. 의심나는 예(禮)에 대한 답변은 별폭(別幅)에 기록하였으니, 바라건대 이에 대하여 다시 가르침을 주시고 슬픈 마음을 절제하여 예를 다하시길 바랍니다.

좌하께서는 본생가(本生家)의 후사가 끊어지는 것을 안타깝게 여기고

10 축빈(逐貧) : '가난함을 내쫓는다'는 뜻으로, 한(漢)나라 때의 문장가 양웅(揚雄)이 일찍이 〈축빈부(逐貧賦)〉를 지은 일이 있다.

11 송궁(送窮) : '곤궁함을 몰아낸다'는 뜻으로, 당(唐)나라 때의 문장가 한유(韓愈)가 일찍이 자신을 괴롭히는 다섯 궁귀(窮鬼), 즉 지궁(智窮), 학궁(學窮), 문궁(文窮), 명궁(命窮), 교궁(交窮)을 몰아낸다는 내용의 〈송궁문(送窮文)〉을 지은 일이 있다.

본생부모의 영좌(靈座)를 중간에 철거하는 것을 애통하게 여겨서 그 궤연(几筵)을 모시고 삼년상을 마치기를 원하시니, 지극한 사랑이 발로함에 저로 하여금 슬픈 감회가 들게 합니다. 이른바 삼년상을 마친다는 것은 상복의 등급을 더 높이는 것이 아닙니다. 기년(期年)에 복을 벗되 상식(上食)만큼은 재기(再期 대상(大祥))까지 폐하지 아니하여 낳아 길러주신 은혜에 보답하려는 것이니, 그 심정이 매우 애처롭습니다. 이 때문에 춘옹(春翁 송준길(宋浚吉))의 설(說)을 인용하여 좌하의 슬픈 마음을 해소할 수 있는 방법을 말씀드리지만, 이것이 반드시 행할 만하다는 것은 아닙니다. 만약 예에 맞지 않는다고 하여 행하지 않겠다면 정도(正道)를 지켜야 할 것입니다. 슬픈 마음은 끝이 없지만 분수에는 한계가 있으니, 끝내 바른 예(禮)에 맞게 기년에 궤연을 철거하는 것만은 못합니다.

존숙부(尊叔父)의 신주를 기년(期年)에 사당에 들여 부묘(祔廟)하고 다시 담제(禫祭)를 지내지 않는다면 존숙모(尊叔母)의 신주를 다시 쓰는 일은 굳이 재기(再期)를 기다릴 필요가 없습니다. 아우의 상중에 시제(時祭)를 폐하는 의리가 없다면, 상이 끝났다고 하여 별도로 길제(吉祭)를 행해서는 안 되고 마땅히 시제를 기다려서 신주를 다시 쓰고 합독(合櫝)하여 부식(祔食)해야 할 것입니다. 만약 시제를 행할 수가 없으면 삭참(朔參)을 통해 고유하고 행하는 것이 또한 마땅합니다. 제수(弟嫂)의 기제(忌祭) 축문은 다음과 같이 말해야 합니다.

"부형(夫兄) 모(某)는 죽은 제수 모봉(某封) 모씨(某氏)에게 밝게 고합니다. 세서(歲序)가 변하고 바뀌어 기일(忌日)이 다시 돌아오니 슬픈 마음을 견딜 수가 없습니다. 자이운운(玆以云云)"이라고 하는 것이 옳을 것입니다.

강문로[12]에게 답함 을해년(1815, 순조15) 2월

答姜文老 乙亥二月

지금 국가와 개인의 곳간이 모두 텅 비어서 백성들이 곡식은 먹지 못하고 오직 소나무를 먹는 길만이 열려 있을 뿐입니다. 영남(嶺南) 사람들은 소나무 껍질을 벗기고 칡뿌리를 캐서 먹으며 연명하고 있으나 힘을 들이지 않으면 이 또한 얻을 수가 없습니다. 쉽게 얻을 수 있으면서도 구황(救荒)이 가능한 것은 바로 솔잎입니다. 가친께서는 솔잎 가루를 만들어서 굶주린 백성들에게 나누어 주고 이를 따라서 행하도록 하였으니, 아마도 이 방법대로 하면 도움을 얻을 수 있을 것입니다. 숙종조에 큰 흉년이 들자 외재(畏齋) 이공(李公 이단하(李端夏))이 이 방법을 팔도에 반포하여 시행할 것을 청하였습니다. 또 삼연(三淵 김창흡(金昌翕))이 화악산(華嶽山)에 거처할 때에 또한 솔잎을 먹으면서 말씀하기를, "채소를 먹는 것보다 낫다"고 하였고, 심지어는 "십여 두(斗)의 콩을 모아서 일 석(石)의 솔잎과 섞어 요기한다면, 삼순구식하는 곡식보다야 낫지 않겠는가."라고 하면서 이 정사를 시행하지 못함을 몹시 탄식하였습니다. 선배들이 이것에 대하여 어찌 공연히 그러셨겠습니까. 좌하(座下)의 오늘날 사정을 위하여 계책을 세워보건대, 솔잎을 얻어서 반달의 양식으로 삼는 것이 제일 나을 듯하니, 이를 도모하실 수 있겠습니까? 그러나 솔잎은 본래 채취를 금하고

12 강문로(姜文老) : 강주흠(姜周欽, ?~?)으로, 자는 문로이며, 자세한 인물정보는 미상이다.

콩 역시 얻기가 어려우니 또한 쉽게 마련하지 못할 듯합니다. 이것이 염려됩니다.

강문로[13]에게 줌 무인년(1818, 순조18) 10월

與姜文老 戊寅陽月

요즘의 여정은 어디에 머물고 계십니까? 또 기체(氣體)에 별 탈은 없으십니까? 만 리 모래바람의 고통을 무릅쓰고서 비린내 나는 이국의 땅을 밟는 것은 안목이 국한되었다고 여겨서 이를 넓히려고 생각하는 것이 아닙니까? 이미 그 안목을 넓힐 것을 생각했다면 마땅히 그 마음을 넓힐 것을 생각해야 하니, 그 마음을 넓히는 것은 본래 견문(見聞)의 밖에 있습니다. 변발(辮髮)하지 않은 유자(儒者)와 종유하시고 이어서 〈심적편(審敵篇)〉[14]을 지어 보내주시기를 바랍니다.

예사의 헤어짐에도 응당 노자를 쥐어드려야 하는데, 하물며 국경을 넘어가는 여행과 일 년이 넘는 이별에 어찌 일언반구의 인사도 없이 보낼 수 있겠습니까. 이에 전송하는 서문(序文)을 삼가 써서 올리니, 감히 스스로를 인한 자가 글을 주어 전송하는 것[15]에 견주는 것은 아닙

13 강문로(姜文老) : 강주흠(姜周欽, ?~?)으로, 자는 문로이며, 자세한 인물정보는 미상이다.

14 심적편(審敵篇) : 적(敵)의 상황을 분석하여 논하는 글로, 송(宋)나라 문장가 소순(蘇洵)이 흉노(匈奴)가 중국을 압제하는 행태를 논하여 〈심적론(審敵論)〉이라는 글을 지은 일이 있다.

15 인한……것 : 공자(孔子)가 주(周)나라에 가서 노자(老子)에게 예(禮)를 묻고 떠나려 할 때 노자가 공자를 전송하면서 이르기를, "내가 들으니, 부귀한 자는 재물을 주어 남을 전송하고 인한 자는 글을 주어 남을 전송한다고 하였소. 나는 부귀하지 못한 자이니, 인한 자의 호칭을 훔쳐서 글을 주어 그대를 전송하오.〔吾聞富貴者送人以財, 仁人者送人以言. 吾不能富貴, 竊仁人之號, 送子以言.〕"라고 한 고사가 있다. 《史記 卷

니다. 이 편지와 함께 읽어 보신 즉시 없애버리시고 압록강(鴨綠江)을 한 걸음도 넘어가게 하지 마십시오. 청심환(淸心丸) 두 개를 함께 보내드리니, 이는 노자로 드리는 것이 아니라 다만 그 이름을 사랑하여 서로 권면하는 바탕으로 삼으려는 것입니다. 그러니 두지(杜摯)의 한 환약[16]으로 보지 않는 것이 어떻겠습니까?

좌하께서는 평생 동안 《논어(論語)》 한 책을 읽어서, 말이 성실하고 믿음직스러우며 행실이 독실하고 공경스러운 경지에 종사하였으니, 만맥(蠻貊)에서 뜻이 행해지는 데에 무슨 어려움이 있겠습니까.[17] 이는 권면할 필요가 없을 것입니다. 다만 매번 허창해(許滄海)[18]의 시(詩)

47 孔子世家》

16 두지(杜摯)의 한 환약 : 두지는 삼국시대 때에 위(魏)나라에서 벼슬한 사람으로, 교서(校書)에 보임된 채 오랫동안 승진하지 못하고 있었는데, 동향 사람인 관구 검(毌丘儉)이 조신(朝臣)이 되자 그에게 도움을 청하기 위하여 시 한 수와 함께 선약(仙藥) 한 환(丸)을 구해 보낸 일이 있다. 《文章叙錄》

17 좌하께서는……있겠습니까 : 《논어(論語)》 〈위령공(衛靈公)〉에서 자장(子張)이 뜻이 행해짐에 대하여 물었는데, 공자(孔子)가 답하기를, "말이 성실하고 믿음직스러우며 행실이 독실하고 공경스러우면 만맥의 나라에 있다고 하더라도 뜻이 행해질 수 있거니와, 말이 성실하고 믿음직스럽지 못하며 행실이 독실하고 공경스럽지 못하면 자신의 향리에 있다고 한들 뜻이 행해질 수 있겠는가.〔言忠信, 行篤敬, 雖蠻貊之邦, 行矣. 言不忠信, 行不篤敬, 雖州里, 行乎哉?〕"라고 하였다. 이를 원용하여 말한 것이다.

18 허창해(許滄海) : 허격(許格, 1607~1690)으로, 자는 춘장(春長), 호는 창해·숭정처사(崇禎處士)·대명처사(大明處士), 본관은 양천(陽川)이다. 동악(東岳) 이안눌(李安訥)의 문하에서 수학하였고, 1623년(인조1) 별시(別試)에서 발해(發解)하였다. 1636년에 병자호란(丙子胡亂)이 일어나자 의병을 일으키려고 하였으나 인조가 남한산성(南漢山城)에서 청(淸)나라에 항복했다는 소식을 듣고는 과거공부를 그만두고 단양(丹陽)의 둔산(遯山)으로 들어가 은거하였다. 《매산집(梅山集)》 권29에 홍직필(洪直弼)이 지은 《창해시집(滄海詩集)》의 발문(跋文)이 실려 있다.

가운데 "세속의 밖에 산이 있어서 나는 이미 은둔하였는데, 인간 세상에 황제가 없거늘 그대는 누구에게 조회 가는가.〔世外有山吾已隱 人間無帝子誰朝〕"라는 구절을 읊고는 수차례 탄식하였으니, 짐작컨대 응당 이러한 심사는 똑같을 것입니다.

강문로[19]에게 답함 임오년(1822, 순조22) 12월

答姜文老 壬午臘月

겨울 날씨가 따뜻하고 추운 것이 일정하지 않은데, 여행 중의 동정이 신명의 도움으로 편안하시군요. 향악(香岳 묘향산(妙香山))에 올라 옷에 붙은 세속의 먼지를 털어내셨다고 하니, 저의 정신과 운치가 용솟음칩니다. 이 산은 봉우리가 높지 못하고 골짜기도 좁아서 풍악(楓嶽 금강산)과 웅장함을 다툴 수 없으나, 다만 용호(龍虎)가 감싸고 금벽(金碧)이 휘황찬란한 것이 장관이며 또 상원암(上院菴)의 세 폭포와 금선(金仙)·법왕(法王)의 두 암자가 아득하게 기이하고 그윽하여 풍악의 상품(上品)에 해당된다고 하였습니다.[20] 참으로 예전에 들은 이 말과 부

19 강문로(姜文老) : 강주흠(姜周欽, ?~?)으로, 자는 문로이며, 자세한 인물정보는 미상이다.

20 이 산은……하였습니다 : 이 말은 김창흡(金昌翕)이 둘째 형 김창협(金昌協)에게 보낸 편지에 보이는데, 그 편지에 다음과 같이 말하였다. "말씀하신 향산의 유람기를 짓는 일은 마음에 두지 않은 것은 아니지만 끝내 완성하지 못하였으니, 완성한 후에 응당 보여드리겠습니다. 이 산에 대해 대략 말하자면, 봉우리가 높지 않은 것은 본래 일찍이 예상했던 바이나 다만 골짜기가 좁아서 산책할 곳이 없고 우뚝 솟은 곳이 전혀 없는 것이 의아했으니, 이러한데도 도리어 금강산과 더불어 승경을 다투는 까닭을 알지 못하겠습니다. 이른바 용호가 감싸고 금벽이 휘황찬란하다는 사실만큼은 정말 그러했습니다. 상원암의 세 폭포와 금선·법왕 두 암자는 아득하게 기이하고 그윽하여 금강산에 있어서도 상품에 해당될 만하였습니다. 이것이 아마도 승경으로 이름난 이유일 것입니다.〔所教香山記勝事, 非不留意, 而卒卒未成篇, 俟成當呈覽也. 其山大略, 峰巒之欠峭發, 固嘗揣料之矣, 獨怪其洞壑窄陋, 無可散策處, 融峙都闕, 而却能與金剛競爽者, 未知其由. 所謂龍虎控抱、金碧焜燿之實, 則信有之矣. 上院三瀑, 金、法二菴, 其縹緲奇

합합니까? 이곳에서 지으신 작품은 또 어떠합니까? 약산(藥山)의 동대(東臺)에는 여러 번 올라 구경하셨습니까? 멀리서 생각건대, 눈 덮인 산이 시야에 가득하고 요동(遼東)의 들판이 종횡으로 펼쳐짐에 검을 세우고 슬피 노래해도 다하지 않는 감회가 있어 큰 술잔을 기울여 흉중의 울결한 마음을 말끔히 씻어내지는 않았습니까? 금낭(錦囊)[21]을 열어 운장(雲章)[22]을 펼쳐 보면서 와유(臥遊)[23]하는 자료로 삼지 못하는 것이 한스럽습니다.

보내주신 편지에, 처음 태어났을 때의 상태를 그대로 따라 선(善)의 단서가 일어나는 것을 확충해서 옛것을 고치고 새로운 것을 따르는 계책으로 삼는다고 하셨습니다. 이를 통하여, 서리가 내리고 물이 마르는 고난 속에서 생각이 절로 진실해져서 찬란한 천리(天理)가 가슴속에 충만함을 볼 수 있으니, 이 때문에 찬탄합니다. 좌하께서는 타고난 자품이 도(道)에 가깝고 또한 풍부하게 독서하여 일상의 생활에

奧, 在金剛可居上品. 此其擅勝之所在者耶?〕" 《三淵集 卷17 上仲氏》

21 금낭(錦囊) : 시문(詩文)을 넣는 비단 주머니이다. 당(唐)나라 때 시인 이하(李賀)가 명승지를 유람할 때마다 종 해노(奚奴)에게 비단 주머니를 가지고 따라다니게 하면서 자신이 지은 시를 그 속에 넣었던 고사가 있다. 《新唐書 卷203 文藝列傳下 李賀》

22 운장(雲章) : 《시경(詩經)》 〈대아(大雅) 역복(棫樸)〉에 "높고도 넓은 은하수여, 하늘에 아름다운 문장이 되었도다.〔倬彼雲漢, 爲章于天.〕"라고 한 데에서 유래하여 흔히 제왕(帝王)이 지은 문장을 가리키는데, 여기에서는 훌륭한 시문의 뜻으로 쓰였다.

23 와유(臥遊) : 명승지를 묘사한 시문이나 산수화를 방안에 걸어두고 누워서 이를 감상하며 유람을 대신하는 것을 말한다. 남조(南朝) 송(宋)나라 때의 은자(隱者) 종병(宗炳)이 산수를 유람하러 다니기를 좋아하였는데, 노년에 병이 들어 유람을 하지 못하게 되자 그동안 다녔던 명승지의 경치를 그림으로 그려 방안에 걸어두고는 누워서 감상했던 고사가 있다. 《宋書 卷93 宗炳列傳》

자연히 잘못이 적으니, 한 번씩 만나 담소할 때마다 저의 비루하고 인색한 마음이 사라지는 듯하였습니다. 이러한 점은 동시대의 사람들을 하나하나 헤아려 보아도 견줄 만한 이가 드뭅니다. 다만 곤궁함과 굶주림에 못 이겨 자신의 지조를 지키지 못해서 이렇게 시종 치욕스럽다는 한탄을 하게 되었으니, "큰 조화가 사람을 몰아서 동서로 떠돌게 하네.〔大化驅人西復東〕"라는 시구를 읊조릴 때마다 서글픈 마음이 진동합니다. 만약 좌하께서 성곽 밖의 토지 열 묘(畝)만 가지고 있다면 또한 응당 스스로 단표(簞瓢)[24]를 즐기며 자신의 절개를 보존할 수 있었을 것이니, 어쩌다 평소에 숭상하던 것을 무너뜨림이 마침내 이러한 지경에 이르렀단 말입니까.

그러나 좌하께서는 살아갈 길이 이미 곤궁하여 당장 구학(溝壑)에 버려지게 되었는데 자력으로 끼니를 해결할 수가 없으니, 오직 남에게 의지해서 살아가야 할 뿐입니다. 옷깃을 떨치고 장검(長劍)으로 노래하는 것[25]이 어찌 호쾌하지 않겠습니까. 그러나 향후의 일이 더욱

24 단표(簞瓢) : '단사표음(簞食瓢飮)', 즉 대그릇에 담긴 밥과 표주박에 담긴 물이라는 뜻으로, 청빈하게 생활하며 도(道)를 즐거워함을 뜻한다. 《논어(論語)》 〈옹야(雍也)〉에서 공자(孔子)가 제자 안회(顔回)를 칭찬하며 말하기를, "어질도다, 안회여! 한 대그릇의 밥을 먹고 한 표주박의 물을 마시며 누추한 시골에 사는 것을 사람들은 근심하며 견디지 못하는데, 안회는 그 즐거움을 바꾸지 않으니, 어질도다, 안회여!〔賢哉! 回也. 一簞食, 一瓢飮, 在陋巷, 人不堪其憂, 回也, 不改其樂. 賢哉! 回也.〕"라고 하였다.

25 옷깃을……것 : 전국(戰國) 시대 제(齊)나라 때에 맹상군(孟嘗君)의 식객인 풍훤(馮諼)이 맹상군의 대접에 불만을 품고는 장검(長劍)에 기탁하여 노래를 부르며 뜻을 표현하자, 맹상군이 몇 번이나 그 욕구를 충족시켜 주었다는 고사가 있다. 《戰國策 齊策》

막막하니, 멀리 내다보며 염려하지 않으면 안 될 것입니다. 가장 좋은 것은 의(義)로써 명(命)에 대처하는 것이고, 그 다음은 의(義)로써 명(命)을 편안하게 여기는 것이니, 반연(班掾 반고(班固))이 말한 "신(神)이 사람보다 앞서서 명(命)을 정하고, 명(命)은 행실에 따라 소장(消長)한다."라는 것이 또한 이러한 뜻입니다. 무릇 인생은 순경(順境)에 처해서는 지나가기가 쉽고 역경(逆境)에 처해서는 지나가기가 어렵습니다. 어려운 역경에 처해 있으면서도 쉬운 순경처럼 여겨야 비로소 군자가 수양한 바를 볼 수 있으니, 이것이 고명(高明)에게 바라는 점입니다.

강문로[26]에게 답함 병술년(1826, 순조26) 4월

答姜文老 丙戌四月

같은 집에서 살 경우에는 비록 신하나 첩이 죽었다고 하더라도 그를 장사한 뒤에 제사를 지내야 합니다.[27] 지금 계집종의 상상(殤喪)[28]은 이미 시신을 내어 장사하였으니, 내어 장사한 날로 기일(忌日)까지가 나흘이 됩니다. 그렇다면 그 중간의 날짜가 《상례비요(喪禮備要)》에서 말한 "제사 지내기 하루 전에 재계한다."[29]라는 기한과 《격몽요결(擊蒙要訣)》에서 말한 "산재(散齋)를 이틀 동안 하고 치재(致齋)를 하루 동안 한다."[30]라는 기한을 채울 수가 있으니, 본래의 기일(忌日)

26 강문로(姜文老) : 강주흠(姜周欽, ?~?)으로, 자는 문로이며, 자세한 인물정보는 미상이다.

27 같은……합니다 : 이는 《예기(禮記)》 〈잡기(雜記)〉에 보이는 내용으로, "부모의 상중에 장차 제사를 지내려고 하는데 형제가 또 죽었을 경우에는 형제를 빈(殯)한 뒤에 제사를 지낸다. 만약 같은 집에서 살 경우에는 비록 신하나 첩이 죽었다고 하더라도 그를 장사한 뒤에 제사를 지낸다.〔父母之喪, 將祭, 而昆弟死, 旣殯而祭. 如同宮, 則雖臣妾, 葬而后祭.〕"라고 하였다.

28 상상(殤喪) : 8세부터 19세 사이에 죽은 경우를 말한다. 19세부터 16세까지를 장상(長殤), 15세부터 12세까지를 중상(中殤), 11세부터 8세까지를 하상(下殤)이라고 한다. 《儀禮 喪服》

29 제사……재계한다 : 이 말은 《상례비요(喪禮備要)》 〈기일(忌日)〉에 보인다.

30 산재(散齋)를……한다 : 이 말은 《격몽요결(擊蒙要訣)》 〈제례장(祭禮章)〉에 보이는데, "시제(時祭)에는 산재(散齋)를 나흘 동안 하고 치재(致齋)를 사흘 동안 하며 기제(忌祭)에는 산재를 이틀 동안 하고 치재를 하루 동안 하며 참례(參禮)에는 재숙(齋宿)을 하루 동안 한다.〔時祭, 則散齊四日, 致齊三日; 忌祭, 則散齊二日, 致齊一日;

에 제사하지 못할 의리가 없을 듯합니다. 정결하지 못함을 염려할 것이 없고 또 예(禮)의 뜻도 해치지 않으니, 제사를 그만두지 않는 것이 옳을 듯합니다. 세속의 이른바 "출산이 있으면 3일 뒤에, 초상이 있으면 7일 뒤에 제사한다."라는 것은 근거가 없는 말이니, 예가(禮家)가 상관하여 알 바가 아닙니다.

參禮, 則齊宿一日.〕"라고 하였다.

강문로[31]에게 답함 정해년(1827, 순조27) 12월
答姜文老 丁亥臘月

《주역(周易)》 공부는 연찬(硏鑽)을 그치지 않고 계십니까? 《주역》은 참으로 읽기 어렵지만 또한 아예 읽을 수 없는 책은 아닙니다. 고명(高明)과 같이 전문적으로 학문을 한 자는 응당 열 겹의 현관(玄關)[32]을 통과하여 네 분 성인(聖人)[33]의 심법(心法)에 말없이 계합하였을 것이니, 취함에 소종래(所從來)가 있고 미룸에 활용하는 바가 있는[34] 진전(眞詮)과 묘체(妙諦)를 듣길 원합니다.

비직(費直)이 〈단전(彖傳)〉과 〈상전(象傳)〉을 가지고 경문(經文)을 해석하여 괘사(卦辭)와 효사(爻辭)의 뒤에 묶어서 붙였는데, 정현(鄭玄)과 왕필(王弼)이 이것을 강령으로 삼아서 괘사와 효사의 아래에 나누어 붙이고 〈문언전(文言傳)〉을 추가하여 넣고서 처음으로 '단왈

31 강문로(姜文老) : 강주흠(姜周欽, ?~?)으로, 자는 문로이며, 자세한 인물정보는 미상이다.

32 현관(玄關) : 불교 용어로, 도(道)로 들어가는 법문(法門)을 말한다.

33 네 분 성인(聖人) : 처음으로 《주역(周易)》의 팔괘(八卦)를 그린 복희(伏羲), 육십사괘(六十四卦)를 그리고 괘사(卦辭)를 붙인 주(周)나라 문왕(文王), 효사(爻辭)를 지은 주공(周公), 상전(象傳)·단전(彖傳) 등의 십익(十翼)을 지은 공자(孔子)를 가리킨다.

34 취함에……있는 : 이는 《주역(周易)》을 설명한 말로, 주희(朱熹)의 《회암집(晦菴集)》 권67 〈역상설(易象說)〉에 보이는데, 이 글에 이르기를, "《주역》의 상(象)은 그 취함이 소종래가 있고 그 미룸이 활용하는 바가 있으니, 구차하게 말을 붙인 것이 아니다.〔易之有象, 其取之有所從, 其推之有所用, 非苟爲寓言也.〕"라고 하였다.

(彖曰)', '상왈(象曰)', '문언왈(文言曰)'이란 말을 더하여 경문과 구별하였습니다.[35] 회옹(晦翁 주희(朱熹))이 "여러 학자들에 의해 어지럽혀졌다."[36]라고 한 것은 바로 이를 말한 것입니다. 회옹이 또 말씀하기를, "조씨(鼂氏)가 처음으로 그 잘못을 바로잡았으나 고문(古文)에 완전히 부합하지는 못하였는데, 여씨(呂氏)가 또다시 바로잡아서 경(經) 2권과 전(傳) 10권으로 만들어 공씨(孔氏)의 옛 모습을 회복하였다."[37]라고 하였습니다. 그런데 지금 현행 《대전(大全)》[38] 본은 주자(朱子)와

35 비직(費直)이……구별하였습니다 : 이 내용은 《주역전의대전(周易傳義大全)》〈범례(凡例)〉 제1조에 보이는데, 정현(鄭玄)과 왕필(王弼)이 확립한 이 주역의 체제를 '금역(今易)'이라고 한다고 하였다.

36 여러……어지럽혀졌다 : 이 말은 주희(朱熹)가 지은 《주역본의(周易本義)》 권1 〈주역상경(周易上經)〉의 편제(篇題)에 보인다. 본래 《주역(周易)》은 복희씨(伏羲氏)가 만든 괘(卦)에 문왕(文王)·주공(周公)이 괘사(卦辭)와 효사(爻辭)를 단 것 상(上)·하(下) 2편과 공자(孔子)가 이에 대해 지은 전(傳)인 이른바 십익(十翼) 10편을 합하여 총 12편의 체재로 되어 있었는데, 이를 비직(費直), 정현(鄭玄), 왕필(王弼) 등의 학자가 바꾸어놓았음을 말한 것이다.

37 조씨(鼂氏)가……회복하였다 : 이 말 역시 주희(朱熹)가 지은 《주역본의(周易本義)》 권1 〈주역상경(周易上經)〉의 편제(篇題)에 보인다. '조씨(鼂氏)'와 '여씨(呂氏)'는 송대(宋代)의 학자인 조열지(晁說之)와 여조겸(呂祖謙)으로, 조열지는 《주역》의 고경(古經)을 고정(考訂)하여 바로잡아 8권으로 만들었고, 여조겸은 《주역》을 경(經) 2권과 전(傳) 10권으로 정하여 《고주역(古周易)》을 만들었다. 이를 정현(鄭玄)과 왕필(王弼) 등의 '금역(今易)'에 상대하여 '고역(古易)'이라고 한다. 공씨(孔氏)는 고문경학(古文經學)의 단초를 연 한대(漢代)의 학자 공안국(孔安國)으로, '공씨의 옛 모습'이란 고문 《주역》의 체재를 말한다.

38 대전(大全) : 명(明)나라 영락(永樂) 연간에 호광(胡廣) 등이 황명에 의해 편찬한 《주역전의대전(周易傳義大全)》으로, 정이(程頤)가 지은 《역전(易傳)》의 체재를 기본으로 하고 여기에 주희(朱熹)의 《본의(本義)》를 삽입하였다.

여씨가 고쳐 바로잡은 체재를 따르지 않고 비직과 왕필의 옛 체재를 그대로 인습하였으니 어째서입니까? 정자(程子 정이(程頤))는 옛 체재를 가지고 《역전(易傳)》을 지었고 주자는 새 체재를 따라 《본의(本義)》를 지었는데, 영락(永樂) 연간에 《대전》을 편집할 때에 정자의 《역전》을 기본으로 하였기 때문에 구별한 바가 없는 것입니까? 혹자는 말하기를, "상하의 〈계사전(繫辭傳)〉은 바로 자사자(子思子)가 지은 것이니 여기에 인용된 '자왈(子曰)' 두 글자로써 이것이 공성(孔聖 공자)의 수필(手筆)에서 나온 것이 아님을 알 수 있고, 또 비록 상하의 〈계사전〉이 아니더라도 또한 십익(十翼)의 수에 충당되기 때문이다." 라고 하였습니다. 알지 못하겠습니다만 당신의 훌륭한 견해는 어떠하십니까?

박계립[39] 명벽 에게 답함 병자년(1816, 순조16) 1월
答朴季立 命壁○丙子元月

부탁하신 용문(龍門)[40]의 《사기(史記)》 한 권을 삼가 이번에 보내드리니, 도착하면 잘 받아주시기를 바랍니다. 우뚝한 성묘(聖廟)의 곁과 엄숙한 횡당(黌堂)[41]의 위에서는 응당 경전(經傳)과 자서(子書 사서(四書))를 읽어야 하니, 또한 사마천(司馬遷)의 책을 어디에 쓰겠습니까. 사마천은 유협(游俠)을 높이고 유학(儒學)을 물리쳐서 심지어는 유학을 두고 "넓기만 하고 요점이 적으며 수고롭기만 하고 공이 없다."[42]라고 하였으니, 비록 공손홍(公孫弘)[43]의 무리에게 격발함이 있어서 이

39 박계립(朴季立) : 박명벽(朴命壁, 1773~1827)으로, 자는 계립, 호는 금호(錦湖)·습재(習齋), 본관은 영해(寧海)이다. 1803년(순조3)에 31세의 나이로 진사시에 합격하였고, 1816년에 처음으로 벼슬하여 의릉 참봉(義陵參奉)이 되었다. 그 외에 통례원 인의, 사헌부 감찰 등을 지냈다.

40 용문(龍門) : 중국 섬서성(陝西省) 한성현(韓城縣) 부근의 지명으로, 등용문(登龍門)의 고사로 유명한 곳인데, 《사기(史記)》를 지은 사마천(司馬遷)의 고향이 용문인 데에서 사마천을 지칭하게 되었다.

41 횡당(黌堂) : 학당이나 학교를 말하는데, 특히 향교(鄉校)를 지칭하는 말로 많이 쓰인다.

42 넓기만……없다 : 이 말은 《사기(史記)》 권130 〈태사공자서(太史公自序)〉에 보인다. 〈태사공자서〉에 사마천(司馬遷)의 부친인 사마담(司馬談)이 음양가(陰陽家)·유가(儒家)·묵가(墨家)·명가(名家)·법가(法家)·도가(道家) 등 육가(六家)의 요지(要旨)를 논한 글이 실려 있는데, 이 글에서 유가를 두고 이와 같이 말하였다.

43 공손홍(公孫弘) : 한(漢)나라 무제(武帝) 때의 사람으로, 대책(對策)으로 발탁되어 승상까지 지냈다. 평소 신하 된 자가 검소하지 않은 것을 큰 병통으로 여겨, 베

렇게 말한 것이나 또한 유문(儒門)의 죄인이라고 할 만합니다. 육가(六家)를 논할 적에는 유가(儒家)를 버리고 도가(道家)를 취하였고,[44] 화식(貨殖)을 서술할 적에는 이익을 우선하고 의리를 뒷전에 두었습니다.[45] 그리고 임협(任俠)의 전(傳)을 지으면서는 성인(聖人)을 간사하다고 증명해내었습니다. 보내주신 편지에서 사마천의 참된 죄상을 거의 남김없이 다 드러내셨으니, 제 마음이 통쾌합니다. 이는 유술(儒術)을 제대로 알지 못했기 때문에 유가를 육가의 하나로 둔 것이니, 진실로 식견이 적은 것인데, 우뚝하게 부자(夫子 공자(孔子))의 산술(刪述)로서 자처하였으니, 또한 자기 분수를 헤아리지 못함을 볼 수 있습니다. 그 문장으로 보면 천고에 으뜸이지만, 애석하게도 군자의 대도(大道)를 듣지 못하였으므로 각종의 비루한 잘못이 모두 여기에서 비롯된 것이니, '문장은 한낱 작은 기예여서 도(道)에 있어서 높일 만한

이불을 덮고 상에는 고기반찬을 두 가지 이상 놓지 않았으며, 고인(故人)과 빈객(賓客)들에게 녹봉을 모두 나누어 주어 집안에 남은 것이 없었다. 그러나 성품이 남을 해치려는 뜻이 많고 겉으로는 관대한 듯하면서도 실제로는 각박하여, 자신과 틈이 있는 자는 어떤 방법으로든지 끝내 화를 입혔으므로 소인이라는 평을 받았다. 《漢書 卷58 公孫弘傳》

44 육가(六家)를……취하였고 : '육가'는 음양가(陰陽家), 유가(儒家), 묵가(墨家), 명가(名家), 법가(法家), 도가(道家)를 가리킨다. 사마천(司馬遷)이 지은 〈태사공자서(太史公自序)〉에 육가(六家)의 요지(要旨)를 논한 사마담(司馬談)의 글이 실려 있는데, 이 글은 육가 각각의 장점과 단점을 논하면서 결론적으로는 도가를 가장 추숭하고 있다. 《史記 卷130 太史公自序》

45 화식(貨殖)을……두었습니다 : 사마천(司馬遷)이 〈화식열전(貨殖列傳)〉을 지어서 범려(范蠡), 자공(子貢), 백규(白圭) 등 이재(理財)에 밝아 큰 부(富)를 이룩한 사람들을 높이 평가하여 서술한 것을 말한다.

것이 못 된다'는 사실을 더욱 믿게 되었습니다. 주 선생(朱先生)이 일찍이 소자유(蘇子由)의 "천박하고 배운 바가 없으며, 소략하고 가벼이 믿는다."라는 말을 두고 "사마천의 잘못을 정확하게 지적하였다."라고 하였으니,[46] 참으로 맞는 말씀입니다. 보내주신 편지에서 사마천의 폐해를 말씀하면서 "자첨(子瞻)[47]보다도 심한 점이 있다."라고 하셨는데, 다시 고칠 필요가 없는 평가라고 할 만합니다.

46 주 선생(朱先生)이……하였으니 : 주 선생은 주희(朱熹)이고, 소자유(蘇子由)는 송(宋)나라 때의 문장가 소철(蘇轍)로, 자유는 자(字)이다. 송(宋)나라 때의 학자인 여조겸(呂祖謙)과 여조검(呂祖儉)이 사마천(司馬遷)의 학문을 종주로 삼아서 "한(漢)나라 유자들이 미칠 바가 아니다."라고 하였는데, 주희가 일찍이 이들과 더불어 통렬하게 논변하여 말하기를, "소자유가 《고사(古史)》에서 사마천을 두고 말하기를, '천박하고 배운 바가 없으며, 소략하고 가벼이 믿는다.'라고 하였으니, 이 두 구가 사마천의 잘못을 가장 정확히 지적하였다.〔子由古史言馬遷淺陋而不學, 疏略而輕信. 此二句最中馬遷之失.〕"라고 하였다.《朱子語類 卷122》《고사》는 소철이 찬(撰)한 책으로,《사기(史記)》에서 빠지거나 소략한 부분에 대하여 개수(改修)하여 상고의 복희씨(伏羲氏) 시대부터 진 시황(秦始皇)까지의 역사를 서술한 것인데, 그 서문(序文)에 위의 말이 보인다.

47 자첨(子瞻) : 송(宋)나라 때의 명문장가인 소식(蘇軾)으로, 자첨은 그의 자(字)이다. 송 철종(宋哲宗) 원우(元祐) 연간에 촉당(蜀黨)의 영수로서 낙당(洛黨)의 영수인 정이(程頤)와 정쟁(政爭)을 벌여서 정이를 부릉(涪陵)으로 유배가게 한 일이 있으며 또 학문적으로는 선학(禪學)을 좋아한 까닭에 주희(朱熹)로부터 비난을 많이 받았다.

박계립[48]에게 답함 기묘년(1819, 순조19) 8월

答朴季立 己卯八月

보내주신 편지에서, 근간에 오장(吳丈 오희상(吳熙常))을 종암(鍾巖)에서 배알하였는데 그 말씀이 충분히 들을 만하였다고 하시니, 성(性)과 명(命)을 담론하고 심(心)과 질(質)을 분석함이 정말로 편지에서 말씀하신 것과 같아서 예조(枘鑿)[49]가 들어맞지 않는 점이 없었습니까? 이로써 제패(稊稗)의 맛만 알던 위장(胃腸)을 변화시켜 곡물의 맛을 알게 한 것이 참으로 보내주신 편지의 내용과 같다면 이 얼마나 다행스러운 일입니까. 주 선생(朱先生 주희(朱熹))이 일찍이 말씀하기를, "마음을 화평히 하고 기운을 겸허히 하여 의리가 통하는 곳을 보면 곧장 그것을 따라야 하니, 어찌 가슴 속에 호문정(胡文定) 하나 만을 가로놓아둔 채 다시는 도리를 믿지 않는단 말인가."[50]라고 하셨습니다. 저는

48 박계립(朴季立) : 박명벽(朴命璧, 1773~1827)으로, 자는 계립, 호는 금호(錦湖)·습재(習齋), 본관은 영해(寧海)이다. 1803년(순조3)에 31세의 나이로 진사시에 합격하였고, 1816년에 처음으로 벼슬하여 의릉 참봉(義陵參奉)이 되었다. 그 외에 통례원 인의, 사헌부 감찰 등을 지냈다.

49 예조(枘鑿) : 방예원조(方枘圓鑿), 혹은 원예방조(圓枘方鑿)의 준말로, 네모난 자루와 둥근 구멍, 혹은 둥근 자루와 네모난 구멍을 뜻한다. 네모난 자루를 둥근 구멍에 넣거나 둥근 자루를 네모난 구멍에 넣으면 맞지 않듯이 쌍방(雙方)이 서로 맞지 않음을 비유하는 말이다.

50 마음을……말인가 : 이 말은 주희(朱熹)가 유공(劉珙)에게 보낸 편지에 보인다. 《이정문집(二程文集)》을 간행할 때 유공과 장식(張栻)이 주희가 고심하여 교정한 것을 채택하지 않고 호문정본(胡文定本)에 의거하여 간행하자, 주희가 유공에게 편지를 보

또한 '좌하는 가슴 속에서 한남당(韓南塘)[51] 하나를 제거한 뒤에야 공정하게 듣고 균일하게 보아서 참되고 간절한 의리를 볼 수 있다'고 하겠으니, 선입견이 위주가 되어 다른 학설을 받아들이지 못할까 염려됩니다.

만약 아들 항렬이라면 당연히 양자가 될 수 있겠지만 손자 항렬이기 때문에 양자가 될 수 없으니, 그러므로 이를 일러 '시양(侍養)'이라고 합니다. '시양'이라는 두 글자는 예경(禮經)에 보이지 않고 아마도 '양모(養母)'라는 글을 인하여 따라서 이름을 붙인 듯하니, 이는 우리나라의 속칭(俗稱)입니다. 세 살 이전에 거두어 기르면 바로 자기의 아들과 똑같이 간주한다는 내용이 국전(國典)에 기재되어 있어서 삼년복을 입는 것을 허락하고 있지만, 이것은 버려진 자식인 경우와 동종(同宗)이나 이성(異姓)의 친족 중에 삼년복을 입을 자가 없는 경우를 가지고 말했을 뿐입니다. 만약 삼년복을 입을 친족이 있다면 마땅히 자신은 본복(本服)을 입고 복이 끝난 뒤에는 심상(心喪)을 해서 자기를 길러준 은혜에 보답해야 할 것이니, 어찌 본복을 버리고 거두어 길러준 경우의 복(服)을 입어서 스스로 박하게 하기를 추구하겠습니까.

내어 따로 선본(善本)을 얻어 다시 추가로 보완하기를 권하면서 이렇게 말한 것이다. 《晦菴集 卷37 與劉共父》 호문정은 송(宋)나라의 학자 호안국(胡安國)으로, 문정은 그의 시호이다.

51 한남당(韓南塘) : 한원진(韓元震, 1682~1751)으로, 자는 덕소(德昭), 호는 남당, 본관은 청주(淸州)이다. 권상하(權尙夏)의 문인으로 강문팔학사(江門八學士) 중 한 사람이며, 호락논쟁(湖洛論爭)에서 호론(湖論)인 인물성이론(人物性異論)을 주장한 대표적 인물이다. 저서로는 《남당집(南塘集)》이 있으며, 시호는 문순(文純)이다.

옛날에 한 문공(韓文公 한유(韓愈))이 형수에게 길러졌다고 하여 형수의 복(服)을 입을 때에 등급을 더하여 입었는데, 횡거(橫渠 장재(張載))가 이를 비판하여 말씀하기를, "친족의 상복은 등급을 더함이 있어서는 안 된다. 만약 형수에게 길러졌다고 하여 은혜가 있다는 이유로 복(服)의 등급을 더하여 입는다면, 이것은 형의 은혜를 대함은 지극히 박한 것이다. 어머니가 없다면 형수에게 길러지지 않고 또 누구에게 길러질 수 있겠는가. 만약 족속이 되는 친족의 상(喪)에 은혜가 있다는 이유로 등급을 더하여 복(服)을 입는다면 자기에게 은혜가 없는 자에 대해서는 복(服)을 입지 않아도 된단 말인가."[52]라고 하였습니다. 이 말씀이 올바른 예(禮)에 들어맞습니다.

재종조(再從祖)에게 거두어 길러진 자도 마땅히 본복인 시마복(緦麻服)을 입어야 하고 시마복을 다 입은 뒤에 심상 삼 년을 해야 합니다. 그런데 지금 그렇게 하지 않고 거애(擧哀)[53]하고 피발(被髮)하며 신주에는 '현고(顯考)'라고 쓰기까지 하였습니다. 이는 소목(昭穆)이 차례를 잃고 명의(名義)가 바르지 못한 것이니, '예가 아닌 예〔非禮之禮〕'[54]가 될 뿐만이 아닙니다.

백거이(白居易)가 조카손자를 양자로 삼았으나 양자가 된 자가 참최

52 친족의 상복은……말인가 : 이 말은 장재(張載)의 문집인《장재전서(張載全書)》권8〈상기(喪紀)〉에 보인다.

53 거애(擧哀) : 상사(喪事)가 났을 때에 초혼(招魂)을 하고 나서 상제(喪制)가 머리를 풀고 슬피 곡하여 초상이 난 것을 알리는 의식이다.

54 예가 아닌 예 : 이는《맹자(孟子)》〈이루 하(離婁下)〉에 보이는 말로, "예가 아닌 예와 의가 아닌 의를 대인은 하지 않는 법이다.〔非禮之禮、非義之義, 大人弗爲.〕"라고 하였다.

복(斬衰服)을 입었다는 말을 듣지 못하였으니, 만약 참최복을 입었다면 크게 예(禮)에 어긋나는 것입니다. 근세에 노가재(老稼齋) 김공(金公)이 족조(族祖)의 시양자(侍養子)가 되었으나[55] 다만 그 제사를 주관하기만 할 뿐이었는데, 지금은 이 분이 자기의 잘못을 깨닫고 다시 올바른 예(禮)를 따랐습니다. 그렇다면 이 일은 대륜(大倫)에 관계되어서 잠시도 지체하기가 어려운 것입니다. 당일로 고유(告由)하고 신주를 다시 써야 하니-방제(旁題)는 쓰지 않아도 됩니다.- 어찌 절사(節祀)를 기다릴 것이 있겠습니까.

이 사람이 애초에 양자로 나간 것이 아니라면 어찌 자신의 아버지를 아버지라고 하지 않을 수 있겠습니까. 호적에 적힌 내용은 논할 필요가 없습니다. 또 이 사람이 자기 아버지의 장자(長子)라면, 자기 아버지의 사당을 받들어야 마땅하고, 시양조(侍養祖)를 위해서는 별도로 사당을 세워서 자신의 대(代)까지만 제사를 지내는 것이 옳을 듯합니다. 신주를 다시 쓸 때에 고유하는 글은 아래에 기록되어 있으니, 읽어보고 취사선택하시기를 바랍니다.

유세차(維歲次) 운운(云云) 족종손(族從孫) 모관(某官) 모(某)는 현 족종조부(顯族從祖父) 모관(某官) 부군(府君)과 현 족종조모(顯族從祖母) 모봉(某封) 모씨(某氏)에게 감히 밝게 고합니다. 소자를

55 노가재(老稼齋)……되었으나 : 노가재 김공(金公)은 김창업(金昌業, 1658~1721)으로, 자는 대유(大有), 호는 노가재·가재(稼齋), 본관은 안동(安東)이다. 1681년(숙종7) 진사시에 합격하였고, 평생 벼슬길에 나아가지 않았다. 본래 문곡(文谷) 김수항(金壽恒)의 넷째 아들인데, 일곱 살에 족조부(族祖父) 김광식(金光烒)의 시양자(侍養子)가 되어 족조모(族祖母) 함안 조씨(咸安趙氏)에게 양육되었다.

거두어 길러준 은혜가 낳아 길러준 것과 똑같기에 거상(居喪)을 하고 제사를 주관하였으니, 감히 은덕에 보답했다고 말할 수 있겠습니까. 그러나 신주에 '현고(顯考)', '현비(顯妣)'라고 쓴 것으로 말하면 소목(昭穆)의 차례를 잃어서 예경에 크게 위배되니, 속히 고쳐 바로잡지 않을 수가 없습니다. 이제 막 '양조부(養祖父)', '양조모(養祖母)'라고 고쳐 쓰고 속칭(屬稱)은 '시양손(侍養孫)'이라고 하니, 감히 박하게 대하려는 것이 아니고 후하게 대하기 위한 것입니다. 엎드려 바라건대, 존령(尊靈)께서는 굽어 살피소서. 삼가 술과 과일을 가지고 정성을 펴서 경건히 고합니다.

박계립[56]에게 줌 병술년(1826, 순조26) 7월

與朴季立 丙戌七月

송경(松京 개성(開城))의 선비인 전생 최신(全生最信)이 어려서 곤궁하고 가난함에 가로막혀 독서하지 못하다가 마흔이 넘은 뒤에야 비로소 발분(發憤)하여 학문을 하였는데, 그 뜻과 힘이 전일하고 독실하기가 견줄 만한 이를 볼 수 없을 정도입니다. 《소학(小學)》 읽기를 좋아하여 종신토록 종사할 사업으로 삼고자 하고, 또 강문(江門)에 출입한 지가 이미 여러 해가 되어서 수고로운 일을 담당하여 죽음에 이르려는 소원[57]을 갖고 있으니, 미호(渼湖 김원행(金元行)) 문하의 임보(任保)[58]

56 박계립(朴季立) : 박명벽(朴命壁, 1773~1827)으로, 자는 계립, 호는 금호(錦湖)·습재(習齋), 본관은 영해(寧海)이다. 1803년(순조3)에 31세의 나이로 진사시에 합격하였고, 1816년에 처음으로 벼슬하여 의릉 참봉(義陵參奉)이 되었다. 그 외에 통례원 인의, 사헌부 감찰 등을 지냈다.

57 수고로운……소원 : '수고로운 일을 담당하여 죽음에 이른다'는 것은 본래 《예기(禮記)》 〈단궁(檀弓)〉에 보이는 말로, 이르기를, "스승을 섬기되 범함도 없고 숨김도 없으며 좌우로 나아가 봉양하되 일정한 방향이 없으며 수고로운 일을 담당하여 죽음에 이르며 심상을 삼 년 동안 한다.〔事師, 無犯無隱, 左右就養, 無方, 服勤至死, 心喪三年.〕"라고 하였다. 이 말은 《소학(小學)》 〈명륜(明倫)〉에도 실려 있다.

58 임보(任保) : ?~? 본관은 풍천(豐川)이다. 임보의 형 임간(任侃)이 미호(渼湖) 김원행(金元行)의 문하에서 《소학(小學)》을 배우고 집에 돌아왔는데 임보가 형의 옆에서 《소학》을 공부하는 소리를 듣고는 그 내용을 좋아하게 되었다. 이에 언문(諺文)으로 된 것을 가져다가 보았는데 언문도 익숙하지가 않아서 하도 책을 들여다보며 문지르는 바람에 종이에 보푸라기가 일어나 책이 망가졌다. 임간이 이를 말려도 듣지 않자 결국 김원행에게 고하여 말하기를, "선생님이 빌려주신 책을 미련한 제 아우가 닳아 망가지게

라는 자와 세대는 다르지만 종착하는 곳이 똑같습니다. 지금 농한기를 틈타서 또 책 상자를 짊어지고 수학하러 다니니, 진실한 정성이 있지 않다면 어찌 이렇게 할 수 있겠습니까. 가상하고 감탄스러움을 이루 다 말로 표현할 수 없습니다.

이 사람이 평소에 좌하의 고명(高名)을 흠모하여 좌하께 수학하기를 원하였는데, 이제 장차 원하던 바를 이루게 되었습니다. 반드시 격언(格言)과 지론(至論)을 가지고 인도하고 격려하여 병촉(炳燭)[59]의 과정에 도움이 되게 하시기를 바랍니다. 이 사람은 어려서 학문을 하지 못했기 때문에 문의(文義)와 훈고(訓詁)에 있어서 아직도 분명하게

하였으니, 소자의 불민한 죄는 감히 달아날 길이 없습니다."라고 하였다. 그러자 김원행이 말하기를, "이 책은 본래 우리 집 물건이 아니고 나 역시 남에게 빌린 것이다. 만약 책의 내용을 좋아하는 자가 있다면 책의 주인도 아까워하지 않을 것이다."라고 하니, 이 뒤로는 임보가 책보는 것을 말리지 않았다. 그리고 이후에 김원행에게 나아가서 직접 《소학》을 배우게 되었는데 나이가 서른이 이미 넘은 데다가 천성이 노둔하여 잘 따라가지 못하였다. 그러나 김원행이 뜻을 가상히 여겨 날마다 반 줄이나 한 줄씩 가르쳐서 결국 책을 끝마치게 해주었다. 이후로 임보는 종신토록 이를 외우면서 그대로 실천하니, 사람들이 모두 '임소학(任小學)'이라고 불렀다. 《渼溪集 卷10 渼湖先生遺事》《臺山集 卷9 任小學傳》

59 병촉(炳燭) : '촛불을 밝힌다'는 뜻으로, 노년에도 학문을 게을리하지 않음을 말한다. 진(晉)나라 평공(平公)이 사광(師曠)에게 묻기를, "내 나이 칠십이라 배우고자 해도 이미 늦은 듯하다."라고 하니, 사광이 말하기를, "어찌하여 촛불을 밝히지 않습니까?……신은 듣건대, '어려서 학문을 좋아하는 것은 솟아오를 때의 햇빛과 같고, 장성하여 학문을 좋아하는 것은 중천에 오를 때의 햇빛과 같으며, 늙어서 학문을 좋아하는 것은 촛불을 밝게 밝히는 것과 같다.'라고 하였습니다. 촛불을 밝게 밝히는 것과 어둠 속에 길을 가는 것이 어느 것이 더 낫겠습니까.〔何不炳燭乎?……臣聞之, 少而好學, 如日出之陽; 長而好學, 如日中之光; 老而好學, 如炳燭之明. 炳燭之明, 孰與昧行乎?〕"라고 하였다. 《說苑 建本》

알지 못하는 부분이 많습니다. 이러한 점을 염두에 두고 잘 가르쳐서 혹시라도 수고로움을 꺼리지 않는 것이 어떻겠습니까? 사람을 성취하게 만드는 것은 본래 어느 정도의 고충이 있으니, 오직 여러 현사(賢士)들과 대도(大道)에 함께 나아가기를 원합니다. 부디 저의 이러한 뜻을 양찰하여 친소(親疏)와 원근(遠近)에 상관없이 일체 지성(至誠)으로 대하여 함께 지선(至善)의 경지로 나아가 주십시오. 이를 거듭 바라고 거듭 바랍니다.

김범수[60] 주교 에게 답함 신묘년(1831, 순조31) 8월

答金凡秀 周敎○辛卯八月

보내 주신 편지에서, 병환을 앓은 뒤에 자양사(紫陽史)[61] 한 부를 다 끝마치셨다고 하니, 얼마나 노고가 많으셨겠습니까. 그런데 도리어 공부를 잠시 중단한 것을 가지고 근심하시니, 공부를 잠시 중단하기를 모두 현자(賢者)[62]처럼만 한다면 저는 세상 사람들이 모두 공부를 잠시 중단하기를 원합니다.

천지를 포괄하는 모든 것이 다 유자(儒者)가 범위(範圍)로 하는 일인데[63] 경서(經書), 예서(禮書), 사서(史書) 이 세 가지가 그 기장(器仗)이 되니, 다만 이것을 닦음에 완급과 선후의 구별이 있을 뿐입니다. 주 선생(朱先生 주희(朱熹))은 진실로 《사기(史記)》의 시변(時變)의 학문을 주장한다고 동래(東萊) 형제[64]를 비판한 적이 있지만 또한 일찍이

60 김범수(金凡秀) : 김주교(金周敎, ?~?)로, 자는 범수, 본관은 청풍(淸風)이다. 빙고 별제, 규장각 검서관, 선공감 주부, 진보 현감(眞寶縣監) 등을 지냈다.

61 자양사(紫陽史) : 주희(朱熹)가 찬(撰)한 역사서인 《자치통감강목(資治通鑑綱目)》을 가리킨다. '자양'은 주희의 별호(別號)로, 주희가 복건성(福建省) 숭안현(崇安縣)에 있을 때 서재를 자양서실(紫陽書室)이라고 명명했던 데에서 붙여진 것이다.

62 현자(賢者) : 편지에서 상대방을 지칭하는 말이다.

63 천지(天地)를……일인데 : 《주역(周易)》 〈계사전 상(繫辭傳上)〉에서 성인(聖人)을 두고 이르기를, "천지의 조화를 범위로 하여 지나치지 않는다.〔範圍天地之化而不過〕"라고 하였는데, 주희(朱熹)의 《본의(本義)》에 이르기를, "'범(範)'은 쇠를 주조할 때에 거푸집이 있는 것과 같고 '위(圍)'는 틀이다. 천지의 무궁한 조화를 성인이 모두 아울러서 중도(中道)에 벗어나지 않게 하는 것이다."라고 하였다.

말씀하기를, "사서를 또한 보지 않아서는 안 된다."라고 하였습니다. 경서는 사서의 척도(尺度)이자 단례(斷例)이고, 사서는 경서의 응험(應驗)이자 행사(行事)입니다. 경서는 체(體)가 되고 사서는 용(用)이 되며 경서는 이(理)가 되고 사서는 사(事)가 되니, 체(體)와 용(用)이 하나에 근원하고 이(理)와 사(事)가 일치됩니다. 그러니 경서를 날줄로 삼고 사서를 씨줄로 삼아서 한 가지라도 폐해서는 안 됩니다. 그러나 경서에서 터득함이 있는 자가 사서를 보아야 비로소 시비를 분별할 수 있습니다. 만일 그렇지 않으면 공리(功利)로 흘러가기가 쉬워서 심지어는 여정(呂政 진 시황(秦始皇))을 탕왕(湯王)과 무왕(武王)보다 어질다고 하고 관중(管仲)을 공자(孔子)보다 낫다고 하는 경우가 생기기까지 하니, 이것은 모두 본령(本領)이 부족하고 견식이 없어서 그렇게 되는 것입니다.

현자께서는 평소에 여러 경서를 익숙하게 읽어서 중대한 것을 거의 먼저 확립하였으니, 여가에 사서를 읽는 공부를 빠뜨려서는 안 됩니다. 마땅히 세도(世道)와 시세(時勢)의 승강(昇降)과 성쇠(盛衰), 군자와 소인의 진퇴(進退)와 소장(消長)을 찾아서 자신이 그 자리에 처했다고 가설하여 몸소 궁구해서 정도(正道)를 얻어야 하니, 이와 같이 하는 것이 바로 격물치지의 요점이 됩니다. 만약 사적(事蹟)만 기억하고 동이(同異)만 증명할 뿐이라면 한낱 서사(書肆)[65]에 지나지 않게 될

64 동래(東萊) 형제 : 송(宋)나라 때의 학자인 여조겸(呂祖謙, 1137~1181)·여조검(呂祖儉, ?~1196) 형제를 말한다. 여조겸은 자는 백공(伯恭), 호는 동래이고, 여조검은 자는 자약(子約), 호는 대우(大愚)이다. 이 두 사람이 사마천(司馬遷)의 학문을 종주로 삼아서 "한(漢)나라 유자들이 미칠 바가 아니다."라고 하였는데, 주희가 이에 대하여 반박하여 변론한 내용이 《주자어류(朱子語類)》 권122에 보인다.

것이니, 비록 많이 읽은들 또한 어디에 쓰겠습니까.

《자치통감강목(資治通鑑綱目)》은 《춘추(春秋)》를 계술(繼述)하여 지어서 의례(義例)에 있어 오로지 정통(正統)을 주장하였습니다. 이에 시비가 정해지고 천리(天理)가 밝아져서 삼강(三綱)과 오상(五常)이 이로 말미암아 확립되었으니, 이 책이 존재함에 힘입어 건곤(乾坤)이 지탱되고 있습니다. 다만 이 책은 회옹(晦翁 주희(朱熹))의 만년(晚年)에 완성된 까닭에 교정을 완벽하게 보지 못하여 왕왕 유감스러운 부분이 많으니, 《자치통감강목》을 읽는 자는 또한 이것을 알지 않으면 안 됩니다. 그 치란(治亂)과 흥체(興替), 선악(善惡)과 득실(得失)이 있는 부분에 나아가서 만약 터득한 점이 있으면 반드시 사론(史論)과 같이 책에 기록하십시오. 이렇게 한다면 식견이 진전되고 문장이 발전할 것이니, 속히 도모하시기를 바랍니다.

상정(上丁)[66]에 국기일(國忌日)을 피하거나 피하지 않는 것은 퇴옹(退翁 이황(李滉))께서도 근거할 바가 없다고 말씀하였으니, 어리석은 저 또한 감히 질언(質言)할 수가 없습니다. 그러나 정조(正朝), 한식(寒

65 서사(書肆) : 책방의 뜻으로, 정이(程頤)의 문인 윤돈(尹焞)이 문하에 처음 들어와서 학문하는 방법을 물었는데 정이가 말하기를, "공이 학문하는 방도를 알려고 한다면 모름지기 책을 읽어야 한다. 책은 굳이 많이 볼 필요가 없고 요점을 알아야 하니, 많이 보기만 하고 요점을 알지 못한다면 서사일 뿐이다.〔公要知爲學, 須是讀書. 書不必多看, 要知其約, 多看而不知其約, 書肆耳.〕"라고 하였다. 곧 책을 많이 보는 것만 욕심내고 요점을 제대로 파악하지 못한다면 그저 책을 많이 쌓아둔 책방에 불과하게 된다는 말이다. 《近思錄 卷3》

66 상정(上丁) : 한 달 가운데 초순(初旬)에 든 정일(丁日)을 이른다. 중순(中旬)에 든 정일은 중정(中丁), 하순(下旬)에 든 정일은 하정(下丁)이라고 한다.

食), 단오(端午), 추석(秋夕), 동지(冬至) 등과 같은 절일(節日)에는 공사(公私) 간에 모두 제사를 올리니, 위에서 국가의 제사를 행한다는 이유로 아래에서 민간의 제사를 폐한 적이 없습니다. 그렇다면 담제(禫祭)와 협제(祫祭)의 날짜를 점친 것이 우연히 종묘의 제향 날짜와 겹치게 된 경우를 두고 어찌 참람하다고 말할 수 있겠습니까.

김범수[67]에게 답함 을미년(1835, 헌종1) 윤월

答金凡秀 乙未閏月

보내 주신 편지에서 《무비지(武備誌)》[68]를 보신다고 하니, 이 책은 바로 모원의(茅元儀)[69]가 건로(建虜)[70]를 방어하기 위하여 지은 것입니다. 저도 일찍이 대략 훑어보았는데 삼재(三才 천(天)·지(地)·인(人))와 만상(萬象)이 망라되지 않은 것이 없었으니, 비단 무비(武備)를 위한 것일 뿐만이 아니었습니다. 그런데 청(淸)나라 사람들에게 꺼려져 판각이 훼손되어 전하지 못하니, 안타깝습니다. 애시(哀侍)[71]

67 김범수(金凡秀) : 김주교(金周教, ?~?)로, 자는 범수, 본관은 청풍(淸風)이다. 빙고 별제, 규장각 검서관, 선공감 주부, 진보 현감(眞寶縣監) 등을 지냈다.

68 무비지(武備誌) : 1621년에 명(明)나라 모원의(茅元儀)가 15년 동안 고금의 병서(兵書) 2천여 권을 검토하고 정리하여 만든 240권의 방대한 병법서로, 군기(軍器), 병선(兵船), 진형(陣形) 등의 도해(圖解) 외에도 풍부한 지도가 실려 있는 것이 특색이다.

69 모원의(茅元儀) : 1594~1640. 명(明)나라 때의 관료로, 자는 지생(止生), 호는 석민(石民)이다. 《당송팔대가문초(唐宋八大家文鈔)》를 찬(撰)한 것으로 유명한 모곤(茅坤)의 손자이다. 국력이 쇠퇴하는 것을 보고 금릉(金陵)에 우거해 있으면서 15년의 노력 끝에 《무비지(武備志)》 240권을 지어 황제에게 바쳤다. 황제가 이 책의 해박(該博)함을 칭찬하였으므로 당호(堂號)를 해박당(該博堂)이라고 하였다. 저서로는 《무비지》 외에 《가노재필기(暇老齋筆記)》, 《야항사화(野航史話)》, 《석민집(石民集)》 등이 있다.

70 건로(建虜) : 건주(建州)의 오랑캐, 곧 만주(滿洲)의 건주여진(建州女眞)을 말한다. 1616년(광해군8)에 건주여진의 추장 누르하치〔奴兒哈赤〕가 후금(後金)을 세웠는데, 곧 청(淸)나라의 태조(太祖)이다.

71 애시(哀侍) : 우리나라의 서간에서 주로 쓰이는 용어로, 양친 중 한 분의 상을 당했

께서 이 책의 전질을 다 읽어보신 것은 그 뜨거운 충정에서 비롯된 것임을 아니, 어찌 제기(祭器)를 뛰어넘어 푸줏간을 감시한다고 말할 수 있겠습니까.[72] 유자(儒者)는 진실로 경서(經書)와 예서(禮書)에 전심해야 하지만, 또한 이러한 문헌을 널리 두루 보아서 심흉을 깨끗이 씻고 지식을 넓혀야 합니다. 책의 순수함과 잡박함, 긴요함과 산만함을 따지지 말고 진실로 몸과 마음에 체득하여 읽어본다면 무슨 책을 보든 권징(勸懲)함이 되지 않겠습니까. 더구나 이 책과 같은 경세제민(經世濟民)의 글은 어떠하겠습니까.

혹시라도 외면의 공부에만 치중할까 염려되어 한천(寒泉)에서 엮은 책[73]을 그 뒤에 보아서 병통을 치료하는 약제로 삼으신다고 하니, 이 뜻이 참으로 좋습니다. 모르겠습니다만, 기월(期月) 간에 익숙하게 읽어서 정미한 의리를 깊이 연구하셨습니까? 이 책은 송(宋)나라의 한 경서가 됩니다. 배우는 자들은 마땅히 《소학(小學)》을 시작으로 삼고 《근사록(近思錄)》을 끝으로 삼아서 조리(條理)를 시작하고 끝내는

을 경우 삼년상을 치르는 동안에 상주를 호칭하는 말이다.

72 제기(祭器)를……있겠습니까 : '제기를 뛰어넘어 푸줏간을 감시한다'는 것은 분수를 넘어 자기 소관이 아닌 일을 가로맡는다는 뜻이다. 이는 본래 《장자(莊子)》 〈소요유(逍遙遊)〉에 보이는 말로, 이르기를, "푸줏간을 맡은 사람이 푸줏간의 일을 제대로 처리하지 못한다고 해서 축관(祝官)이 제기를 뛰어넘어 와서 그 일을 대신해 줄 수는 없다.〔庖人雖不治庖, 尸祝不越樽俎而代之矣.〕"라고 하였다. 여기서는 유자(儒者)의 본분을 넘어 무인(武人)의 일까지 간섭한다고 말할 수 없다는 뜻이다.

73 한천(寒泉)에서 엮은 책 : 《근사록(近思錄)》을 가리킨다. 한천은 한천정사(寒泉精舍)로, 송(宋)나라 때 주희(朱熹)와 여조겸(呂祖謙)이 한천정사에 모여서 주돈이(周敦頤), 장재(張載), 정호(程顥)·정이(程頤) 형제의 글을 읽으면서 토론하며 《근사록》을 지었던 것에서 이렇게 이른 것이다.

것[74]이 확실하게 여기에 있도록 해야 하니, 애시께서는 힘쓰시기를 바랍니다.

74 조리(條理)를……것 : 이는《맹자(孟子)》〈만장 하(萬章下)〉에 보이는 내용으로, 맹자가 말하기를, "공자를 일러 집대성한 분이라고 하니, 집대성이란 음악을 연주할 때에 쇠북으로 소리를 퍼지게 하고 옥경(玉磬)으로 거두는 것과 같은 것이다. 쇠북으로 소리를 퍼지게 한다는 것은 조리를 시작하는 것이고 옥경으로 거둔다는 것은 조리를 끝내는 것이니, 조리를 시작하는 것은 지(智)의 일이고 조리를 끝내는 것은 성(聖)의 일이다.〔孔子之謂集大成, 集大成也者, 金聲而玉振之也. 金聲也者, 始條理也; 玉振之也者, 終條理也. 始條理者, 智之事也; 終條理者, 聖之事也.〕"라고 하였다. '조리'란 '맥락(脈絡)'의 의미로, '조리를 시작하고 끝낸다'는 것은 곧 하나의 맥락으로 시작과 끝을 관통하여 여러 소성(小成)을 합해 대성(大成)을 이루는 것을 뜻한다.

김범수[75]에게 답함 을사년(1845, 헌종11) 12월 15일

答金凡秀 乙巳臘望

오십 일 동안이나 날씨가 꽁꽁 얼어붙어 도무지 풀릴 기미가 보이지 않으니, 이는 평생에 처음 겪는 일입니다. 저는 궁벽한 산 속에서 혼자 밤을 지새우며 더욱 장륙(藏六)[76]의 활계(活計)를 세우고 있습니다. 요사이 이미 달이 바뀐 가운데 벼슬하시는 정황이 평안하심을 다시 알게 되었습니다. 거센 눈보라를 뚫고 백설이 덮인 길을 가시면서 체후에 별 탈이 생기지는 않으셨습니까?

목천(木天)[77]에서 책을 살펴보는 것은 바로 현자(賢者)[78]의 직분에 있어 마땅히 해야 할 일이니, 《대학연의(大學衍義)》[79]의 구두는 또한 이미 정리하여 정하셨습니까? 양항종(陽亢宗)[80]이 학문을 좋아하였으

75 김범수(金凡秀) : 김주교(金周敎, ?~?)로, 자는 범수, 본관은 청풍(淸風)이다. 빙고 별제, 규장각 검서관, 선공감 주부, 진보 현감(眞寶縣監) 등을 지냈다.

76 장륙(藏六) : 거북이가 위험한 때를 만나면 머리와 꼬리, 네 발 등의 여섯 부분을 등껍질 속에 숨기는 것을 말하는데, 전하여 재주와 덕이 있는 사람이 자신을 드러내지 않고 은거하여 남들의 질시와 화를 면하는 것을 비유한다.

77 목천(木天) : 높고 큰 목재 건물을 뜻하는 말로, 궁중의 도서관인 비서각(祕書閣)의 별칭으로 쓰이는데, 여기에서는 규장각을 가리킨다.

78 현자(賢者) : 편지에서 상대방을 지칭하는 말이다.

79 대학연의(大學衍義) : 송(宋)나라 때의 학자 진덕수(眞德秀)가 《대학장구(大學章句)》의 뜻을 부연(敷衍)하여 지은 책으로, 모두 43권으로 되어 있다. 전통 시대 제왕학(帝王學)에 관한 주요 저서로, 조선 시대 경연(經筵)에서 주로 사용되었다.

80 양항종(陽亢宗) : 당(唐)나라 덕종(德宗) 때의 직신(直臣) 양성(陽城)으로, 자는

나 집이 가난하여 책을 구할 수가 없었습니다. 이에 집현원(集賢院)의 하급관리가 되기를 청하여 밤낮으로 문밖을 나가지 않은 채 그 안의 책들을 훔쳐다가 읽어서 통달하지 못한 바가 없게 되었습니다. 현자께서도 용도(龍圖)와 봉각(鳳閣)의 관리가 되어서 장차 천하의 도서들을 모두 보게 될 것이니, 짐작건대 응당 심오한 이치를 끌어내고 꿰뚫어서 위아래로 취하고 줍기를 마치 운몽택(雲夢澤)을 삼키고[81] 깊은 바다를 더듬듯이 하실 것입니다. 현자에게 수많은 명리(名理)를 듣지 못하는 것이 한스러울 뿐입니다.

그리고 이를 기회로 아뢸 말씀이 있습니다. 자신에게 돌이켜서 이치를 궁구하는 자는 그 본(本)과 말(末), 시(是)와 비(非)의 지극한 이치를 연구하고, 외면을 좇아 지식이 많음을 자랑하는 자는 겉과 속, 진실함과 망령됨의 실제를 살피지 않습니다. 반드시 그 지극한 이치를 연구하기 때문에 지식이 넓어질수록 마음은 더욱 밝아지고, 그 실제를 살피지 않기 때문에 식견이 많아질수록 마음은 더욱 공허해지니, 이 두 가지는 정반대입니다. 그러므로 주 선생(朱先生)이 이것을 가지고 위기(爲己)와 위인(爲人)의 구분으로 삼으신 것이니, 살펴보지 않으면 안 됩니다.[82] 부디 이러한 의리를 체득해서, 기억하고 외워 널리 알더라

항종이다. 집이 가난하여 책을 구할 수가 없자 집현원(集賢院)의 하리(下吏)가 되어 몰래 책을 훔쳐다가 읽고서 과거에 급제하였다. 덕종 때 간의대부(諫議大夫)를 지냈다.

81 운몽택(雲夢澤)을 삼키고 : 흉금이 막힘이 없이 웅대함을 비유한 말이다. 운몽택은 고대 초택(楚澤)에 포함되어 있는 일곱 개의 거대한 연못 중의 하나인데, 한(漢)나라 문장가인 사마상여(司馬相如)가 지은 〈자허부(子虛賦)〉에 이르기를, "운몽택처럼 큰 호수 여덟아홉 개를 한꺼번에 집어삼키듯, 그 흉중이 일찍이 막힘이 없었다.〔呑若雲夢者八九, 於其胸中曾不蔕芥.〕"라고 하였다. 《史記 卷117 司馬相如列傳》

도 항상 완물상지(玩物喪志)를 경계하며[83] 반드시 이치와 의리를 연구하여 심(心)을 다하고 성(性)을 아는 경지에 점차 이르러서 서사(書肆)[84]라는 기롱을 부르지 않는 것이 어떻겠습니까? 성현(聖賢)의 도리는 오직 몸과 마음에 있으니, 몸과 마음 외에는 다음가는 물건이 없고 자신에게 돌이켜 구하는 것 외에는 다음가는 일이 없습니다. 이 때문에 그 요약된 바를 알고자 하는 것입니다. 책을 읽음에도 모두 요약된

82 자신에게……됩니다 : 주 선생(朱先生)은 주희(朱熹)이다. 이 내용은 본래 주희가 지은《대학혹문(大學或問)》에 보이는데, 격물치지(格物致知)의 학문과 박물흡문(博物洽聞)의 차이를 설명하여 말한 것이다. 위기(爲己)는 오직 자신의 덕성을 닦기 위해서 공부하는 것을 말하고, 위인(爲人)은 남이 알아주기를 바라면서 공부하는 것을 말한다.《논어(論語)》〈헌문(憲問)〉에, "옛날의 학자들은 자신을 위한 학문을 하였는데, 오늘날의 학자들은 남에게 보여 주기 위한 학문을 한다.〔古之學者爲己, 今之學者爲人.〕"라고 한 공자(孔子)의 말에서 나온 것이다.

83 기억하고……경계하며 :《근사록(近思錄)》 권2에 "명도 선생은 기억하고 외워 널리 아는 것을 완물상지라고 여기셨다.〔明道先生以記誦博識, 爲玩物喪志.〕"라고 하였다. 명도 선생은 정호(程顥)이고, 완물상지는 외물을 지나치게 좋아하다가 자신의 뜻을 잃게 됨을 뜻한다. 정호와 정이(程頤)의 문인 사양좌(謝良佐)가 처음에 잘 기억하는 것을 공부라고 생각하여 해박함을 자부하고서 자랑삼아 정호의 앞에서 역사책을 놓고 한 자도 빠뜨리지 않고 끝까지 암송하였다. 그러자 정호가 "그대가 이렇게 많이 기억하고 있으니 완물상지라고 이를 만하다.〔賢却記得許多, 可謂玩物喪志.〕"라고 하니, 사양좌가 이를 듣고 부끄러워서 온몸에 땀이 나고 얼굴이 벌겋게 달아올랐다고 한다.《近思錄集解 卷2》

84 서사(書肆) : 책방의 뜻으로, 책의 요점은 파악하지 못한 채 많이 읽는 것만 욕심내는 것을 기롱하는 말이다. 정이(程頤)의 문인 윤돈(尹焞)이 문하에 처음 들어와서 학문하는 방법을 물었는데 정이가 말하기를, "공이 학문하는 방도를 알려고 한다면 모름지기 책을 읽어야 한다. 책은 굳이 많이 볼 필요가 없고 요점을 알아야 하니, 많이 보기만 하고 요점을 알지 못한다면 서사일 뿐이다.〔公要知爲學, 須是讀書, 書不必多看, 要知其約, 多看而不知其約, 書肆耳.〕"라고 하였다.《近思錄 卷3》

바가 있으니, 그 요약된 바를 알아서 이를 지켜야만 비로소 실제로 터득할 수가 있습니다. 부디 여기에 힘쓰고 힘쓰십시오.

이 첨사[85] 관식 에게 답함 신미년(1811, 순조11) 9월

答李僉使 觀植○辛未九月

땅이 끝나고 하늘이 다하는 타지[86]에서 서울 사람을 만났으니 이것이 이미 기이한 일인데, 돌아봐 주시는 은혜를 입고 게다가 진귀한 선물까지 받게 되었으니 그 호의가 참으로 두터워서 곤궁한 나그네를 쉽게 감동시켰습니다. 시일에 쫓겨 오랜 밤을 머무르지는 못하였으나 영가대(永嘉臺)[87] 한 곳이 제 마음속에 길이 남아있으니 이는 영가대가 아름다워서 그런 것이 아닙니다. 또 거듭하여 편지를 먼저 보내어 작별한 뒤의 안부를 물으시니 더욱 감사한 마음이 듭니다.

그동안 체후가 건승하시고 병환은 날로 좋아지셨습니까? 가을이 저물어가는 남쪽 지방에 바다가 잔잔하고 하늘이 청명할 것이니 오랑캐들을 노려보며 성곽에 올라서 띠를 느슨히 풀고 휘파람을 부는 정취가

85 이 첨사(李僉使) : 이관식(李觀植, ?~?)으로, 원래의 이름은 영식(英植)인데 1812년(순조12)에 개명하였다. 1811년에 부산 첨사(釜山僉使)에 제수되었으며 이후에 경상좌도 수군절도사, 함경북도 병마절도사 등을 지냈다.

86 땅이……타지 : 홍직필(洪直弼)은 이 편지를 쓴 해인 1811년(순조11) 8월에 부산(釜山)을 찾아가 통도사(通道寺), 범어사(梵魚寺), 온정(溫井), 만공단(萬公壇), 영가묘(永嘉墓), 몰운대(沒雲臺) 등을 유람하였다. 《梅山集 卷53 年譜》

87 영가대(永嘉臺) : 광해군 때에 경상도 관찰사 권반(權盼)이 부산진성(釜山鎭城) 근처 해안가에 선착장을 만들면서 바다에서 퍼 올린 흙으로 언덕을 만들고 그 위에 세운 정자이다. 1624년(인조2)에 선위사(宣慰使) 이민구(李敏求)가 일본 사절을 접대하기 위해 부산에 파견되었다가 이 정자를 보고 권반의 고향인 안동(安東)의 옛 이름을 따서 '영가대'로 이름을 지었다.

있으십니까? 성문의 바위 표면을 보니 "남방의 인후요, 서문의 쇄약이다.〔南徼咽喉 西門鎖鑰〕"라는 여덟 개의 큰 글자가 새겨져 있었으니 이는 다름이 아니라 인물로 인하여 그렇게 되는 것입니다. 교활한 왜적들이 갖가지 방법으로 속임수를 부리는 것이 진실로 우려할 만하지만 본래부터 용도(龍韜)와 호략(虎略)[88]이 영공의 가슴 속에 우뚝하게 자리하여 이를 대응함에 여유가 있으시니 금루관(金壘關)[89] 위에서 우레와 같이 코를 골며 편안하게 주무실 수 있으신지요?

저는 처음에 왜관(倭館)을 두루 구경하려고 하였는데 왜관의 우두머리가 접위관(接慰官)의 일을 가지고 트집을 잡고 있었으므로 동래백(東萊伯) 어른이 여기에 상관하는 것을 원하지 않아서 저에게 설문(設門)을 통해 그 위의 성묘하는 자들을 보게 하였습니다. 그 말씀이 이치에 맞으므로 결국 곧바로 다성(多城)으로 나아간 것입니다. 이 일이 영공과 무슨 상관이 있기에 미안한 점이 있다고 말씀하십니까. 비록 스스로 무심(無心)했다고 말씀하시지만 저는 기어코 유심(有心)하셨다고 말씀드리겠습니다.

삼가 살펴보건대, 영공께서는 남들과 사귀는 정이 두텁고 곡진하여

88 용도(龍韜)와 호략(虎略) : 본래 강 태공(姜太公)이 지었다고 전하는 병서(兵書)인 《육도(六韜)》의 편명으로, 전하여 병법이나 전략을 뜻한다. 《육도》는 문도(文韜), 무도(武韜), 용도(龍韜), 호도(虎韜), 표도(豹韜), 견도(犬韜)의 6권으로 이루어져있다.

89 금루관(金壘關) : 부산진지성(釜山鎭支城)의 사대문 중 서문(西門)에 해당하는 누대이다. 부산진지성은 본래 부산포의 외성(外城)이었던 것을 임진왜란 때에 왜군 모리 테루모토〔毛利輝元〕 부자가 일본식 성으로 새로 쌓은 것인데, 왜군이 물러간 뒤에 성곽을 정비하여 동문인 진동문(鎭東門), 서문인 금루관, 남문인 종남문(鐘南門), 북문인 구장루(龜藏樓)의 사대문을 세워서 첨사영으로 사용하였다.

이르지 않는 바가 없으십니다. 이와 같은 규모와 법도를 가지고 주무(綢繆)의 정사[90]를 시행한다면 진실로 적의 충돌을 꺾고 침략을 막아서 남쪽을 돌아보는 구중궁궐의 근심을 덜어드릴 수 있을 것입니다. 그러나 오랑캐들이 수없이 분란을 만드는 것은 예로부터 근심이 되었고 편안함 속에서도 위태로움을 잊지 않는 것은 전철(前哲)들이 경계한 바입니다. 우리의 계책을 단단히 하고 우리의 빗장을 튼튼히 해서 일이 있으면 위급함에 대처하고 일이 없으면 원대한 계책을 세울 수 있어야 하니 이것이 영공께 바라는 바입니다. 영공의 집안은 대대로 장수가 되어서 자기 몸을 잊고 나라에 목숨을 바치는 것이 집안에서 은밀히 전하는 요결이 되었을 것이니 어찌 저처럼 우활한 선비의 말로 인해 더 권면될 것이 있겠습니까. 일찍이 서호(西湖)를 유람하다가 위아래 정자가 모두 '은(恩)' 자를 사용하여 이름을 지은 것을 보았으니 존왕고께서 국은(國恩)에 보답하고자 하신 고심을 이를 통해 알 수 있었습니다. 선조의 뜻을 가지고 영공의 뜻으로 삼으신다면 거의 도(道)에 가까울 것이니 영공께서는 이를 공경히 생각하시기를 바랍니다.

90 주무(綢繆)의 정사 : 뜻하지 않은 환란을 염려하여 미리 경계하고 대비하는 정사를 이른다. '주무'는 단단히 얽어매어 놓는다는 뜻으로, 《시경(詩經)》 〈빈풍(豳風) 치효(鴟鴞)〉에 이르기를, "하늘에서 장맛비가 아직 내리지 않을 때에 저 뽕나무 뿌리를 거두어 모아다가 출입구를 단단히 얽어매어 놓는다면, 지금 이 아래에 있는 사람들이 혹시라도 감히 나를 업신여길 수 있겠는가.〔迨天之未陰雨, 徹彼桑土, 綢繆牖戶, 今此下民, 或敢侮予?〕"라고 하였다.

서 참봉[91] 중서 에게 답함 갑오년(1834, 순조34) 6월

答徐參奉 重瑞○甲午六月

무릇 배우는 자들은 재주가 부족함을 걱정하지 말고 뜻이 확립되지 못함을 걱정해야 합니다. 그러므로 옛말에 이르기를, "천리마가 되기를 바라는 말은 또한 천리마와 똑같은 말이고 안자(顏子)가 되기를 바라는 무리는 또한 안자와 똑같은 부류이다."[92]라고 한 것입니다. 그러나 선비가 된 자들이 입으로는 성현의 가르침을 외면서 몸은 명예와 이익의 판에 빠져 모두가 한번 떠나가면 돌아올 줄을 모르고 있습니다. 이와 같은 자들은 뜻이 확립되지 못하여 그러한 것입니다. 뜻이 확립되지 못하면 근본이 없게 되니 도(道)가 어디로부터 생겨나겠습니까.[93]

옛날에 하후승(夏侯勝)[94]이 제자에게 이르기를, "선비의 병통은 경학(經學)에 밝지 못한 것이니 경학에 진실로 밝다면 청자(靑紫)[95]를

91 서 참봉(徐參奉) : 서중서(徐重瑞, ?~?)로, 본관은 이천(利川)이다. 1824년(순조24)에 숭령전 참봉(崇靈殿參奉)에 제수되었고 활인서 별제 등을 지냈다.

92 천리마가……부류이다 : 이 말은 한(漢)나라 때의 학자 양웅(揚雄)이 지은 《법언(法言)》 〈학행(學行)〉에 보인다.

93 뜻이……생겨나겠습니까 : 《논어(論語)》 〈학이(學而)〉에 유자(有子)가 말하기를, "군자는 근본에 힘쓰니 근본이 확립되면 도(道)가 생겨난다.〔君子務本, 本立而道生.〕"라고 하였다.

94 하후승(夏侯勝) : 한(漢)나라 선제(宣帝) 때의 경학자로, 자는 장공(長公)이며, 특히 《상서(尙書)》와 예(禮)에 조예가 깊었다.

95 청자(靑紫) : 높은 관직을 이른다. 한(漢)나라 제도에 공후(公侯)는 자색의 인끈

얻는 것이 고개를 숙여 땅 위의 지푸라기를 줍는 것처럼 쉬울 것이다." 라고 하였습니다. 그러나 경학을 전수하면서 벼슬을 얻는 것을 가르침은 바로 궁인(弓人)의 아들이 키 만드는 것을 배우고 대장장이의 아들이 갖옷 만드는 것을 배우는 것[96]과 같은 격이니 도(道)를 들음과 무슨 상관이 있겠습니까.

선비들의 추향(趨向)이 바르지 못하여 오직 과환(科宦)이 있는 것만 알고 학문이 있는 것은 알지 못합니다. 이는 말세의 공통된 병통이지만 관서(關西) 지방이 특히 심합니다. 부디 선(善)과 이(利)의 구분[97]을 밝혀서 속히 폐단을 깨끗이 없애는 공력을 기울여 선비들이 내외(內外)와 빈주(賓主)의 분별을 알아 수립하는 바가 있을 수 있도록 하십시오. 이것이 고명께 바라는 바입니다.

을 사용하고 구경(九卿)은 청색의 인끈을 사용한 데에서 연유한 말이다.

96 궁인(弓人)의……것 : 자식이 선대의 기술을 전수받아 가업을 이어가는 것을 이른다. 《예기(禮記)》 〈학기(學記)〉에 "훌륭한 대장장이의 아들은 반드시 갖옷 만드는 것을 배우고 훌륭한 궁인의 아들은 반드시 키 만드는 것을 배운다.〔良冶之子, 必學爲裘; 良弓之子, 必學爲箕.〕"라고 하였다. 여기에서는 학문의 도(道)를 전수받는 것이 아니라 벼슬을 얻는 기술만 전수받는 것을 비유하여 말한 것이다.

97 선(善)과 이(利)의 구분 : 선(善)을 좋아하는 마음과 이익을 좋아하는 마음을 구분함을 말한다. 《맹자(孟子)》 〈진심 상(盡心上)〉에 이르기를, "닭이 울면 일어나서 부지런히 선(善)을 추구하는 자는 순임금의 무리이고 닭이 울면 일어나서 부지런히 이(利)를 추구하는 자는 도척의 무리이니 순임금과 도척의 구분을 알고자 한다면 다른 것이 없다. 이(利)와 선(善)의 차이일 뿐이다.〔鷄鳴而起, 孳孳爲善者, 舜之徒也; 鷄鳴而起, 孳孳爲利者, 蹠之徒也. 欲知舜與蹠之分, 無他, 利與善之間也.〕"라고 하였다.

임학경[98] 효헌 에게 답함 병자년(1816, 순조16) 2월

答林學卿 孝憲○丙子二月

과거(科擧)라는 기술은 오직 자기의 재능을 자랑하는 것을 일삼으니 어찌 자신의 지조를 지키면서 스스로 재주를 파는 경우가 있겠습니까. 또한 어찌 여자가 남자보다 먼저 주선하여 스스로 혼사를 맺는 경우가 있겠습니까. 비록 법도대로 말을 몰아서 종일토록 짐승을 잡지 못했다고 하더라도 이미 십분 옳은 도리가 아닌데, 더구나 세상 사람들이 죄다 부정한 방법으로 말을 몰아 짐승을 잡으려고 하는 무리들이라면 어떠하겠습니까.[99] 마음을 손상시키는 일이 한두 가지가 아니지만 그 중에서도 과거에 응시하는 것이 유독 심합니다. 그러므로 말하기를, "기량이 더욱 정밀해질수록 마음은 더욱 손상된다."라고 하였습니다.

98 임학경(林學卿) : 임효헌(林孝憲, 1784~?)으로, 자는 학경, 본관은 옥야(沃野)이며, 개성(開城) 출신이다. 1816년(순조16) 정시문과에 병과로 급제하였고 성균관 전적, 돈령부 도정, 영월 부사(寧越府使) 등을 지냈다.

99 비록……어떠하겠습니까 : 진(晉)나라 대부(大夫) 조 간자(趙簡子)가 뛰어난 말몰이꾼인 왕량(王良)에게 자신의 총신(寵臣)과 함께 수레를 타고 사냥을 나가게 하였는데, 총신이 종일토록 한 마리의 짐승도 잡지 못하고 돌아와서는 조 간자에게 왕량을 나쁘게 평가하였다. 이를 전해들은 왕량이 다시 청하여 총신과 함께 한 번 더 사냥을 나갔는데, 이번에는 총신이 하루아침에 열 마리의 짐승을 잡고 돌아와서는 조 간자에게 왕량을 칭찬하였다. 이에 조 간자가 왕량에게 총신의 수레를 전담하여 몰도록 하였는데 왕량은 "내가 그를 위하여 법도대로 말을 몰았더니 종일토록 한 마리의 짐승도 잡지 못하였고, 이번에는 그를 위하여 부정한 방법으로 말을 몰아 짐승을 만나게 하였더니 하루아침에 열 마리의 짐승을 잡았습니다.〔吾爲之範我馳驅, 終日不獲一; 爲之詭遇, 一朝而獲十.〕"라고 말하며 이를 거절하였다. 《孟子 滕文公下》

기량이 있는 자는 진실로 이미 이처럼 마음이 손상되고, 또 기량이 없는 자는 더욱 제멋대로 방벽한 짓을 해서 손상된 마음을 또 손상시켜 타고난 성(性)을 해치고 자기 몸을 망치는 데에까지 이르게 되니 참으로 슬픕니다.

좌하(座下)의 뛰어난 재주와 순한 행실로 이미 소성(小成)[100]을 이루었으니 이만하면 이미 충분하며 또한 그만둘 만합니다. 어찌 기어이 대과에 급제해야 좋다고 하겠습니까. 더구나 참으로 과거 급제보다 중대한 것이 있지 않습니까. 세도(世道)가 쇠미해지고 속학(俗學)이 여러 갈래로 나뉘어서 천리가 밝지 못하고 인욕이 쉽게 미혹됩니다. 부디 처음에 다짐했던 마음을 더욱 가다듬어서 도달해야 할 바를 알기를 구하여 힘을 기울이기를 바라니, 이렇게 한다면 어떤 원대한 뜻인들 이루지 못하겠습니까. 구구한 제가 좌하께 기대하는 것은 위로는 화담(花潭)[101]과 같이 되고 아래로는 나산(蘿山)[102]과 같이 되는 것이니 어찌 한번 과거에 급제하는 것으로 끝마칠 수 있겠습니까.

100 소성(小成) : 과거의 소과(小科)에 합격함을 이른다.

101 화담(花潭) : 서경덕(徐敬德, 1489~1546)으로, 자는 가구(可久), 호는 화담·복재(復齋), 본관은 당성(唐城)이며, 개성(開城) 출신이다. 1531년(중종26)에 생원시에 합격하였으나 벼슬을 단념하고 개성의 화담에 머물며 성리학 연구에 힘썼다. 저서로는 《화담집(花潭集)》이 있다.

102 나산(蘿山) : 조유선(趙有善, 1731~1809)으로, 자는 자순(子淳), 호는 나산, 본관은 직산(稷山)이며, 개성(開城) 출신이다. 1771년(영조47)에 생원시에 합격하고 혜릉 참봉(惠陵參奉), 장원서 봉사, 청하 현감(淸河縣監), 익산 군수(益山郡守) 등을 역임하였으나 1797년(정조2)에 진산 군수의 관직을 사임하고 오로지 학문에만 전력하였다. 낙론(洛論) 계통의 대가인 스승 김원행(金元行)의 학설을 계승, 발전시켰으며, 저서로는 《나산집(蘿山集)》, 《고정유사(考亭遺事)》, 《사우연원록(師友淵源錄)》 등이 있다.

임학경[103]에게 답함

答林學卿

방금 편지를 받아보건대, 벼슬하려는 마음이 절로 열어져서 한여름의 장맛비를 무릅쓰고 미련 없이 돌아갔다고 하시니 진실로 세속의 사람들보다 천 길이나 빼어납니다. 또 지금부터 십 년 동안 문을 닫아걸고 몇 권의 책을 읽으며 고인(古人)의 '학문을 하고서 여유가 있으면 벼슬을 한다'는 도리[104]를 구하겠다고 하시니 그 말씀이 몹시 듣기에 반가워 공경하고 탄복하는 마음을 이길 수가 없습니다.

심 은후(沈隱侯)[105]는 한낱 문사(文士)인데도 오히려 말하기를, "부귀가 천명에 달려있음을 일찍 알았더라면, 십 년 동안 독서하지 못한

103 임학경(林學卿) : 임효헌(林孝憲, 1784~?)으로, 자는 학경, 본관은 옥야(沃野)이며, 개성(開城) 출신이다. 1816년(순조16) 정시문과에 병과로 급제하였고 성균관 전적, 돈령부 도정, 영월 부사(寧越府使) 등을 지냈다.

104 고인(古人)의……도리 : 자하(子夏)가 "벼슬을 하고서 여유가 있으면 학문을 하고 학문을 하고서 여유가 있으면 벼슬을 한다.〔仕而優則學, 學而優則仕.〕"라고 한 것을 이른다.《論語 子長》

105 심 은후(沈隱侯) : 남조(南朝) 양(梁)나라의 문신 심약(沈約, 441~513)으로, 자는 휴문(休文)이고 시호는 은(隱)이다. 벼슬은 좌광록대부(左光祿大夫)에까지 올랐다가 양 무제(梁武帝)의 노여움을 산 일로 파직되어 벼슬 없이 죽었다. 시문을 잘 지어 시와 부(賦)에서 독보적이었으며, 사조(謝朓) 등과 함께 '영명체(永明體)' 시를 주창하였고, '성운팔병(聲韻八病)' 설을 제창하였다. 저서로는《송서(宋書)》,《제기(齊記)》,《양무기(梁武記)》 등이 있었으나 지금은 전해지지 않고, 명(明)나라 사람이 집일(輯佚)한《심은후집(沈隱侯集)》이 있다.

것이 한스럽다."[106]라고 하였으니 더구나 심 은후보다 나은 자는 어떠하겠습니까. 세상의 추향(趨向)이 쇠퇴하여 이익만 보고 의리는 보지 못하며 나아갈 줄만 알고 물러날 줄은 알지 못하니, 진실로 그 이유를 찾는다면 다만 책을 읽지 않기 때문입니다. 책을 읽으면 학문이 진전되고 학문이 진전되면 식견이 진전되니 이와 같은 자라야 비로소 거취의 구분을 알 수 있습니다. 그러므로 주 선생(朱先生 주희(朱熹))이 일찍이 말씀하기를, "사람이 만약 도(道)를 봄이 분명하다면 이익과 녹봉에 동요되지 않는다."[107]라고 하셨고, 또 《논어(論語)》의 "벼슬을 하고서 여유가 있으면 학문을 하고 학문을 하고서 여유가 있으면 벼슬을 한다."[108]라는 글을 해석하면서는 "벼슬과 학문은 이치는 같으나 일은 다르다. 그러므로 각각의 일을 맡은 자는 반드시 먼저 그 일을 다 마친 뒤에야 나머지 일에 미칠 수 있는 것이다."라고 하신 것입니다. 지금 사람들은 자신에게 있는 실제를 다하지 않고서 망연하게 아무것도 없는 곳에서 오직 지위를 탐하고 봉록을 축내며 일신을 영화롭게 하고 집안을 살찌우는 것을 능사로 삼고 있으니, 세도(世道)가 망해가는 것은 아마도 이 때문일 것입니다.

족하(足下)의 이번 행보는 이것을 경계함이 있어서입니까? 아니면

106 부귀가……한스럽다 : 이 말은 심약(沈約)이 지은 《송서(宋書)》 권74 〈심유지열전(沈攸之列傳)〉에 보이는데, 심유지가 만년에 독서하는 것을 좋아하여 손에서 책을 놓지 않으면서 탄식하며 한 말이다.

107 사람이……않는다 : 이 말은 《주자어류(朱子語類)》 권24 〈논어 육(論語六) 위정편 하(爲政篇下)〉에 보이는데, 《논어》 〈위정〉의 자장(子張)이 녹(祿)을 구하는 방법을 배우려고 하였다는 장(章)과 관련하여 말한 것이다.

108 벼슬을……한다 : 66쪽 주104 참조.

한때의 의기인 것입니까? 만약 한때의 의기가 아니라면 비단 족하 일신만을 위한 계책이 아닐 것입니다. 대체로 사람들이 반드시 큰 근본 위에서 통투하게 살펴본다면 자연히 심흉이 탁 트여서 세상일을 볼 적에 모두 자질구레하여 말할 것도 없게 될 것입니다. 이러하다면 구구한 벼슬의 늦고 빠름이 어찌 자신의 영대(靈臺)를 얽어맬 수 있겠습니까. 속히 사서(四書)와 《심경(心經)》, 《근사록(近思錄)》 등의 여러 책을 가지고 매일의 과업으로 삼고 《주자어류(朱子語類)》와 《주자대전(朱子大全)》을 가지고 극(極)에 모여 극(極)으로 돌아가서 종신토록 연찬(硏鑽)한다면 절로 이루다 쓰지 못하는 바가 있게 될 것입니다. 족하께서는 여기에 힘쓰시기를 바랍니다.

임학경[109]에게 답함

答林學卿

'교화풍속(教化風俗)'이란 네 글자를 강습하지 않은 지가 오래되었습니다. 예의와 염치를 사대부들 자신부터 어겨서 독서하는 자는 학업을 폐하고 행실을 단속하지 않으며 백성들은 또한 생업을 태만히 하고 간사함을 익힙니다. 이에 풍교(風教)와 습기(習氣)가 날로 저속해지고 있으니 이는 하루아침에 되돌릴 수 있는 것이 아닙니다. 그러나 백성을 다스리는 자리에서 진실로 백성을 진작하여 새롭게 하는 데에 마음을 두신다면 백성들의 정신이 용동하는 것이 자연히 불이 타오르듯 하고 샘물이 솟아나듯 할 것이니 집집마다 찾아가서 가르치고 타이르는 것에 비하면 어찌 낫지 않겠습니까. 역참의 자리는 비록 작지만 또한 충분히 가르침을 베풀 수 있으니 고명(高明)께서는 도모하시기를 바랍니다.[110]

호남(湖南) 지방은 예로부터 절의(節義)의 선비가 많다고 일컬어졌는데 지금은 풍기가 쇠퇴하여 인물이 나오지 않고 있습니다. 문을 닫아걸고 지조를 지키면서 경서를 높이고 행의(行義)를 힘쓰는 자에 대해

109 임학경(林學卿) : 임효헌(林孝憲, 1784~?)으로, 자는 학경, 본관은 옥야(沃野)이며, 개성(開城) 출신이다. 1816년(순조16) 정시문과에 병과로 급제하였고 성균관 전적, 돈령부 도정, 영월 부사(寧越府使) 등을 지냈다.

110 역참의……바랍니다 : 이 편지의 수신인인 임효헌(林孝憲)은 1819년(순조19) 12월에 호남(湖南)의 경양도 찰방(景陽道察訪)에 제수되었다. 《承政院日記 純祖 19年 12月 25日》

서는 전혀 들어보지 못하였고 이른바 유생이라는 자들도 글을 짓고 시를 지어서 제과(制科)의 폐백으로 삼는 데에 불과할 뿐입니다. 그러나 그 중에도 응당 효효(嘐嘐)하여 옛사람을 사모하는 뜻[111]을 지닌 자가 있을 것이니 이러한 자와 함께 종유하고 계십니까? 좌하(座下)께서는 또한 더욱 스스로 분발하여 우뚝하게 제일의(第一義)로써 자처해서 한 도(道)의 표준이 되셔야 할 것입니다. 물고기를 잡은 자는 통발을 잊어버리기가 쉽고 벼슬을 하는 자는 뜻을 빼앗기기가 쉬운 법이지만 좌하께서는 어찌 그러하시겠습니까.

안은봉(安隱峯)[112]은 기절(氣節)을 숭상하고 명의(名義)를 좋아하였으니 진실로 남쪽 지방의 호걸스러운 선비입니다. 다만 지언(知言)과 명리(名理)에 있어서 정밀한 공부가 부족한 듯하고 또 타고난 성품이

111 효효(嘐嘐)하여……뜻 : 《맹자(孟子)》 〈진심 하(盡心下)〉에 맹자가 만장(萬章)에게 광자(狂者)에 대하여 설명한 구절이 나오는데, 그 글에 이르기를, "그 뜻이 효효하여 입만 열면 '옛사람이여, 옛사람이여!'라고 말하지만 평소에 그 행실을 살펴보면 말에 미치지 못하는 사람이다.〔其志嘐嘐然曰古之人古之人, 夷考其行而不掩焉者也.〕"라고 하였다. 이에 대한 주희(朱熹)의 주(註)에 "효효는 뜻이 크고 말이 큰 것이다.〔嘐嘐, 志大言大也.〕"라고 하였다.

112 안은봉(安隱峯) : 안방준(安邦俊, 1573~1654)으로, 자는 사언(士彦), 호는 은봉·우산(牛山)·빙호(氷壺), 본관은 죽산(竹山)이다. 보성(寶城) 출신이며 성혼(成渾)의 문인이다. 1592년(선조25)에 임진왜란이 일어나자 박광전(朴光前)과 함께 의병을 일으켰고 1614년(광해군6)에 보성 북쪽 우산(牛山)에 들어가 후진을 교육하였다. 일찍이 성리학에 전념하여 호남 지방에서 명성을 떨쳤다. 지기(志氣)가 굳건하고 절의를 숭상하였으며 포은(圃隱) 정몽주(鄭夢周), 중봉(重峯) 조헌(趙憲)을 가장 존모하여 이들의 호를 한 자씩 빌어 호를 은봉이라고 하였다. 이조 판서에 추증되었고 시호는 문강(文康)이며, 저서로는 《은봉전서(隱峯全書)》가 있다.

너무 굳세어 악을 미워함이 너무 지나쳤습니다. 그러므로 옛 인물을 논할 적에 왕왕 중도를 잃었으니 야은(冶隱)의 일을 논한 것[113]이 바로 그 한 가지 예입니다.

야은은 고려의 사직이 망해가는 것을 보고는 기미를 보고 당장 떠나가서 하루가 다하기를 기다리지 않았으며[114] 시를 지어 뜻을 나타내어 수양산(首陽山)에서 굶어죽는 것을 자신의 분수로 여겼습니다.[115] 그

113 야은(冶隱)의……것 : 야은은 길재(吉再, 1353~1419)로, 자는 재보(再父), 호는 야은·금오산인(金烏山人), 본관은 해평(海平)이며, 포은(圃隱) 정몽주(鄭夢周), 목은(牧隱) 이색(李穡)과 함께 삼은(三隱)으로 불리며 고려에 대해 절의를 지킨 것으로 이름이 났다. 길재는 일찍이 고려 우왕(禑王) 대에 벼슬을 시작하여 창왕(昌王) 대에 문하 주서(門下注書)에 이르렀는데, 1389년 이성계(李成桂)에 의해 창왕이 폐위되고 공양왕(恭讓王)이 즉위하자 고려가 장차 망할 것임을 알고는 벼슬을 버리고 고향으로 돌아왔다. 당시에 이성계가 우왕과 창왕을 폐위한 명분은 이들이 왕씨(王氏)의 혈통이 아니라 신돈(辛旽)의 혈통이라는 것이었는데, 안방준(安邦俊)은 길재가 왕씨의 백성으로서 신씨(辛氏)인 우왕과 창왕의 조정에서 벼슬하였다고 하면서 한(漢)나라 때에 왕망(王莽)의 조정에서 벼슬한 양웅(揚雄)에 견주어 비난하였다. 이에 대한 자세한 내용은 안방준이 지은 〈우산답문(牛山答問)〉에 보인다. 《隱峯全書 卷10 牛山答問》

114 기미를……않았으며 : 이 말은 본래 《주역(周易)》 〈계사전 하(繫辭傳下)〉에 보이는데, 이르기를, "군자는 기미를 보고 당장 떠나가서 하루가 다하기를 기다리지 않는다. 《역(易)》에 '돌처럼 견고해서 하루가 다하기를 기다리지 않으니 정(貞)하고 길(吉)하다.'라고 하였다. 절개가 돌과 같으니 어찌 하루가 다하기를 기다리겠는가. 결단함을 알 수 있다.〔君子見幾而作, 不俟終日. 易曰: 介于石, 不終日, 貞吉. 介如石焉, 寧用終日? 斷可識矣.〕"라고 하였다.

115 시를……여겼습니다 : 수양산(首陽山)은 주(周)나라 초기에 백이(伯夷)와 숙제(叔齊)가 은(殷)나라에 대한 절의를 지켜 은거하다가 굶어죽은 곳이다. 길재(吉再)의 〈반궁우음(泮宮偶吟)〉 시에 "용수산 바로 동편 낮은 담장이 기울고, 미나리 밭두둑에 수양버들 드리웠네. 몸은 비록 무리들보다 빼어남이 없지만, 뜻만은 백이숙제처럼 수양산에서 굶어죽는 것 맹세하네.〔龍首正東傾短墻, 水芹田畔有垂楊. 身雖從衆無奇特, 志

리고 목은(牧隱 이색(李穡))은 또한 야은을 명홍(冥鴻)[116]으로 허여하였으니 비단 수선비(受禪碑) 가운데에 그의 성명이 없을 뿐만이 아닙니다. 성조(聖朝)가 건국됨에 이르러 부름을 받고 서울에 이르러서 두 임금에게 글을 올린 것[117]은 하지 않는 것만 못하였으나 끝내 "두 성씨(姓氏)를 섬기지 않는다."라는 말로 맹세하고 자신의 뜻을 이루었습니다. "고려조 오백 년에 오직 선생뿐이네.〔高麗五百獨先生〕"[118]라는 구절

則夷齊餓首陽.〕"라고 하였다. 《冶隱先生言行拾遺 卷上 泮宮偶吟》

116 명홍(冥鴻) : 하늘 높이 날아가는 기러기를 말하는데, 고상한 뜻을 품고 세상을 피해 은거하는 선비를 비유하는 말로 쓰인다.

117 성조(聖朝)가……것 : 두 임금은 정종(定宗)과 태종(太宗)을 말한다. 길재(吉再)와 태종은 태학(太學)에서 함께 수학한 사이였는데, 태종이 세자에 오른 뒤에 길재를 잊지 못하여 서울로 불러들이자 길재는 주관(州官)의 재촉에 못 이겨 마지못해 역마를 타고 서울로 올라갔다. 그러자 태종이 정종에게 아뢰어 길재에게 봉상 박사(奉常博士)를 제수하였는데 길재는 태종에게 다음과 같은 글을 올려 사양하였다. "제가 옛날에 저하와 함께 반궁(泮宮)에서 시를 읽었으니 지금 저를 부르신 것은 옛 정의를 잊지 않으신 것입니다. 그러나 저는 신씨(辛氏 우왕・창왕)의 조정에서 급제하여 첫 벼슬을 하였다가 왕씨(王氏 공양왕)가 복위하자 곧장 고향으로 돌아가서 그대로 일생을 마치고자 하였습니다. 지금 옛정을 기억하여 부르심에 저는 그저 한번 뵙고 즉시 돌아가기를 원할 뿐이니 벼슬을 하는 것은 저의 뜻이 아닙니다." 태종은 길재의 뜻을 받아들이는 한편 관직을 제수한 정종에게 직접 글을 올려 사직할 것을 권하였다. 이에 길재는 정종에게도 다음과 같은 글을 올려 사직하였다. "신은 본래 한미한 사람으로 신씨의 조정에서 벼슬하여 문하 주서(門下注書)에 이르렀습니다. 신은 듣건대 여자는 두 지아비를 섬기지 않고 신하는 두 임금을 섬기지 않는다고 하였으니 추방되어 전리(田里)로 돌아가서 두 성씨(姓氏)를 섬기지 않는 뜻을 이루고 노모를 잘 봉양하며 여생을 마칠 수 있도록 해주십시오."《隱峯全書 卷10 牛山答問》《燃藜室記述 卷1 太祖朝 高麗守節諸臣附》

118 고려조……선생뿐이네 : 이는 남재(南在)가 지은 〈기길야은(寄吉冶隱)〉 시에 보이는 구절로, 그 전문은 다음과 같다. "고려조 오백 년에 오직 선생뿐이니, 일대의

은 참으로 사실을 기록한 것입니다. 만약 '신씨(辛氏)의 조정에서 벼슬을 했다'는 한 구의 말을 가지고 공양왕(恭讓王)의 조정에서 벼슬을 하지 않은 증거로 삼아 그의 죄를 성토한다면,[119] 아래 글에서 말한 "여자는 두 지아비를 섬기지 않고 신하는 두 군주를 섬기지 않으니 추방되어 전리(田里)로 돌아가기를 원한다."[120]라는 것은 또 무엇 때문에 말한 것이겠습니까. 야은이 말한 "두 성씨를 섬기지 않는다."라는

공명을 어찌 영화롭다 하리오. 늠름한 청풍이 천지 사방에 부니, 조선 억만 년에 아름다운 소리 영원하리로다.〔高麗五百獨先生, 一代功名豈足榮? 凜凜淸風吹六合, 朝鮮億載永嘉聲.〕" 이 시의 서문에 시를 짓게 된 연유를 다음과 같이 말하였다. "봉암처사(鳳巖處士) 길 선생(吉先生)이 지난 경진년 가을에 태상 박사(太常博士)로 부름을 받았는데 선생은 두 성씨를 섬기는 것을 부끄러워하여 완강히 버티며 가지 않았다. 주관(州官)이 서울로 올라갈 것을 더욱 엄하게 재촉하자 형세에 못 이겨 서울로 올라가서는 상소하여 진정을 아뢰었다. 그러자 성상이 그 절의를 가상히 여겨 고향으로 돌아가도록 하였다. 내가 그 고을의 감사(監司)가 된 뒤에 선생이 모친상을 당하여 묘 곁에서 여막을 짓고 지낸다는 소식을 듣고는 시를 지어 보내어 먼저 안부를 물었다."《龜亭遺稿 上 寄吉冶隱》

119 만약……성토한다면 : 안방준(安邦俊)의 〈우산답문(牛山答問)〉에 다음과 같이 말하였다. "야은(冶隱)이 '신씨(辛氏 우왕·창왕)의 조정에서 급제하여 첫 벼슬을 하였다가 왕씨(王氏 공양왕)가 복위하자 곧장 고향으로 돌아가서 그대로 일생을 마치고자 하였다.'라고 한 것은 스스로 신씨의 신하임을 자처한 것이니 왕씨의 신하가 아닌 것입니다. 또 '신은 본래 한미한 사람이다.'라고 한 것은 은연중에 집안 대대로 왕씨의 봉록을 받지 않은 것을 자부한 것입니다. 집안이 대대로 한미하여 봉록을 받지 못했다고 한들 어찌 오백 년 왕씨 조정의 백성이 아니겠습니까. 오백 년 왕씨 조정의 백성으로서 신돈(辛旽) 자손의 조정에서 신하가 되었으니 참으로 양웅(揚雄)의 무리인 것이며 그가 한 말은 양웅보다도 심한 점이 있는 것입니다."《隱峯全書 卷10 牛山答問》

120 여자는……원한다 : 이 글은 길재(吉再)가 정종(定宗)에게 사직하며 올린 글에 보인다. 자세한 내용은 72쪽 주117 참조.

것은 공양왕을 가리킨 것이 아니고 바로 본조(本朝)를 가리킨 것이니 이는 문리를 조금이라도 깨우친 자라면 또한 알 수 있는 것입니다. 그런데 망대부(莽大夫)에 견주어 말하였으니[121] 상정(常情)에서 나온 바가 아닌 듯합니다. 어찌 은봉 같은 분이 이런 말을 하리라고 생각했겠습니까. "기사년과 경오년 사이에 벼슬을 내놓고 나오지 않은 것을 신씨(辛氏)를 위한 것이라고 할 수 있겠는가."[122]라는 시남(市南 유계(兪棨))의 말씀이 마땅히 바꿀 수 없는 정론이 될 것입니다.

야은은 대나무를 길러 고려의 밭에다 심고 국화를 따서 백이(伯夷)의 혼령에 제사하여 지금까지도 마을 아낙들이 이에 감화되어 자신의 지조를 바꾸지 않으니 깨끗한 풍모와 높은 절개가 천고에 진동합니다. 어찌 그 사이에 시비를 용납할 수 있겠습니까. 대체로 일을 논할 때에

121 망대부(莽大夫)에 견주어 말하였으니 : '망대부'는 '왕망(王莽)의 대부'라는 뜻으로, 양웅(揚雄)을 폄하하여 일컫는 말이다. 송(宋)나라 주희(朱熹)가 《자치통감강목(資治通鑑綱目)》을 편찬할 적에 양웅이 한(漢)나라 왕실을 찬탈한 왕망의 밑에서 대부를 지낸 것을 폄척하여 "왕망의 대부 양웅이 죽었다.〔莽大夫揚雄死.〕"라고 기록한 일이 있다. 안방준(安邦俊)이 〈우산답문(牛山答問)〉에서 길재(吉再)를 두고 "참으로 양웅의 무리인 것이며 그가 한 말은 양웅보다 심한 점이 있다"라고 한 것을 이른다.

122 기사년과……있겠는가 : 이는 유계(兪棨)가 안방준(安邦俊)에게 보낸 편지에 보이는 내용으로, 그 편지에 다음과 같이 말하였다. "야은(冶隱)이 '두 성씨를 섬기지 않는다.'라고 한 것은 명백히 본조(本朝)를 가리킨 것이니 결코 공양왕(恭讓王)을 가리킨 것이 아닙니다. 왕씨가 복위된 뒤에 벼슬을 하지 않기로 결의했다고 한 것은 그 뜻을 자세히 음미해보면 또한 문제될 것이 없을 듯합니다. 우왕(禑王)과 창왕(昌王)이 주벌되고 공양왕이 왕위에 올랐을 적에 명목은 비록 왕씨를 다시 세운다고 하였으나 고려가 망하는 것이 실로 이때에 있었습니다. 그렇다면 기사년과 경오년 사이에 벼슬을 내놓고 나오지 않은 것을 모두 신씨를 위한 것이라고 할 수 있겠습니까."《市南集 卷12 與安牛山書》

는 마땅히 대체(大體)를 들어야 하고 인물을 논할 때에는 마땅히 대절(大節)을 보아야 합니다. 만약 자질구레한 것까지 다 주워 모으고 걸음걸음마다 잘못을 찾아낸다면 세상에 어찌 다시 완전한 사람이 있겠습니까. 이것은 언론만 독실한 자[123]들이 마땅히 경계하고 경계해야 할 바입니다.

불하(不賀)의 예(禮)[124]는 그 길일을 택하였으니 생각건대 얼마나 기쁘시겠습니까? 다만 신랑인 아드님이 아직 성동(成童)의 나이가 되지 못하였는데 갑자기 관례를 치르고 아내를 맞이하게 되었으니 너무 이르지 않겠습니까. 고례(古禮)의 '20세가 되면 관례를 치르고 30세가 되면 아내를 맞이한다'는 것[125]은 비록 행하지 못한다고 하더라도 《가

123 언론만 독실한 자 : 언론만 독실하게 잘하고 행실이 뒷받침되지 못하는 자를 이른다. 《논어(論語)》 〈선진(先進)〉에 공자(孔子)가 말하기를, "언론만 독실한 사람을 친하게 대한다면 군자다운 자이겠는가. 얼굴만 근엄한 자이겠는가.〔論篤是與, 君子者乎? 色莊者乎?〕"라고 하였다.

124 불하(不賀)의 예(禮) : '하례(賀禮)하지 않는 예'라는 뜻으로 혼례(婚禮)를 이른다. 《예기(禮記)》 〈교특생(郊特牲)〉에 이르기를, "혼례에 하례하지 않는 것은 바로 사람의 차서(次序)를 잇는 것이기 때문이다.〔昏禮不賀, 人之序也.〕"라고 하였다. 하례하지 않는다는 것은 혼례에 물품을 보내어 축하하지 않는다는 말이며, 차서를 잇는다는 것은 혼례를 통해 집안의 세대교체가 이루어지는 것을 말하는데, 이 때문에 드러내놓고 축하하고 즐기기가 어렵다는 말이다.

125 고례(古禮)의……것 : 《예기(禮記)》 〈내칙(內則)〉에 이르기를, "20세가 되면 관례를 치르니 비로소 예(禮)를 배우며 갖옷과 비단옷을 입고 대하(大夏) 춤을 출 수가 있다. 효도와 우애를 돈독히 실행하고 널리 배우되 아직 가르치지는 않으며 그 미덕을 마음속에 지니되 드러내 보이지 않는다. 30세가 되면 아내를 맞이하니 비로소 남자의 할 일을 처리할 수 있으며 널리 학문을 닦되 두루 배우며 친구를 공손하게 대하고 그

례(家禮)》의 '남자는 나이가 15세 이상이면 모두 관례를 치를 수 있고 16세 이상이면 모두 혼례를 치를 수 있다'는 것[126]만큼은 따라야 할 것입니다. 그런데 지금은 일찍 혼인하는 것을 좋게 여겨서 부모의 도리를 알지 못한 채 자식을 낳아 기르고 혈기가 안정되기도 전에 정욕에 의해 기운이 상합니다. 교화가 밝아지지 못하고 백성들이 많이 요절하는 것은 아마도 이 때문일 것입니다. 매번 왕자양(王子陽)의 상소문[127]을 읽을 때마다 정신이 번쩍 드니 어찌 의로운 방법으로 자식을 가르치는[128] 우리 학경(學卿)께서도 이런 잘못을 하신단 말입니까. 어찌하여

뜻을 살핀다.〔二十而冠, 始學禮, 可以衣裘帛舞大夏, 惇行孝弟, 博學不教, 內而不出. 三十而有室, 始理男事, 博學無方, 孫友視志.〕"라고 하였다.

126 가례(家禮)의……것 : 《가례》 권2 〈관례(冠禮)〉에 이르기를, "남자는 나이가 15세부터 30세까지는 모두 관례를 치를 수 있다.〔男子年十五至二十皆可冠.〕"라고 하였고, 〈혼례(昏禮)〉에 이르기를, "남자는 나이가 16세부터 30세까지, 여자는 나이가 14세부터 20세까지 혼례를 치를 수 있다.〔男子年十六至三十, 女子年十四至二十.〕"라고 하였다.

127 왕자양(王子陽)의 상소문 : 왕자양은 한(漢)나라 선제(宣帝) 때의 사람 왕길(王吉)로, 자는 자양이며 간대부(諫大夫)를 지냈다. 왕길이 선제에게 올린 상소문에 이르기를, "부부는 인륜의 큰 근본이자 요절과 장수의 싹입니다. 세속에서 시집가며 장가드는 것을 너무 일찍 해서 사람의 부모가 된 도리를 알지도 못한 채 자식을 둡니다. 이 때문에 교화가 밝아지지 못하고 백성들이 많이 요절하는 것입니다.〔夫婦, 人倫大綱, 夭壽之萌也. 世俗嫁娶太蚤, 未知爲人父母之道而有子. 是以教化不明而民多夭.〕"라고 하였다. 《漢書 卷72 王吉傳》《小學 嘉言》

128 의로운……가르치는 : '의로운 방법으로 자식을 가르친다'는 것은 《춘추좌씨전(春秋左氏傳)》 은공(隱公) 3년 조에 보이는 말로, 위(衛)나라 장공(莊公)의 아들 주우(州吁)가 오만방자하게 굴자, 현대부(賢大夫) 석작(石碏)이 장공에게 충간하기를, "신은 듣자오니 자식을 사랑하되 의로운 방법으로 가르쳐서 잘못된 곳으로 빠지지 않게 해야 한다고 하였습니다.〔臣聞愛子教之以義方, 弗納於邪.〕"라고 하였다. 이 말은 《소

속수옹(涑水翁 사마광(司馬光))의 "반드시 장성하기를 기다려 혼인을 의논하였다."[129]라는 말씀을 가지고 법으로 삼지 않으십니까.

학(小學)》〈계고(稽古)〉에도 실려 있다.

129 반드시……의논하였다 : 이 말은《가례(家禮)》권3〈혼례(昏禮) 의혼(議昏)〉의 주(註) 가운데 보이는 사마광(司馬光)의 말로, 다음과 같이 말하였다. "나의 선조이신 태위공(太尉公)께서는 일찍이 '우리 집안의 남녀 자손은 반드시 장성하기를 기다린 뒤에야 혼인을 의논하였고, 혼인을 의논하는 서신을 주고받으면 수개월 안에 반드시 혼인을 치렀다. 그러므로 종신토록 이러한 후회가 없었다.'라고 하셨으니 이는 바로 자손들이 마땅히 법으로 삼아야 할 바이다.〔先祖太尉嘗曰: 吾家男女, 必俟旣長, 然後議昏, 旣通書, 不數月必成昏, 故終身無此悔. 乃子孫所當法也.〕"

임학경[130]에게 답함 신묘년(1831, 순조31) 6월

答林學卿 辛卯六月

편지를 받아보건대 현재 화담서원(花潭書院)[131]의 서재로 책상을 옮겨 여름과 가을을 보낼 계획이라고 하시니 이 얼마나 기이한 인연입니까. 마음을 스승 삼아 스스로 터득하여 천기(天機)를 오묘하게 깨달아서 이 어른[132]의 진전(眞詮)을 배우실 수 있겠습니까? 이 어른의 공부는 오로지 '사(思)' 한 글자에 있었으니 "생각하고 또 생각하면 귀신이 깨우쳐 준다."[133]라고 한 것에 거의 가깝습니다. 그러나 올바른 문(門)

130 임학경(林學卿) : 임효헌(林孝憲, 1784~?)으로, 자는 학경, 본관은 옥야(沃野)이며, 개성(開城) 출신이다. 1816년(순조16) 정시문과에 병과로 급제하였고 성균관 전적, 돈령부 도정, 영월 부사(寧越府使) 등을 지냈다.

131 화담서원(花潭書院) : 개성(開城)에 있었던 화곡서원(花谷書院)으로, 화담 서경덕(徐敬德)의 위패를 모신 곳이다. 1609년(광해군1) 지방 유림에 의해 창건되어 1635년(인조13)에 '화곡(花谷)'이라 사액되었으며, 1871년(고종8) 대원군의 서원철폐령에 따라 훼철되었다.

132 이 어른 : 화담(花潭) 서경덕(徐敬德, 1489~1546)을 가리킨다. 서경덕의 자는 가구(可久), 호는 화담·복재(復齋), 본관은 당성(唐城)이다. 벼슬에 나아가지 않고 개성(開城)의 화담에서 연구와 교육에 힘썼다. 북송(北宋)의 주돈이(周敦頤)·소옹(邵雍)·장재(張載)의 철학사상을 조화시켜 독자적인 기일원론(氣一元論)의 학설을 제창하였다. 저서로는 《화담집(花潭集)》이 있다.

133 생각하고……준다 : 이는 본래 《관자(管子)》 〈내업(內業)〉에 보이는 말로, "생각하고 또 생각하며 다시 거듭 생각해야 하니, 생각하고도 깨우치지 못하면 귀신이 장차 깨우쳐 줄 것이다. 이는 귀신의 힘이 아니라 정기가 지극하기 때문이다.〔思之思之, 又重思之, 思之而不通, 鬼神將通之. 非鬼神之力也, 精氣之極也.〕"라고 하였다.

을 통하지 않고 헛되이 심력을 소비하였으니 이는 또한 불행하게도 석담(石潭 이이(李珥))의 뒤에 나오지 못하여 질정을 받지 못했기 때문입니다. 이 어른 역시 스스로 말씀하기를, "어진 스승을 만나지 못하여 공부를 허비하였으니 배우는 자들은 나의 공부를 본받아서는 안 된다."라고 하였으니 이 말씀은 참으로 사실을 서술한 것입니다. 처음에 입문한 것은 수학(數學)[134]이었으나 또한 능히 수(數)로부터 이(理)를 미루어 알았으니 아마도 강절(康節)[135]의 풍도를 들은 분인 듯합니다. 그러나 또한 강절이 정자(程子)와 주자(朱子)의 뒤에 나오지 못한 것이 한스럽습니다.

성인은 이(理)를 말씀하고 수(數)를 말씀하지 않았습니다. 이(理)로부터 기(氣)를 미루어 아는 자들은 이(理)가 주(主)가 되지만 수(數)로부터 이(理)를 미루어 아는 자들은 기(氣)를 주(主)로 삼는 데에 빠지기가 쉽습니다. 기(氣)와 수(數)를 주(主)로 삼는 자들은 대체로 곁길로 달려가게 되니 안타까운 일입니다. 이 어른이 말씀하기를, "그 소당연(所當然)의 가운데에 나아가서 그 소이연(所以然)의 이치를 볼 수 있다."라고 하였고 또 말씀하기를, "이(理)가 착종되어 있는 부분을

134 수학(數學) : 《주역(周易)》의 괘에 나타난 형상과 수(數)의 변화를 연구하는 학문으로, 곧 상수학(象數學)을 말한다.

135 강절(康節) : 송(宋)나라 학자 소옹(邵雍, 1011~1077)으로, 자는 요부(堯夫), 호는 안락와(安樂窩), 시호는 강절이다. 하남(河南) 사람으로, 《주역(周易)》의 상수학(象數學)에 능통하였다. 벼슬에 나아가지 않고 소문산(蘇門山) 백천(百泉)에서 독서하며 사는 집을 안락와라고 하고 자호를 안락 선생(安樂先生)이라 하였다. 또한 낙양(洛陽)에 살 때에는 공중누각(空中樓閣)을 지어 자호를 무명공(無名公)이라고 하기도 하였다. 저서로는 《격양집(擊壤集)》, 《황극경세서(皇極經世書)》 등이 있다.

수(數) 위에서 분명히 알 수 있다."라고 하였습니다. 이 뜻을 미루어 본다면 또한 수(數)를 주(主)로 삼고 이(理)를 객(客)으로 삼는 분은 아닙니다. 그러나 종종 이(理)를 기(氣)로 오인하는 병통이 있었으니 이 어른을 잘못 배우다가는 그릇되기가 쉽습니다. 그러므로 말하기를, "차라리 퇴계(退溪 이황(李滉))가 옛것을 본떴던 것을 배울지언정 화담이 자득(自得)하였던 것을 배울 필요가 없다."[136]라고 하였습니다. 속히 이러한 뜻을 체득하여 선택할 바를 아시길 바랍니다.

좌하(座下)께서는 이미 석갈(釋褐)[137]을 하였고 또 한 지방의 교육을 관장하시니 짐작컨대 응당 남을 사랑하는 데에 마음을 둘 것이고[138] 자기 한 사람과 자기 한 집안 자손들의 향보(饗保)[139]에만 관심을 두지

136 차라리……없다 : 이는 이이(李珥)의 말로, 《율곡전서(栗谷全書)》 권10 〈답성호원(答成浩原)〉에 "대체로 퇴계는 옛것을 본뜬 맛이 많으므로 그 말이 구애가 있고 조심스러웠으며, 화담은 자득한 맛이 많으므로 그 말이 즐겁고 호방하였다. 조심스러웠기 때문에 실수가 적었고 호방했기 때문에 실수가 많았으니, 차라리 퇴계가 옛것을 본떴던 것을 배울지언정 화담이 자득했던 것을 본받을 필요가 없다.〔蓋退溪多依樣之味, 故其言拘而謹; 花潭多自得之味, 故其言樂而放. 謹故少失, 放故多失, 寧爲退溪之依樣, 不必效花潭之自得也.〕"라고 보인다.

137 석갈(釋褐) : 천한 사람이 입는 갈옷〔褐衣〕을 벗어 버린다는 뜻으로, 문과에 급제하여 처음으로 벼슬을 하는 것을 말한다.

138 남을……것이고 : 명도(明道) 정호(程顥)가 말하기를, "맨 처음 벼슬길에 나선 선비가 진실로 남을 사랑하는 데에 마음을 둔다면 다른 사람들에 대해서 반드시 구제해 주는 바가 있을 것이다.〔一命之士, 苟存心於愛物, 於人必有所濟.〕"라고 하였다. 《近思錄 卷10》

139 향보(饗保) : 자손들이 제사를 받들고 보호를 받음을 뜻한다. 《중용장구(中庸章句)》 제17장에 보이는 공자(孔子)의 말에 "순(舜)은 대단한 효자이시다. 덕으로는 성인

는 않을 것입니다. 사람은 반드시 천하와 고통을 함께하려는 마음을 간직하고서 그런 뒤에 자기를 보전하려는 사사로운 계책을 도모해야만 사심을 깨끗이 씻고 멀리 벗어날 수 있습니다. 이렇게 하면 비록 문을 닫아걸고 홀로 지키고 있더라도 항상 마음이 넓고 넓어서 사해(四海)를 넘나들 수 있을 것입니다. 이것이 바로 대심중생(大心衆生)[140]이니 법도를 넘어서 고상함을 추구하는 것도 아니고 걸음을 느리게 하여 영합하기를 구하는 것도 아닙니다. 좌하께서는 우선 정사를 베풀 일이 없으니 오직 인재를 잘 길러내는 것이 바로 직분상 마땅히 해야 할 바입니다. 임기가 끝나간다고 하여 혹시라도 괴시(槐市)[141]를 교화하는 일을 소홀히 하지 마시고 끝을 힘쓰기를 처음과 같이 하여 영원히 지속되기를 도모하십시오. 이렇게 하시기를 몹시 바라 마지않습니다.

이 되시고 존귀함으로는 천자가 되시며 부유함으로는 사해 안을 모두 소유하시어 종묘에서 제사를 받들고 자손이 보호를 받게 되었다.〔舜, 其大孝也與! 德爲聖人, 尊爲天子, 富有四海之內, 宗廟饗之, 子孫保之.〕"라고 한 데에서 나온 말이다.

140 대심중생(大心衆生) : 범어(梵語) 'Bodhisattva'의 의역으로, 그 음역인 '보리살타(菩提薩陀)'·'보살(菩薩)'과 같은 말이다. 'Bodhi', 곧 '보리(菩提)'는 '대심(大心)', 즉 '깨달음'·'지혜'의 뜻이고, 'sattva', 곧 '살타(薩陀)'는 '중생(衆生)'·'유정(有情)'의 뜻이다.

141 괴시(槐市) : 한(漢)나라 때 장안(長安)에 학생들이 모여서 무역하던 시장으로, 그곳에 괴나무가 많아서 붙여진 이름인데, 전하여 후세에는 학궁(學宮)을 가리키는 말이 되었다.

윤명직[142] 광연 에게 답함 계해년(1803, 순조3) 2월

答尹明直 光演○癸亥二月

《가례(家禮)》를 보면, 이른 새벽에 부모나 시부모의 처소를 찾아가 살피고 문안하되 장부(丈夫)는 창야(唱喏)하고 부인(婦人)은 만복(萬福)을 받으시라고 말하니 이는 바로 《예기(禮記)》의 '신성(晨省)'이라고 하였습니다.[143] 또 밤이 되면 장부는 창야하고 부녀(婦女)는 편안히 주무시라고 하고 물러가니 이는 바로 《예기》의 '혼정(昏定)'이라고 하였습니다.[144] '창야'는 읍(揖)할 때 내는 소리이니 신성과 혼정 때에

142 윤명직(尹明直) : 윤광연(尹光演, ?~?)으로, 자는 명직이며, 자세한 인물정보는 미상이다.

143 이른……하였습니다 : 《가례(家禮)》 권1 〈통례(通禮) 사마씨거가잡의(司馬氏居家雜儀)〉에 "이른 새벽에 부모나 시부모의 처소를 찾아가 살피고 문안한다.〔昧爽適父母舅姑之所省問〕"라고 하였는데, 그 주(註)에 "장부는 창야하고 부인은 만복을 받으시라고 말하며, 이어서 시중드는 사람에게 밤새 어떠하셨는지 안부를 묻는다. 시중드는 사람이 평안하셨다고 말하면 곧 물러난다. 혹 평안하지 않았으면 시중드는 사람이 장부와 부인에게 이를 아뢴다. 이는 바로 《예기(禮記)》의 '신성(晨省)'이다.〔丈夫唱喏, 婦人道萬福, 仍問侍者夜來安否何如. 侍者曰安, 乃退. 其或不安節, 則侍者以告. 此卽禮之晨省也.〕"라고 하였다. '신성'은 《예기》 〈곡례 상(曲禮上)〉에 나오는 말로, "무릇 자식이 된 사람의 예는, 겨울이면 어버이를 따뜻하게 해 드리고 여름이면 서늘하게 해 드리며 저녁에는 잠자리를 살펴 드리고 새벽에는 안부를 여쭙는 것이다.〔凡爲人子之禮, 冬溫而夏凊, 昏定而晨省.〕"라고 하였다. 창야(唱喏)는 남자가 행했던 예(禮)로, 손으로 읍(揖)을 하는 동시에 입으로 소리를 내어 공경을 표하는 것이다. 창낙(唱諾)이라고도 한다.

144 밤이……하였습니다 : 《가례(家禮)》 권1 〈통례(通禮) 사마씨거가잡의(司馬氏居

단지 읍례(揖禮)만 행함을 미루어 알 수 있습니다. 이는 바로 '평소 모시고 있을 때에는 절하지 않는다'는 의리입니다. 그러므로 부모의 상중에는 조석(朝夕)으로 곡하되 절은 하지 않고 소상(小祥) 뒤에는 첨알(瞻謁)만 행할 뿐입니다.

그런데 유독 신독재(愼獨齋) 김 선생(金先生 김집(金集))은 의기(義起)[145]하여 신성과 혼정 때에 배례(拜禮)를 행해서 부친이 잠자리에 들었더라도 절을 올렸습니다. 부친인 사옹(沙翁 김장생(金長生))이 "부형이 누웠으면 절을 올리지 않는다."라고 가르치셨으나 신독재는 끝내 배례를 그만두지 않았습니다. 저도 일찍이 이를 따라 행하다가 뒤에 《가례》를 기준으로 삼아 절을 하지 않게 되었습니다. 근래에 듣건대 미호(渼湖 김원행(金元行)) 문하의 자제들이 신성과 혼정 때에 읍례만 행한다고 합니다. 멀게는 주자(朱子)를 본받고 가깝게는 미호를 따른다면 따르는 바에 있어 미혹되지 않고 또한 바른 예에 부합될 수 있을 것입니다. 모르겠습니다만 어떻겠습니까?

家雜儀)〉에 "밤이 되어 부모나 시부모가 잠자리에 드시려고 하면 편안히 주무시라고 하고 물러난다.〔旣夜父母、舅姑將寢, 則安置而退.〕"라고 하였는데, 그 주(註)에 "장부는 창야하고 부녀는 편안히 주무시라고 한다. 이는 바로 《예기(禮記)》의 '혼정(昏定)'이다.〔丈夫唱喏, 婦女道安置. 此卽禮之昏定也.〕"라고 하였다. '혼정'은 82쪽 주143 참조.

145 의기(義起) : 《예기(禮記)》 〈예운(禮運)〉에 "예(禮)라는 것은 의(義)의 실질이니, 의에 맞추어서 맞으면 예는 비록 선왕(先王) 때에 없는 것일지라도 의로써 새로 만들 수 있다.〔禮也者, 義之實也. 協諸義而協, 則禮雖先王未之有, 可以義起.〕"라고 한 데서 온 말로, 예문(禮文)에 없더라도 이치를 참작하여 새로운 예(禮)를 만드는 것을 말한다.

윤명직[146]에게 답함

答尹明直

예서(禮書)를 공부하는 방법에 대해 여쭈신 것은 제가 무엇을 안다고 감히 왈가왈부하겠습니까. 그러나 일찍이 생각건대, 주공(周公)이 《의례(儀禮)》를 짓고 공자(孔子) 문하의 제자(諸子)들이 《예기(禮記)》를 지었으니 《의례》가 경(經)이 되고 《예기》가 전(傳)이 됩니다. 그러므로 《의례》에는 〈사관례(士冠禮)〉와 〈사혼례(士昏禮)〉가 있고 《예기》에는 〈관의(冠義)〉와 〈혼의(昏義)〉가 있습니다.[147] 따라서 예서를 읽는 선비는 마땅히 《의례》를 먼저 하고 《예기》를 뒤에 해야 합니다. 《주례(周禮)》 역시 주공이 지은 것이지만 명(明)나라의 《대명회전(大明會典)》과 본조의 《대전통편(大典通編)》처럼 주(周)나라 한 왕조의 제도만 싣고 있습니다. 비록 삼례(三禮)[148]에 나란히 들어있으나 이를 공부하는 순서는 뒤에 있어야 할 것입니다.

146 윤명직(尹明直) : 윤광연(尹光演, ?~?)으로, 자는 명직이며, 자세한 인물정보는 미상이다.

147 의례에는……있습니다 : 《예기집설대전(禮記集說大全)》 권29 〈관의(冠義)〉의 주(注)에 여대림(呂大臨)이 말하기를, "《의례》의 편명에 '예(禮)'를 붙이는 이유는 예의 경(經)이기 때문이고, 《예기》의 편명에 '의(義)'를 붙이는 이유는 모두 경(經)의 절문을 들어서 그 제작한 뜻을 서술하기 때문이다.〔儀禮所載, 謂之禮者, 禮之經也; 禮記所載, 謂之義者, 皆擧其經之節文以述其制作之義也.〕"라고 하였다.

148 삼례(三禮) : 고례(古禮)를 기록한 《주례(周禮)》, 《의례(儀禮)》, 《예기(禮記)》 세 가지의 책을 합하여 일컫는 말이다.

삼례를 끝마친 뒤에는 마땅히 《경전통해(經傳通解)》[149] 및 면재(勉齋)의 《속해(續解)》,[150] 신재(信齋)의 도설(圖說)[151]을 이어서 공부해야 합니다. 그리고 《가례(家禮)》를 중점적으로 보면서 《개원례(開元禮)》[152] 및 두씨(杜氏)의 《통전(通典)》,[153] 온공(溫公)의 《서의(書儀)》,[154] 경산(瓊山)의 《의절(儀節)》[155]을 참고해서 보아야 하는데,

149 경전통해(經傳通解) : 《의례경전통해(儀禮經傳通解)》로, 송(宋)나라 주희(朱熹)가 《의례》를 중심으로 《예기(禮記)》와 경사(經史)에 있는 예설(禮說), 선유(先儒)들의 학설을 모아 편찬한 책이다.

150 면재(勉齋)의 속해(續解) : 면재는 송(宋)나라 때의 학자 황간(黃榦)으로, 자는 직경(直卿), 호는 면재이며, 주희(朱熹)의 문인이자 사위이다. 《속해》는 《의례경전통해속(儀禮經傳通解續)》으로, 주희가 《의례경전통해》를 완성하지 못하고 죽자 황간이 원집에 누락된 상례(喪禮) 부분을 보충하여 편찬한 것이다.

151 신재(信齋)의 도설(圖說) : 신재는 송(宋)나라 때의 학자 양복(楊復)으로, 자는 지인(志仁), 호는 신재이며, 주희(朱熹)의 문인이다. 양복은 황간(黃榦)이 편찬한 《의례경전통해속(儀禮經傳通解續)》에 의례상복도식(儀禮喪服圖式)을 덧붙였으며, 아울러 원집에 누락된 제례(祭禮) 부분도 보충하였다.

152 개원례(開元禮) : 당(唐)나라 현종(玄宗) 개원(開元) 연간에 칙명에 의해 서견(徐堅), 소숭(蕭崇) 등이 150권으로 편찬한 《대당개원례(大唐開元禮)》를 말한다. 길례(吉禮), 빈례(賓禮), 가례(嘉禮), 군례(軍禮), 흉례(凶禮)의 다섯 가지로 분류되었다.

153 두씨(杜氏)의 통전(通典) : 두씨는 당(唐)나라의 정치가이자 사학자 두우(杜佑)로, 자는 군경(君卿)이며, 덕종(德宗)·순종(順宗)·헌종(憲宗) 때에 벼슬을 하여 사도(司徒), 동평장사(同平章事) 등을 지냈다. 《통전》은 두우가 편찬한 정서(政書)로, 상고(上古)시대부터 당나라 현종조(玄宗朝)까지의 역대 제도를 식화(食貨)·선거(選擧)·직관(職官)·예(禮)·악(樂)·병(兵)·형(刑)·주군(州郡)·변방(邊防)의 각 부문으로 나누어 기술하였다.

154 온공(溫公)의 서의(書儀) : 온공은 송(宋)나라의 학자이자 정치가 사마광(司馬光)으로, 자는 군실(君實), 호는 우부(迂夫)·우수(迂叟)이며, 온국공(溫國公)에 봉

《가례》는 《서의》를 근본으로 하였고 《의절》은 《가례》에서 나왔습니다. 《상례비요(喪禮備要)》[156]는 또 《가례》를 근간으로 하고 아울러 제가(諸家)의 설까지 채록해 놓았으니 바로 우리나라 예가(禮家)의 기준입니다. 근원에서부터 아래로 내려오는 것이 진실로 옳겠지만 이왕 이렇게 할 수 없다면 지류에서부터 위로 거슬러 올라가는 것도 하나의 방법일 것입니다. 먼저 《가례》와 《상례비요》를 가지고 강명하여 체행하고 아울러 《의절》을 함께 공부하는 것이 어찌 해가 될 게 있겠습니까.

외조부모에게는 본래 소공복(小功服)을 입으니, 이는 《의례》에 실려 있는 바이고 《개원례》 및 《가례》, 명(明)나라의 예(禮), 우리나라의 제도도 다만 《의례》를 따랐을 뿐입니다. 그런데 보내오신 편지에 '복제도(服制圖)에 외조부모를 위하여 대공복(大功服)을 입도록 되어 있다'고 하시니 누가 만들어낸 것인지 모르겠습니다. 한번 보여주시기

해져 온공이라고도 칭한다. 《서의》는 사마광이 지은 책으로, 고례(古禮)를 근본으로 하고 당시의 행할 만한 것을 참작하여 만들었다. 표주(表奏)·공문(公文)·사서(私書)·가서(家書)의 서식(書式) 1권, 관의(冠儀) 1권, 혼의(婚儀) 2권, 상의(喪儀) 6권 등 도합 10권이다.

155 경산(瓊山)의 의절(儀節) : 경산은 명(明)나라의 학자 구준(丘濬)으로, 자는 중심(仲深), 호는 심암(深菴)이며, 경산 출신이어서 경산 선생이라고도 한다. 《의절》은 구준이 지은 《가례의절(家禮儀節)》로, 주희(朱熹)의 《가례》를 당시의 제도에 맞게 가감하고 매 장(章)의 끝에 주석과 고증을 붙여 8권으로 편찬한 책이다.

156 상례비요(喪禮備要) : 주희(朱熹)의 《가례(家禮)》를 위주로 하고 그 밖의 고금 제가(諸家)의 예설(禮說)을 참고로 하여 초상(初喪)에서 장제(葬祭)까지의 의식을 기록한 상례 지침서이다. 신의경(申義慶)이 지은 것을 김장생(金長生)이 교정하여 증보하였고, 다시 김집(金集)이 교정하여 1648년(인조26)에 간행하였다.

를 바랍니다. 어떤 간 큰 사람이 이처럼 《의례》를 바꾸어 놓았단 말입니까. 결코 따라 행해서는 안 됩니다. 일찍이 무조(武曌)[157]가 만든 예를 보았는데 외조부모에게 대공복을 입는다고 되어 있었으니 참람한 죄를 이루 다 주벌할 수가 없습니다. 어느 누가 원성(元聖 대성(大聖))을 버리고 흉적(兇賊)을 따르단 말입니까.

탁 부인(卓夫人)은 유 소부(劉少傅) 자우(子羽)[158]의 계실(繼室)이자 유평(劉玶)의 모친입니다. 주자(朱子)는 열네 살에 모친을 모시고 숭안(崇安) 오부리(五夫里)에서 유병산(劉屛山) 자휘(子翬)[159]를 종유

157 무조(武曌) : 당(唐)나라 측천무후(則天武后)의 이름으로, '조(曌)'는 그녀가 창안하여 새로 만든 글자이다. 원래 태종(太宗)의 후궁이었는데, 태종이 죽자 머리를 깎고 보살이 되었다가 다시 고종(高宗)의 후궁으로 들어와 왕후가 되었다. 고종이 죽고 중종(中宗)이 즉위하자 중종을 폐하고 동생인 예종(睿宗)을 세웠고, 다시 예종을 폐하고 스스로 황제의 자리에 올라 측천무후라 칭하고 나라 이름을 주(周)라 하였다. 재위 16년에 중종이 그녀를 폐하고 복위하였다. 《舊唐書 卷6 則天皇后本紀》

158 유 소부(劉少傅) 자우(子羽) : 송(宋)나라 사람 유자우(劉子羽)로, 자는 언수(彦修)이며, 소부에 추증되었다. 일찍이 위위승(衛尉丞)이 되어 진정 태수(眞定太守)로 있는 아버지 유겹(劉韐)을 보좌하면서 금(金)나라의 침입을 잘 방어하여 이름을 널리 알렸다. 뒤에 정강의 난에 유겹이 자결하여 충절을 지키자 국력이 튼튼해야 적을 이길 수 있다는 일념으로 송나라에서 벼슬하면서 아버지의 원수를 갚기에 힘써 금나라 군대를 여러 차례 물리쳤다. 《宋史 卷370 劉子羽列傳》

159 유병산(劉屛山) 자휘(子翬) : 송(宋)나라 사람 유자휘(劉子翬)로, 자는 언충(彦沖), 호는 병산선생(屛山先生)이며, 유자우(劉子羽)의 동생이다. 유자휘는 부친의 죽음을 애통해하는 마음에 벼슬에 대한 생각을 끊고 무이산(武夷山)으로 들어가 평생 강학에만 힘을 쏟았으며, 계모(繼母)와 형을 정성을 다해 섬겼다. 송대의 학자 주희(朱熹)가 이들 형제의 문하에서 수학하였다. 《宋史 卷434 劉子翬列傳》

하였습니다. 유 소부는 유병산의 형이고 유평은 유 병산의 양자입니다. 주자는 유병산을 스승으로 섬기면서 유 소부도 똑같이 섬겼으므로 탁 부인에게 올린 편지[160]에 '은혜를 입음이 깊고 두텁다'고 한 것입니다. 어렸을 때부터 당(堂)에 올라가 배알했기 때문에 편지를 올린 것이니 이는 바로 옛 도(道)입니다. 옛날 사람들 가운데 스승의 부인의 상(喪)에 제문(祭文)을 지은 자가 있었던 것은 생전에 당에 올라가 배알했기 때문입니다. 본조의 변춘정(卞春亭)은 제문을 지어서 봉양부인(鳳陽夫人)을 제사하였고[161] 이사선(李師善)의 아내는 또한 율곡(栗谷 이이(李珥))을 위하여 심상(心喪)을 하였으니, 변춘정과 이사선은 바로 각각 포은(圃隱 정몽주(鄭夢周))과 율곡의 문인이었기 때문입니다.

형제의 아들은 자신의 아들과 같지만[162] 자신의 소생이 아닙니다. 오직 양자로 끊어진 후사를 이어야만 천속(天屬 천륜으로 맺어진 관계)이 됩니

160 탁 부인에게 올린 편지 : 이 편지는 《회암집(晦菴集)》 권37에 〈여경국탁부인(與慶國卓夫人)〉이라는 제목으로 실려 있다.

161 변춘정(卞春亭)은……제사하였고 : 변춘정은 변계량(卞季良, 1369~1430)으로, 자는 거경(巨卿), 호는 춘정, 본관은 밀양(密陽)이다. 변계량이 지은 제문은 《춘정집(春亭集)》 권11에 〈호조 판서 박신 등이 좌주 고려 문하시중 오천 포은 선생 조선 증시 문충공 정공의 부인인 택주 봉양군부인 이씨에게 올리는 제문〔戶曹判書朴信等祭座主高麗門下侍中烏川圃隱先生朝鮮贈諡文忠公鄭公宅主鳳陽郡夫人李氏文〕〉이라는 제목으로 실려 있다.

162 형제의……같지만 : 《예기(禮記)》 〈단궁 상(檀弓上)〉에 "상복에 있어서 형제의 아들은 자신의 아들과 같으니 이는 끌어 올린 것이다.〔喪服, 兄弟之子猶子也, 蓋引而進之也.〕"라는 말이 나온다.

다. 인군(人君)은 하늘을 대신하여 만물을 다스리므로 반드시 인군에게 양자 세우는 것을 고한 뒤에야 천속과 같아집니다. 형제의 아들을 취하여 양자로 삼았더라도 인군에게 고하지 않으면 양자가 되지 못합니다. 이것은 대의(大義)이니 엄격하게 따르지 않을 수 없습니다.

윤명직[163]에게 줌 병자년(1816, 순조16) 8월

與尹明直 丙子八月

몸을 의탁할 곳이 없어서 분주하게 떠도는 처지가 눈앞에 그려지니 서글픈 생각을 이길 수 없습니다. "누워서 잠자던 방을 무너뜨리더라도 태연히 노지(露地)에서 잠잘 수 있어야 진정 큰 영웅이다."[164]라고 하였으니, 지난번 만났을 때에 이 의리를 말씀드렸는데 체인할 수 있으십니까? 부디 전전긍긍하여 깊은 못가에 다가간 듯이, 얇은 얼음을 밟는 듯이 삼가시어 회옹(晦翁 주희(朱熹))의 고심(苦心)에 부응하시기를 몹시 바라고 몹시 바랍니다.

옛날 명(明)나라 유자(儒者) 호구소(胡九韶)가 집이 몹시 가난하였는데 매일 저녁 무렵이면 향을 피우고 하늘이 하루의 청복(淸福)을

163 윤명직(尹明直) : 윤광연(尹光演, ?~?)으로, 자는 명직이며, 자세한 인물정보는 미상이다.

164 누워서……영웅이다 : 이는 주희(朱熹)가 진량(陳亮)에게 답한 편지에 보이는 말로, 이 편지에 이르기를, "맹자의 '대인에게 유세할 때에는 그 지위를 하찮게 여겨야 한다.'라는 말을 논해보건대, 맹자는 진실로 대인을 경외하지 않은 적이 없으나 다만 그 높은 지위를 하찮게 여긴 자일 뿐입니다. 이 마음을 체득하면 누워서 잠자던 방을 무너뜨리더라도 태연히 노지에서 잠잘 수 있으니 이와 같아야 비로소 진정 큰 영웅입니다. 그러나 이러한 영웅은 도리어 전전긍긍하여 깊은 못가에 다가간 듯이, 얇은 얼음을 밟는 듯이 하는 데에서 만들어지는 것입니다. 만약 혈기가 거칠면 도리어 조금도 이루지 못하게 됩니다.〔嘗論孟子說大人則藐之, 孟子固未嘗不畏大人, 但藐其巍巍然者耳. 辨得此心, 卽更掀却臥房, 亦且露地睡, 似此方是眞正大英雄人. 然此一種英雄, 却是從戰戰兢兢臨深履薄處做將出來. 若是血氣粗豪, 却一點使不著也.〕"라고 하였다. 《晦菴集 卷36 答陳同甫》

내려준 것에 감사하였습니다. 그러자 그 아내가 웃으면서 말하기를, "나물죽으로 하루 세 끼 먹는 것을 어찌 청복이라고 하겠습니까."라고 하니 호구소가 말하기를, "다행히 태평한 세상에 태어나서 병화(兵禍)를 겪지 않았고, 또 다행히 온 집안이 생업을 즐거워하고, 또 다행히 침상에 병든 사람이 없고 감옥에 갇힌 사람이 없으니, 청복이 아니고 무엇이겠는가."라고 하였습니다.[165] 이 말이 안빈(安貧)의 의리에 매우 들어맞으나 좌하의 경우에는 또한 나물죽도 먹지 못하니 자랑할 만한 청복이 없을 듯합니다.

위장거(魏莊渠)[166]의 가르침에 이르기를, "대장부는 얼어 죽게 되면 얼어 죽고 굶어 죽게 되면 굶어 죽어야 비로소 천지 사이에 당당하게 설 수 있다. 만약 입을 열어 남에게 가난함을 말해서 남이 나를 불쌍히 여겨 작은 은혜를 베풀어 나를 도와주기를 바란다면 천장부(賤丈夫)가 되지 않겠는가."라고 하였습니다. 여기에서 곤궁함을 굳게 지키는 절개를 볼 수 있으니, 이 때문에 한번 읊어드려서 평소의 본분을 편안히 여기는[167] 진전(眞詮)으로 삼게 하는 것입니다.

165 옛날……하였습니다 : 이 내용은 《명유학안(明儒學案)》 권5 〈호봉의선생구소(胡鳳儀先生九韶)〉에 보인다. 호구소(胡九韶)는 명(明)나라 때 사람으로, 자는 봉의(鳳儀)이고, 강서(江西) 금계(金溪) 사람이다. 어려서부터 강재(康齋) 오여필(吳與弼)을 따라 수학하였고 안빈낙도(安貧樂道)하는 삶을 삶았다. 성화(成化) 연간 초에 졸하였다.

166 위장거(魏莊渠) : 명(明)나라 때 학자 위교(魏校)로, 자는 자재(子才), 호는 장거이며, 곤산(崑山) 사람이다. 명 세종(明世宗) 때에 강서 병비부사, 태상시 경 등을 지냈고, 저서로는 《대학지귀(大學指歸)》, 《육서정온(六書精蘊)》 등이 있다.

167 평소의……여기는 : '평소의 본분을 편안히 여긴다'는 것은 《주역(周易)》 〈이괘(履卦) 초구(初九)〉에 대한 정이(程頤)의 전(傳)에 보인다. 〈이괘 초구〉에 "초구는

아들은 장자(長子)와 중자(衆子)의 명칭이 있으나 죽은 아들의 신주를 쓸 때에는 모두 '망자(亡子)'라고 칭하고 장자와 중자를 구분하지 않습니다. 그러나 첩의 아들의 경우는 마땅히 '서(庶)' 자를 붙여서 구별해야 하니, 만약 이렇게 하지 않는다면 적처(嫡妻)가 낳은 지자(支子)와 혼동되기 때문입니다. 예(禮)라는 것은 혐의스러운 것을 드러내고 은미한 것을 밝히는 것이니 어찌 혼동되는 것을 그대로 둘 수 있겠습니까.

근본을 둘로 하는 혐의는 마땅히 엄격히 해야 할 바이지만 낳아준 은혜는 또한 끊을 수 있는 것이 아닙니다. 그러므로 양자로 들어간 집안에 추증할 분이 없으면 본생가의 선대를 대신 추증하니 이는 국전(國典)입니다. 이 의리를 미루어보면 자궁(資窮)[168]인 자에 대한 대가(代加)[169]를 본생가의 아우와 조카에게 적용하는 것이 이치에 해롭지 않을 듯합니다. 정 태중(程太中)[170]이 다섯 번 임자(任子)[171]할 기회를 얻었

평소 하던 대로 행하여 나가면 허물이 없을 것이다.〔初九, 素履往, 無咎.〕"라고 하였는데, 정이의 전(傳)에 "초(初)는 지극히 낮은 곳에 처하였으니 본래 아래에 있는 자이다. 그러나 양강의 재질로 위로 나아갈 수 있으니 만약 낮은 본분을 편안히 여기면서 행하여 나간다면 허물이 없을 것이다.〔初處至下, 素在下者也, 而陽剛之才, 可以上進, 若安其卑下之素而往, 則無咎矣.〕"라고 하였다.

168 자궁(資窮) : 당하관(堂下官)으로서 다시 더 올라갈 품계가 없는 것으로, 당하관의 가장 높은 등급인 정3품 통훈대부(通訓大夫)가 됨을 이른다.

169 대가(代加) : 임금의 은전(恩典)으로 가자(加資)할 때 자궁(資窮)에 해당하는 사람에 대하여 아들·조카·사위·손자 등에게 대신 품계를 올려줌을 이른다.

170 정 태중(程太中) : 북송(北宋) 때의 관리 정향(程珦)으로, 자는 백온(伯溫)이며, 낙양(洛陽) 사람이다. 도학자인 정호(程顥)와 정이(程頤)의 아버지이며, 벼슬이 태중

을 적에 이를 제부(諸父)의 자손들에게 똑같이 나누어 주었습니다. 제부의 자손도 오히려 이와 같이 하는데 하물며 본생가의 아우와 조카는 어떻겠습니까. 이 일은 추은(推恩)에 관계되니 혐의를 분별하는 것에 구애될 필요가 없습니다.

스승의 상(喪)은 예(禮)에 제사를 중지한다는 글이 없습니다. 스승의 상이 오복(五服)에 포함되지 않는 이상 비록 성복(成服)하기 전이라고 하더라도 마땅히 예에 따라 섭행(攝行)하게 하는 것이 옳을 듯합니다. 그리고 성복한 뒤에는 시제(時祭)를 지낼 때에 다만 수조(受胙)하지 않을 뿐입니다.

대부(太中大夫)에 이르렀다.

171 임자(任子) : 부형의 훈공으로 그 자손을 관직에 임명함을 이른다.

백성익[172] 경해 에게 답함 갑자년(1804, 순조4) 1월

答白聖益 慶楷○甲子元月

관서(關西) 한 지역은 강산이 수려하고 인물이 많으니 실로 우리나라의 기주(冀州)[173]입니다. 하(夏)나라와 주(周)나라 때부터 옥백(玉帛)을 가지고 도산(塗山)의 회합에 참여하고[174] 패수(浿水)를 황하(黃河)에 견주었으며[175] 토지에는 구정(九井)의 제도[176]가 남아있고 사람들은 팔조(八條)의 가르침[177]을 전하였습니다. 이로써 본조의 문명을 열어

172 백성익(白聖益) : 백경해(白慶楷, 1765~1842)로, 자는 성익, 호는 수와(守窩), 본관은 수원(水原)이다. 1786년(정조10) 정시문과에 병과로 급제하였고, 운산 군수(雲山郡守), 태천 현감(泰川縣監), 사헌부 장령, 동지중추부사, 한성부 좌윤 등을 역임하였다. 저서로는 《수와집(守窩集)》이 있다.

173 기주(冀州) : 중국 고대 구주(九州)의 하나로, 요(堯)임금과 순(舜)임금이 도읍으로 삼은 곳이다.

174 옥백(玉帛)을……참여하고 : 도산(塗山)은 중국 수춘(壽春) 동북쪽에 있는 산으로, 하(夏)나라의 우(禹)임금이 일찍이 이곳에서 제후들과 회합하였는데, 옥백을 가지고 참석한 나라가 만국(萬國)이나 되었다. 《春秋左氏傳 哀公7年》 이때에 고조선(古朝鮮)의 단군(檀君)이 아들 해부루(解夫婁)를 보내어 참여하게 했다는 전설이 있다. 《東史綱目 第1上》

175 패수(浿水)를 황하(黃河)에 견주었으며 : 패수는 대동강(大同江)을 이른다. 주(周)나라의 무왕(武王)이 기자(箕子)를 조선에 봉하자 기자가 팔조(八條)의 가르침을 베풀어 예의를 숭상하는 풍속을 일으켰다. 이에 백성들이 기뻐하여 대동강을 황하에, 영명령(永明嶺)을 숭산(嵩山)에 각각 비유하여 그 덕을 칭송하고 안녕을 빌었다는 고사가 있다. 《高麗史 樂志 俗樂》

176 구정(九井)의 제도 : 기자(箕子)가 조선에 봉해진 뒤에 평양에 와서 시행했다고 하는 토지 제도로, 곧 정전법(井田法)을 이른다.

주었으니 실로 다른 지역들이 미칠 수 있는 바가 아닙니다. 그러나 이 지역의 수재들은 또한 글만 잘 외고 문장만 좋게 지어서 출세하려고 할 뿐입니다. 그 풍교와 습속이 날로 비속해져서 비록 다소나마 자호(自好)[178]하는 자가 있더라도 그 구덩이에서 스스로 빠져나오는 이가 드무니 하물며 이보다 더 큰 것에 있어서이겠습니까.

김공 태좌(金公台佐)[179]와 같은 분은 참으로 이른바 '문왕(文王)과 같은 성군을 기다리지 않고도 떨쳐 일어난다'[180]는 것에 해당하는 분인데, 선우돈암(鮮于遯菴)[181]이 그 문하에서 나와서 올바른 학문을 창도

177 팔조(八條)의 가르침 : 기자(箕子)가 지었다고 하는 고조선의 법률인 범금팔조(犯禁八條)를 말한다. 고조선에는 일찍부터 8개의 금법(禁法)이 있어 각종 범죄를 처벌하였는데, 그 가운데 현재 '사람을 죽인 자는 죽인다〔相殺償以命〕', '사람을 상하게 한 자는 곡물로 보상한다〔相傷以穀償〕', '남의 물건을 훔친 자는 그 집의 노비로 삼는다〔相盜者沒爲其家奴婢〕'의 3개 조항만 전하고 나머지는 전하지 않는다.

178 자호(自好) : 자신의 명예를 중시하여 몸가짐을 깨끗이 하는 것을 이른다. 《맹자(孟子)》 〈만장 상(萬章上)〉에 "자신을 팔아 그 임금을 성공시키는 것은 향리의 자호하는 자도 하지 않는데 하물며 현자가 그런 일을 했다고 할 수 있겠는가.〔自鬻以成其君, 鄕黨自好者不爲, 而謂賢者爲之乎?〕"라고 하였는데, 주희(朱熹)의 주(註)에 "'자호'는 스스로 그 몸을 아끼는 사람이다.〔自好, 自愛其身之人也.〕"라고 하였다.

179 김공 태좌(金公台佐) : 김태좌(金台佐, 1541~?)로, 자는 백섭(伯燮), 호는 수박자(守朴子), 본관은 공주(公州)이며, 거주지는 평양(平壤)이다. 1588년(선조21) 식년문과에 병과로 급제하여 함경도 도사(咸鏡道都事), 안산 군수(安山郡守), 중화 부사(中和府使), 상주 목사(尙州牧使), 금교 찰방(金郊察訪) 등을 역임하였다. 만년에 벼슬을 버리고 향리에서 학문 연구와 후학 양성에 힘썼다.

180 문왕(文王)과……일어난다 : 《맹자(孟子)》 〈진심 상(盡心上)〉에 이르기를, "문왕을 기다린 뒤에 떨쳐 일어나는 자는 일반 백성이니, 호걸스러운 선비로 말하면 비록 문왕과 같은 성군이 없을지라도 오히려 떨쳐 일어난다.〔待文王而後興者 凡民也. 若夫豪傑之士, 雖無文王, 猶興.〕"라고 하였다.

해 밝혀서 우뚝하게 관서부자(關西夫子)가 되었으니, 관서 사람들이 비로소 성리(性理)의 설이 있음을 알게 되었습니다. 그리고 그 뒤를 이어서 나온 분이 바로 정전(井田) 강공(康公)[182]입니다. 정옹(井翁)은 호걸스러운 자품을 지니고 대현(大賢)의 문하에 나아가서 용맹스럽게 곧장 전진하여 힘을 다해 탐색하였고 경제(經濟)의 재주까지 겸비하여 세상에 모범이 되고 풍속을 교화할 만하였습니다. 이분이 재차 천거하는 글에 오르자 나의 선사(先師)이신 근재(近齋 박윤원(朴胤源)) 선생이 저에게 말씀하기를, "이분이 지금 여든에 등용되게 되었으니 아마도 강태공(姜太公)[183]의 무리인가 보다."라고 하셨습니다. 애석하게도 지위가 덕에 걸맞지 못하여 그 풍부한 경륜이 조금도 세상에 드러나지

181 선우돈암(鮮于遯菴) : 선우협(鮮于浹, 1588~1653)으로, 자는 중윤(仲潤), 호는 돈암, 본관은 태원(太原)이다. 김태좌(金台佐), 장현광(張顯光) 등의 문하에서 수학하였으며, 학행으로 사직서 참봉, 장악원 주부, 성균관 사업 등에 제수되었으나 모두 사양하였다. 심성이기(心性理氣)를 깊이 연구하였으며, 특히 《주역(周易)》에 통달하였다. 당대의 석학 김집(金集)과도 학문적인 논의를 주고받았으며, 관서부자(關西夫子)로 일컬어졌다. 1883년(고종20) 이조 판서에 추증되었고, 평양(平壤)의 용곡서원(龍谷書院)과 태천(泰川)의 돈암서원(遯菴書院)에 제향되었다. 시호는 문간(文簡)이다. 저서로는 《돈암전서(遯菴全書)》가 있다.

182 정전(井田) 강공(康公) : 강규(康逵, 1714~1798)로, 자는 중홍(仲鴻), 호는 정전, 본관은 곡산(谷山)이며, 거주지는 평양(平壤)이다. 도암(陶菴) 이재(李縡)의 문인으로, 평양의 인현서원(仁賢書院)에서 유생을 가르쳤으며, 숭령전 참봉(崇靈殿參奉) 등에 제수되었으나 나아가지 않았다. 박성원(朴聖源), 유언집(兪彦鏶), 김원행(金元行), 김양행(金亮行) 등과 교유하였다.

183 강태공(姜太公) : 주(周)나라 초기의 명재상 여상(呂尙)으로, 70세의 나이에 위수(渭水) 가에서 문왕(文王)에게 발탁되어 스승이 되었으며, 뒤에 무왕(武王)을 도와 은(殷)나라를 멸망시키고 주나라를 세웠다.

못하였습니다. 오직 얼마 안 되는 시편(詩篇)이 남아 있을 뿐이지만 또한 충분히 지금과 후세에 전하여 보여 주어서 불후함을 도모할 수 있습니다. 그러나 이것을 표장하는 사람이 없어서 상자 속에서 묵혀 두고 있으니 장차 좀벌레의 식량이 되고 마는 것은 아닌지 모르겠습니다. 어찌하여 살아서는 불우하고 죽어서는 전해지지 못함이 마침내 이러한 지경에 이르렀단 말입니까. 본인에게 있어서는 누가 될 것이 없겠지만 후인에게 있어서는 책임이 되지 않겠습니까.

기자(箕子)의 봉지(封地)[184] 수천 리 안에 어찌 인물이 없다고 하겠습니까. 다만 덕을 아는 자가 드물 뿐이니 만일 적임자를 찾는다면 고명(高明)이 아니고 누구이겠습니까. 바라건대 뜻을 같이하는 이들을 이끌어서 온 도에 통문을 보내어 가난한 자와 부유한 자, 대소의 관원들이 모두 각각 재물을 내어 곡식이든, 돈이든, 종이든, 목재든 힘이 닿는 대로 돕게 하십시오. 그렇게 해서 돈암의 전서(全書)를 중간(重刊)하고 다음으로 정전의 유편(遺編)을 간행하여 온 세상에 널리 전파해 사람들의 이목에 알려서 풍속을 장려하는 자료가 되게 하기를 바랍니다. 산이 동쪽과 서쪽으로 나뉘어서 각각 정읍(程邑)이 따로 있다고 말하지 마십시오. 비록 열 가구가 사는 작은 고을이라 하더라도 또한 충신(忠信)한 사람이 있는 법이니 어찌 풍도를 듣고 흥기하는 자가 없겠습니까. 고명께서는 도모하시기를 바랍니다.

184 기자(箕子)의 봉지(封地) : 일반적으로 우리나라를 지칭하는데, 여기에서는 기자가 수도로 삼았던 평양(平壤)을 가리킨다.

백성익[185]에게 답함 병자년(1816, 순조16) 10월

答白聖益 丙子陽月

보여 주신 존백씨 부호(鳧湖)[186] 처사의 가장(家狀) 한 편은 손을 씻고 공경히 받들어서 몇 번이나 읽어 보았으니, 몸을 떨쳐 일으켜 목숨을 바쳐서 살신성인(殺身成仁)하고 사생취의(捨生取義)하는 실제를 볼 수 있었습니다. 이는 참으로 이른바 "충심은 추상(秋霜)처럼 맹렬하고 정신은 백일(白日)을 꿰뚫어서 만고에 청풍(淸風)을 격동시키고 당세에 박속(薄俗)을 장려한다."[187]라는 것입니다. 흠모하고 찬탄하는 마음을 한두 마디의 말로 다 표현하기가 어렵습니다.

증 참판 한공(韓公)의 유사(遺事)로 말하면 절반도 읽기 전에 슬픈

185 백성익(白聖益) : 백경해(白慶楷, 1765(영조41)~1842(헌종8))로, 자는 성익, 호는 수와(守窩), 본관은 수원(水原)이다. 1786년(정조10) 정시문과에 병과로 급제하였고, 운산 군수(雲山郡守), 태천 현감(泰川縣監), 사헌부 장령, 동지중추부사, 한성부 좌윤 등을 역임하였다. 저서로는 《수와집(守窩集)》이 있다.

186 부호(鳧湖) : 백경한(白慶翰, ?~1812)으로, 자는 자점(子漸), 호는 부호, 본관은 수원(水原)이며, 거주지는 정주(定州)이다. 1811년(순조11) 12월에 홍경래(洪景來)의 난이 일어나 정주가 난군의 수중에 들어가자 의병을 규합하여 정주성내의 적을 제거하고자 하였으나 내응을 약속했던 관군이 오지 않는 바람에 계획이 수포로 돌아가고 적에게 체포되었다. 난군의 협박과 회유에도 굴하지 않고 항거하다가 결국 피살되었다. 난이 평정된 이듬해 정주성 남쪽에 단을 세워 일곱 명의 의사와 함께 제사를 지내게 하고 아울러 순절을 기리는 비를 세웠다. 호조 참판에 추증되었고 정주의 표절사(表節祠)에 제향되었다.

187 충심은……장려한다 : 이 말은 《진서(晉書)》 권89 〈충의열전(忠義列傳)〉 서문(序文)에 보인다.

마음을 혼자 가누지 못하였으니 이는 "오래된 약속이라도 평소의 우호를 잊지 않는다."[188]라는 것입니다. 존백씨와 더불어 충성스러운 절개가 쌍벽을 이루니 마땅히 함께 전(傳)을 지어야 합니다. 그런데 존백씨의 경우는 한공보다 더 어려운 일을 해냈으니, 한 치의 봉록도 받지 않고 인군의 얼굴도 알지 못하면서 다만 의기(義氣)로써 스스로 발분하여 백 번 죽더라도 후회하지 않았습니다. 그러나 그 근본을 둔 바가 있었으니 종신토록 독서하여 군신간과 부자간의 윤리를 밝혔던 것입니다. 난에 임하여 한번 죽음은 바로 강학한 가운데에서 나온 것이니 한때의 의기로써 갑자기 이룩한 것이 아닙니다. 옛사람이 말하기를 "죽음이 어려운 것이 아니라 죽음에 어떻게 대처하느냐가 어렵다."라고 하였으니 참으로 옳은 말이 아니겠습니까. 그러므로 일찍이 스스로 말하기를, "존백씨와 같은 분은 한 가지 절개만 지닌 선비로 단정해서는 안 된다."라고 하였습니다.

효(孝)는 실로 하늘의 떳떳한 이치이고 충(忠)은 바로 훌륭한 덕입니다. 이 두 가지가 백행의 우선이 되는데 존백씨가 이를 겸비하였으니, 이는 제가 존백씨를 위해 마부가 되어 채찍을 잡는다고 하더라도 기꺼이 흠모하는 까닭입니다. 존백씨를 위하여 전(傳)을 짓는 것은 밤낮으로 소원하는 바이니 어찌 감히 형식적인 사양을 하겠습니까. 정공 시(鄭公蓍) 부자(父子), 한공 호운(韓公浩運), 임공 지환(林公之

188 오래된……않는다 : 이는 본래 《논어(論語)》 〈헌문(憲問)〉에 보이는 말로, "이익을 보고 의(義)를 생각하며, 위태로움을 보고 목숨을 바치며, 오래된 약속이라도 평소의 말을 잊지 않는다면 이 또한 성인이라고 할 수 있을 것이다.〔見利思義, 見危授命, 久要不忘平生之言, 亦可以爲成人矣.〕"라고 하였다.

煥), 허공 항(許公沆), 제공 경욱(諸公景彧), 김공 대택(金公大宅) 등 같은 시기에 충절을 세운 분들을 취하여 함께 열전을 짓고 백씨는 전(傳)을 짓는 것 외에 별도로 장문(狀文)을 지어서 덕행을 드러내고자 하니 어떠하신지 모르겠습니다. 이는 한 가지의 선(善)으로 끝마치고 싶지 않아서입니다. 여러 공들이 순절한 일을 저에게 하나하나 자세히 알려 주실 수 있으신지요? 몹시 간절히 기다립니다.

백성익[189]에게 답함 신사년(1821, 순조21) 11월

答白聖益 辛巳復月

방금 손수 쓰신 편지를 받아보고서 날을 아까워하며 정사를 행하시는 동정이 편안하고 진중함을 알게 되었으니 찬탄함을 이루 다 말할 수 없습니다.

연사가 흉년이 든 것은 여러 도의 공통된 근심이지만 양서(兩西) 지역이 특히 심하다고 하니 이를 생각할 때마다 입맛이 없어집니다. 그러나 위급함을 구제하는 좋은 약제로 말하면, 고명의 가슴 속에 본래 하나의 수민단(壽民丹)[190]을 갖고 계시니 또한 어찌 남에게서 구할 필요가 있겠습니까. 이른바 좋은 약제라는 것은 또한 '성(誠)'일 뿐이니 '성(誠)' 하나가 확립되면 온갖 법도가 모두 바르게 됩니다. 비록 형세가 막혀서 도저히 힘을 쓸 수 없더라도 저 지극히 어리석으면서도 신묘한 백성들은 그 감통하는 것이 그림자와 메아리보다 빠르니 어찌 구제하지 못할까 염려하겠습니까.

예로부터 흉년을 구제하는 정사는 두 가지 방법이 있으니, 가장 좋은 것은 하늘을 감동시켜 화기(和氣)를 불러서 풍년을 이루게 하는 것이고 그 다음은 미리 대비하여 저축하는 것입니다. 그런데 지금은 두

189 백성익(白聖益) : 백경해(白慶楷, 1765~1842)로, 자는 성익, 호는 수와(守窩), 본관은 수원(水原)이다. 1786년(정조10) 정시문과에 병과로 급제하였고, 운산 군수(雲山郡守), 태천 현감(泰川縣監), 사헌부 장령, 동지중추부사, 한성부 좌윤 등을 역임하였다. 저서로는 《수와집(守窩集)》이 있다.

190 수민단(壽民丹) : 백성을 행복하게 해주는 단약을 뜻한다.

가지 방법 모두 불가능한 형편입니다. 그렇다면 다만 처음에는 부세를 탕감하고 곡식을 꾸어 주는 것을 급급히 행하고 끝에 가서는 위무하고 휴양하는 것을 절실히 행해야 할 뿐입니다.[191]

매번 회옹(晦翁 주희(朱熹))이 흉년 든 상황을 둘러보고 지은 시에 "밭두둑 길 종횡으로 얽혀 찾을 수 없으니, 죽은 이 낭자하여 참으로 슬피 신음하네. 만약 백성들에게 원래 죄가 없음을 안다면, 응당 인간의 부모 되려는 마음이 있으리라.〔阡陌縱橫不可尋 死生狼藉政悲吟 若知赤子原無罪 合有人間父母心〕"[192]라고 한 것을 읽을 때면 측은한 마음이 들기에 이 시를 받들어 아룁니다. 부디 이 뜻을 잘 헤아려서 갑자기 벼슬을 그만두고 돌아오지 마시고 또한 회옹의 "감히 떠난다고 말하지 못하고 그저 힘을 다할 뿐이다.〔不敢言去 只得竭力〕"[193]라는 여덟 글자

191 처음에는……뿐입니다 : 이는 주희(朱熹)가 송 효종(宋孝宗)에게 아뢴 글에 보인다. 이 글에 이르기를, "흉년을 구제하는 정사로 말하면, 부세를 탕감하고 곡식을 꾸어주는 것을 처음에 급급히 행해야 하고 위무하고 휴양하는 것을 끝에 가서 더욱 힘써 행해야 합니다. 비유컨대 상한을 심하게 앓은 사람은 병중에는 약을 마시고 침을 맞고 뜸을 뜨는 것을 조금이라도 소홀히 해서는 안 되고 또 병이 나은 뒤에는 먹고 마시고 기거하는 사이에 요양하고 조리함을 조금만 잘못해도 노복의 증세가 다시 생겨나는 것과 같습니다. 그러니 더욱 두려워하지 않을 수 없습니다.〔捄荒之政, 蠲除賑貸, 固當汲汲於其始, 而撫存休養, 尤在謹之於其終. 譬如傷寒大病之人, 方其病時, 湯劑砭灸, 固不可以少緩, 而其旣愈之後, 飮食起居之間, 所以將護節宣, 小失其宜, 則勞復之證, 百死一生, 尤不可以不深畏也.〕"라고 하였다.《晦菴集 卷16 奏爲乞特詔有司不候諸司保明將本軍所奏黃澄等賑濟早賜依格推賞奏聞事 三》

192 밭두둑……있으리라 : 이는 주희(朱熹)가 장간(長澗)을 지나다가 흉년 든 상황을 목도하고 지은 〈삼목장간(杉木長澗)〉 시 4수 중 네 번째 시이다.《晦菴集 卷10 杉木長澗》

193 감히……뿐이다 : 이 말은 주희(朱熹)가 여조겸(呂祖謙)에게 보낸 편지에 보인

의 말씀을 끝까지 지켜야 할 법칙으로 삼으시는 것이 어떻겠습니까? 이른바 '단공(檀公)의 상책(上策)'[194]은 참으로 하책(下策)이 됩니다. 정사를 하는 것은 학문을 하는 것과 똑같아서 용감하게 앞으로 곧장 나아가 소득이 있기 전에는 그만두지 말아야 하니 그러한 뒤에야 일을 이룰 수 있습니다. 이렇게 하지 않고서 오직 편한 것만 추구하여 책임을 맡을 것은 생각하지 않고 부침을 거듭하여 절반쯤 올라갔다가 아래로 떨어지고 만다면 끝내 이룸이 없이 끝날 뿐입니다. 고명께서는 힘쓰시기를 바랍니다.

다.《晦菴集 卷34 答呂伯恭》

194 단공(檀公)의 상책(上策) : 단공은 남조(南朝) 제(齊)나라 때의 장군 단도제(檀道濟)를 말한다. 남제(南齊)의 왕경칙(王敬則)이 위급한 때를 만나 말하기를, "단공의 삼십육계(三十六計) 가운데 달아나는 것이 상책이다.〔檀公三十六策, 走爲上策.〕"라고 하였다.《資治通鑑 卷141 齊紀 高宗明皇帝下》곧 위기를 모면하기 위하여 달아나는 것을 이르는데, 여기에서는 벼슬을 그만두고 떠남을 뜻한다.

백성익[195]의 《주자어류》 문목에 답함 정해년(1827, 순조27)

答白聖益語類問目 丁亥

금일도강(今日挑講)[196] -43책의 118권 훈문인 6-

'도(挑)'는 운서(韻書)에 "왕래하며 만나보는 것이다."라고 하였고 "인물을 선발하는 것을 또한 도(挑)라고 한다."라고 하였습니다. '도강(挑講)'이라는 말은 '회강(會講)'이라는 말과 같으니 송(宋)나라 때의 방언인 듯합니다.

육경지아문(六經之亞文)[197] -47책의 128권 본조 2 법제-

195 백성익(白聖益) : 백경해(白慶楷, 1765~1842)로, 자는 성익, 호는 수와(守窩), 본관은 수원(水原)이다. 1786년(정조10) 정시문과에 병과로 급제하였고, 운산 군수(雲山郡守), 태천 현감(泰川縣監), 사헌부 장령, 동지중추부사, 한성부 좌윤 등을 역임하였다. 저서로는 《수와집(守窩集)》이 있다.

196 금일도강(今日挑講) : 《주자어류(朱子語類)》의 원문은 다음과 같다. "혹자가 물었다. '금일 회강할 때에 제생들이 청한 것은 무엇입니까?'……〔或問: 今日挑講, 諸生所請何事?……〕"《朱子語類 卷118 朱子十五 訓門人六》

197 육경지아문(六經之亞文) : 《주자어류(朱子語類)》의 원문은 다음과 같다. "송 거공이 '「응당 따라야 하는데 어기고 충분히 공양할 만한데 공양하지 않다」라고 한 것은 육경에 버금가는 글이다.'라고 하였다. 이는 아들이 아버지의 의롭지 못한 명을 따르지 않는 경우와 힘이 봉양할 수 없는 형편인 경우는 고인이 모두 불효의 죄로 처벌하지 않았고 의리상 따라야 하는데 따르지 않고 힘이 공양할 만한데 공양하지 않은 뒤에야 불효의 죄로 처벌하였음을 말한 것이다.〔宋莒公曰: 應從而違, 堪供而闕, 此六經之亞文也. 謂子不從父不義之命及力所不能養者, 古人皆不以不孝坐之, 義當從而不從, 力可供而不供, 然後坐以不孝之罪.〕"《朱子語類 卷128 本朝二 法制》

'송 거공(宋莒公)'은 바로 송상(宋庠)[198]입니다. 그가 말한 "응당 따라야 하는데 어기고 충분히 공양할 만한데 공양하지 않았다.〔應從而違堪供而闕〕"라는 여덟 글자에 대하여 주자(朱子)가 해석하기를 "의리상 따라야 하는데 따르지 않고 힘이 공양할 만한데 공양하지 않은 뒤에야 불효의 죄로 처벌하는 것이다."라고 하였습니다. '아문(亞文)'이라는 것은 그 말이 도리에 맞아서 육경(六經)에 버금가는 글이니 찬미한 말입니다.

분무령일다객(分武寧一茶客)[199]-47책의 130권-

'분무령(分武寧)'은 황산곡(黃山谷)[200]이 살던 마을입니다. '일다객(一茶客)'은 바로 차를 파는 사람을 이르니 그를 천하게 여긴 것입니다.

198 송상(宋庠) : 송(宋)나라 때 사람으로, 자는 공서(公序), 초명은 교(郊), 시호는 원헌(元憲)이다. 병부 시랑(兵部侍郎)·동평장사(同平章事)·추밀사(樞密使)를 역임하고 봉작은 정국공(鄭國公)이다. 저서로는 《국어보음(國語補音)》·《기년통보(紀年通譜)》·《존호록(尊號錄)》·《송원헌집(宋元憲集)》 등이 있다. 아우 송기(宋祁)와 함께 소송(小宋)·대송(大宋) 등 이송(二宋)으로 불렸다.

199 분무령일다객(分武寧一茶客) : 《주자어류(朱子語類)》의 원문은 다음과 같다. "부 정공이 처음에 황산곡을 몹시 만나고 싶어 하였는데, 한번 만나본 뒤에는 좋아하지 않고 남에게 말하기를 '장차 황 아무개를 어떻다고 말하랴. 원래 분무령의 일다객일 뿐이다.'라고 하였다. 부 정공은 후중하였으므로 황산곡을 좋아하지 않은 것이다.〔富鄭公初甚欲見山谷, 及一見便不喜, 語人曰: 將謂黃某如何? 元來只是分武寧一茶客. 富厚重, 故不喜黃.〕" 《朱子語類 卷130 本朝四 自熙寧至靖康人物》

200 황산곡(黃山谷) : 송(宋)나라 때의 문장가 황정견(黃庭堅)으로, 자는 노직(魯直), 호는 산곡도인(山谷道人) 또는 부옹(涪翁)이다.

진세유처겹성일번자(陳世儒妻搯成一番字)[201]-47책의 130권 본조 4 희령부터 정강까지의 인물-

'겹(搯)'은 운서(韻書)에 "당기는 것이고 펴는 것이다."라고 하였으니 한유(韓愈)의 글 가운데 "위와 신장을 쥐어짜낸다.〔搯擢胃腎〕"의 '겹(搯)'이 이 뜻입니다. '일번자를 겹성하다〔搯成一番字〕'라고 한 것은 창호지를 가져다가 공사(供辭)를 구성해서 그 남편 진세유에게 보내준 것입니다. '일번자(一番字)'는 '한 편의 글〔一篇文〕'이라는 말과 같습니다.

지시항당일자(是杭唐日子)[202]-48책의 132권 본조 6 중흥부터 금일까지의 인물 하-

'항당일자(杭唐日子)' 네 글자는 참고하여 근거로 삼을 만한 것이 없어

201 진세유처겹성일번자(陳世儒妻搯成一番字) : '진세유의 아내가 한 편의 글을 구성하다'라는 뜻으로, 《주자어류(朱子語類)》의 원문은 다음과 같다. "……소자용이 이때에 개봉윤이 되어 진세유의 일을 조사하였다.……뒤에 옥에 갇혀 부부가 모두 처벌받았는데 그 부인이 매우 지혜로워 처벌될 때를 당하여 마침내 창호지 한 조각을 가져다가 즉시 한 편의 글을 구성해서 사람을 시켜 그 부군에게 보냈다.〔……蘇子容時尹開封, 勘陳世儒事.……後置獄, 夫婦皆赴法, 其婦慧甚, 臨赴法時, 遂掣窓紙一片, 即搯成一番字, 使人送與其夫.〕"《朱子語類 卷130 本朝四 自熙寧至靖康人物》

202 지시항당일자(只是杭唐日子) : 《주자어류(朱子語類)》의 원문은 다음과 같다. "……내가 답하여 말하기를, '……이러한 일은 본래 남에게 물을 필요가 없으니 남에게 묻는 것은 다만 항당일자여서 일을 이루지 못한다.……'〔……某答之云: ……此等事, 本不用問人, 問人只是杭唐日子, 不濟事.……〕"《朱子語類 卷132 本朝六 中興至今人物下》

서 감히 억지로 해석할 수 없으니 또한 당시의 방언인 듯합니다.

연분법효직(然盆法孝直)203-49책의 136권 역대 3-

당본(唐本)에는 '분(盆)' 자에서 구절을 끊었습니다. '분(盆)'은 '분(湓)'과 통하므로 '분(盆)' 자 아래에 '거성(去聲)'이라고 한 것입니다. 운서(韻書)에 "용솟음쳐서 가득 넘쳐 일어나는 것이다."라고 하였고 또 "솟구치는 것이다."라고 하였습니다. 이른바 "제갈공명(諸葛孔明)은 비록 바르긴 하지만 격양함이 있다.〔孔明雖正然盆〕"라는 것은 간하여 만류할 때에 뜻이 넘쳐나고 말이 용솟음쳐서 선주(先主 유비(劉備))를 쉽게 격분시키니 법효직(法孝直)[204]이 요령을 발휘하여 잘 만류하

203 연분법효직(然盆法孝直) : 《주자어류(朱子語類)》의 원문은 다음과 같다. "유비가 육손에게 패한 것을 두고 적을 얕잡아본 것이 패착이었다고 말하지만 또한 칠백여 리에 걸쳐서 연이어 진영을 둔 것이 본래 패착이었으니 먼저 스스로 패하는 형상을 만든 것이다. 이때에 제갈 공명이 성도에 있으면서 군량을 운반하는 것을 감독하였는데 뒤에 말하기를 '법효직이 있었더라면 주상으로 하여금 이번 정벌을 하지 못하게 했을 것이다.'라고 하였다. 공명이 미리 알지 못했는가와 간언하여 만류한 적이 있는가의 여부는 지금 모두 상고할 수 없다. 다만 공명은 비록 바르긴 하지만 격양함이 있는 반면에 법효직은 경쾌하니 반드시 요령을 발휘하여 만류하였을 것이다.〔劉備之敗於陸遜, 雖言不合輕敵, 亦是自不合連營七百餘里, 先自做了敗形. 是時孔明在成都督運餉, 後云: "法孝直若在, 不使主上有此行." 孔明先不知曾諫止與否, 今皆不可考. 但孔明雖正, 然盆, 法孝直輕快, 必有術以止之.〕"《朱子語類 卷136 歷代三》

204 법효직(法孝直) : 중국의 삼국(三國) 시대 촉(蜀)나라의 신하였던 법정(法正)으로, 자는 효직이다. 유비(劉備)가 동쪽으로 가서 손권(孫權)을 정벌하려고 할 때에 모든 신하들이 간언하여 만류했지만 유비는 이를 듣지 않고 정벌을 나갔다가 패했다. 이에 제갈 량(諸葛亮)이 말하기를, "만약 법효직이 있었다면 주상을 제지하여 동쪽으로 가지 못하도록 했을 것이고, 또 동쪽으로 갔다고 하더라도 절대로 위태롭게 만들지는

는 것만 못함을 말한 것입니다.

탑삽(闒靸)[205]-50책의 139권 논문[206] 상-

'탑삽(闒靸)'은 《석명(釋名)》에 "삽(靸)은 코가 깊은 신발의 이름이다. 삽(靸)은 '감싸는〔襲〕' 것이니 깊숙이 감싸서 발을 덮기 때문이다."라고 하였으니 문장이 기이하지 않고 안온하기만 하면 마치 탑삽이 발을 감싸서 밖으로 드러내지 않는 것과 같게 됨을 말한 것입니다. 탑삽은 아마도 송(宋)나라 때의 신발 이름인 듯한데 탑(闒)은 비천하다는 뜻입니다.

만한(顢頇)[207]-50책의 140권 끝-

'만한(顢頇)'은 《광운(廣韻)》에 "얼굴이 큰 모양이다."라고 하였고 또 "머리에 머리카락이 없어서 이마가 넓은 것이다."라고 하였으니 완악

않았을 것이다."라고 하였다. 《三國志 卷37 蜀書 法正傳》

205 탑삽(闒靸) : 《주자어류(朱子語類)》의 원문은 다음과 같다. "문장은 기이하면서도 안온해야 좋다. 기이하지 않고 안온하기만 하면 다만 탑삽과 같을 뿐이다.〔文字奇而穩方好. 不奇而穩, 只是闒靸.〕" 《朱子語類 卷139 論文上》

206 논문(論文) : 《매산집(梅山集)》의 원문에는 "작문(作文)"으로 되어 있는데 《주자어류(朱子語類)》에 근거하여 수정하여 번역하였다.

207 만한(顢頇) : 《주자어류(朱子語類)》의 원문은 다음과 같다. "'자연에만 돌리면 볼만한 것이 다시 없게 되고 탐구할 것이 다시 없게 된다.'라고 하였는데 위의 구절은 그 소이연을 찾지 않고 자연만 말함은 바로 만한과 같다는 의미이다. 곧 이와 같이 해서는 안 된다고 말한 것이다.〔只歸之自然, 則更無可觀, 更無可玩索. 上句謂不求其所以然, 只說箇自然, 是顢頇也, 謂不可如此爾.〕" 《朱子語類 卷140 論文下》

하고 물색없음을 말한 것입니다. 자연(自然)에만 돌리고 그 소이연(所以然)을 찾지 않음은 혼륜(渾淪)하여 조리가 없는 것이니 이것이 이른바 '만액(顢頇)'이라는 것입니다. '한(頇)'은 당본(唐本)에는 또한 '돈(頓)'으로 되어 있습니다.

명행[208]-悷悻 50책의 140권 끝-

'명(悷)'은 《광운(廣韻)》에 "명정(悷悜)함이니 뜻이 다하지 않은 것이다."라고 하였고 또 "근심하는 것이다."라고 하였으며 '행(悻)'은 《집운(集韻)》에 "사납게 노하는 것이다."라고 하였습니다. '명행(悷悻)'이라고 한 것은 바로 사납고 괴팍하며 인하지 못해서 감정 그대로 행하는 것을 말합니다. 그러므로 말씀하기를, "사사로운 주장이 없는 자는 명행하여 몰이해하지 않다."라고 하였으니 명행한 자는 몰이해함을 말한 것입니다.

208 명행(悷悻) : 《주자어류(朱子語類)》의 원문은 다음과 같다. "'마음에 사사로운 주장이 없으면 느끼는 바가 모두 통한다.'라는 것에 대해 물었는데 다음과 같이 답하였다. '사사로운 주장이 없으면 명행하여 몰이해하지 않고 다만 공정할 뿐이다. 선은 좋아하고 악은 미워하며 선은 상을 내리고 악은 벌을 내리니 이는 성인의 지극히 공정하고 지극히 신묘한 교화이다. 마음에 사사로운 주장이 없는 것은 마치 천지와 똑같아서 차가우면 온 천하가 모두 차갑고 뜨거우면 온 천하가 모두 뜨거운 것과 같으니 곧 느끼는 바가 모두 통하는 것이다.'〔問心無私主, 有感皆通. 曰: 無私主也, 不是悷悻沒理會, 只是公. 善則好之, 惡則惡之; 善則賞之, 惡則刑之. 此是聖人至公至神之化. 心無私主, 如天地一般, 寒則遍天下皆寒, 熱則遍天下皆熱, 便是有感皆通.〕" 《朱子語類 卷140 論文下》

상언좌즉고의(嘗言坐卽靠倚)[209]-50책의 140권 끝-

"좌즉고의(坐卽靠倚)"는 바로 몸을 꼿꼿이 세워서 무릎 꿇고 앉지 못하고 앉을 때마다 물건에 붙어서 기댐을 말한 것입니다. 이것은 채계통(蔡季通)의 질문인데 주 선생(朱先生 주희(朱熹))이 "기운이 뜻을 따르지 못하는 것이다."라고 답하셨으니 공경과 태만의 분별을 말씀한 것입니다. 공경이 태만을 이기는 것은 천리이고 태만이 공경을 이기는 것은 인욕입니다.

209 상언좌즉고의(嘗言坐卽靠倚) : 《주자어류(朱子語類)》의 원문은 다음과 같다. "일찍이 '앉으면 바로 기대었더니 나중에는 늘어져서 삼사일 동안 앉게 되었습니다.'라고 말하였는데 선생이 말씀하기를, '기운이 뜻을 따르지 못하는 곳이 바로 천리와 인욕이 교전하는 곳이다.'라고 하였다.〔嘗言: 坐卽靠倚, 後來捱三四日便坐得. 先生云: 氣不從志處, 乃是天理人欲交戰處也.〕"《朱子語類 卷140 論文下》

이문계[210] 승연 에게 답함 병자년(1816, 순조16) 10월

答李文階 升淵○丙子陽月

보여 주신 제문은 문장이 고아하고 의론이 정밀하니 바로 한 편의 실기(實記)입니다. "희이(希夷)[211]의 음률은 종고(鐘鼓)와 어울리지 않고 법어(法語)의 말은 교언(巧言)보다 재미가 없으니 모두 옛날 운수(雲水)의 호만 못하다."라고 한 것으로 말하면 그 말씀이 참되고 절실하니 구천에 계신 간옹(艮翁)[212]이 다시 살아서 돌아오신다면 응당 빙그레 웃으실 것입니다. '얻은 바가 또한 적다'라고 한 것은, 비단 간옹뿐 아니라 예로부터 그러하였습니다. 거문고는 줄이 없음으로써 귀해지고 바둑은 돌을 놓지 않음으로써 고수가 된다는 것이 이를 말한 것이

210 이문계(李升淵) : 이승연(李升淵, 1767~1829)으로, 자는 문계·태초(太初), 호는 연재(衍齋), 본관은 전주(全州)이며, 초명은 뇌연(雷淵)이다. 홍의영(洪儀泳)과 박윤원(朴胤源)에게서 수학하였고 1792년(정조16) 사마시에 합격하였다. 목천 현감(木川縣監), 장악원·사옹원 주부, 군자감 판관 등을 지냈다.

211 희이(希夷) : 자연 그대로 깨끗하고 고요함을 뜻한다. 노자(老子)의 《도덕경(道德經)》 제14장에 이르기를, "보아도 보이지 않는 것을 이(夷)라 하고 들어도 들리지 않는 것을 희(希)라 한다.〔視之不見, 名曰夷; 聽之不聞, 名曰希.〕"라고 하였다.

212 간옹(艮翁) : 홍의영(洪儀泳, 1750~1815)으로, 자는 정칙(正則), 호는 간재(艮齋), 본관은 남양(南陽)이다. 1783년(정조7) 증광문과에 병과로 급제하였고 승정원 우승지, 사간원 정언, 홍문관 교리, 북평사 등을 역임하였다. 그 뒤 집안에 화란(禍亂)이 일어나자, 벼슬길에 나가는 것을 단념하고 서예에 정성을 기울여 행서(行書)와 초서에 뛰어났다. 여러 화사(畫師)들과 교유하여 좋은 그림에 제(題)를 쓴 것이 매우 많았다. 저서로는 《북관기사(北關記事)》, 《성학집요삼십삼찬(聖學輯要三十三贊)》이 있다.

아니겠습니까.

원컨대 노형께서는 학문이 얕고 자질이 낮다고 하여 스스로 지나치게 겸손해 하지 마시고 더욱 근본이 있도록 힘써서 반드시 사해에까지 이르시고[213] 더욱 걸음을 내디딜 것을 생각하여 반드시 백척간두에까지 나아가십시오.[214] 이렇게 하신다면 근본이 확립됨에 따라 도(道)가 생겨나서[215] 활용하는 곳마다 두루 하지 않음이 없고 베푸는 곳마다 이롭지 않음이 없어서 넉넉하게 여유가 있어 그 세찬 기세를 막지 못함을 제 눈으로 보게 될 것입니다. 부디 노형께서는 이를 공경히 생각하시기를 바랍니다.

회옹(晦翁 주희(朱熹))이 일찍이 말씀하기를, "등용되거나 버려짐은 내가 관여할 수 있는 바가 아니고 벼슬하거나 은둔함은 만나는 바에 따라 편안히 여길 뿐이니 명(命)은 군이 말할 것이 못 된다. 다만 의리

213 더욱……이르시고 : 맹자(孟子)의 제자 서자(徐子)가 공자(孔子)가 자주 물의 덕을 칭탄한 까닭을 물었는데 맹자가 다음과 같이 답하였다. "근원이 있는 샘물은 계속 솟아나서 밤낮을 쉬지 않고 흐르다가 구덩이가 파인 곳을 모두 채우고 앞으로 나아가서 결국 사해에까지 이르게 된다. 학문에 근본이 있는 자는 바로 이와 같으니 공자께서 이 점을 취하신 것이다.〔源泉混混, 不舍晝夜, 盈科而後進, 放乎四海. 有本者如是, 是之取爾.〕"《孟子 離婁下》

214 더욱……나아가십시오 : 《전등록(傳燈錄)》에 "백척간두에서 한 걸음을 더 내디뎌야 시방세계의 이치가 이 몸에 온전해질 수 있네.〔百尺竿頭進步, 十方世界是全身.〕"라고 하였다. 이는 곧 일정한 경지에 올라 있더라도 보다 더 높은 경지를 향해 부단히 노력해야 함을 뜻한다.

215 근본이……생겨나서 : 《논어(論語)》〈학이(學而)〉에, 유자(有子)가 말하기를 "군자는 근본을 힘쓰니, 근본이 확립되면 도(道)가 생겨난다. 효도와 공경은 그 인(仁)을 행하는 근본일 것이다.〔君子務本, 本立而道生. 孝弟也者, 其爲仁之本與!〕"라고 하였다.

가 어떠한가를 살필 뿐이고 명(命)은 따지지 않는다."[216]라고 하였습니다. 이 말씀이 매우 절실하니 짐작컨대 응당 진실되게 체인하셨을 것입니다.

연재(衍齋)의 기문(記文)은 수차례 읽어보았는데 말씀한 뜻이 심오하고 체재가 절묘해서 혹 구두를 뗄 수 없으니 참으로 고문(古文)입니다. 좋은 전지는 이미 남의 차지가 되었으니 어찌 그 사이에 한 마디 말인들 덧붙일 수 있겠습니까. 억지로 말을 보탠다고 하더라도 '관연대연(寬衍大衍)' 네 글자에 지나지 않는데 노형께서 이미 스스로 말씀하였으니 또한 어찌 남에게서 취할 필요가 있겠습니까. 그저 큰 웃음거리의 밑천을 더할 뿐입니다.

216 등용되거나……않는다 : 이 말은 《주자어류(朱子語類)》 권34 〈논어 십육(論語十六) 술이편(述而篇)〉에 보인다.

이문계[217]에게 답함 갑신년(1824, 순조24) 11월

答李文階 甲申復月

의심스러운 예절에 대해 하문하신 것은 공경히 다 살펴보았습니다. 예(禮)에는 두역(痘疫) 때문에 제사를 중지한다는 글이 없는데 세상이 점점 암흑 속으로 들어가서 부정하고 속된 금기가 기승을 부리니 두역 때문에 제사를 금하는 것은 그중에서도 더욱 심한 일입니다. 무당이 권세를 쥐어서 부녀자들을 위협하여 비단 구애받아 두려움을 느끼게 할 뿐만이 아니니 유속의 병폐가 종종 차마 들을 수 없는 것이 있습니다. 송이암(宋頤菴)[218]이 말씀하기를, "재액이 오는 것이 반드시 제사를 중지하는 원인이 아니라고는 할 수 없다. 다만 죄를 뉘우쳐 정성을 다하고 제사를 엄수하여 예를 회복할 줄은 알지 못하고 오직 무격(巫覡)에만 의지하여 천명을 돌리기를 바라니 재앙이 모일수록 의혹이 더욱 심해진다."[219]라고 하였으니 그 말씀이 통절하여 세교(世

217 이문계(李升淵) : 이승연(李升淵, 1767~1829)으로, 자는 문계・태초(太初), 호는 연재(衍齋), 본관은 전주(全州)이며, 초명은 뇌연(雷淵)이다. 홍의영(洪儀泳)과 박윤원(朴胤源)에게서 수학하였고 1792년(정조16) 사마시에 합격하였다. 목천 현감(木川縣監), 장악원・사옹원 주부, 군자감 판관 등을 지냈다.

218 송이암(宋頤菴) : 송인(宋寅, 1517~1584)으로, 자는 명중(明仲), 호는 이암, 본관은 여산(礪山)이다. 10세에 중종의 셋째 서녀인 정순옹주(貞順翁主)와 혼인하여 여성위(礪城尉)가 되고 명종 때 여성군(礪城君)에 봉해졌다. 의빈부, 충훈부, 사옹원, 상의원 등에서 요직을 역임하고 도총관에 이르렀다. 시문에 능하였으며 이황(李滉), 조식(曺植), 이이(李珥), 성혼(成渾) 등 당대의 석학들과 교유하였다. 저서로는 《이암유고(頤菴遺稿)》가 있으며 시호는 문단(文端)이다.

敎)를 붙들 수 있습니다. 다만 두창(痘瘡)은 깨끗하지 못하므로 병을 앓는 곳에서 제수를 장만해서는 안 되겠지만 제사 자체는 결코 중지해서는 안 됩니다.

행직(行職)과 증직(贈職)이 모두 조정에서 하사하는 것인 이상 증직을 먼저 쓰고 행직을 뒤에 쓰는 것은 실로 의의가 없습니다. 퇴계(退溪 이황(李滉))께서 이른바 "선후가 도치되었다"[220]라는 것은 바로 이 때문입니다. 송(宋)나라에서는 행직을 먼저 쓰고 증직을 뒤에 썼으므로 주 선생(朱先生 주희(朱熹)) 역시 선조에게 고유하는 글에 이와 같이 하였으니 사계(沙溪 김장생(金長生))와 우암(尤菴 송시열(宋時烈))이 이를 따른 이유입니다. 그러나 증직을 먼저 쓰고 행직을 뒤에 쓰는 것이 이미 통행하는 준례가 되어 거의 시왕(時王)의 제도[221]가 된 이상 호적과 시권(試券)의 봉투에는 세속을 따라서 쓸 수밖에 없습니다. 이렇게 하지 않는다면 격식을 어긴 것으로 간주되기 쉬울 것입니다. 하지만 축문을 고하고 신주를 쓸 때에는 주자(朱子)를 따라 행직을 먼저 쓰고 증직을 뒤에 쓰는 것이 옳을 듯합니다.

219 재액이……심해진다 : 이 말은 《이암유고(頤菴遺稿)》 권9 〈예설(禮說)〉에 보인다.

220 선후가 도치되었다 : 이는 우리나라의 풍속을 따라 증직을 먼저 쓰는 것이 무방하겠냐는 노수신(盧守愼)의 물음에 대하여 이황(李滉)이 답한 편지에 보이는 말로, "우리나라 풍속에서 증직을 먼저 쓰는 것은 국은을 우선하는 뜻이지만 관직의 고하와 일의 선후가 모두 도치되었다.〔東俗先書贈職, 先國恩之意也. 然官之高下、事之先後, 皆倒置.〕"라고 하였다. 《退溪續集 卷3 答盧伊齋問目》

221 시왕(時王)의 제도 : 시왕은 '당시의 왕'이라는 뜻으로, 당시의 왕이 정한 제도를 뜻한다.

이여정[222] 항 에게 답함 계미년(1823, 순조23) 11월

答李汝精 沆○癸未至月

후사가 없는 본생부모를 조부의 사당에 반부(班祔)하는 것은 사계(沙溪 김장생(金長生))의 정론이 있습니다. 그러나 양자로 들어간 집의 사당에 망자를 반부할 수 있는 선조가 없다면 예(禮)로 볼 때 조부의 사당에 반부해서는 안 되고, 또 조부의 사당이 다른 집에 있어서 그곳까지 가서 반부할 수 없다면 형편상 마땅히 별묘(別廟)에 제사해서 양자를 세우기를 기다려야 합니다. 만약 양자로 세울 만한 사람이 없으면 마땅히 '방친(傍親)이 후사가 없는 경우 제사는 형제의 손자의 대에서 끝내는 예(禮)'[223]를 따라서, 제사는 출계(出系)한 아들의 아들의 대에서 그쳐야 합니다. 본생부모를 제사하는 것은 비록 다른 방친과 똑같지 않지만 혐의를 분별하고 은미한 것을 밝히는 의리로 헤아려볼 때

222 이여정(李汝精) : 이항(李沆, 1774～?)으로, 자는 여정, 본관은 덕수(德水)이다. 1806년(순조6) 별시문과에 갑과로 급제하였고 사간원 헌납, 사헌부 장령, 홍문관 부응교, 병조·형조·공조 참의, 동래 부사(東萊府使) 등을 역임하였다.

223 방친(傍親)이……예(禮) : 이는 《예기집설대전(禮記集說大全)》 권7 〈증자문(曾子問)〉의 소주(小註)에 보이는 내용으로, "정자(程子)가 말하였다. '복(服)이 없는 상(殤)은 제사 지내지 않고 하상(下殤)의 제사는 부모의 몸에서 끝나고 중상(中殤)의 제사는 형제의 몸에서 끝나고 장상(長殤)의 제사는 형제의 아들의 몸에서 끝나고 성인(成人)으로서 후사가 없는 자는 그 제사가 형제의 손자의 몸에서 끝나니 이는 모두 의(義)를 참작하여 정한 것이다.'〔程子曰: 無服之殤, 不祭; 下殤之祭, 終父母之身; 中殤之祭, 終兄弟之身; 長殤之祭, 終兄弟之子之身; 成人而無後者, 終兄弟之孫之身, 此皆以義起也.〕"라고 하였다.

정(情)으로 예(禮)를 가려서는 안 될 듯합니다.

합부인의 신주를 다시 쓰는 일은 영화를 고하는 일에 해당되므로 존숙부의 신주를 다시 쓰는 일과 같은 날에 행해서는 안 되니 길제(吉祭) 뒤로 미루어 행하는 것이 옳을 듯합니다.

이여정[224]에게 답함 을유년(1825, 순조25) 12월

答李汝精 乙酉臘月

깃발을 휘날리며 부임한 뒤로 국방을 더욱 공고하게 만들어서 민노봉(閔老峯)[225]의 자취를 잇고 계신지요? 이분이 이 부(府)에 부임했을 적에 왜관(倭館)의 왜인들과 대치하여 약조를 정하면서 시퍼런 칼날이 앞에 던져지는데도 눈 하나 깜박하지 않았습니다. 처음 부임하자마자 밀무역하는 자를 효수하고 군사들을 모아서 멋대로 날뛰는 이들을 제압하니 왜인들이 두려워하여 서약한 바를 그대로 따랐습니다. 이에 효종께서 연신(筵臣)에게 말씀하기를, "국세가 약해져서 예전의 약속을 굳게 지키지 못하였는데 민 아무개를 얻고서 다소 마음이 굳세졌다."라고 하시고 심지어 심려(心膂)[226]로 의탁하기까지 하셨습니다. 영

224 이여정(李汝精) : 이항(李沆, 1774~?)으로, 자는 여정, 본관은 덕수(德水)이다. 1806년(순조6) 별시문과에 갑과로 급제하였고 사간원 헌납, 사헌부 장령, 홍문관 부응교, 병조·형조·공조 참의 등을 역임하였다. 1825년(순조25) 4월에 동래 부사(東萊府使)에 제수되었다.

225 민노봉(閔老峯) : 민정중(閔鼎重, 1628~1692)으로, 자는 대수(大受), 호는 노봉, 본관은 여흥(驪興)이다. 송시열(宋時烈)의 문인으로, 대표적인 노론(老論) 계열의 대신이다. 1649년(인조27)에 정시문과에 장원으로 급제하였으며, 1658년(효종9)에 동래 부사(東萊府使)에 제수되어 부임하였다. 함경도 관찰사, 대사헌, 한성부윤, 이조·호조·공조 판서 등을 거쳐 좌의정까지 올랐다. 저서로는 《노봉집(老峯集)》 등이 있으며, 시호는 문충(文忠)이다.

226 심려(心膂) : 심장과 등뼈라는 뜻으로, 곧 임금을 보좌하는 중신(重臣)을 말한다. 주 목왕(周穆王)이 군아(君牙)를 대사도(大司徒)에 임명하면서 "나를 도와서 다리

공께서도 이렇게 되시기를 원합니다.

저 또한 일찍이 바닷가를 따라 남쪽으로 내려가서 영가대(永嘉臺)와 몰운대(沒雲臺) 위에 올라 일기도(一岐島)와 대마도(對馬島) 등의 여러 섬들을 바라본 적이 있는데 자연히 저도 모르게 담이 커지고 용기가 솟아났습니다. 듣건대 동래(東萊) 사람들이 말하기를, "부백(府伯)이 자기 몸을 단속하기를 청렴하고 엄격하게 하니 왜관의 왜인들이 두려워하고 조심할 바를 알아서 감히 동래부를 향해 오줌도 누지 못한다."라고 하였습니다. 진실한 뜻이 지극하면 무쇠와 바위를 뚫고[227] 돼지와 물고기를 감동시키는데[228] 하물며 사람은 어떠하겠습니까. 속히 이러한 뜻을 체득하여 충신(忠信)과 독경(篤敬)의 도(道)를 더욱 힘써서 만맥(蠻貊)이 귀화되고[229] 조정이 높아지게 만드시기를 천번만번 거듭

와 팔과 심장과 등뼈가 되어라.〔予翼, 作股肱心膂.〕"라고 한 말에서 유래하였다. 《書經 周書 君牙》

227 무쇠와 바위를 뚫고 : 주희(朱熹)가 말하기를, "양기가 발하는 곳에서는 무쇠나 바위도 뚫을 수가 있으니 정신이 하나로 모이면 무슨 일인들 이루지 못하겠는가.〔陽氣發處, 金石亦透, 精神一到, 何事不成?〕"라고 하였다. 《朱子語類 卷8 學二 總論爲學之方》

228 돼지와 물고기를 감동시키는데 : 《주역(周易)》 〈중부괘(中孚卦)〉의 괘사(卦辭)에 "중부는 돼지와 물고기면 길하니, 큰 냇물을 건넘이 이롭고 정함이 이롭다.〔中孚, 豚魚吉, 利涉大川, 利貞.〕"라고 하였는데, 그 단전(彖傳)에 "'돼지와 물고기면 길함'은 신의가 돼지와 물고기에까지 미친 것이다.〔豚魚吉, 信及豚魚也.〕"라고 하였다. 곧 그 덕이 훌륭하여 돼지와 물고기 같은 미물까지 감동시킴을 말한 것이다.

229 충신(忠信)과……귀화되고 : 공자(孔子)가 말하기를, "말을 충신하게 하고 행동을 독경하게 하면 비록 만맥의 나라라고 하더라도 뜻이 행해질 수 있지만, 말을 충신하게 하지 못하고 행동을 독경하게 하지 못하면 비록 자신의 고을이라고 하더라도 뜻이 행해질 수 있겠는가.〔言忠信, 行篤敬, 雖蠻貊之邦, 行矣; 言不忠信, 行不篤敬, 雖州里, 行乎哉?〕"라고 하였다. 《論語 衛靈公》

바랍니다.

먼 바닷가에서 벼슬살이함은 적소(謫所)에서 지내는 것과 다름이 없으니 여관의 차가운 등불 아래에서 마음이 쓸쓸하여 담암(澹菴)의 작은 허물[230]을 따르지나 않으십니까? 회옹(晦翁 주희(朱熹))께서 일찍이 말씀하기를, "제갈공명(諸葛孔明)이 지혜와 사려가 정밀해지고 밝아지며 위엄과 명망이 높아지고 중해진 것은 욕심을 적게 하여 마음을 기른 공부가 큰 도움이 되었다."[231]라고 하였습니다. 또 노봉은 관직에 있을 적에 여색을 멀리해서 지금까지도 '석장불자(石腸佛子)'라고 불리고 있습니다. 영공께서 보고 본받을 바가 어찌 여기에 있지 않겠습니까.

은혜롭게 보내 주신 세 가지 물품은 감사히 받긴 하였으나 돼지 간으로 안읍(安邑)의 현령에게 누를 끼친 것[232]과 같지는 않을까 적이 염려됩니다.

230 담암(澹菴)의 작은 허물 : 담암은 송(宋)나라 때의 명신(名臣) 호전(胡銓)으로, 자는 방형(邦衡), 호는 담암이며, 시호는 충간(忠簡)이다. 호전이 상소하여 당시의 간신인 진회(秦檜)를 참수할 것을 청하였다가 바닷가로 귀양 갔는데, 풀려나 돌아오는 길에 상담(湘潭)에 있는 여관에서 술을 마시면서 시기(侍妓)인 여천(黎倩)을 희롱하였다가 그 남편에게 말처럼 엎드려 여물을 먹는 수모를 당한 일이 있다. 《退溪集 考證 卷4 第16卷書 別紙》

231 제갈공명(諸葛孔明)이……되었다 : 이 말은 주희(朱熹)의 문집인 《회암집(晦菴集)》 별집 권2 〈유공보(劉共甫)〉에 보인다. 유공보는 유공(劉珙)으로, 공보는 자(字)이다.

232 돼지……것 : 고을 수령으로부터 음식물을 대접받는 것을 비유한 말이다. 후한(後漢) 때의 절사(節士) 민공(閔貢)이 안읍현(安邑縣)에 있을 때에 노병(老病)이 있는데다 집이 가난하여 고기를 사먹을 수 없으므로 날마다 푸줏간에 가서 돼지 간 한 점씩만 사먹었는데, 안읍의 현령이 그 사실을 듣고는 하리(下吏)를 시켜서 그에게 항상 돼지 간을 공급하게 했던 고사가 있다. 《後漢書 卷83 周黃徐姜申屠列傳 序》

유오여[233] 상주 에게 답함 병인년(1806, 순조6) 10월

答兪五汝 常柱○丙寅十月

《논어(論語)》의 "학습(學習)"[234]은 《혹문(或問)》과 《어류(語類)》의 여러 설들이 모두 지(知)와 행(行)을 겸하여 말해서 《집주(集註)》의 뜻을 밝히고 있으니 제가 어찌 감히 다른 말을 하겠습니까. 다만 '배움〔學〕'이란 남에게 배워서 본받는 것이니, 배움은 지(知)를 요하는 것이고 알아서 본받는 것은 행(行)입니다. 이 때문에 주자(朱子)가 '본받음〔效〕'의 뜻으로 '학(學)'을 풀이한 뒤에 또 '깨달음〔覺〕'을 가지고 말씀한 것입니다. '깨달음'은 지(知)이고 '그 행한 바를 본받음'은 행(行)이며, '선(善)을 밝게 앎'은 지(知)이고 '처음을 회복함'은 행(行)입니다.[235] 아는 바가 없으면 어떻게 그 행한 바를 본받겠으며, 선(善)을 밝게 알지 못하면 어떻게 그 처음을 회복하겠습니까. 이는 주자가 말씀한 "그 글 뜻을 살펴보면 강학의 의사가 끝내 다소 많다."[236]라는

233 유오여(兪五汝) : 유상주(兪常柱, ?~?)로, 자는 오여, 본관은 기계(杞溪)이다. 동부 영(東部令), 문화 현령(文化縣令), 의빈부 도사 등을 지냈다.

234 논어(論語)의 학습(學習) : 《논어》 〈학이(學而)〉 첫 장에 "배우고 때로 익히다〔學而時習之〕"라고 한 구절을 이른다.

235 이 때문에……행(行)입니다 : 《논어(論語)》 〈학이(學而)〉의 "학이시습지(學而時習之)"라는 구절에 대하여 주희(朱熹)의 《집주(集註)》에서 다음과 같이 말하였다. "'학(學)'이라는 말은 본받는다는 뜻이다. 사람의 본성은 모두 선하지만 이것을 깨닫는 데에는 먼저 하고 뒤에 함이 있으니 뒤에 깨닫는 자는 반드시 먼저 깨달은 자의 행한 바를 본받아야 비로소 선(善)을 밝게 알아서 그 처음을 회복할 수 있는 것이다.〔學之爲言, 效也. 人性皆善, 而覺有先後, 後覺者必效先覺之所爲, 乃可以明善而復其初也.〕"

것입니다. 지(知)와 행(行)은 진실로 함께 진전되어야 하지만 처음 배우는 자가 익히는 것은 우선 지(知)에 달려있습니다. 그러므로 "선후의 구별이 있다."라고 한 것입니다. 신안 진씨(新安陳氏)가 정자(程子)의 아래의 말씀을 가지고 행(行)에 소속시킨 것[237]은 《어류》의 "'배운 것이 내 몸에 있다'라고 한 것은 행(行)에서 익히는 것이다."[238]라는 말로 인하여 잘못 판단한 것이 아니겠습니까. 그러나 주자가 인용하여

236 그……많다 : 이는 《주자어류(朱子語類)》 권20 〈논어 이(論語二) 학이편 상(學而篇上)〉에 보이는 말로, "'학이시습지'는 강학과 역행을 동등하게 말하였으나 그 글뜻을 살펴보면 강학의 의사가 끝내 다소 많다. 이는 '즉이학문', '수왈미학'을 살펴보면 알 수 있다.〔學而時習之, 雖是講學、力行平說, 然看他文意, 講學意思終較多. 觀則以學文、雖曰未學, 則可見.〕"라고 하였다.

237 신안 진씨(新安陳氏)가……것 : 《논어(論語)》 〈학이(學而)〉의 "학이시습지(學而時習之)"라는 구절에 대하여 주희(朱熹)의 《집주(集註)》에서 정자(程子)의 말을 인용하여 다음과 같이 말하였다. "정자(程子)가 말씀하였다. '습(習)은 거듭 익힘이다. 때로 다시 생각하고 연역해서 가슴속에 무젖게 하면 기뻐지는 것이다.' 또 말씀하였다. '배움은 장차 그것을 행하려고 해서이니 때로 익히면 배운 것이 내 몸에 있게 되므로 기뻐지는 것이다.'〔程子曰: 習, 重習也, 時復思繹, 浹洽於中, 則說也. 又曰: 學者, 將以行之也, 時習之, 則所學者在我, 故悅.〕" 신안 진씨는 정자의 이 말을 두고 말하기를, "위의 말씀은 지(知)를 가지고 말한 것이고 아래의 이 말씀은 행(行)을 가지고 말한 것이니 정자의 두 가지 설을 채록하여 '학습은 마땅히 지(知)와 행(行)을 겸하여 말해야 함'을 나타내었다.〔上一條以知言, 此一條以行言, 采程子二說, 以見學習當兼知行言也.〕"라고 하였다.

238 배운……것이다 : 이는 《주자어류(朱子語類)》 권20 〈논어 이(論語二) 학이편 상(學而篇上)〉에 보이는 말로, 문인이 "정자의 두 가지 설 가운데 '때로 다시 생각하고 연역한다'라고 한 것은 지(知)에서 익히는 것이고 '배운 것이 내 몸에 있다'라고 한 것은 행(行)에서 익히는 것입니까?〔程子二說, 一云時復思繹, 是就知上習; 所學在我, 是就行上習否?〕"라고 물었는데 주희(朱熹)가 "이와 같다.〔是如此.〕"라고 하였다.

《집주》에 실어 놓은 정자의 말씀은 오로지 지(知)에 소속될 듯합니다. '장이(將以)' 두 글자[239]를 가지고 지(知)에 소속됨을 확정할 수 있다는 고견은 진씨의 설을 바로잡을 수 있습니다.

239 장이(將以) 두 글자 : 122쪽 주237 참조.

유오여[240]에게 답함 정묘년(1807, 순조7) 2월

答兪五汝 丁卯二月

답장에서 하신 말씀은 삼가 잘 알았습니다. 마음에 생각하기로는 곡하지 않고 제사를 행하겠다고 다짐했었는데, 축문을 읽자마자 옛날 살아계셨을 적에 직접 섬겼던 여종이 지시를 기다리지 않고 마땅히 곡해야 한다고 하면서 먼저 곡을 하였고, 이미 곡소리가 난 뒤에는 중지할 수가 없었습니다. 이에 '차라리 후함이 지나쳐 잘못을 범하는 것이 낫다'는 의리에 의거하여 불초도 따라서 곡하였습니다. 그러나 슬픔이 지극하지 않는데도 곡함은 '선조를 섬기기를 실제로써 한다'는 도리에 흠이 됩니다. 이미 혼미함을 깨우쳐 주셨는데도 받들어 따르지 못하였으니 저 스스로 불민함이 부끄럽습니다.

《예기(禮記)》에서 말한 "군자에게는 종신(終身)의 상(喪)이 있다."[241]와 "기일에는 음악을 연주하지 않는다."[242] 등의 설은 모두 고비(考妣)를

240 유오여(兪五汝) : 유상주(兪常柱, ?~?)로, 자는 오여, 본관은 기계(杞溪)이다. 동부 영(東部令), 문화 현령(文化縣令), 의빈부 도사 등을 지냈다.

241 군자에게는……있다 : 이는 《예기(禮記)》 〈제의(祭義)〉에 보이는 말로, "군자에게는 종신의 상이 있으니 바로 기일을 말한다. 기일에 다른 일을 하지 않음은 상서롭지 않아서가 아니다. 기일에는 내 마음이 한곳으로 쏠리기 때문에 다른 사사로운 일에 신경을 쓰지 못해서임을 말한 것이다.〔君子有終身之喪, 忌日之謂也. 忌日不用, 非不祥也. 言夫日志有所至而不敢盡其私也.〕"라고 하였다.

242 기일에는……않는다 : 이는 《예기(禮記)》 〈단궁 상(檀弓上)〉에 보이는 말로, "상(喪)은 삼년으로 끝나지만 돌아가셨더라도 잊지 않는다. 그러므로 군자는 종신의 근심은 있어도 하루아침의 근심은 없으니 이 때문에 기일에는 음악을 연주하지 않는

가지고 말한 것입니다. 《가례(家禮)》에서 고비의 기일에만 곡함을 허락한 것도 여기에서 나온 것입니다. 그러나 조고(祖考)와 선고(先考)의 차이가 얼마나 되겠습니까. 살아계셨을 적에 직접 섬겼는데도 그 기일에 곡하지 않는 것은 너무 박한 것이 아니겠습니까. 사옹(沙翁 김장생(金長生))께서 빼고 더한 바를 통하여 《가례》를 버리고 《상례비요(喪禮備要)》를 따라야 함을 알 수 있습니다. 제가 일찍이 생각건대, 비단 조고와 조비(祖妣) 뿐만 아니라 위로는 증조와 고조로부터 아래로는 방친에 이르기까지 살아계셨을 적에 직접 섬겼으면 모두 곡하는 것이 옳은 듯합니다.

것이다.〔喪三年以爲極, 亡則弗之忘矣. 故君子有終身之憂, 而無一朝之患. 故忌日不樂.〕"라고 하였다.

이가용[243] 로 에게 답함 무진년(1808, 순조8) 5월 그믐

答李可用 潞○戊辰五晦

편지를 받아 보건대 장차 칠원(漆園 장자(莊子))의 글을 읽어서 마음을 다스리는 방법으로 삼고자 한다고 하시니 어쩌면 그리도 정 선생(程先生)이 《노자(老子)》와 《장자》를 보지 않았던 뜻과 서로 다르십니까. 주자(朱子)도 말씀하기를, "맹자(孟子)가 양주(楊朱)와 묵적(墨翟)을 물리친 이상 노담(老聃)과 장주(莊周)도 그 가운데 들어있는 것이다."[244]라고 하였습니다. 세 분의 성현에게 배척을 당한 것이 이처럼 엄정한데 집사에게 취함을 받은 것이 이처럼 각별하니 이는 어째서입니까.

삼가 생각건대 장생(莊生)은 청고(淸高)하고 광달(曠達)하여 세속을 멀리 초월해서 만물의 밖에 홀로 섰으며, 또 쇠한 주(周)나라의 문장이 피폐해짐을 징계하여 한결같이 과격함만을 일삼아서 성인(聖人)을 업신여기고 명교(名敎)를 배반하는 데에까지 이르렀습니다. 이것이 이른바 "지혜로운 자는 아는 것이 지나치다."[245]라는 것이니 그

243 이가용(李可用) : 이로(李潞, 1769~?)로, 자는 가용, 본관은 전주(全州)이다. 1803년(순조3) 증광문과에 병과로 급제하였고, 사간원 헌납, 홍문관 부응교, 공조・병조 참의, 동래 부사(東萊府使), 여주 목사(驪州牧使) 등을 역임하였다.

244 맹자(孟子)가……것이다 : 이는 《주자어류(朱子語類)》 권126 〈석씨(釋氏)〉에 보이는 말로, "사람들이 맹자가 노자를 물리치지 않았다고 말하는데, 이는 양주와 묵적을 물리친 이상 노담(老聃)과 장주(莊周)도 그 가운데 들어 있는 것임을 알지 못하는 것이다.〔人言孟子不闢老氏, 不知但闢楊墨則老莊在其中矣.〕"라고 하였다.

지나친 폐단이 스스로 이단에 빠지도록 만들었습니다. 중니(仲尼 공자(孔子))의 문하에 들어가 군자의 도(道)를 듣지 못한 것이 애석할 따름입니다. 그러나 본래 영통(靈通)한 점이 있었으므로 명리(名理)에 통달한 것이 천고를 경동하였습니다. 이 때문에 연옹(淵翁 김창흡(金昌翕))이 그를 인정하여 심지어는 "멀리 동해(東海)를 구경하는 것과 큰 소리로《남화경(南華經 장자)》을 읽는 것이 모두 흉금을 펴게 할 수 있다."[246] 라고 하며 이것을 가지고 집안사람들에게 전수하고 사우들에게 가르쳤으니 저는 지나치다고 생각합니다.

이 책은 이치가 오묘하고 문장이 괴이해서 사람의 정신을 혼미하게 하고 기운을 빼앗기게 하기가 쉬우므로 마땅히 음탕한 음악이나 아름다운 여색처럼 멀리해야 합니다. 이렇게 하지 않으면 점점 그 가운데로 빠져들어 가니 두려워하지 않을 수 있겠습니까. 또 세상에 도(道)를 수호하고 이단을 물리치는 군자가 없어서 서양 오랑캐의 부정한 학설이 길을 꽉 메우고 하늘까지 가득 차서 거의 세상을 바꾸도록 내버려두고 있으니 지금까지 섶나무의 불씨가 전하여 남은 불꽃이 꺼지지 않고 있습니다. 이것이 바로 장 선생(張先生 장재(張載))이 이른바 "위에서는

245 지혜로운……지나치다 : 이는《중용장구(中庸章句)》제4장에 보이는 공자(孔子)의 말로, "도(道)가 행해지지 못하는 이유를 내가 아노니 지혜로운 자는 아는 것이 지나치고 어리석은 자는 아는 것이 미치지 못하기 때문이다.〔道之不行也, 我知之矣. 知者過之, 愚者不及也.〕"라고 하였다.

246 멀리……있다 : 이 말은 김창흡(金昌翕)이 손자 김문행(金文行)에게 답한 편지에 보이는데, 이 글에 이르기를, "생각건대 너의 좁은 흉금을 펴게 할 수 있는 방법이 없으니 오직 멀리 동해를 구경하는 것과 큰 소리로《남화경》을 읽는 것이 그나마 괜찮을 것이다.〔念汝窄胸無可展之策, 除是遠覽東海與大讀南華, 爲庶幾耳.〕"라고 하였다.《三淵集 卷17 答文行》

예(禮)로써 그 거짓을 막는 이가 없고 아래에서는 학문으로써 그 폐단을 상고하는 이가 없다."[247]라는 것입니다.

집사와 같은 분은 바로 선왕의 도를 밝히고 성인의 법을 외워서 정학(正學)을 드러내고 세교(世敎)를 붙들어야 할 것이니 어찌 이처럼 막연하고 공허한 말을 좋아하여 마음과 눈을 집중하고자 하십니까. 비록 천하의 용을 잡는 솜씨가 되기를 원한다고 하더라도 어찌 성인이 지은 책이 아닌 것을 읽겠습니까.[248] 더구나 비단 용을 잡는 솜씨가 되려는 데에 그치지 않는다면 어떠하겠습니까. 세 가지의 불후(不朽)[249]를 이루는 것은 모두 육경(六經) 가운데에서 나오는 법이니 이 좋은 전지를

247 위에서는……없다 : 이 말은 《근사록(近思錄)》 권13 〈변별이단(辨別異端)〉에 보이는데, "이단의 말이 귀에 가득한데도 위에서는 예로써 그 거짓을 막는 이가 없고 아래에서는 학문으로써 그 폐단을 상고하는 이가 없다.〔異言滿耳, 上無禮以防其僞, 下無學以稽其弊.〕"라고 하였다.

248 비록……읽겠습니까 : 이는 송(宋)나라 소옹(邵雍)의 시 〈한행음(閒行吟)〉의 구절을 변용하여 말한 것으로, 이 시에서는 "천하의 용을 잡는 솜씨가 되고자 한다면 어찌 성인이 지은 책이 아닌 것을 읽겠는가.〔欲爲天下屠龍手, 肯讀人間非聖書?〕"라고 하였다. '용을 잡는 솜씨'는 본래 《장자(莊子)》 〈열어구(列禦寇)〉에 나오는 말로, 특출한 재주이지만 쓸 데가 없는 것을 비유한다. 옛날에 주평만(朱泙漫)이라는 사람이 천금의 가산을 탕진해가며 지리익(支離益)이라는 사람에게 용 잡는 법을 배워 삼 년 만에 터득하였으나 그 방법을 사용할 일이 없었던 데에서 나온 말이다.

249 세 가지의 불후(不朽) : 영원토록 썩지 않고 전해지는 세 가지로, '덕업을 이루는 것〔立德〕', '뛰어난 공을 세우는 것〔立功〕', '훌륭한 말을 남기는 것〔立言〕'을 말한다. 춘추(春秋) 시대 노(魯)나라 대부 숙손표(叔孫豹)가 진(晉)나라에 갔을 적에 범선자(范宣子)가 길이 썩지 않을 일에 대해서 물어보자 대답하기를, "최상의 것은 덕을 세우는 것이고 그 다음은 공을 세우는 것이며 그 다음은 말을 세우는 것이다.〔太上有立德, 其次有立功, 其次有立言.〕"라고 하였다. 《春秋左氏傳 襄公24年》

버려두고 무슨 일로 다른 것을 구한단 말입니까.

제가 일찍이 듣건대 병을 앓은 뒤에는 선한 마음이 발현된다고 합니다. 만약 구인위기(求仁爲己)[250]하는 《노론(魯論 논어)》과 존심양성(存心養性)[251]하는 《추경(鄒經 맹자)》에 종사할 수 있다면 응당 봄바람이 불어옴에 만물이 싹을 틔우는 것과 같고 불이 처음 타오르고 샘물이 처음 솟아오르는 것[252]과 같은 아름다움이 있을 것입니다. 만약 《남화경》을 가지고 마음을 잡아 보존하는 요점으로 삼으신다면, 어리석은 저의 견해로는 많이 읽으면 읽을수록 더욱 마음을 다스릴 수가 없게 될 것입니다. 원래 책을 갖고 있다고 하더라도 진실로 내어 드릴 수가 없는데 하물며 갖고 있지 않으니 어찌하겠습니까. 간곡한 부탁을 들어 드리지 못하여 몹시 송구스럽습니다.

250 구인위기(求仁爲己) : '구인'은 인(仁)을 구한다는 뜻으로, 공자(孔子)가 백이(伯夷)와 숙제(叔齊)를 평가하여 말하기를, "인(仁)을 구하여 인(仁)을 얻었으니, 무엇을 원망하겠는가.〔求仁而得仁, 又何怨?〕"라고 하였다. 《論語 述而》 '위기'는 오직 자신의 덕성을 닦기 위해서 공부하는 것으로, 남이 알아주기를 바라면서 공부하는 것인 '위인(爲人)'에 상대되는 말이다. 《논어(論語)》 〈헌문(憲問)〉에, "옛날의 학자들은 자신을 위한 학문을 하였는데, 오늘날의 학자들은 남에게 보여 주기 위한 학문을 한다.〔古之學者爲己, 今之學者爲人.〕"라고 한 공자(孔子)의 말에서 나온 것이다.

251 존심양성(存心養性) : 마음을 보존하여 본성을 함양한다는 뜻으로, 《맹자(孟子)》 〈진심 상(盡心上)〉에 "마음을 보존하여 본성을 함양하는 것은 하늘을 섬기는 방법이다.〔存其心, 養其性, 所以事天也.〕"라고 하였다.

252 불이……것 : 이는 《맹자(孟子)》 〈공손추 상(公孫丑上)〉에 보이는 말로, "무릇 사단이 나에게 있는 것을 다 넓혀서 채울 줄 알면 마치 불이 처음 타오르고 샘물이 처음 솟아오르는 것과 같을 것이다.〔凡有四端於我者, 知皆擴而充之矣, 若火之始然、泉之始達.〕"라고 하였다.

이가용[253]에게 답함 경오년(1810, 순조10) 8월

答李可用 庚午八月

신부가 사당에 알현함에 어찌 적서(嫡庶)의 차이가 있겠습니까. 주인이 서숙모(庶叔母)를 인도하여 사당에 알현하게 하고 "서숙 모(某)의 신부 모씨(某氏)가 감히 알현합니다."라고 고하는 것이 옳을 듯합니다.

253 이가용(李可用) : 이로(李潞, 1769~?)로, 자는 가용, 본관은 전주(全州)이다. 1803년(순조3) 증광문과에 병과로 급제하였고, 사간원 헌납, 홍문관 부응교, 공조·병조 참의, 동래 부사(東萊府使), 여주 목사(驪州牧使) 등을 역임하였다.

이가용[254]에게 답함 계유년(1813, 순조13) 1월
答李可用 癸酉元月

보내 주신 편지는 공경히 받아보았습니다. 돌아보건대 이 사람은 모친을 좋지 못한 땅에 장례하여 세 번이나 그 묘(墓)를 옮겼으니[255] 천지 사이의 한 죄인일 뿐입니다. 어찌 감히 다시 지리(地理)를 말할 수 있겠습니까. 또한 일찍이 방사(方士) 십여 명을 겪어보았는데 처음에는 그 말에 빠져들어 깊이 현혹되었으나 중간에는 그 행실을 보고서 반신반의하였으며 끝내는 마침내 크게 깨닫고서 예전에 했던 일을 부끄러워하여 천하의 변사(辯士)들을 싫어한 지가 또한 오래되었습니다. 어찌 감히 먼저 병을 겪은 자가 의원이 된다고 자처하여 당돌하게 애집사(哀執事)[256]를 위하여 이에 대해 말하겠습니까.

땅은 바로 삼재(三才)[257]의 하나이니 하늘과 인간의 이치가 있는 이

254 이가용(李可用) : 이로(李潞, 1769~?)로, 자는 가용, 본관은 전주(全州)이다. 1803년(순조3) 증광문과에 병과로 급제하였고, 사간원 헌납, 홍문관 부응교, 공조·병조 참의, 동래 부사(東萊府使), 여주 목사(驪州牧使) 등을 역임하였다.

255 이 사람은……옮겼으니 : 홍직필(洪直弼)은 1793년(정조17) 7월에 모친상을 당하여 8월에 고양(高陽)의 성호(省湖)에 장례하였는데 다음해 2월에 같은 산으로 이장하였다가 1802년(순조2) 3월에 영평(永平)의 금주산(金柱山)으로 이장하고 1807년(순조7) 8월에 다시 양성(陽城)의 천덕산(天德山)으로 이장하였다. 《梅山集 卷53 年譜》

256 애집사(哀執事) : 집사는 편지에서 상대방에 대한 존칭으로 쓰이는데, 상대방이 상중에 있을 때에는 '애(哀)' 자를 붙여 말한다.

257 삼재(三才) : 천(天)·지(地)·인(人)을 말한다.

상 어찌 땅처럼 중대한 것이 홀로 그 이치가 없겠습니까. 진(晉) 땅의 물은 진흙이 많고 정체되어 그 지역 백성들이 아첨을 잘하고 초(楚) 땅의 물은 부드럽고 온화하여 그 지역 백성들이 과단성이 있고 송(宋) 땅의 물은 경쾌하고 굳세어서 그 지역 백성들이 바름을 좋아하니[258] 이는 수세(水勢)가 그렇게 만든 것입니다. 산동(山東)에서는 훌륭한 정승이 배출되고 산서(山西)에서는 용맹한 장수가 배출되니[259] 이는 산세(山勢)가 그렇게 만든 것입니다. 남방의 강함과 북방의 강함[260]은 풍기(風氣)를 가지고 말한 것이고, 당요(唐堯)와 우순(虞舜)이 기주(冀州)에 도읍하자 기주가 천지 중앙의 풍수 좋은 곳이 된 것과 무왕

258 진(晉) 땅의……좋아하니 : 이 내용은 《관자(管子)》 권14 〈수지(水地) 제39〉에 보인다. 이 글에 이르기를, "초(楚) 땅의 물은 부드럽고 온화하면서 맑으므로 그 지역 백성들이 경쾌하면서 과단성이 있으며……제진(齊晉) 땅의 물은 탁하고 떫으면서 운행하고 진흙이 많고 정체되면서 뒤섞여있으므로 그 지역 백성들이 아첨을 잘하고 속이기를 잘하며 간사하고 이익을 좋아하며……송(宋) 땅의 물은 경쾌하고 굳세면서 맑으므로 그 지역 백성들이 간이하면서 바름을 좋아한다.〔楚之水, 淖弱而清, 故其民輕果而賊……齊晉之水, 枯旱而運, 淤滯而雜, 故其民諂諛葆詐, 巧佞而好利……宋之水, 輕勁而清, 故其民簡易而好正.〕"라고 하였다.

259 산동(山東)에서는……배출되니 : 《전한서(前漢書)》 권69 〈조충국전(趙充國傳)〉의 찬(贊)에 "진한 시대 이후로 산동에서는 재상이 배출되고 산서에서는 장수가 배출되었다.〔秦漢以來, 山東出相, 山西出將.〕"라는 말이 보인다.

260 남방의……강함 : 이는 《중용장구(中庸章句)》 제10장에 보이는 말로, 자로(子路)가 강함에 대해 물었는데 공자(孔子)가 다음과 같이 말하였다. "남방의 강함을 말하는 것이냐, 북방의 강함을 말하는 것이냐? 아니면 너의 강함을 말하는 것이냐? 너그럽고 유순하게 가르쳐 주고 무도한 자에게 보복하지 않는 것은 남방의 강함이니 군자가 이렇게 처신한다. 병기와 갑옷을 깔고 자면서 죽음도 마다하지 않는 것은 북방의 강함이니 강한 자가 이렇게 처신한다.〔南方之强與? 北方之强與? 抑而强與? 寬柔以敎, 不報無道, 南方之强也, 君子居之. 衽金革, 死而不厭, 北方之强也, 而强者居之.〕"

(武王)이 호경(鎬京)을 도읍으로 정한 것과 주공(周公)과 소공(召公)이 터를 살펴 낙읍(洛邑)에 도읍한 것은 형세(形勢)를 가지고 말한 것이며, 신백(申伯)과 여후(呂侯)가 산악에서 내려온 것[261]은 또한 영수(靈秀)를 가지고 말한 것입니다. 군자가 지리를 말함은 이와 같을 뿐이니 어찌 자손의 영고성쇠를 가지고 그 선조의 묻힌 곳에 핑계를 댄 적이 있었겠습니까.

정자(程子 정이(程頤))는 진실로 오환(五患)을 피하는 것[262]과 오사(五絲)를 묻는 것[263]과 저 선조의 무덤이 편안하면 이 자손들이 편안하

261 신백(申伯)과……것 : 신백과 여후(呂侯)는 주 선왕(周宣王) 때의 두 현상(賢相)으로, 소식(蘇軾)의 〈조주한문공묘비(潮州韓文公廟碑)〉에 "신백과 여후는 산악에서 내려왔고 부열은 죽은 뒤에 별이 되었다.〔申、呂自嶽降, 傅說爲列星.〕"라는 말이 보인다. 이는 《시경(詩經)》 〈대아(大雅) 숭고(崧高)〉에 "높디높은 산악이 우뚝 하늘에 닿았도다. 이 산에서 신령을 내려 보후(甫侯)와 신백을 내셨도다. 보후와 신백 두 사람은 주 나라의 기둥이라. 사국의 번병이 되어 사국에 덕을 베풀도다.〔崧高維嶽, 駿極于天. 維嶽降神, 生甫及申. 維申及甫, 維周之翰. 四國于蕃, 四國于宣.〕"라고 한 데에서 온 말이다. 보후는 곧 여후이다.

262 오환(五患)을 피하는 것 : 오환은 묘지를 정할 때 피해야 하는 다섯 가지의 경우로, 정이(程頤)가 묘지를 정하는 것에 대하여 말하기를, "오직 오환은 삼가지 않아서는 안 되니, 모름지기 뒷날 도로가 되지 않아야 하고, 성곽을 쌓게 되지 않아야 하고, 도랑이나 연못이 되지 않아야 하고, 귀하고 세력 있는 자에게 빼앗기지 않아야 하고, 농기구가 미쳐오지 않은 데라야 한다.〔惟五患者, 不得不愼, 須使後日不爲道路, 不爲城郭, 不爲溝池, 不爲貴勢所奪, 不爲耕犁所及.〕"라고 하였다. 《近思錄 卷9 治法》

263 오사(五絲)를 묻는 것 : 오사는 다섯 가지 색깔의 비단으로, 묘지로 쓸 곳에 미리 다섯 가지 색깔의 비단을 묻어놓고 열흘 뒤에 그 색의 명암을 관찰하여 지기(地氣)의 좋고 나쁨을 점쳤던 방법이다. 정씨(程氏)의 집안에서는 정호(程顥)·정이(程頤) 형제의 장례 때부터 이 방법을 사용하여 묘지를 정했다고 한다. 《二程外書 卷11 時氏本拾遺》

다는 것[264]에 대한 논의를 하였고 주 선생(朱先生 주희(朱熹))은 위재(韋齋)의 묘를 옮기고[265] 산릉(山陵)에 관하여 주의(奏議)를 올렸습니다.[266] 그러나 또한 언제 장사(葬師)들의 말처럼 아무 사(砂)[267]가 길하고 아무 파(破)[268]가 흉하다고 말씀하신 적이 있습니까. 저도 일찍이 풍수에 관하여 그 책을 읽고 그 방법을 연구하기를 원한 적이 있으나 끝내 하지 못하였습니다. 그러나 이른바 그 책이라는 것이 천착하고 부회해서 스스로를 속이고 남을 속이는 것이니 애초에 믿을 수가 없습니다. "책의 내용을 다 믿는다면 책이 없는 것만 못할 것이다."[269]라고

264 저 선조의……것 : 정이(程頤)의 〈장설(葬說)〉에 말하기를, "부조와 자손은 기운이 서로 같으니 저 선조의 무덤이 편안하면 이 자손들이 편안하고 저 선조의 무덤이 위태로우면 이 자손들이 위태로운 것은 또한 당연한 이치이다.〔父祖子孫同氣, 彼安則此安, 彼危則此危, 亦其理也.〕"라고 하였다. 《二程文集 卷11 葬說》

265 위재(韋齋)의 묘를 옮기고 : 위재는 주희(朱熹)의 부친 주송(朱松)이다. 주희는 처음에 부친을 고향인 오부리(五夫里) 서탑산(西塔山)에 장례하였다가 뒤에 백수리(白水里) 아자봉(鵝子峯) 아래로 이장하였다.

266 산릉(山陵)에……올렸습니다 : 주희(朱熹)는 송 효종(宋孝宗)의 산릉(山陵)을 모시는 일에 관하여 광종(光宗)에게 주의(奏議)를 올려서 풍수의 대략을 아뢴 일이 있다. 이 글은 《회암집(晦菴集)》 권15에 〈산릉의장(山陵議狀)〉이라는 제목으로 실려 있다.

267 사(砂) : 풍수지리에서 묘혈(墓穴)을 중심으로 하여 전후좌우에 벌여 있는 산, 물, 암석, 지형, 수목 등의 환경 조건을 말한다.

268 파(破) : 풍수지리에서 묘혈(墓穴) 안의 물이 흘러간 곳을 말한다.

269 책의……것이다 : 이는 《맹자(孟子)》 〈진심 하(盡心下)〉에 보이는 말이다. 주 무왕(周武王)이 주왕(紂王)을 정벌하여 목야(牧野)에서 싸울 적에 "피가 흘러서 절굿공이를 떠내려가게 했다.〔血流漂杵〕"라는 내용이 《서경(書經)》 〈무성(武成)〉에 보이는데, 이에 대해서 맹자가 "책의 내용을 다 믿는다면 책이 없는 것만 못할 것이니 나는 〈무성〉에서 두세 쪽만 취할 뿐이다. 인한 사람은 천하에 적이 없으니 지극히 인한 사람

하였으니 경서(經書)와 사서(史書)도 오히려 그러한데 하물며 풍수가들의 책은 어떠하겠습니까.

듣건대 그 부류에도 형세(形勢), 방위(方位), 성수(星宿) 세 종류의 구분이 있다고 합니다. 물과 산의 융결(融結)[270]하는 형세를 가지고 동정(動靜)과 체용(體用)의 묘리를 살핌에 범위와 형세의 원근과 대소, 정신과 면목의 허실과 진위가 헤아려 참작하고 덜고 더하는 가운데에 있지 않음이 없습니다. 이것이 바로 주자(朱子)께서 말씀하신 "땅을 고르는 자는 먼저 그 주세(主勢)의 강하고 약함과 풍기(風氣)의 모이고 흩어짐과 수토(水土)의 얕고 깊음과 혈도(穴道)의 치우치고 바름과 역량(力量)의 온전하고 온전하지 못함을 논한 뒤에야 그 땅의 좋고 나쁨을 따져볼 수 있다."[271]라는 것입니다. 이것을 일러 형세가(形勢家)라고 합니다.

이십사방위는 진실로 천지자연의 문(文)이지만 법과 이치가 절로 사수(砂水)[272]에 들어맞는 것은 얼마 안 되니 비록 교묘하게 맞추고자 하나 또한 우연일 뿐입니다. 맞는 경우라도 반드시 다 길하지는 않고

이 지극히 불인한 사람을 정벌하면서 어떻게 피가 흘러서 절굿공이를 떠내려가게 할 수가 있겠는가.〔盡信書, 則不如無書, 吾於武成取二三策而已矣. 仁人無敵於天下, 以至仁伐至不仁, 而何其血之流杵也?〕"라고 하였다.

270 융결(融結) : 융해되고 응결된다는 뜻으로, 진(晉)나라 손작(孫綽)의 〈유천태산부(遊天台山賦)〉에 "융해되어 하천이 되고 응결되어 산이 된다.〔融而爲川瀆, 結而爲山阜.〕"라고 한 데에서 비롯된 말이다.

271 땅을……있다 : 이 말은 주희(朱熹)의 문집인 《회암집(晦菴集)》 권15 〈산릉의장(山陵議狀)〉에 보인다.

272 사수(砂水) : 풍수지리 용어로, 사(砂)는 묘혈(墓穴)의 전후와 좌우에 있는 산을 말하며, 수(水)는 묘혈에서 보이는 물을 이른다.

맞지 않는 경우라도 반드시 다 흉하지는 않으니 이 때문에 땅의 방위를 가리는 것을 정자(程子)께서 배척하신 것입니다. 사마천(司馬遷)이 말한 "매우 자세히 살펴 기휘하는 것이 많아서 사람으로 하여금 구애되어 몹시 두려워하게 만든다."[273]라는 것은 바로 방위가(方位家)를 두고 말한 것입니다.

대우(大禹)가 구주(九州)를 나누어 구획할 적에 진실로 성토(星土)의 법을 사용하였으나 어찌 세속의 방법처럼 탐랑(貪狼), 거문(巨門), 염정(廉貞), 무곡(武曲)[274]을 가지고 득(得)과 파(破)에 나누어 소속시켜 길하다고 하고 흉하다고 한 적이 있었겠습니까. 더욱더 남을 속일 수 있는 방법[275]이 못 되는 것은 바로 성수가(星宿家)가 그러합니다.

만약 마음이 신령스럽고 안목이 뛰어난 자가 방법과 이치에 구애되지 않고 오직 용혈(龍穴)만을 점친다면 아마도 진짜 명당을 얻을 수 있을 것입니다. 비유컨대 마음이 도(道)에 통달하여 천하의 이치에 의심이 없는 자는 유자(儒者)에 있어서도 드문데 하물며 곁가지의 기술과 하찮은 술수를 일삼는 자들은 어떠하겠습니까.

이른바 오행(五行)으로 말하면 바로 방위가들이 입만 열면 말하는 것인데, 정오행(正五行) 이외에 홍범(洪範), 쌍산(雙山)까지 아울러

273 매우……만든다 : 이는 《전한서(前漢書)》 권62 〈사마천전(司馬遷傳)〉에 보이는 말로, 음양가의 술법을 두고 한 말이다.

274 탐랑(貪狼)……무곡(武曲) : 북두칠성(北斗七星) 일곱 개의 별들 중 네 개의 별로, 나머지는 녹존(祿存), 문곡(文曲), 파군(破軍)이다.

275 남을……방법 : 사리에 들어맞아 남을 충분히 속일 수 있는 방법을 뜻한다. 《맹자(孟子)》 〈만장 상(萬章上)〉에 이르기를, "군자는 사리에 맞는 말로 속일 수는 있어도 터무니없는 말로 속이기는 어렵다.〔君子可欺以其方, 難罔以非其道.〕"라고 하였다.

십팔국(十八局)의 오행을 만들어서 덧붙이고 끼워 맞춰 거의 몇 개의 오행이 되는지를 알 수 없으니 모두 기준으로 삼아 신뢰할 수가 없습니다. 오직 정오행은 하도(河圖)와 낙서(洛書)[276]의 수 가운데에서 나온 정음(淨陰)과 정양(淨陽)이니 제대로 사용하면 바른 이치가 될 수 있습니다. 그러나 세속의 풍수가들은 무식하여 방서(方書)의 구두도 제대로 떼지 못하니 어찌 세심하게 연구해서 이치를 끝까지 궁구할 수 있겠습니까. 그들이 주장하는 설도 말로 전하는 것일 뿐이니 막연한 백지 위에서 무엇을 가지고 취사선택하기에 입주출노(入主出奴)[277]하기를 이처럼 한단 말입니까. 이와 같이 분명치 않은 것을 가지고 이와 같이 사기를 쳐서 남의 가문을 전복시키고 남의 집안에 화를 끼치지 않는 자가 거의 드무니 또한 딱할 뿐입니다.

276 하도(河圖)와 낙서(洛書) : 하도는 복희씨(伏羲氏) 때 황화(黃河)에서 나온 용마(龍馬) 등에 새겨진 52개의 점으로 이루어진 무늬를 말하고, 낙서는 우(禹)임금 때 낙수(洛水)에서 나온 거북 등에 새겨진 45개의 점으로 이루어진 무늬를 말하는데, 복희씨는 하도의 그림을 본떠 팔괘를 그렸고 우임금은 낙서의 그림을 가지고 《서경》의 홍범구주(洪範九疇)를 지었다고 한다.

277 입주출노(入主出奴) : 들어가면 주인으로 여기고 나오면 종으로 여긴다는 뜻으로, 한 쪽의 학설을 믿고 따르면 다른 쪽의 학설은 배척하여, 믿고 따르는 학설은 주인으로 여기고 배척하는 학설은 종으로 여김을 뜻한다. 이는 본래 당(唐)나라 문장가 한유(韓愈)의 〈원도(原道)〉에 나오는 말로, 공자(孔子)가 죽은 뒤에 유학(儒學)이 쇠퇴함을 말하면서 "도덕과 인의를 말하는 자가 양주(楊朱)로 들어가지 않으면 묵적(墨翟)으로 들어가고, 노자(老子)로 들어가지 않으면 불가(佛家)로 들어가서 저기로 들어가면 여기에서 나오게 되었다. 그러면서 들어가는 쪽을 주인으로 여기고 나가는 쪽을 종으로 여기며 들어가는 쪽을 따르고 나가는 쪽을 더럽게 여겼다.〔其言道德仁義者, 不入於楊, 則入于墨, 不入於老, 則入于佛, 入于彼, 必出乎此, 入者主之, 出者奴之, 入者附之, 出者汚之.〕"라고 하였다.

저로 말하면 지관을 기르고 명당을 구한 지가 오래되지 않은 것은 아니나 그저 그들이 하는 말을 듣기만 하고 그들이 가는 곳을 따라가기만 했을 뿐이니 어떻게 그 요령을 얻었겠습니까. 그 요령을 얻지 못한 이상 어느 것이 가장 중요한 것인지는 알지 못합니다. 그러나 숭상하는 것은 형세이고 취하는 것은 정오행인데 이 또한 분명하지 않은 것을 더듬어서 찾는 것이니 어찌 애형(哀兄)의 하문에 답할 만한 진전(眞詮)과 묘체(妙諦)라고 하겠습니까.

애형께서는 총명과 재지(才智)가 진실로 통달하지 못할 것이 없으나 또한 갑자기 그 방술을 배워서 그 뜻을 다 연구할 수는 없습니다. 반드시 방사 중에 다소 마음에 드는 자를 널리 구하여 그로 하여금 땅을 보게 하고 자신의 판단으로 그 사이에 절충해서 칭찬이 많고 비난이 적은 쪽을 따르는 것이 좋을 것입니다. 의원은 스스로 자기 병을 치료하지 못하고 무당은 스스로 기도를 드리지 못하며 효자 또한 스스로 부모를 위한 명당을 점치지 못하니 어찌 꼭 스스로 방술의 책을 공부한 뒤에야 가능하겠습니까.

은(殷)나라와 주(周)나라의 세대에는 제사에서 복을 구하였는데 진(晉)나라와 당(唐)나라 이후로는 산에서 복을 구합니다. 제사에서 복을 구하는 자는 정성을 지극히 하고 예를 다하니 이는 사람의 도리를 닦아서 하늘의 도움을 바라는 것입니다. 반면에 산에서 복을 구하는 자는 욕심을 부리고 망령되이 행하니 이는 사람 마음을 무너뜨려 하늘의 요행을 바라는 것입니다. 비록 복을 얻기를 바라나 산천의 신령이 과연 복을 내려주겠습니까. 유폐가 만연하여 그칠 바를 알지 못하지만 이치에 밝으신 애형께서는 틀림없이 그 전철을 한번 뒤집으실 것입니다. 부디 설심(雪心)과 옥척(玉尺)에 잠심하지 마시고 오직 "일찍 죽고 오래 사는 것에 의혹을 품지 않고서 몸을 닦으며 기다리는 것"[278]을 가지고 하늘을 섬기는 도(道)로 삼으시기를 바랍니다.

연옹(淵翁 김창흡(金昌翕))의 시가 참으로 훌륭합니다. 이 시에 이르기를, "세상이 암흑세계로 들어가 해괴한 말이 분분하여 사당을 높이지 않고 분묘를 중하게 여기네. 공명과 요수가 마음에 어긋날 때에는 산의 혈이 좋지 못함에 허물을 돌린다오.〔世入幽陰怪說紛 不尊祠屋重丘墳 功名夭壽違心際 歸咎其山穴不眞〕"라고 하고 "관 뚜껑을 덮고도 알기 어려운 일이 있어서 자식이 크고 손자가 많은데도 파서 옮김을 당하네. 살아서는 화려한 집에서 오랫동안 몸 편히 지냈건만 죽어서는 쑥대처럼 이리 저리 떠도니 어찌 슬프지 않겠는가.〔蓋棺猶有事難知 子大孫多被掘移 生存華屋安身久 死作飄蓬豈不悲〕"라고 하였습니다.[279] 이 시를 읽고도 이마에 땀이 흐르지 않는다면 참으로 사람의 마음이 없는 자입니다. 이를 통해 스스로 경계하고 다시 애집사를 위하여 읊어 드립니다.

278 일찍……것 : 이는 《맹자(孟子)》 〈진심 상(盡心上)〉에 보이는 말로, "마음을 보존하여 성(性)을 기르는 것은 하늘을 받들어 섬기는 일이고, 일찍 죽고 오래 사는 것에 의혹을 품지 않고서 몸을 닦으며 기다리는 것은 천명을 세우는 일이다.〔存其心, 養其性, 所以事天也; 夭壽不貳, 修身以俟之, 所以立命也.〕"라고 하였다.

279 이 시에……하였습니다 : 이 두 수의 시는 《삼연집(三淵集)》 권14에 〈갈역잡영(葛驛雜詠)〉이라는 제목으로 실려 있는데, 각각 108번째, 110번째 시이다.

이비경[280] 승조 에게 줌 무진년(1808, 순조8) 7월

與李丕卿 承祖○戊辰七月

서늘한 기운이 들녘에 스며드니 글 읽는 소리로 즐거움을 삼으실 줄을 상상해 볼 수 있습니다.[281] 족하께서는 재주가 높고 식견이 밝으시니 진실로 후진 중에 걸출한 분입니다. 응당 곧바로 바른 문로로 들어서서 능히 가학을 이어야 할 터인데 도리어 작은 기예에 안주하고 계시니 족하를 위하여 애석히 여깁니다. 일찍이 족하의 시를 읽어보았는데 청고(淸高)하고 완아(婉雅)하여 옛날 작자의 풍기가 있었으니 이 일에 온 힘을 다 쏟음을 알 수 있습니다. 그러나 문장은 하나의 작은 기예일 뿐이어서 도(道)에 있어 높일 만한 것이 못 되는데 그 중에서도 성률(聲律 시)은 더욱더 작은 기예입니다. 비록 붓을 놀리는 것이 하늘의 문장과 같고 생각을 운용하는 것이 돌아가는 구름과 같아서 옥을 머금고 금을 토하여 찬란하게 문장을 이루더라도 또한 스스로 명덕(明德)을 밝히는 우리의 분수에 있어서는 유익함이 없습니다. 어찌 심간(心肝)을 토해내어 정신을 피폐하게 할 것이 있겠습니까. 위로는 주자(朱子 주희(朱熹))와 아래로는 농암(農巖 김창협(金昌協))과 삼연(三淵 김

280 이비경(李丕卿) : 이승조(李承祖, ?~?)로, 자는 비경, 본관은 전주(全州)이다. 효정전 참봉(孝正殿參奉), 부사과 등을 지냈다.

281 서늘한……있습니다 : 당(唐)나라 문장가 한유(韓愈)의 〈부독서성남(符讀書城南)〉 시에 "시절은 가을이라 오랜 비가 개고 서늘한 기운이 들녘에 스며드네. 등불을 점차 가까이할 만하고 서책을 펴서 읽을 만하네.〔時秋積雨霽, 新涼入郊墟. 燈火稍可親, 簡編可卷舒.〕"라고 하였다.

창흡(金昌翕)) 등의 여러 공이 초년에는 풍아(風雅)의 원류를 섭렵하여 시소(詩騷)에 마음을 썼으나 이것이 쓸데가 없는 줄을 알고서 그만두셨으니 이것이 이른바 용기라는 것입니다. 현명하신 족하께서는 한번 변하여 선철들의 자취를 따르기를 원하지 않으십니까?

족하께서는 태어남이 늦어서 임은(林隱)[282]과 노초(老樵)[283] 두 선생에게 시례(詩禮)의 가르침[284]을 받지 못하였으니 이것이 한스러울 만합

282 임은(林隱) : 이민곤(李敏坤, 1695~1756)으로, 자는 후이(厚而), 호는 임은, 본관은 전주(全州)이다. 박필주(朴弼周)에게 사사하였고 김한간(金翰幹), 이재(李縡)의 문하에도 출입하였다. 1726년(영조2) 사마시에 합격하고 1740년 증광문과에 병과로 급제하여 세자시강원 보덕, 사헌부 집의, 사간원 사간, 보령 현감(保寧縣監) 등을 지냈다.

283 노초(老樵) : 이송(李淞, 1725~?)으로, 자는 무백(茂伯)·고청(孤靑), 호는 노초·서림(西林), 본관은 전주(全州)이다. 이민곤(李敏坤)의 아들로, 박필주(朴弼周)의 문하에서 수학하였으며 1753년(영조29) 사마시에 합격하였다. 1756년 부친이 북도(北道)에 유배 중 금성(金城)의 역사(驛舍)에서 불에 타 죽는 참상을 보고는 벼슬할 뜻을 단념하고 서산(西山)에 은거하여 학문에 전념하였다. 특히 성리학에 조예가 깊었으며 대체로 이이(李珥)의 학설에 동조하는 논지를 전개하였다. 홍대용(洪大容), 박지원(朴趾源), 박제가(朴齊家), 이덕무(李德懋), 유득공(柳得恭) 등과 폭넓게 교유하면서 실학을 깊이 연구하여 실사구시(實事求是)의 현실적 측면에도 관심을 쏟았다.

284 시례(詩禮)의 가르침 : 집안에서 전수받은 가르침을 이른다. 진항(陳亢)이 공자(孔子)의 아들 백어(伯魚)에게 아버지로부터 특별한 가르침을 들은 것이 있는지 물었는데 백어가 "특별한 것은 없고 홀로 서 계실 때에 종종걸음으로 뜰을 지나자 시(詩)를 배웠느냐고 물으시기에 배우지 못했다고 대답했더니 시를 배우지 않으면 말을 할 수가 없다고 하셔서 물러나 시를 배웠고, 다른 날 또 혼자 서 계실 때에 종종걸음으로 뜰을 지나자 예(禮)를 배웠느냐고 물으시기에 배우지 못했다고 했더니 예를 배우지 않으면 설 수가 없다고 하셔서 물러나 예를 배웠다."라고 대답한 데에서 나온 말이다. 《論語 季氏》

니다. 그러나 후인이 자신의 뜻과 사업을 계승하기를 바라는 두 선생의 마음은 응당 구천에서도 간절할 것입니다. 부디 이러한 뜻을 체인하여 화려함을 거두고 실제로 나아가며 요약함으로 돌아오고 감추는 데로 향해가서 구인(求仁)[285]과 위기(爲己)[286]에 종사하십시오. 이렇게 하여 부지런히 힘쓰고 묵묵히 이루어서 제갈공(諸葛公 제갈량(諸葛亮))이 이른바 "몸을 굽히고 수고로움을 다한다."[287]라는 것으로써 최고의 법칙을 삼으신다면 저는 반드시 두 선생이 훌륭한 후손을 두었다고 말하겠습니다.

한 조각 마음의 전지(田地)가 주장하여 정함을 얻으면 급하지 않은 모든 일과 뜻을 잃게 하는 모든 일이 제거되기를 기약하지 않아도 저절로 제거될 것이니 수염을 배배 꼬게 하는 시벽(詩癖)도 응당 없어질 것입니다. 만약 '사무사(思無邪)'[288]의 뜻을 연구하고자 한다면 시를 읊

285 구인(求仁) : 인(仁)을 구한다는 뜻으로, 공자(孔子)가 백이(伯夷)와 숙제(叔齊)를 평가하여 말하기를, "인(仁)을 구하여 인(仁)을 얻었으니, 무엇을 원망하겠는가.〔求仁而得仁, 又何怨?〕"라고 하였다. 《論語 述而》

286 위기(爲己) : 오직 자신의 덕성을 닦기 위해서 공부하는 것으로, 남이 알아주기를 바라면서 공부하는 것인 '위인(爲人)'에 상대되는 말이다. 《논어(論語)》 〈헌문(憲問)〉에, "옛날의 학자들은 자신을 위한 학문을 하였는데, 오늘날의 학자들은 남에게 보여주기 위한 학문을 한다.〔古之學者爲己, 今之學者爲人.〕"라고 한 공자(孔子)의 말에서 나온 것이다.

287 몸을……다한다 : 몸과 마음을 다 바쳐 나랏일에 이바지한다는 뜻으로, 제갈량(諸葛亮)의 〈후출사표(後出師表)〉에 보이는 말이다. 이 글에 이르기를, "모든 일이 이와 같아서 앞으로 어떻게 될지 알기가 어렵습니다. 신은 몸을 굽히고 수고로움을 다하여 죽은 뒤에야 그만둘 것이니 성공과 실패, 이로움과 불리함으로 말하면 신의 지혜로 미리 헤아릴 수 있는 바가 아닙니다.〔凡事如是, 難可逆見. 臣鞠躬盡瘁, 死而後已, 至於成敗利鈍, 非臣之明所能逆覩也.〕"라고 하였다.

고 거기에 푹 빠져서 성정(性情)을 체득하고 언행을 살펴야 비로소 온유돈후(溫柔敦厚)의 가르침[289]을 알 수 있을 것입니다. 그런 뒤에 평소 한가롭게 노니는 여가에 풍월을 읊조리고 성령(性靈)을 쏟아낸다면 또한 어찌 도(道)를 해치는 데에 이르겠습니까.

288 사무사(思無邪) : 마음속에 간사한 생각이 없다는 뜻으로, 원래 《시경(詩經)》 〈노송(魯頌) 경(駉)〉에 나오는 말인데, 공자(孔子)가 "《시경》 삼백여 편의 시를 한마디로 요약하면 '사무사'라고 할 수 있다.〔詩三百, 一言以蔽之, 曰思無邪.〕"라고 말한 바가 있다. 《論語 爲政》

289 온유돈후(溫柔敦厚)의 가르침 : 《예기(禮記)》 〈경해(經解)〉에 육경(六經)의 교화적 성격을 특징적인 말로 요약하였는데, 그중 《시경(詩經)》에 대해서는 "온유돈후함은 시의 가르침이다.〔溫柔敦厚, 詩敎也.〕"라고 하였다.

이비경[290]에게 줌 무진년(1808, 순조8) 12월

與李丕卿 戊辰臘月

요즘 체후는 좋으신지요? 사방을 바라봄에 새하얗게 눈이 쌓여 사람으로 하여금 산음(山陰)의 흥취[291]를 일으키도록 만듭니다. 삼가 생각건대 근일에 시상(詩想)이 나귀의 등 위에 앉아 파교(灞橋)를 건너는 가운데 일어날 것이니[292] 만약 술을 가지고 따라갈 수 있다면 맑게 갠 풍경과 더불어 그 상쾌함을 함께할 터인데 그리할 수가 없습니다.

존장(尊丈)께서 지극(枳棘)[293]에 머물러 계심은 비록 평소의 바람과

290 이비경(李丕卿) : 이승조(李承祖, ?~?)로, 자는 비경, 본관은 전주(全州)이다. 효정전 참봉(孝正殿參奉), 부사과 등을 지냈다.

291 산음(山陰)의 흥취 : 진(晉)나라 왕휘지(王徽之)가 산음 땅에 살았는데 큰 눈이 내린 날 밤 흥취가 일어나 친구인 대규(戴逵)를 찾아갔다가 그의 문 앞에서 흥이 사라지자 만나지 않고 다시 돌아왔던 고사가 있다. 《世說新語 任誕》

292 시상(詩想)이……것이니 : 파교(灞橋)는 장안(長安) 동쪽의 파수(灞水) 위에 놓인 다리이다. 어떤 이가 당(唐)나라 때의 재상 정계(鄭綮)에게 근일에 새로 지은 시가 있는지 물었는데 정계가 "시상은 나귀의 등 위에 앉아 눈보라 치는 파교를 건너는 가운데 일어나는 법이니 이런 곳에서 어찌 시를 지을 수 있겠는가.〔詩思在灞橋風雪中驢背上, 此處何以得之?〕"라고 대답했다는 고사가 있다. 《北夢瑣言 卷7 鄭綮相詩》

293 지극(枳棘) : 가시나무의 뜻으로 작은 고을의 수령 자리를 비유하는 말로 쓰인다. 후한(後漢) 때 고성 영(考城令) 왕환(王渙)이 엄맹(嚴猛)한 정사를 숭상하다가 그 고을 포(蒲)의 정장(亭長)인 구람(仇覽)이 덕으로 사람을 교화시킨다는 말을 듣고 그를 주부(主簿)로 삼은 다음 그에게 말하기를, "주부는 진원(陳元)이란 사람의 죄과를 듣고도 처벌하지 않고 그를 교화시켰다 하니 응전(鷹鸇) 같은 맹렬한 뜻이 적은 게 아닌가?"라고 하니 구람이 말하기를, "응전이라는 것이 난봉(鸞鳳)만 못합니다."라고 하였다.

는 다르지만 어진 정사를 베푸시는 행적이 배운 바를 저버리지 않고 계시니 매번 백성들의 성대한 노래를 들을 때마다 흠모하고 칭송하는 마음을 이기지 못하였습니다. 그런데 과연 다스리는 행적이 가장 으뜸이라고 하여 수계(繡啓)[294]에 기재되었다 하니 그 소식이 몹시 반가워 삼가 위로가 되고 흡족합니다.

여옹(黎翁)[295]의 서원과 관련된 일은 우선 중지하셨습니까? 근래의 묘당의 의논 중에 유림에 관계된 모든 일은 그 가부(可否)와 시비(是非)를 막론하고 저지하는 것을 제일의 의체로 삼고 있으니 이는 조보(朝報)를 통해 알 수 있습니다. 이러한 때에 상소하여 청하는 것은 시무를 잘 아는 것이 아닙니다. 정권을 잡은 자가 여옹을 위하는 입장에 있다고 하더라도 진실로 취사(取捨)와 종위(從違)를 정하기가 어려울 터인데 더구나 꼭 여옹을 위하는 입장은 아니라면 어떠하겠습니까. 세상에 여옹을 아는 자가 없으니 어찌하겠습니까. 다만 연보가 간행되어 온 세상 사람들의 이목에 널리 알려지기를 기다려서 논의를 제기하는 것은 또한 괜찮을 것입니다. 그러나 그렇지 않다면 때를 기다려야

이에 왕환이 사과하고 그를 보내면서 말하기를, "지극은 난봉이 깃들 곳이 아니니 백리 고을이 어찌 대현이 다스릴 곳이겠는가.〔枳棘非鸞鳳所棲, 百里豈大賢之路?〕"라고 하였다. 《後漢書 卷106 循吏列傳 仇覽》

294 수계(繡啓) : 어사(御史)가 임금에게 올리는 장계(狀啓)를 이른다.

295 여옹(黎翁) : 박필주(朴弼周, 1665~1748)로, 자는 상보(尙甫), 호는 여호(黎湖), 본관은 반남(潘南)이다. 학행으로 천거되어 세자시강원 자의에 제수된 뒤에 지평, 집의 등을 거쳐 이조 판서, 우찬성 등에 제수되었으나 벼슬에 나아가지 않고 강학과 저술에만 몰두하였다. 학문적으로는 낙론(洛論)으로, 정치적으로는 노론계(老論系) 준론(峻論)으로 평해진다. 시호는 문경(文敬)이며, 저서로는 《여호집(黎湖集)》 등이 있다.

할 뿐입니다.

안락옹(安樂翁 소옹(邵雍))의 말씀이 매우 좋으니, "시행함은 천 균 무게의 쇠뇌를 쏘는 것처럼 하고 연마함은 백 번 단련한 금처럼 해야 하네.〔施爲欲似千勻弩 磨礪當如百鍊金〕"라고 하였습니다. 주자(朱子)가 일찍이 이 시를 외고서 말씀하기를, "이는 다만 망발(妄發)하지 않는 것이니 자방(子房)이 한(漢)나라에 있을 때에 한 마디 말을 대단찮게 하면 이를 받아쓰는 자들이 곧 백번 단련한 것처럼 여겼다."라고 하였으니[296] 이 가르침을 부디 깊이 생각하시기를 바랍니다. 비단 이 일만 그러한 것이 아니니 이것이 어찌 반드시 하지 말아야 할 일을 억지로 강요하고 그만두어서는 안 되는 일을 억지로 그만두게 하는 것이겠습니까. 한번 붓을 잡아 상소문을 쓰는 수고로움을 꺼려서 이런 말을 하는 것이라고 생각하지 말아주십시오.

지난번에 선선생(先先生)의 유편(遺編)을 전사한 것이 세 권이 된다고 말씀하였는데 그 중에 한 권을 저에게 나누어 주실 수 있으십니까? 지금 세상을 돌아보건대 도술(道術)이 쇠미하여 속학(俗學)이 천박하니 선철들을 그리워할 때마다 매양 태어남이 늦었다는 탄식을 금할 수가 없습니다. 특히나 선선생의 문하에 있지 못한 것이 더더욱 마음에 한이 됩니다. 직접 만나 뵙기를 원하였으나 뵙지 못하였는데 또 어진 자질(子姪)들과 종유하며 더욱 자세히 들어 알게 되었습니다. 이 때문

296 주자(朱子)가……하였으니 : 이 내용은 《주자어류(朱子語類)》 권100 〈소자지서(邵子之書)〉에 보인다. 자방(子房)은 한(漢)나라 장량(張良)의 자(字)로, 일찍이 한 고조(漢高祖)를 도와 진(秦)나라와 초(楚)나라를 멸망시켰는데, 천하가 평정된 뒤에는 정치에 관여하지 않고 초연히 물러나 신선(神仙)의 술(術)을 즐기며 공명(功名)을 온전하게 보전하였다.

에 그 남기신 문장을 얻어서 책상 위에 소중히 모셔두고 아침저녁으로 완미하고 탐독하려는 것입니다. 부디 이 뜻을 잘 헤아려 저에게 주는 것을 아까워하지 마십시오. 선배들은 책이 완성될 때마다 항상 남들과 함께 공유하였으니 이는 바로 천하를 공정히 여기는 마음이며 또한 예기치 않은 변고에 대비하려는 것입니다. 비경 또한 어찌 이것을 자신의 책상 속에만 간직하고 말 뿐이겠습니까. 이 때문에 청하는 것이니 이해해 주실 수 있으십니까?

윤여상[297] 경렬 에게 답함 무진년(1808, 순조8) 11월

答尹汝常 經烈○戊辰復月

존왕고(尊王考) 신재공(信齋公)[298]의 덕업과 역량은 실로 후생이 감히 논할 바가 아니나, 삼가 생각해보건대 그 깊은 조예는 언어와 문자로 이룬 것이 아니요 진실로 마음으로 배워 이룬 것입니다. 이 때문에 당세에 제일류(第一流)가 된 것이니 구구한 제가 경애하고 존모하는 까닭은 인척의 관계이기 때문이 아닙니다.[299] 이러한 이유로 그 슬하의 자손들에게도 지붕 위의 까마귀까지 사랑하는 마음[300]이 있으니 또한

297 윤여상(尹汝常) : 윤경렬(尹經烈, ?~?)로, 자는 여상이며, 자세한 정보는 미상이다.

298 신재공(信齋公) : 윤득부(尹得孚, 1723~1799)로, 자는 사휴(士休), 호는 신재, 본관은 해평(海平)이다. 1774년(영조50) 식년문과에 병과로 급제하여 성균관 전적, 병조 좌랑, 사간원 정언, 은산 현감(殷山縣監), 홍문관 수찬 등을 지냈다. 윤증(尹拯)을 복관(復官)하는 것에 대하여 불가함을 주장하였다가 당국자의 미움을 사서 금갑도(金甲島)에 유배되었는데 곧 풀려나 양근(楊根)의 촌사(村舍)에 우거하였다. 이후에 대사간, 대사성, 예조·형조 참판, 세손강서원 좌유선 등을 역임하였다.

299 인척의……아닙니다 : 홍직필(洪直弼)의 둘째 누이는 윤약렬(尹約烈)에게 출가하였는데, 윤약렬은 윤득부(尹得孚)의 삼남 윤지동(尹趾東)의 아들이다. 《臺山集 卷11 禮曹參判尹公墓誌銘》

300 지붕……마음 : 어떤 사람을 좋아하다 보면 그 사람과 관련된 모든 것이 좋아지는 마음을 뜻한다. 《상서대전(尙書大傳)》에 나오는 강 태공(姜太公)의 말에 "사람을 사랑하는 경우에는 그 지붕 위의 까마귀까지 사랑하게 되고, 사람을 미워하는 경우에는 그 마을의 담벼락까지 미워하게 된다.〔愛人者, 兼其屋上之烏; 不愛人者, 及其胥餘.〕"라고 하였다.

그 학문의 대를 이어서 훌륭한 발자취를 능히 계승해 나가기를 원합니다. 일찍이 생각건대 신재공은 비록 경월(卿月)[301]의 지위에 오르고 왕자(王者)의 스승이 되었으나 시운에 가로막혀서 뜻한 바를 행하지 못하셨으니 도(道)를 간직한 채 시험해 보지 못하였다고 말하더라도 가할 것입니다. 그런데 집안에 훌륭한 손자가 있어서 그 발걸음을 계승할 수 있으니 구구한 저의 기대는 보통 사람에 비할 바가 아닙니다. 그리고 이는 그저 저만의 기대가 아니라 또한 신재공께서 후손에게 기대하는 바가 아니겠습니까. 부디 노형께서는 힘쓰시기를 바랍니다.

문원공(文元公 김장생(金長生))의 유서(遺書)를 간인할 수 있는 방법을 알려 주시니 그 뜻이 매우 후합니다. 그러나 이 일을 해낼 만한 재력이 없어서 그저 의심스러운 것을 변론하는 일거리만 처리하여 보내드리니 저를 위하여 도모해 주시기를 바랍니다. 사옹(沙翁 김장생)은 연산(連山)에서 도학(道學)을 창도해서 호서(湖西) 전체를 변화시켜 추로(鄒魯)[302]의 지방으로 만드셨으니 공업과 교화의 성대함이 이보다 더 클 수 없습니다. 이는 몸으로써 직접 솔선하여 가르쳤기 때문에 그 따라서 행함이 쉬웠던 것입니다. 정산(貞山) 김공(金公)[303]이 일찍

301 경월(卿月) : 《서경(書經)》 〈홍범(洪範)〉에 "왕은 해를 살피고 경사는 달을 살피고 사윤은 날을 살핀다.[王省惟歲, 卿士惟月, 師尹惟日.]"라고 한 데에서 나온 말로, 재신(宰臣)을 뜻한다.

302 추로(鄒魯) : 추(鄒)는 맹자(孟子)의 출생지이고 노(魯)는 공자(孔子)의 출생지인데, 곧 유학(儒學) 또는 문교(文教)가 홍성한 지역을 비유하는 말로 쓰인다.

303 정산(貞山) 김공(金公) : 김정묵(金正默, 1739~1799)으로, 자는 이운(而運), 호는 과재(過齋), 본관은 광산(光山)이며, 초명은 두묵(斗默)이다. 김장생(金長生)의 후손이며 만년에 정민리(貞民里)에 거주하였다. 조부 김운택(金雲澤)이 신임사화 때에

이 말하기를, "예(禮)가 네 분의 성현을 만나 크게 밝아졌으니 바로 주공(周公), 공자(孔子), 주자(朱子) 그리고 우리 선조이다."라고 하였습니다. 선조는 바로 사옹이니 이 말이 지나친 것이 아닙니다. 지금 사람들은 거의가 《상례비요(喪禮備要)》[304]와 《의례문해(疑禮問解)》[305]가 있는 줄을 알지 못하니 어찌 사옹을 알 수 있겠습니까.

지금 형께서는 이왕 이 지방에 거처하고 계시니 이 책을 더욱 열심히 읽어 예교(禮敎)를 천양해서 사옹의 전통을 계승하신다면 비단 가학을 전할 수 있을 뿐만이 아닐 것입니다. 예(禮)라는 것은 인륜을 다스리는 것이므로 행함에 뛰어납니다. 그러므로 독실하게 행하는 자는 예(禮)를 좋아하는 법이니 이것이 바로 사옹이 된 이유입니다. 사옹을 배우려면 먼저 그 예(禮)를 배워야 합니다. 사옹이 추숭의 논의에 있어서 정도를 고수한 것[306]이 명쾌하고 시원스러워 참으로 우옹(尤翁 송시열(宋

화를 당한 것을 애통해 하여 벼슬하는 것을 꺼려하고 학문에만 전념하였다. 유일(遺逸)로 천거되어 돈녕부 참봉, 사헌부 지평 등에 제수되었으나 사직하고 나아가지 않았다. 성리학과 예설(禮說)에 밝았으며, 저서로는 《과재유고(過齋遺稿)》가 있다.

304 상례비요(喪禮備要) : 주희(朱熹)의 《가례(家禮)》를 위주로 하고 그 밖의 고금 제가(諸家)의 예설(禮說)을 참고로 하여 초상(初喪)에서 장제(葬祭)까지의 의식을 기록한 상례 지침서이다. 신의경(申義慶)이 지은 것을 김장생(金長生)이 교정하여 증보하였고, 다시 김집(金集)이 교정하여 1648년(인조26)에 간행하였다.

305 의례문해(疑禮問解) : 김장생(金長生)이 문인과 친우들의 예(禮)에 관한 질문에 답변한 내용을, 아들 김집(金集)과 문인 송시열(宋時烈), 이유태(李惟泰), 윤선거(尹宣擧) 등이 교정하여 유별로 엮은 책이다. 관혼상제(冠婚喪祭) 등 사례(四禮) 전반을 다루고 있으며 그중에서도 상례(喪禮)에 대한 내용이 자세하다.

306 사옹이 추숭의……것 : 추숭의 논의는 인조의 생부인 정원군(定遠君)을 추숭하는 것에 관한 논의를 말한다. 인조가 즉위한 뒤에 정원군을 어떻게 대우할 것이냐 하는 문제가 대두되었는데 이때 조정의 의논은 대략 세 갈래로 나뉘어졌다. 김장생(金長生)

時烈))의 스승이 된다는 것을 알아야 하니 그런 뒤에야 비로소 사옹을 안다고 말할 수 있습니다. 멋대로 말을 하다 보니 여기에까지 이르렀습니다. 너무 참람하지는 않았는지요?

은 인조는 선조의 뒤를 이은 것이므로 정원군과는 숙질관계로 칭해야 한다고 주장하였고, 박지계(朴知誡)는 정원군을 왕으로 추존하여 인조와는 부자 관계로 칭해야 한다는 설을 주장하였으며, 정경세(鄭經世)는 부자 관계로 칭하되 일반적인 부자 관계로 칭하는 것은 옳지 않으므로 고(考)라고 칭하되 현고(顯考)라고는 하지 않으며 자(子)라고 칭하되 효자라고는 칭하지 말아야 한다고 주장하였다. 그 뒤 여러 차례의 논의를 거친 뒤에 인조의 뜻에 따라 1632년(인조10)에 드디어 정원군을 원종(元宗)으로 추존하고 능호(陵號)를 장릉(章陵)이라고 하였다.

척숙 이국경[307] 춘소 에게 올림 신미년(1811, 순조11) 7월
與戚叔李國卿 春沼○辛未七月

정초에 홍곡(興谷)에서 뵈었을 때에 외람되이 존조비(尊祖妣)의 장례 전에 존선비(尊先妣)의 소상(小祥)을 지내도 되는지에 관한 물음을 받고서 함부로 우옹(尤翁 송시열(宋時烈))의 말씀에 "부모와 조부모는 부모와 자식의 사이이고 보면 곧 동궁(同宮)인 것이니 동궁이면 비록 신하와 첩이 죽었다고 하더라도 장례를 마친 뒤에야 다른 제사를 지낸다."[308]라고 한 글을 인용하여 예를 갖추어 소상을 행해서는 안 된다고 아뢰었습니다. 그런데 근래에 다시 생각해보건대 자식을 두고 이궁(異宮)이라고 말한 것이 예서(禮書)에 분명한 글이 있으니[309] 부모와 자식이 이궁이 된다면 마땅히 이궁의 예를 따라야 합니다. 이궁의 상(喪)에는 장례 전에 소상과 대상(大祥)을 행해서는 안 된다는 의리는 없습니다.

307 이국경(李國卿) : 이춘소(李春沼, ?~?)로, 자는 국경이며, 자세한 정보는 미상이다.

308 부모와……지낸다 : 이 내용은 《송자대전(宋子大全)》 권121 〈답혹인(答或人)〉에 보인다. 동궁(同宮)은 같은 집에 사는 것이다. '동궁이면 신하와 첩이 죽었다고 하더라도 장례를 마친 뒤에야 다른 제사를 지낸다.'라는 말은 본래 《예기(禮記)》 〈잡기하(雜記下)〉에 보인다.

309 자식을……있으니 : 이궁(異宮)은 다른 집에 사는 것이다. 《예기(禮記)》 〈내칙(內則)〉에 "명사 이상은 부자가 모두 이궁한다.〔由命士以上, 父子皆異宮.〕"라고 하였다. 명사는 천자나 제후에게 관직을 제수받은 사람을 뜻한다.

《예기(禮記)》〈잡기(雜記)〉에 이르기를, "부모의 상중에 장차 제사를 지내려고 하는데 형제가 또 죽었을 경우에는 형제를 빈(殯)한 뒤에 제사를 지낸다."라고 하였는데 주(註)에 "'장차 제사를 지내려고 한다'는 것은 장차 소상과 대상을 행하려고 하는 것이다."-주(註)의 해설은 여기까지이다.-라고 하였으니 이것 역시 이궁을 가지고 말한 것입니다. 사계(沙溪 김장생(金長生))는 이 글을 인용하여 기년복 이하는 빈(殯)한 뒤에 소상과 대상과 담제(禫祭)를 행할 수 있다는 증거로 삼으셨으니 정통의 기년복은 비록 방친의 기년복보다 중하지만 마땅히 기년복을 기준으로 해야 할 것입니다. 소상과 대상은 바로 상중에 지내는 제사로서 또한 효자가 변제(變制)하는 의식이 됩니다. 그러므로 때를 넘겨서는 안 되니 시제(時祭), 기제(忌祭), 묘제(墓祭)와는 같지 않기 때문입니다. 비록 이궁이라고 하더라도 빈(殯)하지 않았으면 제사를 지낼 수 없으니 성복(成服)한 뒤에 날을 점쳐서 제사를 행하는 것이 옳습니다. 그리고 성복한 뒤에는 구애될 것이 없으니 의례와 제수 모두 생략해서는 안 됩니다.

이미 지나간 일이지만 감히 뒤늦게라도 말씀드리지 않을 수 없는 까닭은 예를 그르친 죄를 범하게 될까 두렵기 때문입니다. 부디 하량해 주시기를 바랍니다.

박백여[310] 시우 에게 답함 갑술년(1814, 순조14) 2월
答朴伯如 始愚○甲戌二月

《사한일통(史漢一統)》[311] 두 책을 이미 간인하여 장정(裝幀)하였기에 삼가 이번에 보내드리니 잘 도착하였는지 살펴보시기를 바랍니다. 이 책은 바로 사마천(司馬遷)과 반고(班固)의 전체 역사서 가운데 특별히 뛰어난 부분을 발췌한 것으로서 또한 《평림(評林)》[312]의 본주(本註)에서 번잡한 부분은 삭제하고 요점만 취한 것입니다. 그러므로 간결하여 산만하지 않으니 저는 이 점을 취한 것입니다. 이 책은 최간이(崔簡易)[313]가 손수 선별한 것이라고 들었는데 모르겠습니다만 참으로 그러합니까?

310 박백여(朴伯如) : 박시우(朴始愚, ?~?)로, 자는 백여이며, 자세한 정보는 미상이다.

311 사한일통(史漢一統) : 사마천(司馬遷)의 《사기(史記)》와 반고(班固)의 《한서(漢書)》 중에서 열전(列傳)을 중심으로 초록(抄錄)한 책으로, 조선 선조 때의 문장가 최립(崔岦)이 편찬한 것으로 추정된다.

312 평림(評林) : 《사기평림(史記評林)》과 《한서평림(漢書評林)》으로, 명(明)나라 때의 학자 능치륭(凌稚隆)이 편찬하였다.

313 최간이(崔簡易) : 최립(崔岦, 1539~1612)으로, 자는 입지(立之), 호는 간이·동고(東皐), 본관은 통천(通川)이다. 1555년(명종10) 진사시에 합격하고 1559년 식년문과에 장원으로 급제하여 공주 목사(公州牧使), 전주 부윤(全州府尹), 강릉 부사(江陵府使), 승문원 제조, 동지중추부사, 형조 참판 등을 지냈다. 당대 일류의 문장가로 인정을 받아 중국과의 외교문서를 많이 작성했다. 저서로는 《간이집(簡易集)》 등이 있다.

주 선생(朱先生 주희(朱熹))이 일찍이 “일종의 학문이 경학(經學)을 폐하고 사학(史學)을 전공해서 왕도(王道)를 경시하고 패술(覇術)을 높인다.”[314]라고 탄식하셨으니 이것은 여 성공(呂成公) 형제[315] 때문에 하신 말씀입니다. 사학은 진실로 배우지 않아서는 안 되지만 모름지기 사서(四書)를 먼저 읽어 주재(主宰)로 만들어서 나에게 있는 권도(權度)가 정밀하고 정확하여 어긋나지 않게 만들어야 합니다. 그런 뒤에야 비로소 시비와 득실에 있어서 현혹되지 않을 수 있습니다. 그런데 여공(呂公)은 경학에 있어서 제대로 이해하지 못하고 먼저 사학부터 공부해 나갔으므로 끝내 수약(守約)[316]의 공부가 부족하였습니다. 이 때문에 주자(朱子)의 비난을 불러온 것입니다. 애시(哀侍)[317]께서는 응당 이 뜻을 매우 잘 아실 것입니다.

지역이 궁벽하여 책을 빌릴 수 없고 집안이 가난하여 책을 살 수

314 일종의……높인다 : 이 말은 《회암집(晦菴集)》 권53 〈답심숙회(答沈叔晦)〉에 보인다.

315 여 성공(呂成公) 형제 : 송(宋)나라 때의 학자인 여조겸(呂祖謙)·여조검(呂祖儉) 형제를 이른다. 여조겸은 자가 백공(伯恭), 호가 동래(東萊)이며, 시호는 성공이다. 저작랑 겸국사원 편수관을 지냈으며, 주희(朱熹), 장식(張栻)과 함께 동남(東南)의 삼현(三賢)으로 불렸다. 저서로는 《고주역(古周易)》, 《동래좌씨박의(東萊左氏博議)》, 《동래집(東萊集)》 등이 있다. 여조검은 자가 자약(子約), 호가 대우(大愚)이며, 형인 여조겸에게 수학하였고 대부승 등을 지냈다.

316 수약(守約) : 지킴에 있어서 그 요점을 터득함을 말한다. 《맹자(孟子)》 〈공손추상(公孫丑上)〉에 “맹시사의 지킴은 기(氣)이니 또 증자의 지킴이 그 요점을 터득함만 못하다.〔孟施舍之守氣, 又不如曾子之守約也.〕”라고 하였다.

317 애시(哀侍) : 우리나라의 서간에서 주로 쓰이는 용어로, 상대방이 양친 중 한 분의 상을 당했을 경우에 그 삼년상을 치르는 동안 상대방을 호칭하는 말이다.

없다는 것은 진실로 빈궁한 지방의 공통된 근심입니다. 그러나 만약 명리(名理)를 연구하여 몸소 행하고 마음으로 얻는 실제가 없다면 비록 많은 책을 읽은들 또한 어디에 쓰겠습니까. 이 때문에 정자(程子 정이(程頤))가 말씀하기를, "책은 굳이 많이 볼 필요가 없고 그 요점을 알려고 해야 한다. 많이 보기만 하고 그 요점을 모른다면 그저 책방일 뿐이다."[318]라고 하셨습니다. 지금 세상에 이른바 널리 보고 잘 기억하여 전인들의 말씀과 행실을 많이 안다고 하는 자들은 모두 책방일 뿐이니 자신의 심신(心身)과 무슨 상관이 있겠습니까. 이 때문에 심학(心學)이 끊긴 지가 오래된 것입니다.

육검남(陸劍南)[319]의 시가 흥미로우니 이 시에 이르기를, "젊은 날에는 보지 못한 책들을 즐겨 읽어서 책이 평소엔 들보까지 가득하고 내오면 수레를 연이었네. 늘그막에 궐리에서 친히 전한 묘결을 엿보니 몇 쪽의 책으로도 충분히 넉넉함을 비로소 알았네.〔少日耽看未見書 居常充棟出連車 晩窺闕里親傳妙 數簡方知已有餘〕"[320]라고 하였습니다. 애시

318 책은……뿐이다 : 이 말은 《근사록(近思錄)》 권3 〈치지(致知)〉에 보인다.

319 육검남(陸劍南) : 남송(南宋)의 시인 육유(陸游)로, 자는 무관(務觀), 호는 방옹(放翁)·위남(渭南)·노학암(老學菴)·구곡노초(九曲老樵) 등이다. 검남은 지금의 사천성(四川省) 일대로 검각(劒閣)의 남쪽 지역인데, 육유는 이곳에서 벼슬하면서 많은 시를 지었고 뒤에 자신의 시집을 《검남시고(劍南詩稿)》라고 이름을 붙였다. 진사시에 실패하고 지방관과 말직을 전전하는 등 불우한 일생을 보냈으며, 일생 동안 1만 수(首)에 달하는 방대한 양의 시를 남겼다. 저서로는 《검남시고》, 《위남문집(渭南文集)》, 《남당서(南唐書)》 등이 있다.

320 젊은……알았네 : 이 시는 육유(陸游)의 시집인 《검남시고(劍南詩稿)》 권80에 〈독논어(讀論語)〉라는 제목으로 실려 있다. 궐리(闕里)는 중국 산동성(山東省) 곡부현(曲阜縣)에 있는 지명(地名)으로, 공자(孔子)가 살던 곳이다. '궐리에서 친히 전한

께서는 《논어(論語)》를 이미 익숙히 읽었습니까? 바로 이 한 권의 책은 만사(萬事)와 만리(萬理)가 근본을 둔 바이고 천덕(天德)과 왕도(王道)가 비롯되어 나온 바이니 이 책을 가지고 학문을 하면 주공(周公)과 공자(孔子)에 이를 수 있고 이 책을 가지고 정치를 하면 당요(唐堯)와 우순(虞舜)의 시대를 만들 수 있습니다. 이 책에서 참되고 간절하게 득력한다면 다른 경서는 공부하지 않아도 괜찮으니 저 책방과 서재, 붉은 상자와 푸른 궤독에 쌓여있는 책들은 그저 시간을 빼앗고 정력을 나누게 할 뿐입니다. 곽임종(郭林宗)[321]의 오천 권의 서적과 장무선(張茂先)[322]의 삼십 승(乘)의 서적이 또한 부질없을 뿐이니 나와 무슨 상관이 있겠습니까. 부디 이 뜻을 궁구하여 다시 넓으면서도 잡박하지 않고 간결하면서도 고루하지 않아야 한다는 가르침에 거듭 힘쓰기를 바랍니다.

묘결'이란 곧 《논어》를 말한다.

321 곽임종(郭林宗) : 후한(後漢)의 고사(高士) 곽태(郭泰)로, 자는 임종이다. 굴백언(屈伯彦)에게 사사하여 전적(典籍)에 통달했다. 낙양에 가서 당시 하남윤(河南尹) 이응(李膺)과 깊이 교제하며 명성을 떨쳤다. 향리에 은거하여 제자를 가르쳤는데, 그 수가 수천 명에 달했다고 한다. 《後漢書 卷68 郭林宗列傳》

322 장무선(張茂先) : 서진(西晉)의 학자 장화(張華)로, 자는 무선이며, 《박물지(博物志)》의 저자이다. 평소에 서적을 좋아하여 책을 구입하는 데에 가산을 모두 쏟아부었는데, 이사할 때 수레 30대가 책으로 가득 찼다고 한다. 《晉書 卷36 張華列傳》

박백여[323]에게 답함 기묘년(1819, 순조19) 윤월 그믐
答朴伯如 己卯閏晦

아름다운 옥이 돌에서 나올 때에는 반드시 탁마(琢磨)를 필요로 하고 정련된 금이 야장(冶場)에 들어갈 때에는 단련(鍛鍊)을 싫어하지 않는 법이니, 학문을 하는 자도 또한 하루의 강평(講評)하는 공부를 버려두고 백년의 진수(進修)하는 유익을 구할 수가 없습니다. 그러나 말세의 인정이 온통 구당협(瞿塘峽)과 염예퇴(灩澦堆)[324]와 같습니다. 이 때문에 교유보다 더 어려운 것이 없으니 만약 제대로 된 벗을 만나지 못하면 자기 몸을 스스로 해치는 꼴이 되고 말아서, 내 방에 앉아 내 책을 읽어서 허물을 적게 하는 것만 못하게 됩니다.

지금 우리 형께서는 군자를 만나보아 절차탁마하는 실제를 구할 것을 생각하시니 뜻이 진실로 훌륭합니다. 그러나 같은 시대의 사람들을 하나하나 꼽아보건대 이러한 의탁을 감당할 만한 자가 또 몇 사람이나 되겠습니까. 비록 날마다 혼매해져 가는데도 깨우칠 길이 없다고 말씀하셨으나, 삼가 생각건대 몸을 편안히 하고 명(命)을 세우는 방도가 그 가운데에 있을 것입니다. 들은 것을 높이고 아는 것을 행하면[325]

323 박백여(朴伯如) : 박시우(朴始愚, ?~?)로, 자는 백여이며, 자세한 정보는 미상이다.

324 구당협(瞿塘峽)과 염예퇴(灩澦堆) : 구당협은 양자강(揚子江) 상류에 있는 험준한 협곡(峽谷)이고 염예퇴는 구당협의 입구에 우뚝 솟아있는 큰 암석인데, 물살이 몹시 급하여 배가 잘 다닐 수 없으므로 흔히 험난한 세상길을 비유하는 말로 쓰인다.

325 들은……행하면 : 증자(曾子)의 말에 "군자가 들은 것을 높이면 고명해지고 들은

이미 충분할 것이니 어찌 굳이 스승을 따르고 벗을 취한 뒤에야 학문을 하겠습니까. 자기 마음이 절로 엄한 스승이 되고 성현들의 말씀이 책속에 나열되어 있으니, 잡아 지키기를 견고히 하면 마음이 바르지 못함을 걱정할 필요가 없고, 전습하기를 절실히 하면 학문이 넓지 못함을 걱정할 필요가 없습니다. 그저 내가 어떻게 힘쓰는가를 볼 뿐입니다.

과거 공부의 굴레에 얽매여 뜻이 분산되고 기운이 약해진다는 것은 보내오신 편지에서 하신 말씀이 과언이 아닙니다. 이미 이렇게 하는 것이 병임을 알았으면 어찌 이렇게 하지 않는 것이 약임을 생각하지 않으십니까. 벼슬함에 있어 가장 훌륭한 것은 군주를 성군으로 만들고 백성을 윤택하게 하는 것이고, 그 다음은 집안을 일으키는 것이고, 또 그 다음은 생계를 위한 것입니다. 이 세 가지 중 하나에 해당하지 않는 경우는 없으니 과거 공부를 영영 마다하고 삼대(三代 하(夏)·은(殷)·주(周))의 선비처럼 초연히 지내는 것은 몹시 어렵지 않겠습니까. 비록 어쩔 수 없이 뜻을 굽혀 과거 공부를 하더라도 그것에 얽매이지 않는 것이 옳으니 학문에 뜻을 둠을 귀하게 여기는 까닭은 내외(內外)와 빈주(賓主)의 분별을 잘 알기 때문입니다. 간혹 뜻이 있는 선비가 과거에 무겁게 짓눌려서 머리를 들려고 해도 들지 못하고 몸을 움직이려고 해도 움직이지 못하게 되는 경우가 있으니 또한 안타깝지 않습니까. 늘 생각건대 우리 형은 타고난 자질이 도(道)에 가까워서 끝내 세속의 학문에 사역을 당할 분이 아닙니다. 스스로 다른 사람들이 알지

것을 행하면 광대해지나니 고명함과 광대함은 다른 데에 있는 것이 아니라 뜻을 두는 데에 있을 뿐이다.〔君子尊其所聞, 則高明矣; 行其所聞, 則廣大矣. 高明廣大, 不在于他, 在加之志而已矣.〕"라고 하였다.《大戴禮記 卷5 曾子疾病》

못하는 점을 안다고 여겨서 아끼고 좋아하는 마음이 끝이 없는 것이니 이 늙은이의 진실한 마음을 헤아려 줄 수 있겠습니까?

제가 젊었을 적에 근옹(近翁)[326]의 문하에 있으면서 밀암(密菴)[327]의 풍모를 익숙히 들었습니다. 이 어른의 독실한 학문과 힘써 행함과 깨끗한 수행과 높은 절개는 진실로 사람들로 하여금 기뻐하고 복종하게 할 만합니다. 그리고 무엇보다 끝까지 사색하여 자득하기를 힘써서 한 마디의 말도 남의 귀와 눈을 빌린 것이 없으니 이 점은 당세의 여러 현자들 중에도 견줄 만한 자가 드뭅니다. 이 어른의 유편(遺編) 중에 흩어지고 훼손된 나머지를 수습한 것이 있습니까? 듣건대 《이정전서(二程全書)》의 책장 머리에 찌를 붙여서 해설한 것이 현재 우리 형의 처소에 있다고 하니 잃어버리지 않고 잘 간직하고 계십니까? 정밀한 의리와 심오한 논의가 틀림없이 그 가운데에 산재해 있을 것이니 전사해 줄 수 있으십니까? 〈계하기문(溪下記聞)〉[328]은 저 역시 등사하여

326 근옹(近翁) : 박윤원(朴胤源, 1734~1799)으로 자는 영숙(永叔), 호는 근재(近齋), 본관은 반남(潘南)이다. 김원행(金元行)과 김지행(金砥行)의 문하에서 수학하였다. 1792년(정조16) 학행으로 천거되어 선공감역(繕工監役)에 임명되었으나 사퇴하였으며, 1798년 원자(元子)를 위하여 강학청(講學廳)이 설치되자 서연관(書筵官)에 임명되었으나 역시 거절하였다. 서학(西學)을 배척하고 오직 경전의 훈고와 성리학에 몰두하여 김창협(金昌協)·이재(李縡)·김원행의 학통을 계승하고 다시 문하의 홍직필(洪直弼)에게 전수해 신응조(申應朝)·임헌회(任憲晦)·조병덕(趙秉德) 등으로 이어지도록 하였다. 저서로는 《근재집(近齋集)》과 《근재예설(近齋禮說)》 등이 있다.

327 밀암(密菴) : 김지행(金砥行, 1716~1774)으로 자는 유도(幼道), 호는 밀암, 본관은 안동(安東)이다. 윤병계(尹屛溪)의 문하에서 수학하였고 공주(公州) 계실곡(溪室谷)에 은거하며 학문을 닦았다. 저서로는 《밀암집(密菴集)》이 있다.

328 계하기문(溪下記聞) : 김지행(金砥行)의 아들 김이수(金履修)가 부친의 언행들

가지고 있습니다. 일찍이 그 끝에 발문(跋文)을 지어서 구구한 저의 사모하는 마음을 펴려고 하였으나 아직 실행하지 못하였습니다.

을 기록한 글로, 김지행의 문집인 《밀암집(密菴集)》 권17에 〈계하견문(溪下見聞)〉이라는 제목으로 실려 있다.

윤자중[329] 극선 에게 답함 계유년(1813, 순조13) 7월

答尹子中 克善○癸酉七月

무릇 대상(大祥)을 지내고 부묘(祔廟)하는 경우에는 비록 고위(考位)를 이미 정감(正龕)에 들였다고 하더라도 비위(妣位)의 상(喪)이 끝났을 때에 또한 고위에 곧바로 부(祔)하지 않고 우선 망인의 조고의 감실에 부(祔)하였다가 협제(祫祭)를 기다려서 고위와 합독(合櫝)해야 합니다. 지금 존조비(尊祖妣)의 대상을 지낸 뒤에 마땅히 존고조(尊高祖)의 신위에 부(祔)하였다가 존백부(尊伯父)의 상(喪)이 끝나기를 기다려서 길제(吉祭)를 거행해야 하니 길제를 지낼 때에 비로소 합독하는 것이 예에 맞습니다. 곧바로 합부(合祔)하는 것이 마땅하다는 논의는 누구의 설인지는 모르겠으나 저는 그런 말을 듣지 못하였습니다. 곧바로 부(祔)하는가, 곧바로 부(祔)하지 않는가의 문제는 자식의 상(喪)과는 상관이 없고 승중(承重)한 손자가 부친의 상(喪)이 끝나기를 기다려서 조부의 상(喪)의 협제를 거행하는 것이 다를 뿐입니다. 상중에는 성대한 제사를 거행할 수 없으므로 부친의 상(喪)이 끝난 뒤에 협제를 아울러 행하고 신주를 다시 쓰고 체천하는 것도 이때에 행하는 것이니 이것 외에는 말할 만한 변례(變禮)가 없습니다.

329 윤자중(尹子中) : 윤극선(尹克善, ?~?)으로, 자는 자중이며, 자세한 정보는 미상이다.

안자삼[330] 양증 에게 답함 경진년(1820, 순조20) 7월

答安子三 養曾○庚辰七月

저는 백록(白麓) 강공(姜公)[331]의 성대한 명성에 일찍부터 탄복하고 또 세 번이나 영남(嶺南)을 방문하였으나 한 번도 얼굴을 뵙지 못하였으니 이를 두고 같은 세상을 사는 인연이라고 말할 수 있겠습니까. 항상 이분의 자제와 문생을 만나보고 그 훌륭한 논의를 받들기를 원하였으니 이 마음이 늘 간절하여 혹시라도 잊은 적이 없습니다. 그런데 마침내 애시(哀侍)[332]를 백월(百粤)[333] 가운데에서 만났으니 참으로 이른바 "그 사람을 못 만나면 그 친구를 만나본다."라는 것입니다. 백록을 뵙지 못한 이 몸이 장차 백록을 뵙는 것과 똑같게 되었으니 어찌 다행함이 적겠습니까.

애시께서는 이미 도(道)가 있는 분을 가까이 하여 의귀할 바를 아셔서 학문과 과거 공부 두 가지에 대하여 그 빈주(賓主)와 본말(本末)을

330 안자삼(安子三) : 안양증(安養曾, 1783~?)으로, 자는 자삼, 본관은 순흥(順興)이며, 거주지는 영월(寧越)이다. 1813년(순조13) 생원시에 합격하였다.

331 백록(白麓) 강공(姜公) : 강시환(姜始煥, 1761~?)으로, 자는 유종(有終), 호는 백록, 본관은 진주(晉州)이며, 거주지는 안동(安東)이다. 1786년(정조10) 진사시에 합격하였다.

332 애시(哀侍) : 우리나라의 서간에서 주로 쓰이는 용어로, 상대방이 양친 중 한 분의 상을 당했을 경우에 그 삼년상을 치르는 동안 상대방을 호칭하는 말이다.

333 백월(百粤) : 중국 남방에 있는 월인(越人)들 부락의 총칭으로, 백월(百越)이라고도 부른다. 여기에서는 먼 지역을 뜻한다.

구별하셨으니 이미 대의(大意)를 보았다고 할 만합니다. 또 이미 소성(小成)[334]을 차지하셨으니, 대과로 들어가는 문을 닫아걸고 붕새의 날개[335]를 꺾어버려서 향상공부(向上工夫 성리학공부)에 전심치지하는 것이 마땅할 듯합니다. 어떻게 생각하십니까?

삼가 생각건대 학문은 위기(爲己)의 학문[336]을 하지 않는다면 비록 널리 보고 두루 취한다고 하더라도 정착할 곳이 없게 됩니다. 그러므로 남헌(南軒) 장자(張子)[337]가 말씀하기를, "위기(爲己)라는 것은 무언가를 위하는 바가 없이 하는 것이다."라고 하였습니다. 이렇게 하지 않고서 이로움을 추구하는 마음으로 학문을 한다면 도(道)와의 거리가 더욱 멀어지게 되니 선(善)과 이(利)의 구분[338]이 유자(儒者)의 제일의

334 소성(小成) : 과거의 소과(小科)에 합격함을 이른다.

335 붕새의 날개 : 붕새는 한 번에 구만 리를 날아오른다고 하는, 매우 큰 상상의 새로, '붕새의 날개〔鵬翼〕'는 현달한 벼슬길을 비유하는 말로 쓰인다.

336 위기(爲己)의 학문 : '자신을 위한 학문'이란 뜻으로, 오직 자신의 덕성을 닦기 위하여 공부하는 학문을 말한다. 《논어(論語)》 〈헌문(憲問)〉에 "옛날의 학자들은 자신을 위한 학문을 하였는데, 오늘날의 학자들은 남에게 보여 주기 위한 학문을 한다.〔古之學者爲己, 今之學者爲人.〕"라고 한 공자(孔子)의 말에서 나온 것이다.

337 남헌(南軒) 장자(張子) : 남송(南宋)의 성리학자 장식(張栻)으로, 자는 경부(敬夫)·흠부(欽夫)·낙재(樂齋), 호는 남헌이다. 호굉(胡宏)에게 수학하였으며, 주희(朱熹), 여조겸(呂祖謙)과 함께 '남송삼현(南宋三賢)'으로 불린다. 저서로는 《역설(易說)》, 《논어해(論語解)》, 《맹자설(孟子說)》, 《남헌집(南軒集)》 등이 있다.

338 선(善)과 이(利)의 구분 : 이는 《맹자(孟子)》 〈진심 상(盡心上)〉에 보이는 내용으로, 맹자가 말하기를, "닭이 울면 일어나서 부지런히 선(善)을 행하는 자는 순임금의 무리이고 닭이 울면 일어나서 부지런히 이(利)를 좇는 자는 도척의 무리이니, 순임금과 도척의 구분을 알고자 한다면, 다른 것이 없다. 바로 이(利)와 선(善)의 차이인 것이다.〔鷄鳴而起, 孶孶爲善者, 舜之徒也; 鷄鳴而起, 孶孶爲利者, 蹠之徒也. 欲知舜與蹠之

(第一義)가 되는 까닭입니다. 이른바 선(善)과 이(利)의 구분은 다만 사소한 것을 다툴 뿐이기 때문에 염계(濂溪)는 '기(幾)' 자를 말씀하였습니다. 그러나 이를 분별하기를 일찍 하지 않으면 안 되기 때문에 횡거(橫渠)는 '예(豫)' 자를 말씀한 것입니다.[339] 부디 이 뜻에 대하여 통절하게 간파해서 진실한 마음으로 진실한 학문을 하여 말속(末俗)의 허황한 병폐를 깨끗이 씻어내기를 몹시 바라 마지않습니다.

옛날 명(明)나라의 유자 소보(邵寶)[340]가 일찍이 말하기를, "차라리 진짜 사대부가 될지언정 가짜 도학자는 되지 않겠다."라고 하였으니 이는 또한 격앙함이 있어서 말한 것입니다. 바라건대 애시께서는 반드시 진짜 도학자가 되셔서 한 지방의 사람들이 표준으로 삼는 바가 되어

分, 無他, 利與善之間也.]"라고 하였다.

339 이른바……것입니다 : 이 내용은 본래 《주자어류(朱子語類)》 권13 〈학 칠(學七) 역행(力行)〉에 보이는 주희(朱熹)의 말로, "천리와 인욕의 구분은 다만 사소한 것을 다투기 때문에 주 선생은 다만 '기(幾)' 자를 말씀한 것이다. 그러나 이를 분별하기를 일찍 하지 않으면 안 되기 때문에 횡거는 언제나 '예(豫)' 자를 말씀한 것이다.[天理人欲之分, 只爭些子, 故周先生只管說幾字. 然辨之又不可不早, 故橫渠每說豫字.]"라고 하였다. 염계(濂溪)는 주돈이(周敦頤)로, '기(幾)' 자를 말씀했다는 것은 "성(誠)은 함이 없고 기(幾)에서 선악이 나누어진다.[誠無爲, 幾善惡.]"라고 한 것을 이른다. 《近思錄 卷1 道體》 횡거(橫渠)는 장재(張載)로, '예(豫)' 자를 말씀했다는 것은 "의(義)를 정밀하게 연구하여 신묘한 경지에 들어가는 것은 일이 내 마음속에 미리 정해져서 나의 밖을 이롭게 하기를 구하는 것이다.[精義入神, 事豫吾內, 求利吾外也.]"라고 한 것을 이른다. 《近思錄 卷2 爲學》

340 소보(邵寶) : 1460~1527. 명(明)나라 때의 학자로, 자는 국현(國賢), 호는 천재(泉齋)·이천(二泉)이다. 강서제학부사(江西提學副使) 등을 지냈고 백록서원(白鹿書院)의 학사(學舍)에서 학생들을 가르쳤다. 태자 태보(太子太保)에 추증되고 문장(文莊)이라는 시호를 하사받았다.

주십시오. 온갖 거짓이 굴복하여 없어지고 하나의 성실함이 가슴 속에 충만한 뒤에야 이 경지에 이를 수 있으니 갑자기 이룰 수 있는 것이 아닙니다. 충신(忠信)을 주장함이 바로 근본 공부가 되니 애시께서는 이를 공경히 생각하시기를 바랍니다.

또 학문은 도(道)를 듣는 것을 귀하게 여기는데 영남의 여러 유자들은 간혹 궁리(窮理)와 격물(格物) 공부를 소홀히 하니 귀로 얻어 듣고 눈으로 얻어 보지 않는 자가 거의 드뭅니다. 매번 삼연(三淵 김창흡(金昌翕))의 시 중에 "유림들이 단정히 공수함이 또한 부질없네.〔儒林端拱亦無爲〕"[341]라고 한 구절을 외울 때면 이 때문에 경계하고 두려운 마음이 듭니다.

341 유림들이……부질없네 : 이 구절은 김창흡(金昌翕)의 〈갈역잡영(葛驛雜詠)〉 176수 중 65번째 시에 보인다. 이 시에 이르기를, "대체로 인정이 깊이 생각하는 데에 게으르니, 유림들이 단정히 공수함이 또한 부질없네. '퇴(推)'와 '고(敲)' 두 글자를 천 번이나 애써 되뇌니 주자가 가도의 시를 칭탄하였네.〔大抵人情懶致思, 儒林端拱亦無爲. 推敲二字千吟苦, 朱子稱高賈島詩.〕"라고 하였다. 《三淵集 卷14 葛驛雜詠》 당(唐)나라 시인 가도가 나귀를 타고 도성 거리를 나갔다가 '중은 달 아래 문을 두드리네.〔僧敲月下門〕'라는 시구를 짓고는 '퇴(推)' 자를 쓸까 '고(敲)' 자를 쓸까 고심하였는데 마침 당시 경조 윤(京兆尹)이던 한유(韓愈)의 행차를 만나 한유의 조언을 듣고 '고' 자로 결정한 일이 있다. 주자가 이 일을 들면서 유생들이 긴요하게 공부하지 않는 것을 통렬히 훈계하여 말하기를, "가도가 시 짓는 것을 배울 때에 오직 '퇴'와 '고' 두 글자만 생각했던 것처럼 해야 한다. 그는 나귀 위에 앉아서 손으로 '퇴' 자와 '고' 자를 써가며 고민하다가 수많은 인파가 따르는 대윤이 나온 것을 보지 못하여 결례를 범하고 말았으니 이 '퇴'와 '고' 두 글자가 무슨 이로움이 있겠는가. 그러나 그가 이처럼 공을 들였던 까닭에 나중에 정교하고 뛰어난 시를 얻을 수 있었던 것이다.〔又如賈島學作詩, 只思推敲兩字. 在驢上坐, 把手作推敲勢, 大尹出, 有許多車馬人從, 渠更不見, 不覺犯了節. 只此推敲二字, 計甚利害? 他直得恁地用力, 所以後來做得詩來極是精高.〕"라고 하였다. 《朱子語類 卷121 朱子十八 訓門人九》

삼연은 또 학문하는 요점을 논하여 말씀하기를, "이미 능하더라도 항상 백 가지 중에 한 가지도 능한 것이 없다는 마음을 보존하고 이미 잘 알더라도 오히려 더욱 알기를 구한다는 태도를 견지해서 꾸준하게 달려가고 참고하여 종합하며 분석하여 넓히고 축적하여 높인다. 적시는 것으로도 부족하면 또 완전히 푹 빠지고 익히는 것으로도 부족하면 또 완전히 무르익게 하며 묘사하기를 그치지 않아서 마침내 방원(方圓)의 형체를 이루고 꾀하고 따지기를 그치지 않아서 마침내 변화를 이룬다. 처음에는 순서를 따라서 상세함을 지극히 하고 끝에는 오래함을 견뎌서 완숙함으로 돌아간다."[342]라고 하였습니다. 이 말씀은 모두 절실하게 단련하여 하신 말씀입니다. 저는 일찍이 여기에 뜻을 두었으나 힘이 부족하여 성취해내지 못하였으니 제가 하지 못한 것을 좌하(座下)께서 해주시기를 원합니다.

342 이미 능하더라도……돌아간다 : 이 내용은 《삼연집(三淵集)》 권18 〈답신유(答申愈)〉에 보이는 것으로, 본래 주희(朱熹)의 학문을 두고 말한 것이다.

안자삼[343]에게 줌 경진년(1820, 순조20) 11월
與安子三 庚辰復月

제가 서울로 돌아온 뒤로 소식이 뜸하여 다른 시대의 사람과 다를 바가 거의 없었습니다. 요즘 날씨가 몹시 쌀쌀한데 효성을 다하시는 체후는 건강하십니까?

삼각 생각건대 깊은 골짜기의 궁벽한 곳은 자손을 키울 만한 땅이 아니니 오랫동안 머물 계획을 세우기가 어려울 듯합니다. 영가(永嘉 안동(安東))는 비록 취향이 다른 사람들의 연수(淵藪)[344]여서 함께 무리 지어 살 수 없다고는 하지만 오당(吾黨) 중에도 본래 강씨(姜氏)와 신씨(申氏) 두 개의 큰 집안이 이곳에 있어서 덕 있는 이를 이웃으로 삼을 수가 있습니다. 속히 과축(薖軸)[345]을 옮겨서 고향으로 돌아가 포옹(抱翁)의 유허에서 강순여(姜舜如)와 종유하며 인(仁)에 처하고 몸을 보존하는 계책으로 삼는 것이 어떠하십니까? 존양(存養)하고 성찰(省察)하며 사욕을 이겨 다스리는 것은 자기에게 달려있지 남에게

343 안자삼(安子三) : 안양증(安養曾, 1783~?)으로, 자는 자삼, 본관은 순흥(順興)이며, 거주지는 영월(寧越)이다. 1813년(순조13) 생원시에 합격하였다.

344 연수(淵藪) : 못과 숲이란 뜻으로, 못에 물고기가 모여들고 숲에 새와 짐승이 모여드는 것처럼 여러 물건이나 사람이 모이는 곳을 비유적으로 이르는 말이다.

345 과축(薖軸) : 현인이 은거하는 곳을 말한다. 《시경(詩經)》 〈위풍(衛風) 고반(考槃)〉에 "고반이 언덕에 있으니, 석인의 마음이 넉넉하도다.……고반이 높은 언덕에 있으니, 석인이 한가로이 서성이도다.〔考槃在阿, 碩人之薖.……考槃在陸, 碩人之軸.〕"라고 한 데에서 나온 말이다.

달려있지 않으니 스승과 벗에게 전적으로 의지할 수 없습니다. 그러나 강습하고 토론하는 것으로 말하면 진실로 혼자 할 수 있는 일이 아니니 이 때문에 자기보다 나은 사람에게서 도움을 받는 것입니다. 주 선생(朱先生 주희(朱熹))이 일찍이 말씀하기를, "스승과 벗의 공은 다만 처음에 방법을 알려주고 끝에 가서 바로잡아 주는 것일 뿐이니 중간의 이십 분 공부로 말하면 스스로 힘을 써서 해 나가야 한다."[346]라고 하셨으니 이 말씀이 참으로 옳습니다. 그러나 처음에 방법을 알려주고 끝에 가서 바로잡아 주는 것은 이군삭거(離群索居)[347]하면서 할 수 있는 것이 아닙니다. 더구나 흥기하고 감발함은 오로지 도야하고 훈도해 주는 데에서 비롯되는 것이고 보면 어떠하겠습니까. "홀로 배우고 벗이 없으면 고루하여 견문이 적다."[348]라고 말하지 않았습니까.

346 스승과……한다 : 이 말은 《주자어류(朱子語類)》 권8 〈학 이(學二) 총론위학지방(總論爲學之方)〉에 보인다.

347 이군삭거(離群索居) : 벗들을 떠나 홀로 외롭게 지냄을 뜻한다. 공자(孔子)의 제자 자하(子夏)가 서하(西河)에 은둔하며 지내다가 아들을 잃고 너무 슬퍼하여 실명하였는데, 증자(曾子)가 문병 와서 자하의 잘못을 낱낱이 따지자 자하가 자책하며 말하기를, "내가 지나쳤다, 내가 지나쳤다. 내가 벗들을 떠나 홀로 외롭게 지낸 지가 너무 오래되었다.〔吾過矣, 吾過矣! 吾離群而索居, 亦已久矣.〕"라고 하였다. 《禮記 檀弓上》

348 홀로……적다 : 이 말은 《예기(禮記)》 〈학기(學記)〉에 보이는데, 이 글에 이르기를, "일어난 뒤에 금하면 강하게 거부하여 이기지 못하고, 때가 지난 뒤에 배우면 고생스러워 성취하기가 어려우며, 엽등해서 겸손하지 않으면 혼란하여 제대로 닦지 못하고, 홀로 배우고 벗이 없으면 고루하여 견문이 적으며, 설만한 벗을 사귀면 스승을 거역하고, 버릇이 거만하면 배우는 것을 그만둔다. 이 여섯 가지는 가르침이 폐해지는 이유이다.〔發然後禁, 則扞格而不勝; 時過然後學, 則勤苦而難成; 雜施而不孫, 則壞亂而不修; 獨學而無友, 則孤陋而寡聞; 燕朋, 逆其師; 燕辟, 廢其學. 此六者, 敎之所由廢也.〕"라고 하였다.

구우(邱隅)[349] 어른은 늙을수록 더욱 건장하고 곤궁할수록 의지가 더욱 견고해서 배운 바를 저버리지 않으니 참으로 철석간장(鐵石肝腸)의 인물입니다. 듣건대 강 사문(姜斯文) 순여가 구우 어른을 방문하여 저희들이 서로 사귀는 일을 언급하면서 말하기를, "포복(匍匐)의 예(禮)[350]를 갖추지 않고 서소(書疏)를 주고받는 것은 피차가 모두 잘못한 것이다."라고 하였다고 하니 저는 그렇지 않다고 생각합니다. 여막(廬幕) 앞에 직접 생추(生芻)[351]를 놓는 것이 제가 진실로 원하는 바이지만 근심하고 슬퍼함이 끝이 없어[352] 결행하지 못하였으니 이는 불민

349 구우(邱隅) : 김기서(金基敍, 1765～?)로, 자는 정택(正宅), 호는 구우, 본관은 청풍(淸風)이며, 거주지는 한성(漢城)이다. 1803년(순조3) 증광문과에 병과로 급제하였다.

350 포복(匍匐)의 예(禮) : 남의 상사(喪事)에 힘을 다하여 달려가 도와주는 의리를 말한다. 《시경(詩經)》〈패풍(邶風) 곡풍(谷風)〉에 "모든 사람이 상사가 있을 적에는 포복하여 달려가 구원하였노라.〔凡民有喪, 匍匐救之.〕"라고 한 내용이 보이고, 《예기(禮記)》〈공자한거(孔子閒居)〉에도 "모든 사람이 초상이 있을 때 포복하여 달려가 구원하는 것은 복(服)이 없는 초상인 것이다.〔凡民有喪, 匍匐救之, 無服之喪也.〕"라고 한 내용이 보인다.

351 생추(生芻) : 여물로 쓰는 싱싱한 풀로, 변변찮은 부의(賻儀)를 뜻한다. 후한(後漢)의 서치(徐穉)는 자(字)가 유자(孺子)로 남주(南州)의 고사(高士)라고 일컬어졌는데, 매우 가난하여 제물을 장만할 수 없어 곽태(郭泰)의 어머니 상(喪)에 조문하러 가서 풀 한 다발을 집 앞에 두고 상주(喪主)를 보지 않은 채 돌아갔다. 사람들은 그 이유를 알지 못했으나 곽태는 "이는 반드시 남주의 고사인 서유자(徐孺子)일 것이다. 《시경(詩經)》에 '생꼴 한 묶음을 주니 그 사람이 옥과 같다.〔生芻一束, 其人如玉.〕'라고 말하지 않았던가. 나는 이것을 감당할 만한 덕이 없다."라고 하였다. 《後漢書 卷53 徐穉列傳》

352 근심하고……없어 : 홍직필(洪直弼)은 이 편지를 쓴 해인 1820년(순조20) 7월에, 김태근(金泰根)에게 출가한 누이의 상(喪)을 당하였으므로 이렇게 말한 것이다.

한 저의 잘못입니다. 그러나 이른바 교도(交道)라는 것은 또한 여러 가지의 길이 있으니 위로 천고(千古)를 거슬러 올라가서 옛사람과 벗을 맺는 경우도 있고, 천리 먼 곳의 사람과 정신으로 교유하는 경우도 있고, 또한 일면식이 없이 편지를 보내어 먼저 택한 뒤에 교유하는 경우도 있습니다. 이 어찌 한 가지 방법만을 고집하여 변통하지 못하겠습니까. 만약 직접 만나서 조문하지 못했다고 하여 편지를 왕래하지 않는다면 소리와 기운이 서로 감응하는 의리[353]가 아닙니다. 이 때문에 예의 뜻을 헤아리지 않고 감히 이렇게 먼저 편지를 보내고 아울러 한 장의 새 명협(蓂莢)[354]을 올려서 경서를 공부하는 일정에 대비하게 하오니 부디 허물하지 마시기를 바랍니다.

《梅山集 卷53 年譜》

353 소리와……의리 : 동류(同類)끼리 서로 기맥(氣脈)이 통하여 자연히 의기투합하는 의리를 말한다. 《주역(周易)》 〈건괘(乾卦) 문언(文言)〉에 "같은 소리는 서로 응하고 같은 기운은 서로 구하여 물은 습한 곳으로 흐르고 불은 건조한 곳으로 나아가며 구름은 용을 따르고 바람은 범을 따른다. 그리하여 성인이 나옴에 만인이 우러러본다. 하늘에 근본을 둔 것은 위를 친히 하고 땅에 근본을 둔 것은 아래를 친히 하니 각기 그 유(類)를 따르는 것이다.〔同聲相應, 同氣相求, 水流濕, 火就燥, 雲從龍, 風從虎, 聖人作而萬物覩, 本乎天者親上, 本乎地者親下, 則各從其類也.〕"라고 하였다.

354 명협(蓂莢) : 요(堯)임금 때에 뜰에 자라났다는 상서로운 풀로, 매월 초하루부터 15일까지는 매일 한 잎씩 나오고 16일부터 그믐날까지는 매일 한 잎씩 떨어졌으므로 이것을 인하여 달력을 만들었다고 한다. 전하여 달력을 의미하게 되었다.

안자삼[355]에게 답함 신사년(1821, 순조21) 1월
答安子三 辛巳元月

하문하신 의심스러운 예절은 잘 읽어 보았습니다. 옛날에는 소상(小祥)과 대상(大祥)의 날짜를 모두 점쳐서 정하였으니 그 날수와 달수의 실제 수를 계산하는 것은 바로 주자(朱子)의 정론이어서 굳이 논란할 필요가 없습니다. 그러나 주인이 병환이 있어서 제사에 참여하지 못하는 경우라면 변통하지 않을 수가 없습니다. 예경(禮經)에 따라 이달 중 정일(丁日)이나 해일(亥日)로 택일해야 하니 비록 이렇게 하여 한 달을 넘기게 되더라도 이치에는 해가 되지 않을 듯합니다. 소상과 대상의 제사는 비록 상복을 완전히 벗기 위한 제사는 아니지만 어찌 제사에 참여하지 않고서 복을 바꿔 입을 수 있겠습니까. 이는 기제(忌祭)나 묘제(墓祭)와는 크게 다르니 대행하게 해서는 안 될 듯합니다. 뒤늦게 성복(成服)한 자는 또한 뒤늦게 소상과 대상을 행해야 하니 뒤늦게 행하면 점쳐서 택일하는 것이 또한 예(禮)입니다.

또 수암(遂菴 권상하(權尙夏))이 다른 사람의 질문에 답하여 말씀하기를, "소상을 지낼 때에 장자(長子)가 중병에 걸렸으면 택일하여 물러 행하는 것이 옳다. 병이 수개월 내에 차도를 보이기가 어려우면 축사는 마땅히 '고자(孤子) 아무개가 병이 위중하여 개자(介子)[356] 아무개로

355 안자삼(安子三) : 안양증(安養曾, 1783~?)으로, 자는 자삼, 본관은 순흥(順興)이며, 거주지는 영월(寧越)이다. 1813년(순조13) 생원시에 합격하였다.

356 개자(介子) : 장자(長子)를 제외한 나머지 아들들을 말한다.

하여금 밝게 고하게 합니다.……'라고 하는 것이 또한 옳다."라고 하였습니다. 이 말씀이 참으로 원용하기에 좋으니 모르겠습니다만 의향이 어떠하십니까? 다만 수개월 내에 차도를 보이기가 어렵다고 해서 곧바로 먼저 대행하게 하는 것은 다시 헤아려 보아야 할 듯합니다.

만약 물려 행하기로 결정했다면 본래의 소상 날짜에 모른 체하고 아무 일 없이 지나갈 수가 없으니 마땅히 삭망(朔望) 때와 같이 은전(殷奠)을 진설하여 단헌(單獻)을 올리고 축사를 생략해야 합니다. 그리고 고유하는 말은 마땅히 "지금 현비(顯妣)의 초기일을 맞아 예에 있어 응당 소상을 행해야 하는데 고애자(孤哀子) 아무개가 등에 종기가 나서 제사를 받들 수가 없습니다. 이에 병이 차도를 보인 후에 날짜를 점쳐서 뒤로 물려 행하려고 하고 오늘은 다만 일헌(一獻)의 예(禮)를 행할 뿐이니 망극한 마음이 더욱 큽니다. 삼가 고합니다."라고 해야 하니 이와 같이 조사(措辭)하는 것이 어떠할지 모르겠습니다.

안자삼[357]에게 답함 병술년(1826, 순조26) 1월 15일
答安子三 丙戌上元

남당(南塘)[358]이 지은 《주문동이고(朱文同異考)》[359]는 주자의 초년과 만년의 설을 뒤섞어 놓아 차서를 잃었습니다. 혹자는 "손가는 대로 제멋대로 만들어서 사람들을 몰아 자기를 따르게 했다."라고 하였으니 이 말은 좀 지나치긴 합니다. 그러나 진실로 입주출노(入主出奴)[360]함

357 안자삼(安子三) : 안양증(安養曾, 1783~?)으로, 자는 자삼, 본관은 순흥(順興)이며, 거주지는 영월(寧越)이다. 1813년(순조13) 생원시에 합격하였다.

358 남당(南塘) : 한원진(韓元震, 1682~1751)으로, 자는 덕소(德昭), 호는 남당, 본관은 청주(淸州)이다. 권상하(權尙夏)의 문인으로 강문팔학사(江門八學士) 중 한 사람이며, 호락논쟁(湖洛論爭)에서 호론(湖論)인 인물성이론(人物性異論)을 주장한 대표적 인물이다. 저서로는 《남당집》, 《주자언론동이고(朱子言論同異攷)》, 《역학답문(易學答問)》 등이 있다. 이조 판서에 추증되었으며, 시호는 문순(文純)이다.

359 주문동이고(朱文同異考) : 완칭은 《주자언론동이고(朱子言論同異考)》로, 한원진(韓元震)이 주희(朱熹)의 논설 가운데 어려운 부분을 해석, 변정한 책이다. 이 책은 송시열(宋時烈)이 1689년(숙종15)에 착수했지만 미처 완성하지 못하고 죽었는데, 제자인 권상하(權尙夏)에 이어 재전제자(再傳弟子)인 한원진이 유업을 이어 받아 1741년(영조17)에 완성하였다.

360 입주출노(入主出奴) : 들어가면 주인으로 여기고 나오면 종으로 여긴다는 뜻으로, 한 쪽의 학설을 믿고 따르면 다른 쪽의 학설은 배척하여, 믿고 따르는 학설은 주인으로 여기고 배척하는 학설은 종으로 여김을 뜻한다. 이는 본래 당(唐)나라 문장가 한유(韓愈)의 〈원도(原道)〉에 나오는 말로, 공자(孔子)가 죽은 뒤에 유학(儒學)이 쇠퇴함을 말하면서 "도덕과 인의를 말하는 자가 양주(楊朱)로 들어가지 않으면 묵적(墨翟)으로 들어가고, 노자(老子)로 들어가지 않으면 불가(佛家)로 들어가서 저기로 들어가면 여기에서 나오게 되었다. 그러면서 들어가는 쪽을 주인으로 여기고 나가는 쪽을 종으로

을 면치 못하여 매번 사람으로 하여금 유감이 없지 못하게 하니 이 책은 '남당동이고(南塘同異考)'이지 '주문동이고'는 아닙니다. 존선사(尊先師) 백록공(白麓公)[361]께서 이에 대한 변(辨)을 지으셨는데 연조(年條)의 선후가 확실하게 근거가 있다고 하니 만일 그러하다면 오도(吾道)의 다행입니다. 한 본을 등사하여 보여 주실 수 있겠습니까? 저를 위하여 강순여(姜舜如)에게 "이것은 공공의 물건이니 내놓는 것을 아까워하지 말아야 한다."라고 말씀해 주십시오.

노주(老洲) 오장(吳丈)[362]이 당대의 유종(儒宗)으로서 백록공과 교분을 맺은 것은 풍의가 드높고 독실하니 고명(高明)에게 노주의 덕용(德容)을 뵙도록 권하는 것이 어찌 공연한 일이겠습니까. 그런데 어찌하여 제 말을 믿지 못하고서 만나보지 못하는 것을 가지고 명(命)이 있다고만 하십니까. 진요옹(陳了翁)이 심제량(沈諸梁)을 책망한 글[363]

여기며 들어가는 쪽을 따르고 나가는 쪽을 더럽게 여겼다.〔其言道德仁義者, 不入於楊, 則入于墨, 不入於老, 則入于佛, 入于彼, 必出乎此, 入者主之, 出者奴之, 入者附之, 出者汚之.〕"라고 하였다.

361 백록공(白麓公) : 강시환(姜始煥, 1761~?)으로, 자는 유종(有終), 호는 백록, 본관은 진주(晉州)이며, 거주지는 안동(安東)이다. 1786년(정조10) 진사시에 합격하였다.

362 노주(老洲) 오장(吳丈) : 오희상(吳熙常, 1763~1833)으로, 자는 사경(士敬), 호는 노주, 본관은 해주(海州)이며, 시호는 문원(文元)이다. 1800년(정조24) 천거로 세자익위사 세마에 제수되고, 황해도 도사 등을 지낸 뒤, 벼슬에서 물러나 광주(廣州)의 징악산(徵嶽山)에 은거하고 이후 찬선 등 여러 관직에 제수되었으나 모두 사양하고 나아가지 않았다. 성리학에 조예가 깊어 이황(李滉)과 이이(李珥)의 설을 절충하였다. 저서로는 《노주집(老洲集)》이 있다.

363 진요옹(陳了翁)이……글 : 진요옹은 송(宋)나라 철종(哲宗) 때의 신하 진관(陳瓘)으로, 자는 형중(瑩中), 호는 요옹·요재(了齋)·요당(了堂)이며, 시호는 충숙(忠

을 지은 것을 그대로 따르고자 하십니까.

肅)이다. 상수학(象數學)에 밝았으며 당시에 간관(諫官)으로 이름이 높았다. 심제량(沈諸梁)은 춘추 시대 초(楚)나라 섭현(葉縣)의 윤(尹)으로, 공자(孔子)의 제자 자로(子路)에게 공자의 인물됨을 물었는데 자로가 대꾸하지 않은 일이 《논어(論語)》〈술이(述而)〉에 보인다. 진관이 범조우(范祖禹)와 대화할 적에 당시의 명현(名賢)이었던 정호(程顥)를 알지 못하여 범조우에게 누구냐고 물었던 일이 있는데, 이를 스스로 부끄럽게 여겨서, 공자가 어떤 분인지 몰라보았던 심제량을 책망하는 글을 지어 여기에 가탁하여 자책하였다. 《宋名臣言行錄 外集 卷2 程顥明道先生純公》

유의중[364] 홍근 에게 답함 기축년(1829, 순조29) 11월

答柳毅仲 弘根○己丑至月

초우제(初虞祭)를 장례한 당일을 넘겨서 지내지 않는 것은 바로 "차마 하루라도 혼백을 유리하게 할 수 없다"[365]는 뜻입니다. 하관하여 흙을 채운 뒤에 신주를 쓰고 반곡(反哭)[366]한 뒤에 우제를 행함은 본래 단계적인 절차가 있는 것이니 해시(亥時)에 하관한 경우 어찌 당일에 초우제를 행할 수 있겠습니까. 만약 이를 행하고자 한다면 허술하고 구차하게 되어 제대로 예를 갖추지 못할 듯합니다. 다만 일이 마련된 뒤에 행해야 하되 하관과 초우제의 시간을 가깝게 하는 것이 좋을 것입니다. 그리고 일진(日辰)은 마땅히 다음날의 간지를 써야 하니 굳이 당일을 넘기지 않는다는 것에 구애될 필요가 없습니다.

집으로 돌아오는 도중에 만약 유일(柔日)을 만나면 초우제(初虞祭)의 예(禮)를 따라 마땅히 여관에서 재우제(再虞祭)를 거행해야 합니다.

364 유의중(柳毅仲) : 유홍근(柳弘根, 1784~?)으로, 자는 의중, 본관은 전주(全州)이다. 음직으로 벼슬하여 장릉 참봉(莊陵參奉), 내자시 직장, 사옹원 봉사, 휘경원 영(徽慶園令), 온릉 영(溫陵令), 진천 현감(鎭川縣監) 등을 지냈다.

365 차마……없다 : 이는 《예기(禮記)》 〈단궁 하(檀弓下)〉에 보이는 말로, "장례하는 날에 우제를 지내는 것은 차마 하루라도 혼백을 유리하게 할 수 없기 때문이다.〔葬日虞, 弗忍一日離也.〕"라고 하였다.

366 반곡(反哭) : 장지(葬地)로부터 신주와 혼백상자를 영좌(靈座)에 모시고 무시로 곡을 하며 집으로 돌아오는 일을 말한다.

여관에서 만약 성대한 제수를 장만하기 어렵다면 미식(米食)은 빼고 행하는 것이 좋을 듯하니 의식과 제수를 제대로 갖추지 못했다고 해서 유일이 넘도록 거행하지 않아서는 안 될 것입니다. 삼우제(三虞祭)는 비록 강일(剛日)을 만났더라도 여관에서 행해서는 안 되니 성사(成事)[367]이기 때문에 집에 도착해서야 비로소 행하는 것입니다. 집에 도착한 날이 만약 강일이라면 즉시 이날에 삼우제를 거행해야 할 듯하니 우옹(尤翁 송시열(宋時烈))께서 말씀하신 "삼우제는 집에 도착한 날에 지내는 것으로 단정해서는 안 된다."[368]라는 것은 "날이 밝아올 때에 지낸다"는 예문(禮文)[369]을 어기게 된다고 의심하여 다음 강일로 물러서 행하고자 한 것인 듯합니다. 그러나 강일이 다소 멀면, 신(神)이 집으로 돌아온 날에 제사를 행함으로써 도리에 맞게 하는 것만 못할 것입니다. 혼기(魂氣)가 방황하므로 속히 편안하게 하는 것이 예(禮)

367 성사(成事) : 삼우제의 축문(祝文)에 "삼가 결생・유모・자성・예제로 슬피 성사를 거행하오니 부디 흠향하소서.〔謹以潔牲、柔毛、粢盛、醴齊, 哀薦成事, 尙饗.〕"라고 한다.《家禮 卷4 喪禮 虞祭》 삼우제(三虞祭)는 우제의 마지막이어서 제사를 완수하므로 성사라고 하는 것이다.

368 삼우제는……된다 : 이 말은 송시열(宋時烈)이 민유중(閔維重)에게 답한 편지에 보인다. 이 편지에 "재우제는 만약 도중에 유일을 만났으면 마땅히 여관에서 행해야 하고 집에 도착한 뒤에는 강일을 만나는 대로 삼우제를 행하면 되니 집에 도착한 날에 지내는 것으로 단정해서는 안 된다.〔再虞, 若於道中遇柔日, 則當於所館行之, 至家之後, 隨値剛日而行三虞, 不可以至家日爲斷也.〕"라고 하였다.《宋子大全 卷63 答閔持叔》

369 날이……예문(禮文) :《가례(家禮)》 권4 〈상례(喪禮) 우제(虞祭)〉의 "유일을 만나면 재우제를 지낸다.〔遇柔日再虞〕"의 주(註)에 "다만 기일 하루 전에 기물을 진설하고 음식을 장만한다. 그 이튿날에 일찍 일어나 채소와 과일과 술과 음식을 진설하고 날이 밝아올 때에 제사를 지낸다.〔惟前期一日陳器具饌, 厥明夙興, 設蔬果酒饌, 質明行事.〕"라고 하였다.

가 되니 굳이 "날이 밝아올 때에 제사를 지낸다"는 것에 구애될 필요가 없습니다.

반우(返虞)[370]하여 집에 도착한 것이 만약 보름을 만나게 되면 '나그네는 욕식(蓐食)[371]한다'는 의리에 따라 여관에서 아침 상식(上食)을 거행하고 집에 도착하여 은사(殷事)[372]를 거행하되 저녁 상식은 마땅히 은사와 겸하여 진설해야 할 듯합니다. 만약 삼우제(三虞祭)를 행하게 되면 마땅히 망전(望奠)은 생략해야 하니 '하루에 두 번 제사하지 않는다'는 의리 때문입니다.

370 반우(返虞) : 장례한 뒤에 신주를 모시고 돌아와 우제(虞祭)를 지냄을 이른다.

371 욕식(蓐食) : 아침에 몸을 일으키지도 않고 이부자리 안에서 식사하는 것으로, 아침 식사 시간이 매우 이름을 말한다.

372 은사(殷事) : '은(殷)'은 풍성하다는 뜻으로, 초하루와 보름에 특별히 제수를 풍성하게 장만하여 지내는 제사를 말한다.

내종제 박도이[373] 내교 에게 답함 계사년(1833, 순조33) 6월
答內從弟朴道而 來敎○癸巳六月

본생부모의 상(喪)은 바로 기년복(朞年服)이니 어찌 상사(常事 소상(小祥))에 참여하지 못했다고 하여 기년이 넘었는데도 복을 벗지 않을 수 있겠는가. 기년복과 대공(大功), 소공(小功) 이하의 여러 친척 중에 기년이 넘도록 장례하지 못한 경우에는 달수가 이미 찼으면 예(禮)에 따라서 복을 벗어야 한다는 것이 또한 전현(前賢)의 정론(定論)이네. 양자로 들어간 집의 어버이가 병환 중이어서 본생부모의 상(喪)의 소상제(小祥祭)에 참여할 수 없는 자는 마땅히 '달수가 꽉 차면 복을 벗는다'는 준례를 원용하여 소상 날에 허위(虛位)[374]를 설치하고 곡을 한 뒤에 변제(變除)해야 하네. 그리고 최복(衰服)을 거두어 보관했다가 본생부모의 상(喪)이 있는 곳에 나아간 뒤에 보관했던 최복을 다시 입었다가 벗는 것이 마땅할 듯하네.

상중(喪中)에 주고받는 편지를 반드시 '소(疏)'라고 일컫는 것은 평상시보다 더 높이기 위함이니 남이 자기에게 베풀 때에도 또한 그렇게 한다네. 그러나 지친 간에는 더 높이는 의리가 없으므로 예전 그대로

373 박도이(朴道而) : 박내교(朴來敎, ?~?)로, 자는 도이이며, 홍직필(洪直弼)의 외숙 박성한(朴聲漢)의 양자이다.

374 허위(虛位) : 신주가 다른 곳에 있어서 가져올 수 없을 때에 임시로 만들어 놓는 신위(神位)를 이른다.

'서(書)'라고 일컫네. 뒤에 안부 편지를 보낼 때에는 다시 '소(疏)' 자를 쓰지 않는 것이 지극히 옳을 것이네.

예(禮)에는 상(喪)을 당한 사람이 자신을 죄인이라고 칭한다는 글은 없고 오직 조장(弔狀)에 답하는 글 가운데 "죄가 없어지지 않았다〔罪逆不滅〕"라는 한 구절이 있을 뿐이네. 이 때문에 선철들이 모두 서소(書疏) 가운데에 죄인이라고 칭하는 것을 예(禮)가 아니라고 하였으니 다른 사람에게 칭할 때에도 오히려 그러한데 더구나 지친 간에 있어서는 어떠하겠는가.

백 참봉[375] 종륜 에게 답함 신묘년(1831, 순조31) 6월

答白參奉 宗倫○辛卯六月

능관(陵官)은 관직은 낮으나 임무는 무겁습니다. 침원(寢園)이 엄숙하고 깨끗하며 소나무와 측백나무가 울창하고 무성하니 만일 담연(湛然)히 순일(純一)하게 하고 엄숙히 경계하고 두려워하지 않는다면[376] 이 재실(齋室)에 거처하면서 이 직임에 부응할 수 없을 듯합니다. 부디 마음을 수습하여 종일토록 부지런히 힘써서 대월(對越)의 정성[377]을 다하시는 것이 어떻겠습니까? 정자(程子)가 말씀하기를, "공경하지 않음이 없으면 상제(上帝)를 마주할 수 있다."[378]라고 하였으니 일반 사람들의 경우에도 진실로 이와 같이 해야 하지만, 침랑(寢郎)이

375 백 참봉(白參奉) : 백종륜(白宗倫, 1788~?)으로, 자는 명수(明叟), 본관은 수원(水原)이다. 1827년(순조27) 음직으로 처음 벼슬을 하여 헌릉 참봉(獻陵參奉)이 되었고 그 밖에 의금부 도사, 내자시 봉사, 선릉 직장(宣陵直長), 전설사 별제, 영릉(寧陵)·제릉(齊陵)·장릉(莊陵)·영릉(英陵)의 영(令), 연풍 현감(延豐縣監) 등을 지냈다.

376 담연(湛然)히……않는다면 : 《주자어류(朱子語類)》 권97 〈정자지서 삼(程子之書三)〉에 "담연히 순일하게 하는 것을 '재(齋)'라고 하고 엄숙히 경계하고 두려워하는 것을 '계(戒)'라고 한다.〔湛然純一之謂齋, 肅然警惕之謂戒.〕"라고 보인다.

377 대월(對越)의 정성 : '대월'은 '대월상제(對越上帝)'의 줄임말로, 상제를 우러러 마주하는 지극한 정성을 뜻한다. 주희(朱熹)의 〈경재잠(敬齋箴)〉에 "의관을 바르게 하고 시선을 공손하게 하여 마음을 고요히 가라앉힌 채로 거처해서 상제를 마주하듯이 하라.〔正其衣冠, 尊其瞻視, 潛心以居, 對越上帝.〕"라고 하였다.

378 공경하지……있다 : 이는 정호(程顥)가 한 말로, 《근사록(近思錄)》 권4 〈존양(存養)〉에 보인다.

된 자의 경우에는 더욱더 여기에 힘을 쓰지 않을 수 없습니다. 옛사람이 사관(祠官)을 두고 가난을 위한 벼슬이라고 하고 독서하는 관직이라고 하였는데, 좌하(座下)가 오늘날에 처한 것으로 말하면 바로 독서하기에 알맞으니 계씨(季氏)와 함께 책상을 나란히 하여 학업에 매진하실 수 있겠습니까? 능을 지키는 여가에 의리(義理)에 관한 글들을 가져다가 항상 연찬하여 마음속에 스며들게 한다면 이는 바로 벼슬과 학문이 서로 여유 있게 되는 길이 될 것입니다.[379] 사변(事變)은 끝이 없고 의리는 지극히 정밀하니 만일 자기에게서 정밀하게 살피고 남에게서 널리 취하는 것이 아니고서 그 뒤의 일을 잘할 수 있는 자는 있지 않습니다. 열심히 독서하여 이치를 밝히는 것이 바로 그 기준이 됩니다. 바라건대 좌하께서는 힘쓰십시오.

379 벼슬과……것입니다 : 《논어(論語)》 〈자장(子張)〉에 보이는 자하(子夏)의 말에 "벼슬을 하면서 여유가 있으면 학문을 하고 학문을 하고서 여유가 있으면 벼슬을 한다.〔仕而優則學, 學而優則仕.〕"라고 하였다.

매산집

제18권

書서

서書

박여수[1] 종희 에게 답함

答朴汝受 宗喜

사토지축(祠土地祝 토지신에게 제사할 때의 축문)은 "유세차(維歲次) 모월 모일 간지(干支)에 모관(某官) 성명은 감히 토지신께 밝게 고합니다. 모친(某親) 모관(某官) 아무개가 영화롭게 소분(掃墳)하기 위해서 모친(某親) 모관(某官) 부군과 모친(某親) 모봉(某封) 모씨(某氏)의 묘에 제사가 있게 되었으니, 항상 보호해주시어 실로 신명의 아름다움을 입었습니다. 감히 술과 제찬(祭饌)을 가지고 공경히 올리오니 부디 흠향하소서."라고 해야 합니다. 이때에도 성대한 제사〔殷祭〕를 행하는데 제찬은 묘소에 올리는 것보다 많거나 적어서는 안 되고, 삼헌을 예(禮)대로 하되 굳이 종자(宗子)의 이름을 쓸 것이 없이 스스로 고해야 합니다.

1 박여수 : 박종희(朴宗喜)로, 자는 여수, 호는 만촌(晩村), 본관은 반남(潘南)이며, 순조의 외조부인 박준원(朴準源)의 아들인바, 근재(近齋) 박윤원(朴胤源)이 그의 백부이다. 음보로 기용되어, 1812년(순조12) 평강현감이 되고 같은 해 포천현령으로 옮겼으며, 1821년에 승지가 되고 이후 관직이 참판에까지 이르렀다. 저서로는 《만촌만고(晩村漫稿)》가 있다.

장례하고 내려오는 길에 이어서 영화로운 소분(掃墳)을 하는 것은 실로 길사와 흉사를 이어서한다는 혐의가 있으니, 반드시 미리 여러 날 동안 재계한 뒤에 예(禮)를 행하는 것이 마땅할 듯합니다.

박여수에게 답함 갑신년(1824, 순조24) 8월

答朴汝受 甲申八月

모든 제사의 예(禮)는 정성이 근본이 되고 제물이 지엽이 되니, 진실로 선조를 사랑하고 공경하는 실제를 다할 수 있다면 한 그릇 밥과 한 그릇 음료로도 신(神)을 감동시킬 수 있고, 그렇지 못하면 비록 사대(四敦)와 팔궤(八簋)[2]의 숫자를 채우더라도 신이 흠향하지 않습니다. 그러므로 "정성에 달려 있고 제물에 달려있지 않다."[3]라고 한 것입니다. 이 때문에 주선생(朱先生 주희(朱熹))이 일찍이 말씀하시기를, "집안의 풍족함과 검약함에 맞게 할 뿐이니, 한 그릇 국과 한 그릇 밥 같은 것으로도 모두 자신의 정성을 다할 수 있다."라고 한 것입니다.[4]

2 사대(四敦)와 팔궤(八簋) : 성대한 예물을 말한다. 대와 궤는 서직(黍稷) 등을 담는 그릇인데, 대는 뚜껑이 있고 머리가 있는 그릇이며, 궤는 안이 모나고 밖이 둥근 그릇이다. 《예기주소(禮記注疏)》 〈내칙(內則)〉 공영달(孔穎達)의 소(疏)에 "천자는 팔궤이고, 제후는 육궤(六簋)이고, 대부는 사궤(四簋)이다."라고 하였다.

3 정성에……않다 : 《예기집설(禮記集說)》 〈제의(祭義)〉에 "신명이 흠향하는 것은 정성에 달려 있고 제물에 달려 있지 않다."라는 방각(方慤)의 말이 보인다.

4 집안의……것입니다 : 《주자어류(朱子語類)》 권90 〈예칠(禮七) 제(祭)〉에 보이는바, 제자가 "제례(祭禮)는 고금의 사체(事體)가 같지 않아 행함에 장애됨이 많습니다. 어떻게 해야 합니까?"라고 묻자, "무슨 어려움이 있겠는가? 다만 정성과 공경을 위주로 할 뿐이요, 그 나머지 의칙(儀則)은 집안의 풍족함과 검약함에 맞게 할 뿐이다. 한 그릇 밥과 한 그릇 국 같은 것으로도 모두 자신의 정성을 다할 수 있다.〔有何難行? 但以誠敬爲主, 其他儀則, 隨家豐約. 如一羹一飯, 皆可自盡其誠.〕"라고 답하였다.

조중봉(趙重峯 조헌(趙憲))은 시사(時祠)를 진설할 때에 다만 밥과 국과 좁쌀가루로 만든 떡 하나와 오이·채소 각각 한 그릇을 썼고, 신독재(愼獨齋)는 심지어 매번 시제(時祭)를 행할 때면 한 신위에 건석어(乾昔魚) 한 마리를 쓰기까지 하였으니,[5] 이것이 이른바 집안 재정의 유무에 맞게 하는 것으로서 가난한 자의 법이 되는 것입니다.

《가례(家禮)》의 〈사시제(四時祭)〉에는 과일이 여섯 가지이지만, 사옹(沙翁 김장생(金長生))께서는 "여섯 가지를 구비하기 어려우면 네 가지나 두 가지를 구비한다."라고 하셨으니, 예(禮)의 뜻에 부합할 듯합니다. 동지와 삭망의 참례(參禮)로 말하면, 《가례》에 다만 "햇과일을 담은 큰 쟁반 하나를 진설한다."라고 하였으니, '쟁반 하나'는 바로 한 가지를 말한 것입니다. 속절(俗節)의 은사(殷事)[6]도 이 예(禮)를 따를 뿐입니다. 예에 "흉년에는 하생(下牲)으로 제사한다."[7]라고 하였

5 신독재(愼獨齋)는……하였으니 : 신독재는 김집(金集, 1574~1656)으로, 부친은 김장생(金長生)이다. 송익필(宋翼弼)의 문하에서 학문을 익혔는데, 그 영향으로 예학을 중시하였다. 이 일화는 《남계집(南溪集)》 권57 〈기소시소문(記少時所聞)〉에 "혼조(昏朝) 때를 당하여 집이 매우 가난해서 제사에 제 모양을 이룰 수가 없었다. 매번 시제를 행할 때면 제찬(祭饌)은 한 신위에 건석어 한 마리를 쓰기까지 하였으니, 이는 정성에 달려 있고 제물에 달려 있지 않은 것인바, 또한 후세 사람들의 법이 될 만하다.〔當昏朝時, 家甚窶, 祭祀無以成樣. 每行時祭, 祭饌至有一位用乾石魚一尾者, 在誠不在物, 亦可爲後人法.〕"라고 보인다. 건석어는 말린 조기를 이른다.

6 속절(俗節)의 은사(殷事) : 정해진 제삿날이 아닐 때 지내는 제사로, 속절은 설·한식·단오·추석·동지·납향 등을 말한다.

7 흉년에는 하생(下牲)으로 제사한다 : 하생은 태뢰(太牢)를 쓰는 경우에는 소뢰(小牢)로 낮추고 소뢰를 쓰는 경우에는 특생(特牲)으로 낮추는 것을 말한다. 《예기(禮記)》 〈잡기(雜記)〉에 "공자께서 말씀하였다. '흉년이 들면 노마(駑馬)를 타고 제사할 때에는 하생을 사용한다.'〔孔子曰: 凶年則乘駑馬, 祀以下牲.〕"라고 보인다.

으니 천자와 제후도 그러한데 하물며 대부와 사(士)의 집안이겠습니까. 금년 가을에 과일이 흉년 들어서 과일 종류를 구비하기 어려움이 진실로 편지에서 말씀한 바와 같으니, 제현의 말씀을 따라서 변두(籩豆)의 숫자를 줄이는 것이 의리에 해롭지 않을 듯합니다.

박여수에게 답함 기축년(1829, 순조29) 3월

答朴汝受 己丑三月

대종(大宗)은 정통(正統)을 높여서 집안을 수합하는 것이니, 끊어져서는 안 되기 때문에 지자(支子)로 대종의 뒤를 잇는 것인바, 이는 대종을 중하게 여기는 것입니다. 소종(小宗)은 아들이 없으면 끊어도 되기 때문에 이를 위하여 후사를 세우지 않으니, 소종은 대종에 비견할 수가 없습니다. 그러므로 대종에는 후사를 세우고 소종에는 후사를 세우지 않는 것이니, 이것이 예(禮)의 큰 법이 됩니다. 후세에는 소종뿐만 아니라 지서(支庶)에 있어서도 모두 후사를 세워주니, 이는 진실로 끊어진 대를 계승하고 망한 것을 보존하는 의리에서 나온 것이지만, 고례(古禮)가 아닙니다.

예(禮)에 따르면, 적자가 없으면 상주로 적손을 세우고 적손이 없으면 서자를 세우니, 서자는 적처(嫡妻)와 첩의 소생을 통틀어 말한 것입니다. 근래 풍속에는 소종과 지서에게 첩의 아들이 있는데도 족자(族子)를 세워서 양자로 삼는 경우가 있으니, 이 일은 비단 《경국대전(經國大典)》의 "적처와 첩에게 모두 아들이 없는 경우에 양자를 세운다."는 글에 위배될 뿐 아니라, 혈윤(血胤)을 버리고서 먼 친척을 취하는 것이니, 이것이 천리와 인정에 편안합니까, 편안하지 않습니까? 《경국대전》의 입후(立后) 조에 "적장자에게 첩의 아들이 있더라도 아우의 아들을 후사로 삼길 원하면 들어준다."라는 글이 있으니,[8] 자식이 있으

8 경국대전의……있으니 : 이 말은 입후 조가 아니라 봉사(奉祀) 조에 보인다.

면서 양자를 세우는 자들이 이 글을 끌어다가 자신들의 증거로 삼습니다. 그러나 친조카가 있으면 괜찮지만 친조카가 없으면 불가하고, 대종과 소종의 경우라면 괜찮지만 지서라면 불가합니다. 이 때문에 율곡(栗谷 이이(李珥))과 신독재(愼獨齋 김집(金集)), 남명(南冥 조식(曹植))과 정기암(鄭畸庵 정홍명(鄭弘溟))과 이정익(李貞翼 이완(李浣))이 모두 《경국대전》을 따라서 첩자로 적통을 잇게 했던 것입니다. 만일 이것이 의로운 일이 아니라면 여러 현자들이 이것을 하였겠습니까.

집사께서는 지자이니 종사(宗嗣)의 중함이 없고 또 양자로 삼을 만한 친조카가 없으며, 근간에 또 먼 친척을 데려다가 양자로 삼으려 하였으나 그 소원을 이루지 못하셨습니다. 그렇다면 전날의 득실을 거울삼아서 자신의 판단으로 재량하되 위로는 당대의 왕이 정한 제도를 따르고 아래로는 지나간 선철(先哲)들이 이루어 놓은 법을 계승하여 첩의 아들이 장성하기를 기다렸다가 후사로 삼아야 할 것이니, 이것이 변고를 만나서 그 일의 마땅함을 잃지 않음이 될 것입니다.

근세에 '첩의 아들은 승적(承嫡)할 수 없다'는 의논을 하는 자들은 귀천의 분수에 너무 얽매인 것입니다. 그러나 서자로서 적자를 이으면 이미 면천(免賤)하여 귀하게 된 것이고, 또 아버지가 대부라면 아들이 아버지 때문에 귀하게 되었다고 말할 수 있는 것입니다. 부자간은 천성(天性)이니 다만 이치를 따라 대처해야 할 뿐입니다. 벼슬길의 통하고 막힘을 헤아리고 문호의 높아지고 낮아짐을 계산하는 것으로 말하면 모두 이해(利害)를 계교함에서 나온 것이니, 올바른 의리가 아닙니다. 이것을 어찌 가통을 계승하는 문제에서 논할 수 있겠습니까.

박여수에게 답함 경인년(1830, 순조30) 5월
答朴汝受 庚寅五月

하문하신 의심스러운 예절은 《상례보편(喪禮補編)》에, "대상(大喪)과 내상(內喪)에는 졸곡(卒哭)이 지난 뒤에야 비로소 대사(大祀)·중사(中祀)·소사(小祀)[9]를 거행할 수 있다."라고 되어있습니다. 그러므로 대부와 사(士)의 집안에서도 감히 복토(覆土 하관)하기 전에는 간략히 진설하는 것도 하지 못하는 것입니다. 소상(小喪)일 때에는 공제(公除)한 뒤에 제사를 평상시와 똑같이 지냅니다. 그러므로 사가(私家)에서도 간략히 진설하여 정을 펴는 것이니, 이것은 기제(忌祭)와 묘제(墓祭)를 가지고 말한 것입니다. 삭망(朔望)의 참례(參禮)와 속절(俗節)의 제사[10]는 길례(吉禮)이니, 모두 졸곡이 지나기를 기다려야 합니다.

병오년 문효세자(文孝世子)의 상[11]이 있을 때, 근재(近齋 박윤원(朴胤

9 대사(大祀)·중사(中祀)·소사(小祀) : 나라에서 지내는 제사로, 규모와 중요성에 따라 대·중·소로 나뉜다. 대사는 종묘(宗廟)·영녕전(永寧殿)·사직(社稷)에 지내는 것이고, 중사는 풍·운·뇌·우·악·해·독(風雲雷雨岳海瀆)의 신(神) 및 공자 사당, 역대 시조 등에 지내는 것이고, 소사는 마조(馬祖)·선목(先牧)·마사(馬社)·마보(馬步)·영성(靈星)·노인성(老人星)·명산(名山)·대천(大川) 등에 지내는 제사이다. 《經國大典 禮典》

10 속절(俗節)의 제사 : 190쪽 주6 참조.

11 병오년 문효세자(文孝世子)의 상 : 병오년은 1786년(정조10)이고, 문효세자(1782~1786)는 정조의 첫 아들로, 의빈 성씨(宜嬪成氏)의 소생이다. 1784년(정조8)에 왕세자로 책봉되었으나, 1786년 5월에 병사(病死)하였다.

源)) 선생이 혹자의 물음에 답하시기를, "공제한 뒤에 비록 기제를 행하더라도 삼헌은 안 된다. 사복(私服)의 기년복과 대공복은 장사 지내기 전에는 기제와 묘제를 간략히 행하니, 하물며 저군(儲君)의 상에 장례 지내기 전에 어찌 감히 예를 구비할 수 있겠는가. 기일이 공제 이전에 있으면 마땅히 폐해야 된다."라고 말씀하셨으니, 이 말씀이 바꿀 수 없는 정론이 됩니다. 이른바 '간략히 진설함'이라는 것은 상중에 제사지내는 예를 따라서 어물과 육류는 세 가지를 쓰고 과일은 네 가지 혹 두 가지를 쓰고 떡·면·밥·국·적간(炙肝 구운 간)·채소·젓갈 등 여러 제찬(祭饌)은 마땅히 예와 같이 하되 단헌하고 축문이 없고 합문(闔門)과 유식(侑食) 등의 절차를 제거해야 하는 것입니다. 이른바 '탕(湯)'이라는 것은 《가례(家禮)》와 《상례비요(喪禮備要)》에 기재되어 있지 않으니, 빼도 마땅할 듯합니다. 어리석은 저의 소견은 이와 같으니 의중은 어떠신지 모르겠습니다.

박여수에게 답함
答朴汝受

보내오신 뜻은 모두 공경히 살펴보았습니다. 옛사람들이 글을 지으면서 형제를 언급한 곳에는 일찍이 '적(嫡)'이니 '서(庶)'니 하는 글자를 놓지 않았으니, 반드시 급급하게 이것을 구별하고자 해서 행여 남이 알지 못할까 염려한다면 충후(忠厚)함에 부족함이 있게 될 듯합니다. 옛날에 이른바 '오상(五常)'과 '이혜(二惠)'와 '양기(兩驥)'와 '팔룡(八龍)'[12]은 반드시 어머니가 다 같지는 않으니, 비단 미자(微子)가 주왕(紂王)의 서모형(庶母兄)이 될 뿐만이 아닙니다.[13] 무릇 족보와 비지

12 오상(五常)과……팔룡(八龍) : 모두 형제를 가리키는 말이다. '오상'은 촉한(蜀漢)의 마씨(馬氏) 형제를 가리키는바, 그들의 자(字)에 모두 '상(常)' 자가 들어 있어 '오상'이라 불렸는데, 그 중에서도 눈썹이 흰 마량(馬良)이 가장 뛰어나 사람들이 "마씨의 오상 가운데 백미(白眉)가 가장 뛰어나다.〔馬氏五常, 白眉最良.〕"라고 하였다.《三國志 卷39 蜀書 馬良傳》'이혜'는 제(齊)나라 혜공(惠公)의 두 손자, 자아(子雅)와 자미(子尾)를 가리키는바, 자아가 죽자 안자(晏子)가 "이혜가 강건하고 총명할 때에는 오히려 좋았는데, 또 한 손자가 약해졌으니 강씨(姜氏) 제나라가 위태롭다.〔二惠競爽猶可, 又弱一個焉, 姜其危哉!〕"라고 한 것이《춘추좌씨전(春秋左氏傳)》소공(昭公) 3년조에 보인다. '양기'와 '팔룡'은《백공육첩(白孔六帖》에, "유정(劉正) 형제 두 사람을 당시에 '양기'라고 불렀다."라 하고, "순상(荀爽) 형제 여덟 사람을 당시에 '팔룡'이라 불렀다."라고 하였다.

13 미자(微子)가……아닙니다 : 미자는 이름이 계(啓)로, 제을(帝乙)의 장자이며 주왕의 서모형이다. 주왕에게 여러 번 간하였으나 듣지 않자, 은(殷)나라를 떠나 송(宋)으로 가서 선왕의 제사를 받들고 은나라의 유민을 다스렸다고 한다.《史記 卷38 宋微子世家》

(碑誌)등의 일과 같이 명분을 바로 잡는 것에 관련된 일이라면 마땅히 '서(庶)' 자를 써야 하지만, 보통의 문자로 말하면 굳이 명(名)과 실(實)을 일일이 따질 필요가 없으니, 이리 저리 빠짐없이 참고해서 인륜을 바로잡는 일과 은혜를 돈독히 하는 일 두 가지를 병행하여 서로 어긋남이 없게 해야 할 것입니다.

그렇다면 영서제(令庶弟)를 위해서 일을 기록할 적에 마땅히 '개제(介弟)' 또는 '소제(小弟)'라고 해야 하니, 굳이 '서제(庶弟)'라고 칭할 것이 있겠습니까. 마음에 걸린다고 하신 편지의 말씀은 참으로 맞습니다. 우리나라는 명분을 중시합니다. 이 때문에 서족(庶族)들을 대처할 적에 왕왕 너무 박하게 해서 혹 사람 축에 끼지 못하게까지 하니, 어찌 천륜의 상도(常道)를 멸하는 것이 아니겠습니까. 친애하는 마음을 단속하는 법도보다 항상 넘치게 하면, 이것이 윤리를 다하는 것입니다. 천현(天顯)의 친함[14]은 한 기운에서 나누어진 것이어서 숨을 쉬는 것에서도 서로 통하니, 어찌 귀천에 간격이 있겠습니까. 사람을 사람으로 대하지 않는 것이 어찌 마음속으로부터 우애하여 경사(慶事)를 돈독히 하는 것[15]이겠습니까. 대감의 뜻이 극진히 우애하는 마음에서 나왔으니, 찬탄을 금할 수가 없어서 이렇게 한 번 말씀드리는 것입니다.

14 천현(天顯)의 친함 : 형제간을 말한다. '천현'은 《서경(書經)》 〈강고(康誥)〉에 "아우가 하늘의 드러난 이치를 생각하지 않아서 그 형을 공경하지 않으면 형 또한 부모가 자식을 기른 수고로움을 생각하지 않아서 아우에게 크게 우애하지 않을 것이다.〔于弟弗念天顯, 乃弗克恭厥兄, 兄亦不念鞠子哀, 大不友于弟.〕"라고 한 데서 온 말이다.

15 마음속으로부터……것 : 이 말은 《시경(詩經)》 〈 대아(大雅) 황의(皇矣)〉에 "이 왕계가 마음으로부터 우애하여, 그 형과 우애로워 그 경사를 도탑게 하였다.〔維此王季, 因心則友, 則友其兄, 則篤其慶.〕"라고 한 데서 온 것이다.

하 처사[16] 시찬 에게 답함 정해년(1827, 순조27) 11월

答夏處事 時贊○丁亥復月

집사께서는 소년 때부터 과거 공부를 포기하고 스스로 지조를 지켜서, 스승을 따라 도(道)를 물으며 인(仁)을 구하고 위기(爲己)의 학문을 하셨습니다. 그리하여 학문의 연원에 점점 젖어 들어서 거룩히 한 도의 사람들에게 존경을 받으시니, 집사를 향한 저의 마음은 딴 분을 심상하게 좋아하는 것과는 전혀 다릅니다. 신교(神交)[17]를 통해 도야되고 선해질 수 있었던 지가 오래었는데, 길게 말씀해주신 편지를 받아보니 말씀의 겸손함과 정성스러움이 간곡하였습니다. 이에 늙어서도 학문을 좋아해서 날마다 학문하면서도 행여 부족할까 염려하심을 더욱 알 수 있었습니다. 진실로 정신을 분발하고 지기(志氣)를 넓혀서 채찍질하여 내면에 간절하게 해서 견해를 투철하게 하고 사욕을 모두 이겨서 '조금이라도 성인(聖人)의 경지에 미치지 못하면 나의 일이 아직 끝나지 않은 것이다'는 것을 구경(究竟)의 법으로 삼으신다면, 이치에 나아가고 일을 행하는 실제에 저절로 계합하실 것입니다. 그래서 '살아서는 하늘을 순히 섬기고 죽어서는 편안함'[18]의 소원을 이룰

16 하 처사 : 하시찬(夏時贊, 1750~1828)으로, 호는 열암(悅菴), 본관은 대구(大邱) 인바, 대구지역의 서인노론 중의 한 사람이다. 송환기(宋煥箕)・이의조(李宜朝)의 문인이 되어 이기설(理氣說)과 명덕학(明德學)을 배웠고 역학(易學)의 탐색에도 힘썼으나 벼슬은 하지 않았다. 저서로 《팔예절요(八禮節要)》와, 종손 하정익(夏正益)・하정창(夏正昌)에 의해 간행된 《열암문집(悅菴文集)》이 있다.

17 신교(神交) : 서로 만나지 못하고 다만 정신으로 사귄다는 말이다.

수가 있을 것이니, 천하고 보잘 것 없는 제가 감히 도울 수 있는 바가 아닙니다.

돌아보건대, 지금은 학문이 끊어지고 가르침이 잘못되어서 선비의 취향이 안정되지 못합니다. 그래서 명예와 이익의 바다 가운데로 도도히 서로 빠져들고 있으니, 그 물결에 치마를 적시지 않은 자가 거의 없습니다. 혹 학문함에 뜻을 두는 자가 있어도 왕왕 근본을 버리고서 지엽으로 달려가고 이름만 따르고 실제는 잊으니, 이는 재력(才力)이 미치지 못하기 때문이거나 아니면 학술의 지향이 다르기 때문입니다. 장차 어떻게 덕을 닦고 도를 응집해서 성인(聖人)을 바라고 하늘을 바라서[19] 거기에 이를 수 있겠습니까. 영욕(榮辱)과 득실(得失)과 성색(聲色 음란한 음악과 여색)과 기욕(嗜慾)의 사이에 골몰해서 양심을 상실한 저들은 진실로 굳이 책망할 것이 없습니다. 오직 진실을 속이고 거짓을 팔아서 외면에서 구하고 내면에서 구하지 않는 자들이야말로 더욱 우리 도(道)의 해가 됩니다.

18 살아서는……편안함 : 천리(天理)에 따라 살다가 죽을 때가 되어서는 여한 없이 편안한 마음으로 죽음을 맞이한다는 말이다. 《논어(論語)》 〈이인(里仁)〉의 "아침에 도를 들으면 저녁에 죽어도 괜찮다.〔朝聞道, 夕死可矣.〕"라는 공자(孔子)의 말에 주희(朱熹)가 "도는 사물의 당연한 이치이니, 진실로 그것을 얻어 듣는다면 살아서는 순하고 죽어서는 편안하여 다시 여한이 없을 것이다.〔道者, 事物當然之理, 苟得聞之, 則生順死安, 無復遺恨矣.〕"라고 주석을 달았다. 이는 장재(張載)의 〈서명(西銘)〉에 "살아있으면 내 하늘을 순히 섬기고, 죽으면 내 편안하다.〔存吾順事, 沒吾寧也.〕"라고 한 것과 같은 뜻이다.

19 성인(聖人)을……바라서 : 주돈이(周敦頤)의 《통서(通書)》 〈지학(志學)〉에 "성인은 하늘을 바라고, 현인은 성인을 바라고, 선비는 현인을 바란다.〔聖希天, 賢希聖, 士希賢.〕"라고 하였다.

영남 지방의 풍속은 질박함을 숭상하므로 '한번 변하면 노(魯)나라에 이르는 아름다움'[20]이 있으나, 현자의 은택이 점점 멀어져서 풍기(風氣)가 쇠약해졌으니, 이제는 예전의 순박한 풍모가 아닙니다. 그러나 다른 도에 비하면 다를 뿐만이 아니니, 바라건대 촌마을에 수재들을 모아서 그들을 고무하고 도야하여 성숙시킬 방법을 세움으로써 유학 종자를 보존하는 것이 어떻겠습니까? 불이 꺼져도 불이 옮겨 붙은 것은 계속 타니, 불이 꺼지지 않길 바란다면 이는 나무 섶을 쌓는 데에 달려 있고, 뜻이 소멸되지 않길 바란다면 이는 훌륭한 사람을 얻는 데에 달려 있습니다. 사람들은 재주 없는 것이 걱정이 아니고 뜻이 없는 것이 걱정입니다. 뜻이 있으면서 진실한 마음과 정성스러운 힘으로 행한다면 이것이 바로 재주이니, 오직 어떻게 가르침을 베푸느냐에 달려 있을 뿐입니다. 선비가 말세에 태어나서 양기(陽氣)가 외롭고 미약함은 비유하면 썩은 서까래와 들보가 무너지려 하는 것과 같으니, 강하고 굳세어서 뜻을 뺏기지 않는 군자를 얻어서 서로 함께 지탱하지 않는다면 사문(斯文)의 한 맥이 어찌 땅을 깎아내듯 흔적도 없이 사라지지 않을 수 있겠습니까. 이 때문에 집사를 위하여 간곡하게 당부함을 금치 못하는 것입니다.

20 한번……아름다움 : 《논어(論語)》 〈옹야(雍也)〉에 "제(齊)나라가 한번 변화하면 노(魯)나라에 이르고, 노나라가 한번 변화하면 선왕(先王)의 도(道)에 이를 것이다. 〔齊一變, 至於魯, 魯一變, 至於道.〕"라고 한 데서 온 말이다.

정덕옹[21] 질 에게 답함 계묘년(1843, 헌종9) 11월

答鄭德翁 耋○癸卯復月

제가 생각건대, 공자(孔子) 문하에서 사람을 가르친 것은 마음을 보존하여 본성을 기르는〔存心養性〕 일 아님이 없었으나 다만 분명하게 말하지 않았을 뿐이었는데, 추성(鄒聖 맹자(孟子))에 이르러서 반복해 말씀하셨습니다. 마음이란 사람의 신명(神明)이고 성(性)이란 사람의 태어난 이치이니, 만일 마음을 보존하여 성을 기르지 않는다면 마음이 밖으로 달려가서 성 또한 온전하기 어렵습니다. 오직 본원을 함양함에 간단(間斷)함이 없으면 마음의 본체가 항상 밝아서 천리가 저절로 온전해집니다. 그러므로 존심양성(存心養性)이 공부의 기본이 되는 것이니, 이 때문에 "존심양성을 하지 않으면 다만 말일 뿐이다."[22]라고 말한 것입니다.

아직 치지(致知 지식을 극진하게 함)하지 못했을 때에 먼저 존양하지 않으면 마음의 본체가 혼미하고 방일(放逸)하게 되어 주재(主宰)가

21 정덕옹 : 정질(鄭耋, 1781~?)로, 자는 덕옹(德翁), 본관은 청주(淸州)이며, 홍경래의 난 때 순절한 정로(鄭魯, 1751~1811)의 아들이다. 1811년(순조11)에 정시(鄭蓍, 1768~1811)가 가산 군수에 임명되자 부친 정로와 아우 정질이 함께 부임지에 따라갔었는데, 그 해 겨울 홍경래에게 습격을 받았다. 정시와 정로는 이에 대항하다가 죽고, 정질만이 살아남았다. 1814년 음관으로 경기전 참봉(慶基殿參奉)에 제수되었다.

22 존심양성을……뿐이다 : 정호(程顥)의 말로, 원래의 글은 "만약 존심양성하지 못하면 다만 말뿐인 것이다.〔若不能存養, 只是說話.〕"인바, 《이정유서(二程遺書)》 권1에 보이며, 《근사록(近思錄)》 권4 〈존양(存養)〉에도 채록되었다.

확립되지 못하니, 이러고서 어찌 치지를 할 수 있겠습니까. 또 이미 궁리(窮理 이치를 궁구함)한 뒤에 만약 존양하지 않으면 이치가 귀착할 곳이 없어서 얻는 대로 바로 잃게 되니, 궁구한 이치가 어찌 나의 소유가 될 수 있겠습니까. 이 때문에 정자(程子)는 '경(敬)' 한 글자를 발명하였고, 주자(朱子)는 이 때문에 또 '외(畏)' 한 글자를 더한 것입니다.[23] 주자가 《근사록(近思錄)》에 존양 공부를 치지와 역행(力行)의 사이에 나열하였으니, 비록 존양공부가 지(知)와 행(行)을 관통한다고 하나 그 실제는 시(始)와 종(終)을 꿰뚫어서 존양공부를 떠날 수가 없는 것입니다. 이것을 넓혀서 채우면 자기 덕스러운 모습이 얼굴에 나타나고 등에 충만하며, 이것을 미루어서 행하면 공손함을 돈독히 함에 천하가 저절로 평탄해지니,[24] 이것이 고명(高明)께 원하는 바입니다.

23 정자(程子)는……것입니다 : 《근사록(近思錄)》 권4 〈존양(存養)〉에는 존양의 방법으로써 경(敬)을 강조한 정호(程顥)와 정이(程頤)의 말이 다수 보이는바, 정호의 "경은 온갖 사악함을 이겨낸다.〔敬勝百邪.〕"라는 말이나 정이의 "도에 들어감은 경보다 더한 것이 없으니, 치지(致知)하면서 경에 있지 않은 자는 있지 않다.〔入道莫如敬, 未有能致知而不在敬者.〕"라는 말과 "함양은 경을 써야 하고 진학은 치지에 달려있다.〔涵養須用敬 進學則在致知〕"라는 말이 그 예이다. 이 '경'에 대하여 주희(朱熹)는 '외(畏)' 자를 들어 설명하였는바, 반경헌(潘景憲)에게 답한 편지에서 "만약 단지 경(敬) 공부를 함을 말한다면 이 마음을 잡아 지켜서 마음에 보존하여 두고자 하는 방법일 뿐이니, 다만 한 '외' 자를 가지고 형용하더라도 스스로 견득할 수 있을 것이다.〔若只論敬字下功夫處, 蓋所以持守此心而欲其存在之術耳, 只著一畏字形容, 亦自見得.〕"라고 한 것이 그 예이다. 《朱子大全 卷46 答潘叔度》

24 이것을……평탄해지니 : 《논어(論語)》 〈자로(子路)〉의 "거처함에 공손하며 일을 집행함에 공경하며 사람을 대하기를 충성스럽게 한다.〔居處恭, 執事敬, 與人忠.〕"는 공자의 말의 주석에, 주자(朱子)가 정자(程子)의 "이는 상과 하를 꿰뚫는 말이니, 성인이 애당초 두 말씀이 없는 것이다. 이것을 자기 몸에 채우면 덕스러운 모습이 얼굴에

나타나고 등에 충만하며, 미루어 천하에 도달하면 공손함을 독실히 함에 천하가 평탄해진다.〔此是徹上徹下語, 聖人初無二語也. 充之, 則睟面盎背, 推而達之, 則篤恭而天下平矣.〕"라는 말을 채록하였는데, 이 말을 변형하여 쓴 것이다. '수면앙배(睟面盎背)'는 인의예지(仁義禮智)의 본성을 잘 기르면 앞에서 봄에 덕스러운 모양이 얼굴에 나타나고 뒤에서 봄에 등에까지 넘친다는 뜻으로, 《맹자(孟子)》 〈진심 상(盡心上)〉에 보이며, '독공이천하평(篤恭而天下平)'은 천자가 공경하는 마음을 지극히 하면 천하가 절로 평탄해진다는 뜻으로, 《중용(中庸)》에 보인다.

정덕옹에게 답함 무신년(1848, 헌종14) 8월
答鄭德翁 戊申棗秋

보내주신 뜻은 공손히 다 살펴보았습니다. 예로부터 서적에 진짜와 거짓이 서로 뒤섞이고 이름과 실제를 분별하기 어려운 것은 한두 마디 말로 다하기가 쉽지 않습니다. 존선조(尊先祖)이신 문목공(文穆公)의 《속집(續集)》 중에, 장여헌(張旅軒)의 아홉 가지 문목 중의 여덟 조목에 대한 명론(名論)은 모두 율곡(栗谷)과 사계(沙溪)가 문답한 내용 및 사계가 혹자에게 답한 편지에 나옵니다.[25] 그러므로 제가 내심 놀라고 괴이한 마음을 이기지 못하여 이에 대해 변론을 하고서 이것을 책 상자에 보관해두었습니다. 그런데 뜻밖에 이것이 사람들 눈에 띄어서 수많은 갈등을 야기하였으니, 스스로 이것을 숨겨두지

25 존선조(尊先祖)이신……나옵니다 : 문목공은 정구(鄭逑, 1543~1620)로, 자가 도가(道可), 호가 한강(寒岡), 시호가 문목(文穆), 본관이 청주이다. 장여헌은 장현광(張顯光, 1554~1637)으로, 자가 덕회(德晦), 호가 여헌, 시호가 문강(文康), 본관이 인동(仁同)이다. 정구의 《한강속집(寒岡續集)》 권9 〈답문(答問)〉에 장현광의 9가지 문목에 답한 글이 있는데, 이 문목 중에 7번과 9번을 제외하고는 모두 사계 김장생(金長生)의 《경서변의(經書辨疑)》와 이를 채록한 《율곡전서(栗谷全書)》 권32 〈어록하(語錄下)〉, 그리고 《사계전서(沙溪全書)》 권4 〈답혹인문목(答或人問目)〉에 동일한 내용이 보인다. 《매산집(梅山集)》 권30 〈제한강집속집후(題寒岡續集後)〉에는 "일찍이 《한강속집》을 열람하였더니, 이른바 장여헌의 9조 문목이 있는데 일곱 조목의 명리는 모두 사계 선생의 《경서변의》와 〈답혹인서〉에서 나온 것이었다.〔嘗閱寒岡續集, 有所云旅軒九條問目, 而七條名理, 咸出於沙溪先生經書辨疑及答或人書中〕"라고 하여, 여기에서 여덟 조목이라고 한 것을 일곱 조목으로 수정하였다.

못하여 사람들의 입에서 시비하는 물건으로 만든 것이 더욱 후회스럽습니다.

한강(寒岡)과 여헌(旅軒) 두 현자가 문답한 초고를 삼가 받아서 공경히 백번을 읽어 보니, 이것은 옛 종이가 쌓여 있는 곳에 묻혀 있었던 것으로, 책의 장수(章數)가 끊기고 글자 획이 마멸되어 있었습니다. 이와 같은 것에 어찌 거짓으로 지어넣은 바가 있다고 할 수 있겠습니까. 이 일이 있은 뒤로 여러 의심이 뱃속에 가득하고 여러 의문이 가슴에 꽉 차 있었는데, 원본을 보게 되자 저절로 눈과 얼음이 녹아 사라지는 듯하였습니다. 제가 엎드려 생각건대, 여옹(旅翁 장현광)이 물으실 적에 사계의 명리(名理)를 원용하여 한강에게 가서 물으셨는데 그 내력을 여기에 밝히지 않았기 때문에 이렇게 된 듯합니다. 어찌 다른 일이 있겠습니까.

현자의 은택이 점점 멀어져서 은미한 말씀이 거의 끊어졌는데, 옛날 장서에서 나온 원본이 이처럼 분명하니, 어찌 감히 진위를 가리는 것을 언급할 수 있겠습니까. 이 때문에 어리석은 제가 옛 견해를 버리고 새 견해를 따른 것입니다. 이미 예전의 견해를 고쳤으니 이에 대한 말이 없을 수가 없으므로 간략히 약간의 말을 원래의 변론 아래에 엮어 두었습니다. 그런데 존문(尊門)의 여러 분들이 굳이 한번 보기를 요구하시므로 또한 끝까지 숨기지 못하였습니다만, 나를 고주(孤注)로 삼지 마시고 원본을 가지고 사실을 전하는 자료로 삼는 것이 어떻겠습니까?[26] 문답한 원본을 보고서도 의혹을 풀지 못한다면 이는 인지

26 나를……어떻겠습니까 : 고주는 노름꾼이 나머지 돈을 다 걸고 마지막 승부를 하는 것으로, 정구(鄭逑)의 답문이 조작된 것이 아니라는 최후의 근거로 자신을 세우지 말

상정에서 나오는 바가 아닐 듯하니, 어찌 이런 일이 있겠습니까. 어찌 이런 일이 있겠습니까.

고, 원본을 통해 사실을 밝히라는 말이다.

이명서 인성 에게 답함 병신년(1836, 헌종2)

答李明瑞 寅星○丙申

존선조(尊先祖)이신 이재공(頤齋公)[27]의 유집(遺集) 전질을 보내주시는 은혜를 입어서 높이 모셔놓고 손 씻고서 읽어보니, 효도와 공경의 마음이 신명에 통하고 문장이 의리에 근본을 두고 있었습니다. 여기에 담겨 있는 것을 미루어 확대한다면 세교(世教)를 붙들어 세울 수 있고, 남은 의미를 꺼내어 쓴다면 왕의 계책을 아름답게 꾸밀 수 있을 것입니다. 구구한 저의 찬양이 어찌 다함이 있겠습니까.

정암(正庵)[28] 선생은 덕행이 순수하고 참되며 경학이 정교하고 치밀하여 당세 여러 현자들에게 존경과 탄복의 대상이 되었고, 평호공(萍湖公)[29]은 참된 전수를 계승하여 이 도를 전해 들었습니다. 이렇게 두

27 이재공(頤齋公) : 이의숙(李義肅, ?~1807)으로, 자는 경명(敬命), 호는 이재(頤齋)·월주(月洲), 본관은 전주(全州)이다. 광평 대군(廣平大君) 이여(李璵)의 후손이고, 동지중추부사 이황중(李黃中)의 아들이다. 형 이상목(李商穆)에게 수학하여 문장으로 이름이 높았으며, 진사시(進士試)에 합격하고, 음보로 개령 현감을 지냈다. 저서로《이재집(頤齋集)》이 있다.

28 정암(正庵) : 이현익(李顯益, 1678~1717)으로, 자는 중겸(仲謙), 호는 정암(正庵), 본관은 전주(全州)이다. 광평 대군(廣平大君) 이여(李璵)의 후손이고, 이강중(李剛中)·이황중(李黃中)의 부친이며, 권상하(權尙夏)·김창협(金昌協)의 문인이다. 1708년(숙종34) 생원시에 합격했으나 벼슬을 단념하고 학문에 전심했다. 1710년 학행으로 천거되어 참봉(參奉)이 되고, 왕자사부·진안 현감을 역임했다. 저서로《정암집(正庵集)》이 있다.

29 평호공(萍湖公) : 이상목(李商穆, ?~?)으로, 자는 경사(敬思), 호는 평호(萍

대의 조예와 성취가 유림(儒林)의 표준이 되었는데, 짧은 수명에 곤액을 당하여 밝게 드러나지 못했으니 이것이 사문(斯文)의 천고의 한입니다. 《정암문집》은 다행히 간행을 했으므로 불후함을 도모할 수 있게 되었으나, 평호의 유편(遺編)은 아직도 책 상자 속에 보관되어 있어서 그 분의 깊은 지식과 뛰어난 견해를 고찰하고 믿게 할 수가 없으니, 이것이 우리들이 한탄하는 것입니다. 이미 《대집(大集)》의 끝에 붙여 간행하라는 유훈(遺訓)을 따르지 못했다면 진실로 마땅히 별도로 전해야 하는데, 문집을 간행하여 전함을 장구히 하는 것에 계획이 잡혀 있습니까? 다만 공손히 기다리는 마음 간절합니다.

湖), 본관은 전주(全州)이다. 광평 대군(廣平大君) 이여(李璵)의 후손이고, 이황중(李黃中)의 아들이다. 성리학 공부를 위해 끝내 관직에 나아가지 않았으며, 전하는 문집은 없다.

신치심[30] 명익 에게 답함 신축년(1841, 헌종7) 6월

答申穉心 命翼○辛丑六月

가을 절기가 들어오는데 체후는 진중하고 편안하십니까? 근간에 포장(抱璋)의 부서짐[31]으로 인해 말년의 슬픔을 겪으셨으니, 이를 어떻게 다 말할 수가 있겠습니까. 신령스런 점치는 거북은 늦봄의 아득함을 영원히 얻고, 화려한 무궁화 꽃은 하루아침의 짧음에 부질없이 기대 있으니, 이것은 모두가 천명입니다. 그러니 다만 운명처럼 편안히 여겨야 할 뿐입니다. 더구나 지란(芝蘭)과 옥수(玉樹)[32]가 서로 비춤이 집안에 가득한 경우에 있어서이겠습니까. 만약 저를 끌어다가 스스로 빗대어 보신다면 또한 울음을 웃음으로 바꾸게 되실 것입니다.[33]

30 신치심 : 신명익(申命翼, 1787～?)으로, 자는 치심(穉心), 본관은 평산(平山)이다. 오위장(五衛將)·돈녕부 도정(敦寧府都正)을 역임하였다.

31 포장(抱璋)의 부서짐 : 손자의 죽음을 말한다. '포(抱)'는《예기(禮記)》〈곡례(曲禮)〉의 "군자는 손자를 안아주고 자식은 안아주지 않는다.〔君子抱孫, 不抱子.〕"에서 온 말이고, '장(璋)'은 사내아이를 의미하는바,《시경(詩經)》소아(小雅)〈사간(斯干)〉에 "남자를 낳아서 평상에 재우며 치마를 입히며 구슬을 가지고 놀게 한다.〔乃生男子, 載寢之牀, 載衣之裳, 載弄之璋.〕"라고 한 데서 온 것이다.

32 지란(芝蘭)과 옥수(玉樹) : 훌륭한 자제를 말한다. 진(晉)나라 사현(謝玄)이 숙부인 사안(謝安)에게 "비유하면 지란과 옥수가 뜰 섬돌에 자라게 하고 싶다.〔譬如芝蘭玉樹欲使其生於庭階耳.〕"라고 대답한 고사에서 유래하였다.《晉書 卷79 謝安列傳》

33 만약……것입니다 : 홍직필은 33세에 첫 아들 홍일한(洪一漢)을 얻었는데, 바로 다음해에 요절하였으며, 그 뒤로 아들을 얻지 못하였다. 총 다섯 명의 딸이 있었는데 네 딸은 모두 요절하였으며 다섯째 딸만 성인으로 성장하였다. 이듬해인 1842년에는 이 딸마저 34세의 나이로 별세하였다.

듣자하니 들보에서 귀신이 휘파람을 부는 괴변이 있어서 장차 사방으로 달아나게 되었다고 하니 어찌하여 이런 일이 있단 말입니까. 요망한 것은 덕을 이기지 못하고 사특함은 바름을 이기지 못하니, 진실한 이치가 바로 그러합니다. 그러므로 하우씨(夏禹氏)는 솥을 주조하여 온갖 물건의 상징을 그렸으니 이는 도깨비들의 간악함을 방비하기 위한 것이요,[34] 거울을 매달아놓고 형체를 보는 것 또한 도깨비들의 미혹함을 방비하기 위한 것입니다. 진실로 능히 눌러 이긴다면 어찌 이것들이 괴이한 짓을 함을 걱정할 것이 있겠습니까. 정자(程子)가 말씀하기를, "경(敬)은 온갖 사특함을 이긴다."라고 하셨고,[35] 주자(朱子)는 말씀하기를, "이 마음을 불러 깨워서 해가 막 솟아오를 때와 같이 하면 여러 사악함이 저절로 그친다."라고 하셨으니,[36] 이것은 마음을 잡아 보존함에 대해 말한 것입니다. 그러나 이것이 실로 사특한 것을 물리치는 근본이 되니, 고요함으로써 진정해서 산악처럼 동요하지 않고, 장구함으로써 지켜서 금석처럼 없어지지 않게 한다면, 십휘(十輝)[37]와 온갖

34 하우씨(夏禹氏)는……것이요 : 하우씨가 구주(九州)의 금붙이를 수합하여 구정(九鼎)을 만들고서 거기에다 온갖 물건의 상징을 그렸는데, 이에 대하여 《춘추좌씨전》 선공(宣公) 3년조에 "하우씨가 덕으로 천하를 다스릴 적에 솥을 주조하여 온갖 물건을 상징해 그려 넣고 방비를 마련하여 백성으로 하여금 신의 간악함을 알게 하였다.〔夏禹之方有德也, 鑄鼎, 象百物而爲之備, 使民知神姦.〕"라고 하였다.

35 정자(程子)가……하셨고 : 《이정유서(二程遺書)》 권11 〈명도선생어일(明道先生語一)〉에 보이며, 《근사록(近思錄)》 권4 〈존양(存養)〉에도 채록되었다.

36 주자(朱子)는……하셨으니 : 《주자어류(朱子語類)》 권12 〈학육(學六) 지수(持守)〉에 보인다.

37 십휘(十輝) : 일광(日光)과 운기(雲氣)의 관계에서 파생되어 나오는 열 가지 현상으로, 침(祲)·상(象)·휴(鑴)·감(監)·암(闇)·몽(瞢)·미(彌)·서(敍)·제(隮)

괴이함이 저절로 소멸되어서 감히 재앙이 되지 못할 것입니다. 그러므로 옛말에 "재앙과 상서(祥瑞)는 덕에 달려 있고, 길함과 흉함은 사람으로 말미암는다."[38]라고 하였으니, 대번에 스스로 뿔뿔이 흩어져서 요망한 재앙에 유린되어서는 안 될 것입니다. 오활한 선비의 쓸데없는 의론에서 나왔다고 생각하지 마시고 진실한 마음으로 체득하고 이해해 주시기를 크게 바라마지 않습니다.

·상(想)이다. 《주례(周禮)》〈춘관종백(春官宗伯)〉에 "시침(眡祲)이 십휘(十煇)의 법을 관장하여 요얼(妖孽)과 상서(祥瑞)를 관찰하여 길흉(吉凶)을 변별하였다.〔眡祲掌十煇之灋, 以觀妖祥, 辨吉凶.〕"라고 하였다.

38 재앙과……말미암는다 : 《서경(書經)》〈상서(商書) 함유일덕(咸有一德)〉에 "덕이 한결같으면 동함에 길하지 않음이 없고, 덕이 한결같지 않으면 동함에 흉하지 않음이 없다. 길흉이 어그러지지 않아 사람에게 달려 있음은 하늘이 재앙과 상서를 내림이 덕의 여하에 달려 있기 때문이다.〔德惟一, 動罔不吉, 德二三, 動罔不凶, 惟吉凶不僭在人, 惟天降災祥在德.〕"라고 하였다.

맹 진사 봉순 에게 답함 임인년(1842, 헌종8) 3월

答孟進士 鳳淳○壬寅三月

회재(晦齋)의 《봉선잡의(奉先雜儀)》[39]에 《정씨제례(程氏祭禮)》를 원용하여 기일(忌日)에 고(考)와 비(妣)를 배제(配祭 배합하여 제사함)하는 증거로 삼았는데, 후인들은 모두 이 정씨를 정자(程子)라고 오인하고 있습니다. 그러나 《이정전서(二程全書)》에는 애당초 고(考)와 비(妣)를 함께 제사한다는 말이 없고, 다만 어떤 사람이 "기일에 두 신위에 제사해도 됩니까?" 하고 묻자 정자가 "다만 한 신위에만 하라."라고 말씀한 것이 있을 뿐이니, 이것을 근거하면 고와 비를 함께 제사하는 것이 정자 말씀이 아닌 것을 알 수 있습니다.

이른바 《정씨사선범례(程氏祀先凡例)》라는 것이 있는데, 여기에 "조고(祖考)의 기일에는 조고와 조비(祖妣)에게만 제사하고 조비의 기일에는 조비와 조고에게만 제사한다."라고 하였으니, 회재가 인용한 정씨는 바로 이 분입니다. 만약 정자라면 어찌 범연히 '정씨'라고 말하였겠습니까. 정씨는 바로 미산 정씨(眉山程氏)인데 성명은 자세하지 않습니다.

다만 해당하는 신위에만 제사하는 것은 바른 예(禮)이고 고와 비를

39 회재(晦齋)의 봉선잡의(奉先雜儀) : 회재는 이언적(李彦迪, 1491~1553)으로, 자는 복고(復古), 호는 회재(晦齋)·자계옹(紫溪翁), 본관은 여주이다. 《봉선잡의》는 이언적의 저술 중의 하나로, 제례에 관한 책인데 《주자가례(朱子家禮)》를 중심으로 여러 학자들의 예설(禮說)과 우리나라의 속례(俗禮)를 모아 실정에 맞도록 편집한 것이다.

배제함은 후한 예입니다. 기제(忌祭)는 본래 정(情)이 정해진 법도를 넘은 데서 나온 것이니, 후한 쪽을 따르는 것이 어찌 해롭겠습니까. 또 비(妣)의 신위는 고(考)의 신위에 통합되니 그렇다면 선비(先妣)의 기일에 높은 고위(考位)를 모셔오는 것과 전처와 후처를 서로 함께 배제하는 것은 의리에 크게 해롭지는 않을 듯합니다. 이 때문에 우리나라 여러 현자들 중에 고와 비를 함께 제사한 분이 많으니, 이는 인정에 서로 가깝기 때문입니다. 비록 두 분을 나란히 제사한다고 하나 마땅히 일분(一分)의 제찬(祭饌)을 사용하여야 하니, 자리를 펴고 궤를 함께 해서 정기(精氣)가 합하는 뜻이 있기 때문입니다. 비단 기제사뿐만 아니고 시제(時祭)에도 또한 이분(二分)의 제찬을 쓰는 것은 마땅하지 않습니다.

심경소[40] 의진 에게 답함 계묘년(1843, 헌종9) 10월

答沈景昭 宜晉○癸卯陽月

'임(袵)'을 해석하여 '금(襟)'이라고 한 것은 정씨(鄭氏 정현(鄭玄))도 이렇게 한 경우가 있으니, 《예기(禮記)》〈상대기(喪大記)〉 "좌임(左袵)" 주(注)에 "임(袵)은 왼쪽을 향한다."는 것이 바로 이것입니다.[41] '임(袵)' 자가 《예기》에 여러 번 보이는데 정씨가 해석한 것이 각각 다르니, 《예기》〈곡례(曲禮)〉에 "청임하지(請袵何趾)"의 주에는 '임'을 "와석(臥席)"이라 하였고,[42] 《예기》〈단궁(檀弓)〉의 "임매속일(袵每束一)"의 주에는 '임'을 "소요(小要)"라 하였고,[43] "속임(續袵)"의 주

40 심경소 : 심의진(沈宜晉, 1782~?)으로, 자는 경소(景召), 본관은 청송(青松)이다. 1822년(순조22) 진사시에 급제하였으며, 공조 정랑 · 면천 군수 · 양양 부사 · 장원 별제 · 사도 첨정 등을 역임하였고, 1869년(고종6)에 이조 판서에 추증되었다.

41 예기(禮記)……이것입니다 : 《예기》〈상대기〉에 "소렴과 대렴의 제복(祭服)을 거꾸로 하지 않고, 모두 왼쪽으로 옷섶을 하고, 끈을 묶되 고를 내지 않는다.〔小斂大斂, 祭服不倒, 皆左袵, 結絞不紐.〕"라고 하였는데, 정현의 주에 "'좌임(左袵)'은 임(袵)이 왼쪽을 향한 것이니, 살아있을 때와 반대로 한 것이다.〔左袵, 袵向左, 反生時也.〕"라고 하였다.

42 예기……하였고 : 《예기》〈곡례 상(曲禮上)〉에 "누울 자리를 펼 때에는 어느 쪽으로 발을 뻗으실 지를 묻는다.〔請袵何趾.〕"라 하였는데, 정현의 주에 "'임'은 눕는 자리이다.〔袵, 臥席也.〕"라고 하였다.

43 예기……하였고 : 《예기》〈단궁 상(檀弓上)〉에 "관을 묶을 때에는 세로로 두 번, 가로로 세 번을 묶으니, 임(袵)은 묶음마다 하나씩이다.〔棺束, 縮二衡三, 袵每束一.〕"라 하였는데, 정현의 주에 "임은 지금의 소요이다.〔袵, 今小要.〕"라고 하였다. 임의 모양은 양쪽 끝은 크고 가운데는 가늘어서 나비 모양인데, 관과 관 뚜껑의 모서리를

에 이르러서는 또 "치마폭이 서로 찢어진 것"이라고 하였습니다.[44] 이는 글자의 뜻을 통해 문장에 따라 달리 해석한 것이니, 서로 끌어다 맞추어서 말해서는 안 될 것입니다. 정도(程度)를 헤아린 것이 각각 정밀한 뜻이 있으니, 후세 학자들의 일시적 견해를 가지고 경솔하게 정씨를 공격하고 깨뜨려서는 안 될 것입니다.

'임(衽)' 자를 이미 '교금(交襟)'으로 해석한다면 '중복으로 꿰맨다〔覆縫〕'는 말은 놓을 곳이 없습니다. 그러므로 이 구접(句摺)의 설을 하지 않을 수 없는 것입니다.[45]

이어 붙이는 도구이다.

44 속임(續衽)의……하였습니다 : '속임'은 《예기》 〈심의(深衣)〉의 말인데, 정현의 이 말은 〈심의〉의 주(注)가 아니라 《예기》 〈옥조(玉藻)〉 "임당방(衽當旁)" 주에 보인다. 〈옥조〉에 "심의는 크기가 소매의 세 배이고 아랫자락을 꿰맨 것이 허리의 배이니, 옷섶이 곁에 닿고 소매는 팔뚝을 돌릴 수 있게 한다.〔深衣三袪, 縫齊倍要, 衽當旁, 袂可以回肘.〕"라고 하였는데, 정현의 주에 "임은 치마폭이 서로 찢어진 것을 말한다.〔衽謂裳幅所交裂也.〕"라고 하였다. 〈심의(深衣)〉에는 "옛날에 심의(深衣)는 제도가 있어서 규(規)·구(矩)·승(繩)·권(權)·형(衡)에 응하였으니, 짧아도 살이 드러나지 않고 길어도 땅을 덮지 않으며 치마폭을 잇고 깃단을 겹으로 접어 꿰매고 허리폭을 꿰맨 것이 아랫단의 절반이다.〔古者深衣, 蓋有制度, 以應規矩繩權衡, 短毋見膚, 長毋被土, 續衽鉤邊, 要縫半下.〕"라고 하였는데, 정현의 주에 "속(續)은 '촉(屬)'과 같고, 임(衽)은 치마곁에 있는 것이니, 이것을 연결해서 치마의 앞뒤를 분리하지 않는 것이다.〔續猶屬也, 衽在裳旁者也, 屬連之, 不殊裳前後也.〕"라고 하였다.

45 임(衽)자를…것입니다 : 《예기(禮記)》 〈심의(深衣)〉의 "속임구변(續衽鉤邊)"의 해석과 관련하여 말한 것이다. '속임'을 정현(鄭玄)은 "속(續)은 '촉(屬)'과 같고, 임(衽)은 치마 곁에 있는 것이니, 이것을 연결해서 치마의 앞뒤를 분리하지 않는 것이다.〔續猶屬也, 衽在裳旁者也, 屬連之, 不殊裳前後也.〕"라 하였는데, 이에 대하여 양복(楊復)이 해설하기를, "정현의 뜻은, 모든 치마는 앞이 세 폭이고 뒤가 네 폭이어서 이미

'잘라서 튼다'는 말은 비단《가례(家禮)》에 위배될 뿐만 아니라,[46] 고경(古經)을 가지고 말하더라도 '팔뚝을 움직일 수 있음'은 겨드랑이 솔기가 넓고 커서 팔뚝을 굽혀 출입할 수 있는 것을 말한 것이니,[47] -《예기(禮記)》〈옥조(玉藻)〉에 "소매는 팔뚝을 돌릴 수 있게 한다."라는 것도 이 뜻입니다.- 비단 옷을 벗고 입는 데에 편리하게 하고자 한 뜻만이 아닙니다. 그러

앞과 뒤가 나뉘면 그 옆에 있는 두 폭이 벌어져서 서로 연결되지 않으나 오직 심의는 치마 열 두 폭을 서로 찢어 마름질해서 모두 임(衽)이라고 이름하니, 이른바 '속임(續衽)'은 치마의 곁에 있는 두 폭을 가리켜 말한 것이니, 치마 곁에 있는 두 폭을 연결해서 치마의 앞과 뒤가 분리되지 않게 함을 말한 것이다. 또《의도(衣圖)》에 이르기를 '이미 모아서 꿰매고 난 뒤에 또다시 접어 꿰매어서 입기에 편하게 하였다. 그리하여 모아서 꿰맨 것〔合縫〕을 속임(續衽)이라 하고, 갓단을 접어서 겹으로 꿰맨 것〔覆縫〕을 구변(鉤邊)이라 한다.'라고 하였다.〔鄭意, 蓋言凡裳, 前三幅, 後四幅, 旣分前後, 則其旁兩幅, 分開而不相屬, 惟深衣, 裳十二幅, 交裂裁之, 皆名爲衽, 所謂續衽者, 指在裳旁兩幅言之, 謂屬連裳旁兩幅, 不殊裳之前後也. 又衣圖云: 旣合縫了, 又再覆縫, 方便於著, 以合縫者爲續衽, 覆縫爲鉤邊.〕"라고 하였다.《禮記大全 卷28》'복봉(覆縫)'이란 '구변'을 가리켜 한 말인데, 만약 '속임'을 정현과는 다르게 '교금'으로 해석한다면 '속임'이 꼬매는 것이 아니게 되므로 '구변'이 '다시 꼬맴'이 될 수 없다. 따라서 '복봉'의 설을 따르고자 한다면 속임을 정현의 설과 같이 '합봉(合縫)'으로 해석해야 하고, '구변'에 대해서도 '구접(句摺)' 즉 '갓단을 접는다'는 설을 따라야 하는 것이다.

46 잘라서……아니라 :《가례(家禮)》의 〈심의제도((深衣制度)〉에 "윗옷은 모두 네 폭인데 길이는 옆구리를 지나고 아래로 치마에 연결한다.〔衣全四幅, 其長過脇, 下屬於裳.〕"라고 하였는데, 그 본주(本註)에 "베 두 폭을 사용하여 가운데를 접어 아래로 늘어뜨리면, 앞뒤가 모두 네 폭이다. 지금의 직령, 삼(衫)과 같지만, 다만 겨드랑이 아래를 잘라 트지 않는다.〔用布二幅, 中屈下垂, 前後共爲四幅, 如今之置領衫, 但不裁破腋下.〕"라고 하여, 심의의 겨드랑이를 트지 않는다고 명시하였다.

47 고경(古經)을……것이니 : 심의(深衣)를 입고 팔을 움직일 수 있는 것은 겨드랑이 아래를 잘라서 트기 때문이 아니라 겨드랑이의 솔기를 넓게 해서 팔을 움직일 수 있게 하는 것인바, 이 내용이《예기(禮記)》의 〈옥조(玉藻)〉와 〈심의(深衣)〉에 보인다.

므로 주(注)에 “팔뚝은 출입하지 않을 수 없다.”라고 하였는데, 소(疏)에 “소매는 2척 2촌이고 팔뚝은 1척 2촌이므로 팔뚝을 움직일 수 있다.”라고 하였으니,[48] 이 두 말 모두 폐할 수 없습니다.

《예기(禮記)》라는 책은 바로 한(漢)대의 학자들이 성인(聖人)의 말씀을 이리저리 취한 것으로, 매 편마다 따로 한 뜻이 됩니다. 여기에 어찌 말할 수 있는 일정한 차례·강령·조목이 있겠습니까. 제가 논해보건대, 〈심의(深衣)〉를 먼저 기록하고 〈옥조(玉藻)〉를 뒤에 기록했다는 말만 자연 공허한 데로 떨어지게 될 뿐만 아니라, 〈옥조〉가 경(經)이 되고 〈심의〉가 전(傳)이 된다는 논의도 반드시 옳은지 알 수는 없습니다.

저고리 앞의 작은 폭은 주씨(朱氏)의 ‘별도로 베 한 폭을 사용한다’는 설에서 시작되었으니,[49] 후대의 학자들은 또한 몸의 편리함을 좋아하여

48 주(注)에……하였으니 : 《예기(禮記)》〈심의(深衣)〉에 “겨드랑이 솔기의 높낮이는 팔뚝을 움직일 수 있다.〔袼之高下, 可以運肘.〕”라고 한 것의 주(注)와 소(疏)이다.

49 저고리……시작되었으니 : 이 말은 《예기(禮記)》〈심의(深衣)〉의 “속임구변(續衽鉤邊)”의 해석과 관련한 설명으로, 주씨는 명(明)나라 학자 주우(朱右, 1314~1376)이다. ‘속임’을 정현(鄭玄)은 “속(續)은 ‘촉(屬)’과 같고, 임(衽)은 치마 곁에 있는 것이니, 이것을 연결해서 치마의 앞뒤를 분리하지 않는 것이다.〔續猶屬也, 衽在裳旁者也, 屬連之, 不殊裳前後也.〕”라 하였는데, 양복(楊復)이 이에 대하여 논하기를 “소가(疏家)들이 정현의 본의를 살피지 않고 다만 ‘임은 치마 곁에 있다’는 한 구절만 보고, 별도로 베 한 폭을 사용하여 갈고리처럼 마름질하여 치마 곁에 늘어뜨리는 것을 말한 것이라 여기고 함부로 천착하여 분분하게 다른 해석이 많아질수록 더욱 어지러워졌다. 한나라 때부터 지금까지 2천여 년 동안 독자들은 모두 ‘별도로 한 폭의 베를 사용한다’라는

이것을 준용(遵用)하는 자가 많았습니다. 그러나 요컨대 고경(古經)의 제도가 아닌 것은 분명합니다.

'내외임(內外衽)'이라고 말한 것은 바로 윗글에서 말한 '내외금(內外襟)'이니, 겉옷과 속옷을 서로 가리기 때문에 이렇게 말한 것입니다.

'저고리를 이어서 서로 가린다'는 의론은 스스로 만든 설이니, 분명한 증거가 있느냐 없느냐를 어찌 따질 것이 있겠습니까. 만일 그 설과 같게 하더라도 장애되는 곳이 많습니다. 저고리 몸통의 길이가 2척 2촌이면-이것은 '제십유이폭(制十有二幅)'을 해석한 소주(小註)에 보인다.- 한 쪽에 저고리를 이은 것 또한 2척 2촌이 되어야 할 것이요, 치마의 좁은 부분 위쪽은 매 폭이 7촌 남짓인데-이 역시 십이폭(十二幅) 조의 소주에 보인다.- 저고리 앞의 작은 폭이 치마 두 폭에 연결되어야 한다면 한 쪽의 치마에 속하는 것은 1척 4촌 남짓이 될 것이니, 어떻게 두 쪽이 모두 1척이 된다고 말할 수 있겠습니까. 이것은 알 수 없습니다.

《예기(禮記)》에는 단지 "곡겁(曲袷)이 구(矩)와 같다."[50]라고만 말하

말에서 뜻을 찾으니, 주의 본뜻이 거기에 엄폐되어 나타날 수가 없었다.〔疏家不詳考其文義, 但見衽在裳旁一句, 意謂別用布一幅, 裁之如鉤, 而垂於裳旁, 妄生穿鑿, 紛紛異同, 愈多愈亂. 自漢至今, 二千餘年, 讀者皆求之於別用一副布之中, 而註之本義, 爲其掩蓋而不可見.〕"라고 하였다.《性理大全 卷19 家禮二》

50 곡겁(曲袷)이……같다 : '곡겁'은 교차한 옷깃〔交領〕이 굽은 것이다.《예기》〈심의(深衣)〉에 "제도에 12폭을 두어서 12월에 응하며, 소매를 둥글게 해서 규(規)에 응하며, 곡겁은 구(矩)와 같아서 네모에 응한다.〔制有十二幅, 以應十有二月, 袂圜, 以應規,

였고 입을 때와 만들 때 어떤 지를 말하지 않았으니, 저들은 또한《가례(家禮)》의 "두 옷깃을 서로 가린 뒤에 그 모임이 저절로 네모지게 된다."[51]라는 말을 가지고 창출(創出)이라고 할 것입니다. 대체로 심의(深衣)에 대한 의론이 통일되지 않는 이유는 다만 '임(衽)' 자를 어떻게 보느냐에 달려 있으니,[52] '임' 자의 해석이 같지 않으면 그 나머지 지엽의 창출 여부는 굳이 논할 것이 못됩니다.

이는 다만 소매의 선이 베〔布〕 밖에 있느냐의 여부를 밝히고자 한 것이니, 겁(袷)의 제도를 미처 논하지 않은 것에 대해 어찌 괴이하게 여길 것이 있겠습니까.

曲袷如矩, 以應方.〕"라고 하였다.

51 두……된다 :《가례》〈심의제도(深衣制度)〉에 "방령(方領)"이라고 하였는데, 본주(本註)에서 이렇게 말하였다.

52 심의(深衣)에……있으니 :《예기(禮記)》〈심의(深衣)〉에 "옛날에 심의(深衣)는 제도가 있어서 규(規)·구(矩)·승(繩)·권(權)·형(衡)에 응하였으니, 짧아도 살이 드러나지 않고 길어도 땅을 덮지 않으며, 치마폭을 잇고 깃단을 겹으로 접어 꿰매고〔續衽鉤邊〕 허리폭을 꿰맨 것이 아랫단의 절반이다.〔古者深衣, 蓋有制度, 以應規矩繩權衡, 短毋見膚, 長毋被土, 續衽鉤邊, 要縫半下.〕"라고 하였는데, '속임구변(續衽鉤邊)'의 해석이 분분하여 심의에 대한 논란이 많았는바, 이는 '임(衽)' 자를 어떤 뜻으로 보는가에 달려있다는 말이다.

이순경 민우 에게 줌 갑자년(1804, 순조4) 7월

與李舜卿 民祐○甲子七月

《격몽요결(擊蒙要訣)》[53]은 바로 우리나라의 《소학》입니다. 말이 천근하면서도 뜻이 원대하여 율옹(栗翁 이이(李珥))의 정밀한 의리가 모두 이 책에 들어 있습니다. 부디 《성학집요(聖學輯要)》[54]와 함께 가져다가 읽어서 깊이 탐구하고 이해하여 자기 몸에 돌이켜서 실천하기를 바라니, 그렇게 한다면 율곡을 직접 대면하여 가르침을 받는 것과 같을 뿐만이 아닐 것입니다. 순경은 제 말을 믿고 한번 시험해보십시오.

선비가 학문하는 것은 남편이 밭 갈고 부인이 베를 짜는 것, 배고프면 밥을 먹고 목마르면 물을 마시는 것과 같아서 내 직분에 당연히 해야 할 바를 할 뿐이요, 실로 세속을 놀라게 하는 일이 아닌데, 사람들이 여기에 능한 이가 적으니 슬퍼할 만합니다.

53 격몽요결(擊蒙要訣) : 1577년(선조10)에 이이(李珥)가 부제학을 사퇴하고 3월에 파주(坡州) 율곡(栗谷)에 돌아왔다가, 10월에 해주(海州) 석담(石潭)으로 가서 은병정사(隱屛精舍)를 짓고 제자를 가르칠 때에 지은 책으로, 학자들에게 도학(道學)의 입문을 제시한 책이다. 입지(立志)·혁구습(革舊習)·지신(持身)·독서(讀書)·사친(事親)·상제(喪制)·제례(祭禮)·거가(居家)·접인(接人)·처세(處世)의 10장으로 구성되어 있다. '격몽'은 몽매한 것을 물리친다는 뜻이다.

54 성학집요(聖學輯要) : 이이(李珥)가 제왕(帝王)의 학문을 주제로 경전(經典)과 사서(史書)에서 학문과 정치에 관련된 격언을 모아서 분류하고 편차한 책으로, 1575년(선조8)에 진차하였다.

이순경에게 줌 무진년(1808, 순조8) 4월

與李舜卿 戊辰四月

《기묘록(己卯錄)》[55]을 삼가 올리니, 도착하면 살펴보시기 바랍니다. 우리 동방은 조선조에 들어와서 누추한 오랑캐의 풍속이 점점 고쳐지고 인문(人文)이 차츰 통해지다가 기묘년(1519, 중종14)에 이르러서 천황(天荒)을 깨뜨렸습니다.[56] 정암(靜庵)[57] 선생은 세상에 드문 자품(資稟)으로 전하지 않던 학문을 창도(唱導)해서 좋은 때를 얻고 도를 행하여 자신의 몸을 표준으로 삼고 몸소 행하는 것을 넓혀갔습니다. 이에 마치 그림자가 본체에, 메아리가 본성(本聲)에 응하듯 온 세상이 풍동(風動)되었습니다. 장차 공렬(功烈)이 이루어지고 정치가 안정되

55 기묘록(己卯錄) : 김육(金堉, 1580~1658)이 편찬한 책으로, 일명 《기묘제현전(己卯諸賢傳)》이라고도 한다. 기묘사화로 인해 삭탈관직된 김정국(金正國)이 사화 관련 94인의 행적을 기록한 《기묘당적(己卯黨籍)》과, 기묘팔현(己卯八賢)인 안당(安瑭)의 손자 안로(安璐)가 129인의 행적을 기록한 《기묘록보유(己卯錄補遺)》를 바탕으로 하여, 기묘사화의 피해자인 증조부 김식(金湜)을 생각하면서 218명의 행적을 찬술한 것이다.

56 천황(天荒)을 깨뜨렸습니다 : '파천황(破天荒)'과 같은 말로, 예전에는 볼 수 없었던 일이 처음으로 출현하는 것을 말하는바, '천황'이란 천지가 열리지 않은 때의 혼돈 상태로, '파천황'은 이것을 찢어버리고 새로운 세상이 열린다는 뜻이다.

57 정암(靜庵) : 조광조(趙光祖, 1482~1519)로, 중종의 신임을 받고 과감하게 개혁을 추진하다가 기묘년(1519)에 일어난 사화로 사사(賜死)되었다. 기묘년에 남곤(南袞)·심정(沈貞)·홍경주(洪景舟) 등의 훈구파(勳舊派)가 조광조 등의 사림파(士林派)를 무함하여 대대적으로 사사시키고 유배 보냈는데, 이를 기묘사화라 한다.

어서 군주와 백성이 당요(唐堯)와 우순(虞舜)의 시대에 비견되고 도학이 노(魯)와 민(閩)[58] 지방에 대등하게 되어 만세토록 이에 도움을 받을 수 있게 되었습니다. 그런데 불행하게도 간신들에게 미움을 받아서 그 뜻과 사업을 끝까지 펴지 못하고 세도가 망하게 되었으니, 하늘이 사문(斯文)을 돕지 않음이 어찌 이처럼 지극함에 이른단 말입니까. 이것이 지사(志士)와 인인(仁人)들이 원망과 한탄을 금치 못하는 이유입니다.

그러나 사람들을 베어 죽이는 위협으로도 완전히 다 없애지는 못해서 뒤이어 퇴계(退溪 이황(李滉))와 율곡(栗谷 이이(李珥)), 우암(尤庵 송시열(宋時烈))과 동춘(同春 송준길(宋浚吉))이 서로 계속해 나와서 끝내 일맥(一脈)의 참된 전함이 지금까지 끊어지지 않았습니다. 이는 바로 기묘년에 창명(倡明)했던 공(功)에 의한 것이니, 이를 몰라서는 안 됩니다. '제현들이 곧바로 세도(世道)를 담당하여 유종의 미를 거두지 못했다'고 경계하지 말고, 그 분의 책을 읽고 그 분의 도를 배워서 그 분의 심법이 있는 곳을 찾아 그 분이 끝내지 못한 사업을 끝마치기를 천만번 바라고 바랍니다. 이것이 제가 책을 빌렸던 이유입니다.

혹자는 기묘년 간의 기묘명현(己卯名賢)을 가지고 동경(東京)의 당고(黨錮)[59]에 견줍니다. 그러나 이응(李膺)과 두밀(杜密) 등 여러 사람

58 노(魯)와 민(閩) : 노(魯)는 공자(孔子)의 고향이며, 민(閩)은 주희(朱熹)의 고향이다.

59 동경(東京)의 당고(黨錮) : 동경은 후한(後漢)을 말하고, 당고는 '당인(黨人)의 금고(禁錮)'의 준말이다. 동경의 변이라고도 하는바, 후한의 환제(桓帝) 때 환관의 세력이 강성해지자 진번(陳蕃)·이응(李膺) 등이 그 무리를 공격했다가 도리어 파벌을 지어 조정을 비방한다는 무고를 당하여 종신 금고에 처해지고, 영제(靈帝) 때 다시

은 뜻과 기개가 아름다웠고 타고난 자품이 높았지만 군자의 도를 듣지 못했기 때문에 평소대로 행하는 의리를 알지 못했습니다. 그래서 혹 뜻과 기운의 감응에 따라 행동하고 의리의 편안함을 따르지 않았으니, 이 때문에 대처함에 미진함이 있었던 것입니다. 반면 정암은 천덕(天德)을 간직하고 왕도(王道)를 행해서 한 가지 일도 정도(正道)에서 나오지 않은 것이 없었으니, 어찌 당고의 여러 사람들과 똑같이 견주어 논할 수 있습니까. 도를 위해 죽은 것으로 말하면 천운(天運)이니 또한 어찌 남곤(南袞)과 심정(沈貞) 등이 한 것이겠습니까. 부질없이 써서 말씀드리니, 부디 가르쳐주시기 바랍니다.

기용된 이응·두밀(杜密) 등이 환관을 몰아내려다가 실패하여 수백 인이 피살·처형되거나 유배되고 수감된 사건으로, 이때 이응은 옥사하고 두밀은 자결하였다.

박 진사[60] 영 에게 답함 을축년(1805, 순조5) 정월

答朴進士 泳○乙丑元月

좌하께서는 백운(白雲)의 문하에서 가르침을 받았으니, 스스로 자신에 대해 생각함이 어떠하기에 다만 도가(道家)의 부류로 자처하고자 할 뿐이십니까. 짐작건대 날마다 초심을 저버렸다는 한탄이 있을 것입니다. 우선 《음부경(陰符經)》과 《참동계(參同契)》 등 여러 공부를 제쳐놓고 사서(四書)와 《심경(心經)》·《근사록(近思錄)》 등의 책을 가지고서 익숙히 읽고 정밀히 생각해서 '아침에 도를 듣는'[61] 자료로 삼으시기를 바랍니다.

근래 《동파집(東坡集)》을 보니, 〈왕민중(王敏仲)에게 답한 편지〉에 이르기를, "근래에 양생(養生)의 일이 무엇인지를 깨달았으니, 절대로 신기함을 구할 것 없다. 오직 노생(老生)의 일상적 말이 곧 묘결(妙訣)이며, 침을 삼키고 납식(納息)하는 것이 바로 진단두(眞丹頭)이다. 이어서 평소에 들었던 반운소류법(般運泝流法)을 사용해서 오랫동안 쌓아 투철하게 해야 하니 이것이 바로 효험이다. 맹자(孟子)가 말씀하기를, '일은 쉬운 데에 있는데 어려운 데서 찾고, 도는 가까운 데에 있는데 먼 데서 찾는다.'[62]라고 하였고, 동자(董子)는 말씀하기를, '들은 바를

60 박 진사 : 박영(朴泳, 1740~)으로, 자는 중함(仲涵), 본관은 영해(寧海)이다. 1777(정조1) 진사시에 급제하였다.

61 아침에 도를 듣는 : 도를 깨달음을 말한 것으로, 《논어(論語)》〈이인(里仁)〉의 "아침에 도를 들으면 저녁에 죽어도 괜찮다.〔朝聞道, 夕死可矣.〕"라는 공자(孔子)의 말을 인용한 것이다.

높이면 고명해지고 아는 바를 행하면 광대해진다.'[63]라고 하였다."라 했습니다. 이른바 '납식'이라는 것은 바로 숨을 참는 것이고, '진단두(眞丹頭)'라는 것은 연단(鍊丹)하는 시초라는 말과 같으며, '반운소류'는 생각건대 단전(丹田)의 불이 아래로부터 위로 올라가서 신체를 두루 태우는 것을 말한 것인 듯합니다. 이는 바로 주자(朱子)가 말씀한 '분명하게 앞에 있다'는 것이지만, 얼굴 맞대고 이야기하면서 답답한 마음을 다 풀어낼 길이 없습니다. 수양하는 것은 특별한 방법이 없고 오직 침을 삼키는 것과 숨을 오랫동안 참는 것 두 가지가 요긴함이 되니, 이는 학문에 있어 신기함을 구하지 말고 오직 선을 밝힘과 몸을 성실히 함이 요결이 되는 것과 같습니다. 동파옹의 이 말씀은 비단 수련하는 방법이 될 뿐만이 아니요, 진학(進學)의 공부에도 충분히 끌어다 비유할 수 있으므로 삼가 우러러 고하는 것입니다.

62 일은……찾는다 : 《맹자(孟子)》 〈이루 상(離婁上)〉에 보인다.

63 동자(董子)는……광대해진다 : 동자는 동중서(董仲舒)로, 이 말은 본래 《대대례기(大戴禮記)》에 보이는 증자(曾子)의 말인데, 동중서가 인용한 것이다. 《前漢書 卷56 董仲舒傳》

김언부 국선 에게 답함 임신년(1812, 순조12) 11월
答金彦富 國善○壬申十一月

제가 삼가 살펴보니, 그대는 장엄하고 후중하고 침작하고 치밀한 기상이 부족한 듯합니다. 이 때문에 겉으로 드러남이 많고 안에 함축됨이 적으니, 그대가 능히 이것이 병통임을 알고 스스로 서글퍼하는 마음을 이기지 못했다면 바로 이것이 병을 치료할 수 있는 약입니다. 예로부터 타고난 기운이 맑은 자는 가벼움이 병통이니, 기운이 가벼우면 알지 못하는 것을 이미 알았다 하고 배우지 못한 것을 이미 배웠다 합니다. 이것을 횡거(橫渠)가 '뜻이 작아서 만족하기 쉬움'과 나란히 학자의 병통으로 삼았습니다.[64] 가벼운 것을 바로잡는 방도는 다른 것이 없고 공경하여 함양(涵養)하는 것일 뿐이니, 본원을 함양하면 자연히 공경하지 않음이 없어서 들뜨고 드날리는 자가 안정되고 고요해지고 조급하고 경솔한 자가 온화하고 여유로워져서 도가 이로써 응집될 것입니다. 백공(伯恭)의 성질을 바꿈[65]과 명도(明道)의 뜻을 세우는 것[66]

64 이것을……삼았습니다 : 횡거는 송(宋)나라 때 학자 장재(張載)이다. 《장자전서(張子全書)》 권7 〈학대원하(學大原下)〉에 "배우는 자는 뜻이 작고 기(氣)가 가벼워서는 절대로 안 된다. 뜻이 작으면 만족하기 쉽고, 만족하기 쉬우면 진보할 길이 없다. 기가 가벼우면 비었으면서 가득 찼다고 여기고 소략하면서 통태하다고 여기고, 없으면서 있다고 여기며, 알지 못하는 것을 이미 안다고 여기고 배우지 못한 것을 이미 배운다고 여긴다.〔學者, 大不宜志小氣輕. 志小則易足, 易足則無由進. 氣輕則虛而爲盈, 約而爲泰, 亡而爲有, 以未知爲已知, 未學爲已學.〕"라고 보이는데, 이 내용은 《근사록(近思錄)》 권2 〈위학(爲學)〉에도 채록되었다.

65 백공(伯恭)의 성질을 바꿈 : 백공은 송(宋)나라 때 학자 여조겸(呂祖謙)의 자로,

도 이로 말미암아 갈 뿐입니다.

배우는 것은 기질을 변화하기 위한 것이니, 배워서 기질이 변함에 이르면 그때 비로소 공효가 있으니, 가벼운 기질을 변화시켜 후중하게

호는 동래선생(東萊先生)이다. 《주자대전(朱子大全)》 권54 〈답노덕장(答路德章)〉에, "지난번에 여백공을 만났는데, 그가 말하길 '젊었을 적에 성품과 기질이 거칠고 포악해서 음식이 마음에 들지 않으면 살림살이를 때려 부수곤 했는데, 후일에 오랫동안 병을 앓으면서 다만 《논어(論語)》 책 하나를 아침저녁으로 익숙히 보았다. 그러다가 홀연 마음이 화평해지는 것을 느껴 마침내 종신토록 갑자기 화를 내는 일이 없게 되었다.'라고 하였다. 이것은 기질을 변화시키는 법으로 삼을 만하다.〔向見伯恭, 說: 少時性氣粗暴, 嫌飮食不如意, 便敢打破家事, 後因久病, 只將一冊論語, 早晚閑看, 忽然覺得意思一時平了, 遂終身無暴怒. 此可爲變化氣質之法.〕"라고 하였는데, 《논어집주대전(論語集註大全)》의 소주(小註)에, 여조겸이 《논어》의 "몸소 자책함은 후하게 하고 남에게 책망함은 적게 한다.〔躬自厚而薄責於人.〕"라는 내용을 보고서 그런 것이라고 하였다.

66 명도(明道)의……것 : 명도는 송(宋)나라 때 학자 정호(程顥)이다. 《소학집주(小學集註)》 권5 〈가언(嘉言) 제오(第五)〉에 "호 문정공(胡文定公)이 아들에게 준 글에 이르기를 '뜻을 세움에 명도와 희문으로 스스로 기약하라.' 하였다.〔胡文定公與子書曰: 立志, 以明道希文, 自期待.〕"라고 보이는바, 명도와 희문이 세운 뜻과 같은 뜻을 세워 그들과 같이 될 것을 스스로 기약하라는 말이다. 명도의 뜻에 대해서는 《소학집주》의 소주에 다음과 같이 보인다. "주자(朱子)는 '그가 14, 5세에 성인(聖人)을 배웠다'고 칭찬하였고, 추 문충공(鄒文忠公)은 '그가 뜻을 얻으면 능히 만물로 하여금 각각 제자리를 얻게 할 것'이라고 칭찬하였으며, 남전 여씨(藍田呂氏)는 '그가 자임하기를 무겁게 하여 차라리 성인을 배우다가 이르지 못할지언정 한 가지 선함으로 명성을 이루고자 하지 않았으며, 차라리 한 사물이라도 은택을 입지 못함을 자기의 병으로 삼을지언정 한때의 이익을 자기의 공으로 삼으려고 하지 않았다'고 칭찬하였으니, 이것이 명도의 뜻이다.〔朱子稱: 其十四五歲, 便學聖人. 鄒文忠公稱: 其得志, 能使萬物各得其所. 藍田呂氏稱: 其自任之重, 寧學聖人而未至, 不欲以一善成名, 寧以一物不被澤爲己病, 不欲以一時之利爲己功. 此明道之志.〕" 호 문정공은 송(宋)나라 때 학자 호안국(胡安國)이고, 희문은 송(宋)나라 학자 범중엄(范仲淹)의 자이며, 추 문충공은 추호(鄒浩)이고 남전 여씨는 여대림(呂大臨)이다.

하는 것 역시 공력(功力)을 쓰기를 지극하게 하느냐 지극하게 하지 않느냐에 달려 있을 뿐입니다. 공자(孔子)께서 말씀하시기를, "후중하지 않으면 위엄이 없으니, 이렇게 하고서 배우면 배움도 견고하지 못하다."라고 하셨으니,[67] 바로 이 한 말씀이 그대의 증세에 딱 맞는 치료제가 됩니다. 종신토록 외워서 그만두어서는 안 될 것입니다.

67 공자(孔子)께서……하셨으니 : 《논어(論語)》 〈학이(學而)〉의 말이다.

김명여[68] 익철 에게 줌 신사년(1821, 순조21) 정월

與金明汝 益哲○辛巳元月

내 서울에 갔던 날에 거듭 나를 찾아주어서 옥처럼 깨끗하고 훤칠한 모습을 보았으니, 항상 그리워 내 마음과 눈이 부질없이 괴롭습니다. 어느덧 새해가 되었으니, 지내는 상황은 더욱 경사스럽습니까? 새로운 제수가 이미 나왔으니 임명에 응했습니까?[69] 이 일은 좌하에게 있어 진실로 우연히 온 것이나 너무 이른 것이 아닐까 염려되니, 한번 사은(謝恩)하고 그만두는 것만 못합니다. 거취를 어떻게 할 생각입니까?

"40세의 강사(强仕)"는 바로 《예경(禮經)》의 바른 가르침입니다.[70] 좌하는 금년에 아직 반 사십도 되지 않았고 또 돌아가신 존장(尊丈)이 처음 벼슬한 나이에도 6, 7년이 미치지 못하니,[71] 어찌 임금의 은택에서

68 김명여 : 김익철(金益哲, 1803~1829)로, 자는 명여(明汝), 본관은 청풍(淸風)이다. 부친은 박윤원(朴胤源)의 문인이자 홍직필과 절친한 사이였던 김종선(金宗善)이고, 증조부는 정조의 비 효의왕후(孝懿王后)의 아버지 김시묵(金時默)이다. 돈녕부 참봉·진위 현령(振威縣令)·문화 현령(文化縣令)·서산 군수(瑞山郡守)·백천 군수(白川郡守) 등을 역임하였으며, 이조 판서에 추증되었다.

69 새로운……응했습니까 : 1819년(순조19) 10월에 김익철을 군직에 임명하여 승후(承候)하도록 하는 명이 있었다. 《純祖實錄 10月 4日》

70 40세의……가르침입니다 : 《예기(禮記)》〈곡례 상(曲禮上)〉에 "40세를 강(强)이라 하니, 벼슬한다.〔四十曰强, 仕.〕"라고 하였는데, 대계(戴溪)의 주(注)에 "40세엔 지기가 굳게 안정되므로 강하게 서고 뒤집히지 않는다. 그래서 이해에 자신의 뜻을 뺏기지 않고 화복을 두려워하지 않으니, 나가서 벼슬할 수 있다.〔四十志氣堅定, 强立不反, 不奪於利害, 不怵於禍福, 可以出仕矣.〕"라고 하였다. 《禮記集說 卷2》

나왔다 하여 사양할 방법을 생각하지 않을 수 있겠습니까. 부자(夫子)께서 칠조개(漆雕開)로 하여금 벼슬하게 했던 것은 그의 재질이 충분히 벼슬할 만해서였으나, 칠조개는 오히려 스스로 말하기를 "저는 이 벼슬함에 대해 아직 자신할 수 없습니다."라고 하였으니, 이는 스스로를 아는 것이 매우 진실되어서 작은 성취에 안주하지 않았기 때문입니다. 그래서 부자께서 기뻐하신 겁니다.[72]

좌하는 아직 나이가 어려서 비록 스스로 자신하는지 자신하지 못하는지 알 수 없겠습니다만, 어린 아이로 하여금 관원을 채우게 했다는 비난[73]을 생각한다면 처신할 방법을 아실 것입니다. 좌하를 위하여 계책을 세워보건대, 오직 마땅히 덕이 닦여지지 못하고 학문이 강마되지 못한 것을 근심해야 할 것이니, 벼슬살이 하는 것은 급급히 여길 바가 아닙니다. 뜻을 독실히 하고 학문에 힘써서 학문이 이루어진 뒤에 벼슬하더라도 늦지 않을 것입니다. 척리(戚里)[74]들은 겸양하는 것을 법도로

71 돌아가신……못하니 : 김익철의 부친 김종선(金宗善, 1766~1810)은 1789년(정조13) 24세의 나이에 처음 수문장(守門將)에 임명되었다.

72 부자(夫子)께서……겁니다 : 《논어(論語)》〈공야장(公冶長)〉에 "공자께서 칠조개에게 벼슬을 하도록 권하시자 그가 '저는 이것에 대해 아직 자신할 수 없습니다.'라고 답하니, 공자께서 기뻐하셨다.〔子使漆雕開仕. 對曰: 吾斯之未能信. 子說.〕"라고 하였다.

73 어린……비난 : 《소학(小學)》 권4 〈계고(稽古) 제사(第四)〉에 "공보문백(公父文伯)이 조정에서 나와 어머니를 뵈었는데, 어머니는 막 길쌈을 하고 있었다. 문백이 '저의 집안의 주모(主母)께서 길쌈을 하신단 말입니까.'라고 하자, 어머니가 한탄하며 말하였다. '노나라는 망할 것이다. 어린 아이로 하여금 관직을 채우게 하였으니, 이렇게 한다는 말은 듣지 못하였다.'〔公父文伯退朝, 朝其母, 其母方績, 文伯曰: 以歜之家而主猶績乎? 其母嘆曰: 魯其亡乎! 使僮子備官, 而未之聞邪!〕"라고 하였다.

삼아야 하니, 이것이 몸을 편안히 하고 천명을 세우는 자리가 됩니다. 부디 좌하는 공경히 생각하시기 바랍니다.

74 척리(戚里) : 왕실의 외척을 말한다. 본래 중국 장안의 마을이름인데, 한(漢)나라 때에 내척과 외척이 많이 살았으므로 전하여 외척을 가리키는 말이 되었다. 김익철의 증조부가 정조의 비 효의왕후(孝懿王后)의 아버지 김시묵(金時默)이기 때문에 이렇게 말한 것이다.

김명여에게 답함 임오년(1822, 순조22) 8월
答金明汝 壬午八月

《의례(儀禮)》 〈상복(喪服)〉 주(註)에 "적자(適子)는 아버지가 생존해계시면 아내를 위해서 상장(喪杖)을 짚지 않으니, 이는 아버지가 상주(喪主)가 되기 때문이다."라고 하였고, 《예기(禮記)》 〈잡기(雜記)〉에 이르기를, "아내를 위한 상(喪)에 부모가 생존해계시면 상장을 짚지 않고 계상(稽顙)을 하지 않으며, 어머니가 살아계시면 계상을 하지 않는다."라고 하였는데,[75] 소(疏)에 "적자는 아버지가 생존해계시면 감히 아내를 위해서 상장을 짚지 못하고, 아버지가 돌아가시고 어머니가 생존해계시면 상장은 짚을 수 있으나 계상은 할 수 없다."라고 하였으니, 이것을 근거해보면 상장을 짚고 상장을 짚지 않는 것은 다

75 예기(禮記)……하였는데 : 《예기》 〈잡기〉에 "부모가 생존해계시면 상장을 짚지 않으며 계상을 하지 않는다.〔父母在, 不杖, 不稽顙.〕"라고 하였는데, 그 소(疏)에 "아버지와 어머니의 높음이 똑같기 때문에 아버지를 인하여 어머니를 이어서 말한 것이다. 아버지가 돌아가시고 어머니가 생존해계시면 아내를 위하여 비록 상장을 짚을 수 있지만 계상을 할 수 없으니, 상장과 계상의 글을 연결하여 쓴 것이므로 상장을 짚지 않음은 아버지가 생존해계실 때에 속하고 계상을 하지 않는다는 글은 어머니가 생존해계실 때에 속하는 것이다. 이 때문에 '부모가 생존해계시면 상장을 짚지 않으며 계상을 하지 않는다'라고 말한 것이다."라고 하였다. 즉 소에 따르면, 《예기》의 경문은 "부모가 생존해계시면 아버지가 생존해계실 때에는 상장을 짚지 않으며 어머니가 생존해계실 때에는 상장을 짚어도 계상을 하지 않는다."는 의미가 되는 것이다. 계상은 이마를 땅에 대고 절하는 것인데, 《예기》 〈잡기〉에 "계상은 남이 자기에게 선물을 했을 때 절하는 것이다.〔稽顙者, 其贈也, 拜.〕"라고 하였는바, 다른 경우에는 계상을 하지 않고 오직 상사(喪事)를 돕는 선물을 받았을 때에만 계상을 한다는 것이다.

만 아버지가 생존해계시냐의 여부에 관계될 뿐이요, 어머니와는 상관이 없으니, 어머니는 상을 주관하는 도리가 없기 때문입니다.

그렇다면 좌하와 같은 처지는 상장을 짚지 못할 의리가 없습니다. 세속에서 어머니가 생존해계시다고 하여 아내의 상에 상장을 짚지 않는 것은 전혀 예(禮)의 뜻을 모르는 것이니, 어찌 이것을 끌어다가 비유할 수 있겠습니까. 또 《가례(家禮)》에는 아버지의 생존 여부를 따지지 않고 모두 상장을 짚는다 하였으니,[76] 빨리 자최의 상장을 구비해서 상례(喪禮)의 격식을 갖추기 바랍니다.

76 가례(家禮)에는……하였으니 : 《가례》 권4 〈상례(喪禮)〉의 "장기(杖期)" 본주(本註)에 "남편이 아내를 위해 입는다."라고 하여 다른 조건을 두지 않았다.

유선장 원환 에게 답함 정축년(1817, 순조17) 9월

答兪善長 元煥○丁丑九月

소상제(小祥祭)와 대상제(大祥祭)와 담제(禫祭)는 비록 길사(吉事)로 나아가는 것이나 실로 상중(喪中)의 제사이기 때문에 기년복을 입는 다른 상(喪)의 장례 전에 제사를 행할 수 없는 의리가 없습니다. 길제(吉祭)로 말하면 소상제・대상제・담제와는 차이가 있는데, 도암(陶菴)께서 또한 말씀하기를, "초상이 끝난 뒤에 올리는 것은 시제(時祭)와 차이가 있으니 비록 기년복을 입는 다른 상의 장례를 아직 치르지 않았다 하더라도 만일 다른 집에 사는 경우라면 행할 수 없는 의리가 없다."라고 하셨으니,[77] 이 말을 근거해보면 담제와 협제(祫祭)를 폐해서는 안 됨이 분명합니다. 만약 정통(正統)의 기년복이라면 감히 행할 수가 없으니 마땅히 졸곡에 협제를 거행하기를 기다려야 하지만, 방친(旁親)의 기년복은 협제를 지내서 변제(變除)하는 시기를 놓치지 않는 것이 옳습니다.

77 도암(陶菴)께서……하셨으니 : 도암은 이재(李縡, 1680~1746)의 호이다. 이 말은 《도암집》 권16 〈답민사위문목(答閔士衛問目)〉에 보이는바, 전문(全文)은 다음과 같다. "길제는 선유들이 비록 맹월(孟月)에 행하더라도 혐의가 없다고 하였고 또 담제를 지내는 달이 시제를 지내는 중월(仲月)이면 다음 달이 되기를 기다리지 않고 행하였으니, 봉선(奉先)이 시급한 일이 되기 때문이다. 하물며 이 초상이 끝난 뒤에 올리는 것은 평상시의 시사(時祀)와 차이가 있으니, 비록 기년복을 입는 다른 상의 장례를 아직 치르지 않았더라도 만약 다른 집에 사는 경우라면 행할 수 없는 의리가 없다.〔吉祭, 先儒以爲雖行於孟月亦無嫌, 又或禫月是當祭之仲月則不待踰月, 蓋以奉先爲急也. 況此是喪餘之薦, 與常時時祀有間, 雖期服未葬之前, 苟其異宮, 則未見其不可行也.〕"

윤양백[78] 종섭 에게 답함

答尹陽伯 鍾燮

《예기(禮記)》〈분상(奔喪)〉에 이르기를, "모든 상(喪)에 아버지가 생존해계시면 아버지가 상주가 된다."라고 하였는데, 소(疏)에 이르기를, "자식에게 아내와 아들의 상이 있으면 그의 아버지가 상주가 되니, 이것은 바로 높은 분에게 통솔되는 것이다."라고 하였으니, 《예기》〈복문(服問)〉에 이른바 '군주가 적부(適婦)의 상을 주관함'[79]도 이 뜻입니다. 그러니 마땅히 '망자부(亡子婦)'라고 신주를 쓰고, 축문은 시아버지가 며느리에게 고유하는 축문을 써야 합니다. 《예기》〈상복소기(喪服小記)〉에 비록 "며느리의 상에 있어 우제(虞祭)와 졸곡제(卒哭祭)는 그 남편과 자식이 주관하고, 부제(祔祭)는 시아버지가 주관한다."라고 말했으나, 이미 높은 분에게 통솔된다면 우제·졸곡제·부제·소상제(小祥祭)·대상제(大祥祭)·담제(禫祭)도 시아버지가 모두 주관해야 하고, 만약 시아버지가 제사에 참여하지 않는다면 축문에 "아들 아무개를 시키다"라는 글을 쓰는 것이 마땅할 듯합니다.

78 윤양백 : 윤종섭(尹鍾燮, 1791~1870)으로, 자는 양백(陽伯), 호는 온유재(溫裕齋), 본관은 파평(坡平)이다. 1837년(헌종3) 유일(遺逸)로 천거되어 화릉 참봉(和陵參奉)에 제수되었으며, 장악원 주부(掌樂院主簿)를 거쳐 수(壽)로 통정대부(通政大夫)에 가자(加資)되었다. 오희상(吳熙常)·홍직필의 문인으로, 특히 《주역(周易)》의 상수(象數)에 밝았다. 저서로 《온유재집》이 있다.

79 예기……주관함 : 《예기》〈복문(服問)〉에 "군주가 주관하는 상은 부인인 아내와 태자와 적부이다.〔君所主, 夫人妻、大子、適婦.〕"라고 하였다. '부인인 아내'는 군주의 적처이고, '적부'는 태자의 아내이다.

이중서 익 에게 답함 정축년(1817, 순조17) 5월
答李仲舒 㦗○丁丑五月

비온 뒤에 날씨가 서늘해졌는데 혼정신성(昏定晨省)하는 상황은 좋으십니까? 그대의 집안일은 창끝에서 쌀을 씻고 칼끝에서 밥 짓는다는 것[80]으로도 실로 그 어려움을 다 비유할 수가 없으니, 말하지 않는 것이 차라리 나을 정도입니다. 일이 아주 궁벽한 끝에 도달하면 조물주가 반드시 한 걸음 나아갈 수 있게 해주는 법인데, 그대의 집에 있어서는 이러한 이치가 없는 듯하니, 그대 집의 천운(天運)이 어느 때에나 정해지겠습니까? 생각하면 마음이 찢어집니다.

그대의 계씨(季氏)를 일가에 양자 보낸다는 의논을 그대가 배척하여 끊었다 하니, 이 말을 듣고서 흡족했습니다. 가상하게 여기는 마음을 이루 다 말할 수가 없습니다. 지금 이후로는 지하로 돌아가 선친(先親)을 뵙더라도 부끄러운 기색이 없을 것입니다. 차라리 서로 지키면서 굶어죽을지언정 어찌 아버지가 돌아가신 아우를 촌수도 알 수 없는 먼 친척에게 보내 양자가 되게 할 수 있겠습니까. 천리(天理)와 인정(人情)이 어찌 이와 같을 수 있겠습니까. 결단을 마음속에 간직하고서 다시는 흔들리거나 빼앗기지 않는 것이 지극히 옳고 지극히 옳습니다.

80 창끝으로……것 : 매우 위태로운 처지를 비유한 말로, 진(晉)나라 때 환현(桓玄)과 고개지(顧愷之) 등이 희언(戲言)을 나누었는데, 지극히 위험한 상황에 대한 말을 지어내면서, 환현이 "창끝에서 쌀을 씻고 칼끝에서 밥을 짓는다.〔矛頭淅米, 劍頭炊.〕"라고 한 데서 온 말이다.《世說新語 排調》

김생 정선 에게 답함 갑신년(1824, 순조24) 정월

答金生 正善○甲申元月

남의 양자가 된 자가 본생부모(本生父母)의 상(喪)을 주관하게 되면, 대상제(大祥祭) 축문의 "어느덧 대상이 되었습니다.〔奄及大祥〕"의 아래에 "이른 새벽부터 밤늦도록 슬퍼하여 스스로 편안하지 못합니다.〔夙夜悲哀 不能自寧〕"라고 해야 하고, "맑은 술과 여러 제수〔淸酌庶羞〕"의 아래에는 《상례비요(喪禮備要)》를 따라 소상(小祥)에는 "상사(常事)"라 하고 대상에는 "상사(祥事)"라 해야 합니다. 만약 삼년복을 입는 사람이 없어서 소상에 궤연을 철거한다면 다만 "상사(祥事)"라고 해야 합니다.

허생 욱 에게 줌 임인년(1842, 헌종8) 11월

與許生 昱○壬寅復月

가을 향시 때에 귀향의 준걸스러운 선비를 많이 만났으나 유독 현자를 만나지 못했었는데, 모두들 말하기를 "이번 과거에 응시하지 않았으므로 오지 않았다."라고 하니, 과거를 인연으로 현자를 만나게 되는 것은 기뻐하지 않고, 스스로 일찍 몸을 정지하여 과거 공부 하지 않는 것을 기뻐하네. 기운에 휘둘리지 않고 습속에 휘말리지 않았으므로 뜻을 세움이 이와 같은 것이니, 현자를 위하여 찬탄하네.

현자 집안의 가학의 연원은 마땅히 계승해야 하니, 부디 인(仁)을 구하여 위기지학(爲己之學)하는 자리에서 더욱 부지런히 공부하기를 바라네. 이것이 날이 새도록 잠들지 못함[81]과 욕되게 하지 않음[82]의 방도가 될 것이네.

사람이 이 몸을 소유했으면 곧 사람이 된 이치를 간직하고 있으니, 육체가 생길 때 이치도 함께 생겨나는바, 이것은 바로 하늘이 부여해준 것이요, 인력으로 할 수 있는 바가 아니네. 이 때문에 사람은 모두 다만 이 이치를 강명(講明)하고 삼가 지켜서 어둡게 하거나 버려두어

81 날이……못함 : 《시경(詩經)》 〈소아(小雅) 소완(小宛)〉에 "날이 새도록 잠을 이루지 못하여, 부모님 두 분을 생각한다.〔明發不寐, 有懷二人.〕"라고 한 말을 인용한 것이다.

82 욕되게 하지 않음 : 《시경(詩經)》 〈소아(小雅) 소완(小宛)〉에 "일찍 일어나고 밤늦게 잠들어서, 너를 낳아주신 분을 욕되게 하지 말라.〔夙興夜寐, 無忝爾所生.〕"라고 한 말을 인용한 것이다.

서는 안 되는 것이네. 자기 외면의 영화로움과 영화롭지 못함, 곤궁함과 통달함으로 말하면 하늘이 시키는 바를 따를 뿐 마음을 쓰지 말아야 할 것이네. 이것이 바로 자양 노자(紫陽老子)께서 진심을 열어 말씀해 주신 것으로,[83] 마땅히 체인(體認)해야 할 바이네.

83 이것이……것으로 : 자양은 주희(朱熹)의 별호이다. 주희의 아버지 주송(朱松)이 자양산에서 독서하였는데, 후에 주희가 청사(廳事) 이름을 자양서실(紫陽書室)이라고 하여 부친을 잊지 않는 뜻을 나타냈으므로 후인들이 이를 주희의 별호로 삼았다. '사람이 이 몸을 소유했으면……마음을 쓰지 말아야 한다'는 말은 《주자대전(朱子大全)》 권63 〈답섭인보(答葉仁父)〉에 보인다.

이원오 인필 에게 답함 병술년(1826, 순조26) 9월

答李元五 寅必○丙戌九月

학문하는 큰 강령이 세 가지가 있으니, 진실한 마음을 보존하고 진실한 이치를 밝히고 진실한 일을 행하는 것인데, 이 세 가지 중에 하나만 없어도 안 됩니다. 뜻을 세워 굳게 정한 뒤에, 책을 읽어 이치를 궁구하면 이것이 바로 치지(致知)이고, 몸으로 체행하여 실천하면 바로 이것이 역행(力行)이니, 만약 이러한 근본의 입지가 없으면 치지와 역행을 베풀 곳이 없습니다. 치지도 존심(存心)이고 역행도 존심이니, 존심이 역시 지(知)와 행(行)에서 떨어져 있지 않은 것입니다. 경(敬)은 동(動)과 정(靜)을 관통하니, 이는 인(仁)이 사물의 본체가 되어 있지 않는 곳이 없는 것과 같습니다. 이와 같이 하는 사람이라야 비로소 도에 나아가고 덕을 이룰 수 있는 것이니, 제가 제대로 하지 못하는 것을 현자가 하길 바랍니다.

주선생(朱先生)은 일찍이 말씀하기를, "학문하는 방도는 단지 눈앞에 있는 일상이 바로 그것일 뿐 애당초 심원하고 현묘한 것이 없다. 이러한 도리를 견득했으면, 자신이 해야 할 일은 곧 해나가고 하지 말아야 할 일은 단연코 해서는 안 되니, 단지 이와 같을 뿐이다."라고 하셨습니다.[84] 이 말씀은 그리 신기한 것이 없는 듯하나 실제로는 배워

84 주선생(朱先生)은……하셨습니다 : 주선생은 주희(朱熹)이다. 이 인용문은 주희가 두 군데에서 한 말을 하나로 묶어 인용한 것인바, 앞 문장은 《주자어류(朱子語類)》 권118 〈주자 십오(朱子十五) 훈문인 육(訓文人六)〉에 보이고, 뒤 문장 역시 같은 편에

서 성인(聖人)의 경지에 이르는 것도 이와 같을 뿐입니다. 다만 명리(名理)를 연구하지 못하면 해야 하고 하지 말아야 할 것을 알지 못합니다. 그러므로 "학문하는 방도는 궁리(窮理)보다 선행하는 것이 없고, 궁리의 요점은 반드시 책을 읽는 데에 있다."라고 한 것이니,[85] 고명께서는 힘쓰시기 바랍니다.

보이는데 원문은 다음과 같다. "학문하는 방법은 다른 것이 없으니, 단지 눈앞의 수많은 도리를 이해해야 할 뿐이다. 세상의 일은 큰 것 작은 것 할 것 없이 모두 도리를 가지고 있으니, 예컨대 《중용(中庸)》의 이른바 '성(性)을 따르는 것을 일러 도라 한다'는 것도 이 도리이고, '도는 잠시도 떠날 수 없다'고 한 것도 이 도리이다. 스스로 해야 할 것을 견득하면 곧 해나가고, 마땅히 하지 말아야 할 것이면 단연코 해서는 안 되니, 단지 이와 같을 뿐이다.〔爲學之道無他, 只是要理會得目前許多道理. 世間事無大無小, 皆有道理, 如中庸所謂率性之謂道, 也只是這箇道理, 道不可須臾離, 也只是這箇道理. 見得是自家合當做底, 便做將去, 不當做底, 斷不可做, 只是如此.〕" 여기에서는 홍직필의 인용에 맞추어 원문과 구두를 달리 하여 해석하였다.

85 학문하는……것이니 : 《주자대전(朱子大全)》 권13 〈행궁편전주찰이(行宮便殿奏札二)〉에 보인다.

유성약[86] 준환 에게 줌 무자년(1828, 순조28) 5월 5일

與兪聲若 駿煥○戊子天中

충경공[87]의 상소와 차자를 보내주셔서 잘 받아보았습니다. 상(喪)을 당하고[88] 다 죽게 되어서 정신과 혼을 잃고 감히 책 읽는 일을 하지 못하였으나, 유독 이 책에 있어서는 여러 번 보면서 피로함을 잊었으니, 이는 당시의 현명한 군주와 어진 재상이 서로 뜻이 합함에 감동했기 때문이었습니다. 이 분은 알면 말하지 않은 것이 없고 말하면 다하지 않은 것이 없어서, 혈성을 짜내고 심장을 갈라 진심을 보여서, 우레와 천둥 같은 분노를 범하여 천지를 감동시키고, 바람과 서리 같은 위엄을 지녀서 일월과 광채를 다투었습니다. 그래서 옆에서 보는 자들은 목을 움츠리고 혀를 내두르며, 후세 사람들은 책을 덮고 정신을 잃게 됩니다.

옛날에 다섯 가지 간함[89]이 있으나 모두 물러가는 것으로 총괄하였

86 유성약 : 유준환(兪駿煥, 1785～?)으로, 자는 성약(聲若), 본관은 기계(杞溪)이다. 1814년(순조14)에 진사시에 급제하였으며, 오위장(五衛將)·돈녕부 도정(敦寧府都正) 등을 역임하였다.

87 충경공(忠景公) : 유백증(兪伯曾, 1587～1646)으로, 자는 자선(子先), 호는 취헌(翠軒), 본관은 기계(杞溪)이며 충경(忠景)은 시호이다. 인조 때의 간신(諫臣)으로 성품이 강직하여 여러 번 직언을 하다가 좌천되는 등의 화를 당하곤 하였으나, 끝까지 굽히지 않음으로써 그 충직함이 인정되어 여러 번 복직되기도 하였다. 대사간·동지경연사·대사헌 등을 역임하였고, 영의정에 추증되었다. 저서로《취헌소차(翠軒疏箚)》가 있다.

88 상(喪)을 당하고 : 홍직필은 이전 해인 1827년 2월에 부친상을 당하였다.

는데, 죽기로 맹세하고 간함에 높은 충성과 곧은 절개를 잊지 않았으니, 비단 4백년 간신(諫臣)의 제일이 될 뿐만이 아닙니다. 본조의 간신은 취헌(翠軒)과 동계(桐溪)[90]가 진실로 명성이 똑같으나 취헌은 왕왕 동계도 말씀하지 못한 부분을 말씀한 것이 있으니, 이것이 더욱 어려움이 되는 것입니다. 또 평소에 늘상 말씀하기를 "근세에 학자들은 지엽적인 의식(儀式)과 도수(度數) 등에만 구차히 연연하고 중심은 텅 비었으니, 우맹(優孟)이 손숙오(孫叔敖)를 흉내 낸 것[91]과 무엇이 다르겠

89 다섯 가지 간함 : 다섯 가지 간함의 종류는 책마다 약간씩 다른데, 《공자가어(孔子家語)》〈변정(辨政)〉에서는 다섯 가지를 휼간(譎諫)·당간(戇諫)·강간(降諫)·직간(直諫)·풍간(諷諫)으로 제시하였다.

90 동계(桐溪) : 정온(鄭蘊, 1569~1641)으로, 자는 휘원(輝遠), 시호는 문간(文簡), 본관은 초계(草溪)이며, 동계는 호이다. 1610년(광해군2) 문과에 급제하여 설서·사서·정언 등을 역임하였고, 1614년 부사직(副司直)으로 재임하던 중 영창대군(永昌大君)의 처형이 부당함을 상소하고 가해자인 강화 부사 정항(鄭沆)의 참수를 주장하다가 광해군의 노여움을 사 제주도 대정(大靜)에서 10년간 위리안치 유배생활을 하였다. 1623년 인조반정이 일어나자 석방되어 여러 관직을 역임하였고, 1636년(인조14) 병자호란 때 이조 참판으로서 김상헌(金尙憲)과 함께 척화(斥和)를 주장하였으나, 화의가 이루어지자 칼로 자신의 배를 찌르며 자결을 시도하였지만 실패하였다. 모든 관직을 사직하고 낙향하여 은거하다가 5년 만에 죽었다. 영의정에 추증되었다. 저서로 《동계집(桐溪集)》이 있다.

91 우맹(優孟)이……것 : 우맹은 '광대 맹'이라는 말로, 전국 시대 초(楚)나라의 유명한 배우이고, 손숙오는 초나라의 장왕(莊王)을 도와 선정을 베풀었던 명재상이다. 손숙오가 당시 우맹의 사람됨을 알고서 평소에 잘 대우해 주고는 죽을 무렵에 아들에게 이르기를 "내가 죽으면 너는 틀림없이 가난해질 것이니 그때는 우맹을 만나 나의 자손이라고 말하여라."라고 하였는데, 그 후 과연 손숙오의 자손은 가난에 시달리게 되었다. 우맹을 만나 그 사실을 전하니, 우맹은 손숙오의 모습과 똑같이 꾸미고 손숙오를 흉내 내며 임금에게 나타났는데, 임금은 그가 손숙오를 꼭 닮은 것에 기뻐하여 그를 정승으로

는가. 뜻이 확립되면 만사를 행할 수 있고 뜻이 확립되지 못하면 한 가지 일도 이루어지지 못한다."라고 하신 것은 참으로 유문(儒門)의 약석(藥石)이요, 후학들의 법도이니, 제가 사모하고 기뻐하며 공경히 외는 말씀입니다.

한 본을 전사(轉寫)하여 책상 위에 높이 모셔놓음으로써 그 분 수레의 채찍을 잡고자 하는 소원[92]을 이루기를 마치 안은봉(安隱峰)이 강집(剛集)·대집(大集)으로 이름한 것[93]처럼 하고자 하나, 조처할 만한 재력이 없어서 다만 책표지와 책을 꿰맨 실끈을 고쳐서 받들어 올리니, 받아 주시기 바랍니다.

삼으려 하였다. 우맹이 말하기를 "손숙오 같은 사람은 초나라의 패업(霸業)을 이룬 정승이지만 그의 자손은 송곳 하나 세울 땅이 없으니 무엇이 좋다고 정승을 하겠습니까." 하니, 임금이 그 뜻을 알아차리고 손숙오의 자손을 불러 땅을 봉해 주었다는 고사가 있다. 여기서는 학자들이 내면의 실제는 없이 외면에만 힘쓰는 것이 마치 우맹이 손숙오의 겉모습만을 흉내 낸 것과 같다는 의미로 쓴 것이다. 《史記 滑稽列傳》

92 그 분……소원 : 어떤 이를 너무나 사모하여 그를 위해서라면 천한 일이라도 마다하지 않겠다는 의미로, 《사기(史記)》 권62 〈관영열전(管晏列傳)〉의 논(論)에 사마천이 "가령 안자(晏子)가 살아 있다면 나는 비록 그를 위해 채찍을 잡는 일이라도 흔쾌히 할 것이다.〔假令晏子而在, 余雖爲之執鞭, 所忻慕焉.〕"라고 한 데에서 온 말이다.

93 안은봉(安隱峰)이……것 : 안은봉은 안방준(安邦俊, 1573~1654)으로, 은봉은 그의 호이다. 《서계집(西溪集)》 권15 〈이조참판기평군유공시장(吏曹參判杞平君兪公諡狀)〉에 이와 관련하여 다음과 같은 말이 있다. "호남 처사 안방준이 평소 공을 알지 못했는데, 공의 풍모를 듣고 사모하였다. 공이 돌아가시자 통곡하고서, 공의 소장(疏章)을 구하여 읽고는 찬탄하기를 '천지의 강대(剛大)한 기운을 오직 공이 얻었다.'라 하고, 마침내 이 소장을 나누어 강집과 대집 둘로 만들고 총괄하여 《선양소차(善養疏箚)》라고 이름하였다."

서자직[94] 유질 에게 답함 계사년(1833, 순조33) 윤월

答徐子直 有質○癸巳閏月

무릇 상복을 벗을 때는 모두 복(服)을 받은 달로부터 계산합니다. 그래서 비록 기년(朞年)과 대공(大功)·소공(小功)의 상이라도 부음을 듣고 성복(成服)을 하니, 추후에 상에 달려가 달을 넘기고 철을 넘겨도 오히려 그러한데 하물며 면례(緬禮 이장(移葬))에 관(棺)을 보고서 복(服)을 받은 자에 있어서이겠습니까. 출관(出棺)하는 것과 하관(下棺)하는 것이 비록 각각 다른 달에 있으나 복을 받은 달로부터 계산해서 넷째 달 초하루에 이르러 허위(虛位)를 진설하여 곡하고서 복을 벗되 혹 묘소(墓所)에서 하여도 괜찮습니다.

94 서자직 : 서유영(徐有英, 1801~1874)으로, 초명은 서유질(徐有質) 혹은 서유석(徐有奭), 자는 자직(子直), 호는 운고(雲皐), 본관은 달성(達城)이다. 젊은 시절에는 관직에 나가지 않고 경기도 양주와 한성지역의 문인들과 교류하였으며, 1850년(철종1) 생원시에 급제하였다. 1860년(철종11)에 음보로 사릉 참봉(思陵參奉)에 제수되고 이후 이조 좌랑·의령 현감(宜寧縣監) 등을 역임하였는데, 1868년(고종5)에 파직되어 유배형을 받았다. 1870년(고종7) 1월에 유배가 풀려 금계에서 생활하면서《금계필담(錦溪筆談)》을 썼다. 그 외의 저서로는《운고시선(雲皐詩選)》,《육미당기(六美堂記)》 등이 있다.

서자직에게 줌 무신년(1848, 헌종14) 8월
與徐子直 戊申八月

지금 날씨가 서늘하니 상중(喪中)의 몸은 어떠십니까? 너무 비통해하여 건강이 상하지는 않았습니까? 잎이 날아서 나무를 떠나고 구름이 끊겨서 운근(雲根)과 작별하는 것이니, 굳이 무익한 슬픔을 내어서 부질없이 원기(元氣)를 손상시키지 않아야 할 듯합니다.

인하여 받들어 아뢸 것이 있습니다. 배필을 잃은 자 중에 부엌에서 음식을 만들 사람이 없다는 이유로 종종 무덤에 흙이 마르기도 전에 다시 혼례를 치르는 자가 있으니, 이것은 풍속을 크게 해치는 일입니다. 3년 만에 장가드는 것은 자식의 슬픈 정을 다 할 수 있게 하는 것인데,[95] 실정이 곤궁하고 형세가 급박한 경우라서 지체하기가 어려우면 마땅히 궤연을 철거하는 것을 기한으로 삼아야 할 것입니다. 어찌 상복을 벗기 전에 거문고 줄을 다시 이어서[96] 슬픔과 즐거움이 한 몸에

95 3년……것인데 : 부재모상(父在母喪)의 경우, 자식은 아버지에게 압존(壓尊)되어서 아버지와 마찬가지로 기년복을 입는데, 그렇다고 하더라도 아버지는 3년이 지난 뒤에 재혼을 하니, 이는 자식이 심상(心喪) 3년을 마치기를 기다려주는 것이다. 《의례주소(儀禮注疏)》 권11 〈상복(喪服)〉에 부재모상에 대해 말하기를 "어째서 기년복을 입는가? 압굴되는 것이니, 지존(至尊)이 살아계시므로 감히 사존(私尊)을 펼 수 없기 때문이다. 아버지는 반드시 3년을 기다린 뒤에 장가를 가서 자식의 뜻을 다할 수 있게 한다.〔何以期也? 屈也, 至尊在, 不敢伸其私尊也. 父必三年然後娶, 達子之志也.〕"라고 하였다.

96 거문고……이어서 : 재혼을 의미하는바, 옛날에 금슬(琴瑟)을 부부에 비유한 것에서 연유한 말로, 상처(喪妻)를 단현(斷絃)이라 하고 재취(再娶)를 속현(續絃)이라 한다.

모이고 길사와 흉사가 한 집에 뒤섞이는 일을 할 수 있겠습니까. 좌하께서는 인륜을 바르게 하고 은혜를 돈독히 해서 결코 이와 같지 않으신 줄을 제가 잘 알고 있는데 이처럼 일에 앞서 염려하니, 태양 아래에 등불을 더하는 일이 되지 않을 수 있겠습니까.

한 진사[97] 문건 에게 답함 기묘년(1819, 순조19) 2월

答韓進士 文健○己卯二月

봄 절기가 중춘을 향하는데 혼정신성(昏定晨省)하는 기체(氣體)가 깨끗하고 삼가십니까? 산남(山南 영남(嶺南)) 한 도는 어찌 이 해동의 추로(鄒魯)[98]가 아니겠습니까마는 풍기(風氣)가 쇠진하고 당론에 고착되어서 허다한 좋은 집안들이 선입견에 의해 잘못되었으므로 석담(石潭 이이(李珥))과 화양(華陽 송시열(宋時烈))의 진정한 문정(門庭)이 있음을 알지 못하니, 매번 개탄하는 마음을 이길 수가 없습니다. 집사께서는 여러 초(楚)나라 사람들이 떼 지어 떠드는 가운데에 처하여[99] 우뚝이 홀로 서고 확고히 스스로 서 있으니, 만일 피부가 찔림을 당하여도 움츠리지 않고 눈이 찔림을 당하여도 피하지 않아서 만 명의 사람도 뺏을 수 없는 용맹을 떨치는 자[100]가 아니면 그 누가 이와 같이

97 한 진사 : 한문건(韓文健, 1765~1850)으로, 자는 천약(天若), 본관은 곡산(谷山)이고, 경주에 거주하였다. 1803년(순조3)에 진사시에 급제하였다.

98 추로(鄒魯) : 공자의 출생지인 노나라 지역과 맹자의 출생지인 추나라 지역을 합하여 말한 것으로, 공맹의 유학을 전승하여 예의가 밝고 학문이 흥성한 지역을 가리키는 말이다.

99 여러……처하여 : 《맹자(孟子)》 〈등문공 하(滕文公下)〉에 "한 명의 제(齊)나라 사람이 그를 가르치면 여러 초나라 사람들이 떠들어댈 것이니, 그렇다면 비록 날마다 종아리를 치면서 제나라 말을 하기를 요구하더라도 될 수 없을 것이다.〔一齊人傅之, 衆楚人咻之, 雖日撻而求其齊也, 不可得矣.〕"라고 한 것을 인용한 말이다.

100 피부가……자 : 《맹자(孟子)》 〈공손추 상(公孫丑上)〉에 "북궁유의 용맹을 기름은 피부가 찔려도 움츠리지 않으며 눈동자가 찔려도 피하지 않는다.〔北宮黝之養勇也,

할 수 있겠습니까. 인산서원(仁山書院)[101]을 이미 훼철하였다가 다시 세움은 바로 존문(尊門)의 공이고, 또 다시 나무가 베어지는 치욕[102]을 당하지 않은 것도 집사가 계시기 때문입니다.

보여주신 편지에 영남의 비방하는 자들이 다시 일어나서 모욕하는 말이 우옹(尤翁 송시열(宋時烈))에게까지 이르렀다고 하니, 세상에 도를 호위하고 간사함을 물리치는 군자가 없어서 정도(正道)를 추악하게 비방하는 자들로 하여금 거리낌 없이 제멋대로 방종하게 하니, 이러고서 어찌 우리 당에 사람이 있다고 말할 수 있겠습니까. 세상에 어찌 우옹을 무함하고 훼방하고서 흉험한 무리가 되지 않는 자가 있겠습니

不膚撓, 不目逃.〕"라고 하였고, 그 아래에 "옛적에 증자(曾子)가 자양(子襄)에게 이르기를 '그대는 용맹을 좋아하는가? 내 일찍이 대용(大勇)을 부자(夫子)에게 들었으니, 「스스로 돌이켜서 정직하지 못하면 비록 갈관박(褐寬博)이라도 내 두려워하지 않겠는가. 그러나 스스로 돌이켜서 정직하다면 비록 천만 명이 있더라도 내가 가서 당당히 대적하겠다.」 하셨다.'라고 하였다.〔昔者, 曾子謂子襄曰: 子好勇乎? 吾嘗聞大勇於夫子矣: 自反而不縮, 雖褐寬博, 吾不惴焉? 自反而縮, 雖千萬人, 吾往矣.〕"는 말이 있는 바, 이 두 말을 합쳐 인용한 것이다.

101 인산서원(仁山書院) : 경북 경주시 인왕동 인왕산(仁旺山) 아래에 있던 서원으로, 1714년(숙종40)에 지방유림의 공의로 송시열(宋時烈)의 학문과 덕행을 추모하기 위해 봉암산(鳳巖山) 아래에 창건하여 위패를 모셨으며, 이 때는 봉암영당(鳳巖影堂)이라고 하였다. 1722년(경종2)에 훼철되었다가 1725년(영조1)에 인왕산(仁旺山) 아래에 중건하여 인산영당(仁山影堂)이라 하였으며, 1764년(영조40) 인산서원으로 사액되었다. 선현배향과 지방교육의 일익을 담당하였으나 1868년(고종5)에 대원군의 서원철폐로 훼철되어 이후 복원되지 못하였다.

102 나무가 베어지는 치욕 : 서원이 강제로 훼철됨을 말한다. 공자(孔子)가 송(宋)나라에 있을 때 큰 나무 아래에서 예(禮)를 강론하고 떠났는데, 송나라 사마인 상퇴(向魋)가 공자를 죽이려고 쫓아갔으나 이미 떠나가고 없자 그 큰 나무를 베어버렸다는 데에서 온 말이다.《史記 卷47 孔子世家》

까. 저들 스스로 흉험한 것일 뿐이니 우옹이 무슨 상관이 있겠습니까. 그들의 가련함을 볼 뿐입니다. 다만 내면에 충신(忠信)을 쌓으며 말을 가려서 하고 뜻을 돈독히 해서 우리 학문을 더욱 바르게 만들고 우리 도를 더욱 밝아지게 해야 할 뿐이니, 그렇게 한다면 저들의 부정한 학설이 태양을 만난 눈처럼 사라질 것입니다. 어찌 그들과 더불어 깊이 논변할 것이 있겠습니까. 이것은 바로 주선생(朱先生)께서 말씀하신 "참됨은 없어지기가 어렵고 가짜는 제거되기 쉽다."는 것입니다.[103] 그렇다면 서원의 유생들이 억울함을 펴고 진실을 가릴 계책을 세우는 것은 번거롭게 일만 만드는 것에 가깝지 않겠습니까.

103 주선생(朱先生)께서……것입니다 : 주선생은 주희(朱熹)이다. 《주자대전(朱子大全)》 권50 〈답정정사(答程正思)〉에 "속담에 이런 말이 있으니, '참됨은 없어지기가 어렵고 가짜는 제거되기 쉽다' 하였다.〔諺有之, 是眞難滅, 是假易除.〕"라고 보인다.

한 진사에게 줌 무술년(1838, 헌종4) 5월

與韓進士 戊戌牛夏

귀하 문중의 《두릉고(杜陵稿)》의 서문(序文)은 고명이 간곡하게 부탁했기 때문에 응한 것이지 제가 하고 싶어서 한 것은 아닙니다. 또 이분은 전할 만한 실제가 있으므로 그저 잠겨있고 그윽한 덕을 밝게 드러내는 뜻을 붙여 본 것일 뿐입니다. 그런데 듣자하니 이미 간행됨에 저와 취향이 다른 자의 지은 글이 나란히 나열되었다 합니다. 어째서 이렇게 됐습니까? 만일 먼저 지은 글이 있었다면 어째서 다시 이 몸에게 청한 것입니까? 글을 내놓기를 조심하지 않아 이러한 지경에 이르렀으니 부끄러움과 후회를 말로 다할 수가 없습니다. 부디 빨리 저의 서문을 삭제해서 조금이라도 지체하지 않는 것이 지극히 옳고 지극히 옳을 것입니다. 만약 이것을 시행하지 않으시면 경주 부윤(慶州府尹)에게 부탁해서 수습해 찾아다가 불태워 훼판해서 주선생(朱先生)의 옛 의리를 따를 것입니다.[104]

104 주선생의……것입니다 : 주선생은 주희(朱熹)를 가리키는바, 첨의지(詹儀之)가 주희가 쓴 여러 경설(經說)을 주희의 허락 없이 출판하자 주희가 그에게 다음과 같이 편지를 보내어 훼판해줄 것을 청하였다. "저의 마음을 진달하여 출판을 중단해주기를 간청하고 싶으나, 아마도 이미 공역(工役)을 일으켜 관전(官錢)을 사용해서 쉽게 그만둘 수 없을 듯합니다. 제가 이제 공장(公狀)을 써서 그대의 부(府)에 제출할 것이니, 부디 서압(書押)하고 입안(入案)해서 명을 내려 판을 모두 수습하여 불태워 훼판해주시기를 바랍니다. 이미 쓴 비용은 그 실제 숫자를 알려 주십시오. 제 비록 가난하나 가산을 모두 써서라도 환납할 것입니다. 이렇게 하지 않으면 이 무리들이 결코 가만두지 않을 것이니, 제 일신상의 목전의 이해(利害)는 말할 것이 못 되지만, 이 일이 도리어

두 아드님은 옥을 단련하기를 더욱더 정밀하게 하십니까? 오촌(鰲村)[105]의 장례를 아직 지내지 않았다고 해서 두 과거에 응시하지 않았다 들었으니, 이 일은 당연히 행해야 할 도리이나 또한 쓸쓸하고 쓸쓸하여 이런 일이 있다고 듣질 못했습니다. 그런데 지금 훌륭한 아드님에게서 이것을 보니, 고명의 몸소 가르침의 올바름을 징험할 수 있습니다. 좋은 만남이 이뤄지지 못했다고 해서 서글퍼하지 않습니다.

우리의 도(道)의 무궁한 폐해가 될 것이 염려됩니다." 《朱子大全 卷27 答詹帥》

105 오촌(鰲村) : 송치규(宋穉圭, 1759~1838)로, 자는 기옥(奇玉), 호는 강재(剛齋), 시호는 문간(文簡), 본관은 은진(恩津)이다. 송시열(宋時烈)의 6대손으로 김정묵(金正默)의 문인이다. 평생 벼슬을 하지 않고 당대의 거유(巨儒)로 수많은 제자를 배출하였다. 저서로 《장재집(剛齋集)》이 있다.

백긍첨[106] 종걸 에게 답함 갑오년(1824, 순조34) 6월
答白兢瞻 宗杰○甲午六月

현자께서는 이미 여러 경(經)을 외기를 자기 말을 외듯이 하는데 또 역사책을 보려고 하니, 역사책은 경전의 징험이 나타나는 일이고 경전은 역사책의 척도가 되는 판례(判例)인바, 두 가지는 모두 없을 수가 없습니다. 그러나 역사를 전공하는 자들이 만약 단지 사적(事蹟)만 기억할 뿐이라면 또한 견식(見識)에 유익함이 없으니, 반드시 그 상황을 자신이 겪는다고 가정하면서 일의 이해(利害)와 세상의 치란(治亂)을 보아야 하고 또 책을 덮고서는 '끝에는 어떻게 될까'를 생각하여야 합니다. 그래야 비로소 학문을 진전할 수 있습니다. 비유하면 약이 많은 산에서는 취하는 대로 얻을 수 있지만 반드시 필요한 것을 고르는 채취(採取)를 할 수 있어야 하니, 만약 채취하지 못하면 비록 삼신산(三神山)에 아주 신령스러운 약초가 있더라도 그대로 내버려 둘 뿐인 것과 같습니다. 이렇게 한다면 나와 무슨 상관이 있겠습니까.

《여사강목(麗史綱目)》 5책을 올리니, 부디 5백년 왕업의 시종을 연구하시고서 돌려주시기 바랍니다. 고려 태조는 어지러운 나라를 다스려서 바름으로 돌아가게 하여 나라를 세운 것이 정대(正大)하고 또

106 백긍첨 : 백종걸(白宗杰, 1800~1879)로 자는 긍첨(兢瞻), 호는 지산(止山), 본관은 수원(水原)이다. 김익환(金益煥)에게 수학하였다. 1831년(순조31) 문과에 급제하여, 사헌부 지평·병조 정랑·문천 군수(文川郡守)·병조 참의·우부승지 등을 역임하였다. 저서로 《지산집(止山集)》이 있다.

삼국을 통합해서 시체가 땅에 쌓이는 전쟁통에서 백성들을 구원하여서 해동에 큰 공을 남겨 백성들이 지금까지 그 덕에 도움을 받고 있으니, 반 천년 부강(富强)의 기업을 누리는 것이 당연합니다. 또 일찍이 한 명의 간신(諫臣)도 죽이지 않았고 또 현자를 조정에 세우되 정해진 방소가 없이 넓게 써서 인재를 모두 등용하였으니, 이는 여러 군주들이 법으로 삼아야 할 바입니다. 다만 오랑캐의 누추한 풍속을 고치지 못하고 인문(人文)이 밝아지지 못해서, 여러 마리 수사슴이 한 마리 암사슴에게 모여드는 듯이 하여 윤리를 모독하고, 새벽에 암탉이 울어 화를 일으켰으며, 강한 신하들이 발호(跋扈)하여 왕의 기강이 땅에 실추되었습니다. 이렇게 천하와 후세에게 듣게 할 수 없는 점이 있으니, 이 또한 하나하나 살피시기 바랍니다.

무릇 내외가 차례에 따라 서는 것은 모두 계단 아래에 서있는 것인데 지금 풍속은 혹 예(禮)의 뜻을 알지 못해서 당상(堂上)에 자리를 만드니, 이것은 바른 예가 아닙니다. 자리는 계단 아래에 있고 예는 당상에서 행합니다. 그러므로 일이 있으면 올라가고 일이 없으면 내려오니, 대상(大祥)과 소상(小祥)도 이와 같이 해야 합니다. 들어가 곡할 때에는 여러 손님과 계단 아래의 자리에서 곡을 하여 슬픔을 나타내니, 이른바 '중한 복(服)을 입은 사람이 앞에 있다'는 것[107]도 내려와서

107 중한……것 : 《가례(家禮)》 권4 〈상례(喪禮)〉의 "널을 받들고 조묘를 뵘〔奉柩朝于祖〕"의 본주(本註)에 "집사자는 전(奠)과 교의(交椅)와 탁자를 받들고, 다음으로 명정(銘旌)이 따르고, 다음으로 일꾼이 널을 들고 따르고, 다음으로 주인 이하가 따라가며 곡을 한다. 남자는 오른쪽으로 가고, 부인은 왼쪽으로 간다. 중한 복(服)을 입은 사람이 앞에 있고, 가벼운 복을 입은 사람이 뒤에 있으니, 복에 따라 각각 순서를 삼는

자기 자리로 돌아온 것을 가지고 말한 것입니다.

다.〔執事者奉奠及椅卓, 次之銘旌, 次之役者擧柩, 次之主人以下從哭. 男子由右, 婦人由左. 重服在前, 輕服在後, 服各爲敍.〕"라고 하였다.

박질 승혁 에게 줌 신해년(1851, 철종2) 8월

與朴姪 承赫○辛亥八月

우리 외가의 혈손은 오직 그대 한 몸이 있으니, 한 몸이 지고 있는 짐이 어떤 것인데 술과 여색을 삼가지 않아서 터무니없는 병증을 이룬단 말인가. 지금 이후로는 반드시 인(仁)과 예(禮)를 마음에 보존해서[108] 두 도끼[109]가 교차로 공격함을 당하지 않기를 크게 바라는 마음이길 수 없네.

듣건대 그대의 사랑하는 딸이 대혼(大婚)의 간택 단자에 들어갔다 하니,[110] 이것은 호적을 가지고 차례로 드는 것이므로 면할 수는 없네. 그러나 간택해서 들여보낼 때에는 병을 칭탁하는 것이 지극히 마땅하네. 지난해 우리 집의 두 딸이 간택하는 여자 안에 들어갔으나 모두 참여하지 않았으니, 이것이 바로 사리에 당연한 것이네. 그대가 어떻게 홀로 이렇게 하지 않을 수 있겠는가. 부녀자들의 권유를 받지 말아서 주변 사람들의 비난과 비웃음을 면하는 것이 어떻겠는가.

108 인(仁)과……보존해서 : 《맹자(孟子)》 〈이루 하(離婁下)〉에 "군자가 보통 사람과 다른 것은 그 마음을 보존하기 때문이니, 군자는 인을 마음에 보존하며 예를 마음에 보존한다.〔君子所以異於人者, 以其存心也, 君子以仁存心, 以禮存心.〕"라고 하였다.

109 두 도끼 : 술과 여색을 가리킨다.

110 대혼(大婚)의……하니 : 대혼은 왕이나 왕세자의 혼인을 말하는바, 이 해에 철종의 가례(家禮)가 있었다.

서성고 종순 에게 답함 갑오년(1834, 순조34) 6월
答徐聖皐 種淳○甲午六月

나이가 장성하였는데 미처 관례하지 못했을 적에 부모상을 당한 자는 동자(童子)의 상복으로 성복하기 어려우니, 마땅히 《예기(禮記)》 〈잡기(雜記)〉의 "상중(喪中)에 관례를 하는 것은 비록 삼년상이라도 괜찮다."는 글을 원용해서 성인(成人)의 상복으로 성복(成服)하고, 만약 이미 성복이 지났으면 또한 마땅히 무왕(武王)이 붕(崩)했을 때 성왕(成王)이 무왕의 장례를 치르고서 관례를 행한 준례(準例)[111]를 따라 졸곡한 뒤에 관례를 행하는 것이 예(禮)에 맞을 듯합니다. 정강성(鄭康成)이 말하기를, "상을 만난 것이 관례를 행할 달이면 성복을 인하여 관례를 하고, 관례를 행할 달이 아니면 변제(變除)하여 졸곡(卒哭)하기를 기다려서 관례를 행한다."라고 하였으니,[112] 옛날에는 반드시 정월에 관례를 하였는바, 이른바 '관례를 행할 달이 아니다'는 것은 바로 정월이 아님을 말한 것입니다. 졸곡 뒤에 관례를 행하는 것은 근거가 없지는 않으나 길사와 흉사가 서로 교차되니, 길제(吉祭)를 지낸 뒤에 택일하여 관례를 행하는 것이 바름이 얻는 것만 못합니다.

111 무왕(武王)이……준례(準例) : 《공자가어(孔子家語)》 권8 〈관송(冠頌)〉에 "무왕이 붕하였을 때 성왕의 나이가 13세였는데 왕위를 이었다. 이에 주공이 총재(冢宰)를 맡아 섭정해서 천하를 다스리고, 다음 해 여름 6월에 장례를 치르고서 성왕에게 관례를 행하고 조묘(祖廟)에 배알하였다.〔武王崩, 成王年十有三而嗣立, 周公居冢宰攝政, 以治天下. 明年夏六月, 旣葬冠成王, 而朝于祖.〕"라고 하였다.

112 정강성(鄭康成)이……하였으니 : 《예기주소(禮記注疏)》 권42 〈잡기(雜記)〉의 정현(鄭玄) 주(注)에 보인다.

김성수 직신 에게 답함 정해년(1827, 순조27) 8월
答金聖授 直信○丁亥八月

보내주신 편지에서, 병으로 인하여 독서를 폐했다는 것을 가지고 서글피 한탄하기를 마지않았으니, 온 세상에 이 의리를 능히 아는 자가 매우 드문데 지금 이것을 좌하에게 들으니, 저로 하여금 정신이 깨일 수 있게 합니다. 그동안 한두 번 만났을 적에 이미 가정에서 전수한 요체(要諦)가 있음을 알았으니, 매우 감탄하였습니다. 좌하는 다행히 존조고(尊祖考) 탁계공(濯溪公)[113]이 후세를 위하여 선창(先倡)을 해서 올바른 길을 보여주어서 성현의 경지에 나아가게 하심을 얻었습니다. 비유하면 등림(鄧林)에 심은 나무[114]와 삼밭에 난 쑥대[115]가 저절로

113 존조고(尊祖考) 탁계공(濯溪公) : 탁계공은 김상진(金相進, 1736~1811)으로, 김직신은 김상진의 손자이다. 김상진은 자가 사달(士達), 호가 탁계, 본관이 김해이다. 젊은 시절에는 홍명원(洪命元)에게 수학하였고, 성장하여서는 김원행(金元行), 송명흠(宋明欽)을 사사하였다. 1755년 생원시에 합격하였으나, 그 뒤 과거 때마다 뜻을 이루지 못하여 과거를 단념하고 계산에 은거하면서 《주자대전(朱子大全)》과 《주자어류(朱子語類)》에 심취하였다. 1791년 땅을 사서 의전택(義田宅)을 만들고, 1천 권의 책을 모아 묵장각(墨莊閣)을 설치한 뒤 문약(門約)과 종맹(宗盟) 등을 만들어서 문중 자제들을 가르치면서 《예설잡지(禮說雜識)》, 《경전경의(經傳經義)》, 《미강어록(渼江語錄)》등 많은 저술을 남겼으며, 문집으로 《탁계집》이 있다.

114 등림(鄧林)에 심은 나무 : 동림은 전설상의 숲 이름으로, 좋은 재목이 많은 것으로 유명한바, 옛날 과보(夸父)가 꽂아놓은 지팡이가 자라 울창한 숲을 이루었다고 한다. 《山海經 海外北經》

115 삼밭에 난 쑥대 : 학문을 함에 주변 조건이 좋은 것을 비유한 말이다. 《순자(荀子)》 〈권학(勸學)〉에, "쑥이 삼밭에 나면 붙잡아 주지 않아도 곧다.〔蓬生麻中, 不扶而

무성하고 저절로 곧은 것과 같으니, 진실로 얕음에서 깊음으로 들어가고 가까운 데로부터 먼 데에 도달해서 순서를 따라 나아가 끊임없이 부지런히 해서 끝내 이치에 나아가고 일을 행하는 실제에 자득함이 있다면, 비단 이 도를 계승하여 선조의 공렬(功烈)을 잇는 귀함이 될 뿐만이 아닐 것입니다.

주선생(朱先生)은 배우는 자들이 부침(浮沈)을 거듭해서 반쯤 올라갔다가 아래로 떨어지는 병폐를 갖는 것에 대하여 일찍이 탄식하기를, "이 학문하는 일은 어렵다고 여기지 말아야 한다. 마치 굶주린 자가 밥 먹고자 하고 목마른 자가 마시고자 하는 것처럼 하며, 불을 끄듯이 하고 도망하는 사람을 쫓듯이 해야 하는 것이다. 이와 같이 몇 년 동안 해서 보는 것이 투철하게 되어 마음속에서 활발발(活潑潑)한 것이 흘러나와야 비로소 옳다."라고 하셨습니다.[116] 이 말이 매우 간절하니 고명께서는 일생동안 외고 본받기를 바랍니다.

《탁계집》은 여러 번 읽어보니 도에 나아가고 덕을 이룬 진실함을 우러러 알겠고, 〈문약(門約)〉과 〈종맹(宗盟)〉과 〈가숙절목(家塾節目)〉[117]으로 말하면 바로 '집을 나가지 않고 나라에 가르침을 이루었다'[118]는 것이니, 만일 몸소 행하고 마음에 터득한 실제가 아니라면 그

直.〕"라고 하였다.

116 주선생(朱先生)은……하셨습니다 :《주자어류(朱子語類)》 권8 〈학이(學二) 총론위학지방(總論爲學之方)〉에 보인다.

117 문약(門約)과 종맹(宗盟)과 가숙절목(家塾節目) : 이 세 가지 모두《탁계집(濯溪集)》 권7 〈잡저(雜著)〉에 실려 있다.

118 집밖을……이루었다 :《대학(大學)》에 "이른바 '나라를 다스림이 반드시 먼저 그 집안을 가지런히 함에 있다.'는 것은 그 집안을 가르치지 못하고 능히 남을 가르치는

누가 여기에 참여할 수 있겠습니까. 이 어찌 다만 입과 귀에만 이치를 올려서 말만 번지르르 하게 하는 자와 견줄 수 있는 것이겠습니까. 늦게 태어난 연유로 문하에 가서 훌륭한 덕을 보지 못한 것이 더욱 한스럽습니다. 유고(遺稿)에 대한 존삭(存削)은 분부하신대로 쪽지를 붙였으나 이치에 맞는다고 보장하기가 어려우니, 굽어보고서 취사하시기 바랍니다.

자는 없다. 그러므로 君子는 집을 나가지 않고 나라에 가르침을 이루는 것이다.〔所謂治國必先齊其家者, 其家不可教, 而能教人者無之, 故君子不出家而成教於國.〕"라고 보인다.

김성수에게 답함 기축년(1829, 순조29) 4월

答金聖授 己丑四月

장서(藏書)를 읽는다는 말씀은 사람으로 하여금 들음에 기운이 용솟음치게 합니다. 탁계공(濯溪公)[119]은 의식(衣食)을 절약함으로써 전적(典籍)을 널리 구해서 이를 대바구니에 가득한 황금과 바꾸었으니, 이는 후손들에게 크게 바란 것인바, 그 뜻이 매우 심원(深遠)합니다. 다행히 훌륭한 손자가 있어서 능히 선조의 공렬(功烈)을 이어 장차 가학을 크게 밝히고 이 도를 계승하게 되었으니, 비단 청전(青氈)의 구물(舊物)[120]을 지킬 뿐만이 아닙니다. 구구한 저는 마음속으로 좋아하여 제가 소유한 것보다 더 기쁘게 생각합니다.

도(道)라는 것은 찾기는 쉬우나 끝까지 연구하기는 어렵고 알기는 쉬우나 행하기가 어려우니, 만일 몸과 마음 두 가지 모두 잊고서 구하지 않는다면 이룰 수가 없을 듯합니다. 바라건대 지금부터 계속해서 과거공부를 완전히 끊어버리고 위로 향하는 걸음에 전심치지(專心致志)하십시오. 중요한 것은 늙기 전에 일을 이루어야 한다는 점이니,

119 탁계공(濯溪公) : 258쪽 주113 참조.

120 청전(青氈)의 구물(舊物) : 청전은 푸른색의 털방석으로, 선조의 유품 중에 매우 귀한 것을 의미한다. 진(晉)나라 왕헌지(王獻之)의 집에 도둑이 들었는데, 다른 물건을 훔칠 때에는 그가 모르는 체하고 누워 있다가 도둑이 탑상(榻床)에 올라 푸른 털방석에 손을 대려 하자 "그 푸른 털방석은 우리 집안의 구물(舊物)이니 그냥 놔둘 수 없겠는가?〔青氈是我家舊物, 可特置否?〕"라고 말하여, 도둑을 깜짝 놀라게 했다는 고사가 전한다. 《晉書 卷80 王獻之傳》

이미 늙고 나서 후회함이 없도록 하는 것이 어떻겠습니까?

지금 사람들은 주정(主靜 정시(靜時)를 위주로 함)의 공부가 없기 때문에 본령(本領)이 확립되지 못하고 주재(主宰)가 견고하지 못하니, 그리하여 일과 행위에 나타난 것이 왕왕 일곱 번 넘어지고 여덟 번 쓰러져서 어지럽고 어긋나는 데에 이릅니다. 이와 같은 자가 무엇에 의거해서 학문에 종사할 수 있겠습니까? 만일 주인공(主人公)의 일이 없어서[121] 애당초 자기와 상관없다면 "존양(存養)하지 않으면 다만 말뿐인 것이다."[122]라고 하지 않을 수 있겠습니까. 다만 이른바 '희로애락의 미발(未發)한 기상'은 비록 주정(主靜)의 절도(節度)이나 경지가 매우 높으니, 만일 정(靜)함이 지극한 자가 아니면 스스로 이 미발 기상을 볼 수가 없습니다. 또 초학자가 경(敬)에 거하여 안을 곧게 하는 공부를 하지 않은 채 곧바로 여기에 종사하면 착오하여 병이 생기기 쉬우니, 반드시 본원을 함양하는 것을 우선으로 하여 항상 이 마음을 담담하고 진정되게 해서 사물에 의한 침해와 혼란을 당하지 않게 해야 할 것입니다. 이렇게 한다면 만 가지 변화에 수작(酬酌)하며 널리 응하고

121 주인공(主人公)의 일이 없어서 : 마음의 주재가 분명하지 않음을 말한다. 주인공은 주인옹(主人翁)이라고도 하는바, 마음을 가리킨다. 《주자어류(朱子語類)》 권12 〈학육(學六) 지수(持守)〉에 "학문은 모름지기 경계하고 반성해야 한다. 예컨대 서암화상(瑞巖和尙)은 매일 스스로에게 항상 '주인옹은 깨어 있습니까?'라고 묻고 또 스스로 '깨어 있습니다.'라고 대답하였다고 한다. 지금의 배우는 자들은 도리어 그렇지 못하다.〔大抵學問須是警省. 且如瑞巖和尙每日間常自問: 主人翁惺惺否? 又自答曰: 惺惺. 今時學者卻不如此.〕"라고 하였다.

122 존양(存養)하지……것이다 : 정호(程顥)의 말로, 《이정유서(二程遺書)》 권1에 보이며, 《근사록(近思錄)》 권4 〈존양(存養)〉에도 채록되었다.

곡진히 합당하게 해서 대처하는 곳마다 효력을 얻지 않음이 없을 것입니다. 이렇게 하여야 덕을 진전하고 업을 쌓는 것이 비로소 베풀 곳이 있으니, 본래면목(本來面目) 또한 어찌 여기 외에 다른 곳에서 구하겠습니까.

홍선여 재경 에게 답함 갑오년(1834, 순조34) 1월
答洪善汝 在慶○甲午元月

근간에 기력은 잘 지탱하십니까? 대상(大祥)의 기일이 어느덧 다가오니, 우러러 생각건대 효심이 불안하고 비애가 간절하실 것입니다. 우산(愚山)의 고택은 바로 존선장(尊先丈)[123]께서 30년 동안 몸을 보존하고 천명(天命)을 세우신 곳입니다. 말년에 절개를 보존한 것도 이곳에 있었고 자손을 키운 곳도 이곳에 있어서, 살 곳을 정하여 땅을 편안히 하고 인(仁)을 돈독히 하였으니, 이곳이 바로 상주(喪主) 집안의 녹문(鹿門)[124]인 셈입니다. 또 묘소와 경성(京城)의 중간에 처하여, 나가서 벼슬할 수 있고 들어와 은둔할 수 있으니, 애시(哀侍 아버지 상 중에 어머니 모시는 사람)가 이 땅으로 돌아가려고 함은 좋은 계책이 될 듯합니다. 또 애시의 세업(世業)이 무너져서 마치 물이 더욱 내려가는 것과 같으니, 예절을 따르고 법도를 사용해서 기울어진 것을 붙들고 무너진 것을 보충하는 방법은 고향에 사는 것보다 더 좋은 것이

123 존선장(尊先丈) : 홍재경의 부친인 홍우섭(洪遇燮, 1760~1832)이다. 홍우섭은 자가 위수(渭叟), 본관이 남양(南陽)이다. 1801년(순조1)에 문과에 급제하여 관동 위무사(關東慰撫使) 겸 감진사(監賑使)· 황주 목사(黃州牧使)·성균관 대사성·경기 관찰사 등을 역임하였다.

124 녹문(鹿門) : 온 가족이 은거하는 곳을 말하는바, 후한(後漢)의 은자 방덕공(龐德公)이 원래는 남군(南郡)의 양양(襄陽)에 살았는데 형주 자사(荊州刺史) 유표(劉表)가 초빙하자 나아가지 않고 가솔을 모두 거느리고 녹문산(鹿門山)에 들어가 다시는 세상에 나오지 않았다는 고사에서 나온 말이다.《後漢書 卷83 逸民列傳 龐公》

없습니다. 비단 쑥대와 나뭇잎이 땅으로 돌아갈 줄을 알고, 순챗국과 농어회를 먹고 싶은 흥[125]이 일어날 뿐만이 아닙니다.

옛사람이 말하기를 "이미 옛 일을 그대로 따르지 못한다면 마땅히 새로운 백성들에게 비호를 얻어야 한다."라고 하였으니, 애시는 옛 것을 따름과 새 곳의 비호 두 가지를 일거(一擧)에 얻을 수 있지 않겠습니까. 여러 번 생각할 필요가 없을 듯하니, 가을에 곡식이 익기를 기다려서 빨리 처음 뜻을 이루기를 도모하는 것을 그만두어서는 안 될 듯합니다. 만약 가을을 기다리기 어렵거든 보리가 익을 때를 시기로 삼는 것이 안 될 것 없습니다. 진퇴(進退)의 완급을 결정하는 것은 오직 기회를 보고서 대처하는 데에 있습니다. 몸을 지키면서 책을 열심히 읽고 농사를 지어서 생업을 돕는 것은 우리들에게 구경(究竟)의 법이 되는데, 어리석은 저는 돌아갈 곳이 없어서 도성을 보기를 여관방처럼 여기지만 아직도 석굴 속에서 한걸음을 벗어나지 못하니, 애시의 행위가 참으로 크게 부럽습니다.

삼연(三淵 김창흡(金昌翕)) 선생이 일찍이 말씀하기를 "세상 사이에 만사가 모두 거짓이요, 오직 봄날 들밭에서 소를 끌며 몸소 밭가는 것 이것이 실제를 힘쓰는 것이다."라고 하셨으니, 제가 또한 이 일을 선친 대감께 말씀드린 적이 있습니다. 옛날에 이른바 '몸소 밭을 갈았다'는 것은 반드시 모두 직접 쟁기자루와 보습을 잡은 것은 아니니, 대우(大禹)가 몸소 농사를 지었다는 것[126]과 주공(周公)이 '농사를 밝

125 순챗국과……흥 : 진(晉)나라 장한(張翰)이 낙양(洛陽)에 들어와서 동조연(東曹掾)의 벼슬을 하다가 가을바람이 부는 것을 보고 고향인 오중(吳中)의 순챗국과 농어회가 생각나자 곧바로 고향으로 돌아갔던 고사가 있다. 《晉書 卷92》

혔다'는 것[127]은 바로 본업을 먼저 하고 말업을 내친 뜻에서 나온 것입니다. 어리석은 저 또한 계책이 궁하고 재력이 부쳐 살아갈 수가 없으나 진작 밭일과 농사일에 힘쓰지 못했습니다. 그래서 늙음에 이르러 한스럽고 후회스러워 오직 집을 팔아 산을 사서 그대를 반곡(盤谷)으로 따라가서 나의 여생을 마치기를 한퇴지(韓退之)가 말한 것[128]과 같이 하기를 바랄 뿐입니다.

126 대우(大禹)가……것 : 《논어(論語)》 〈헌문(憲問)〉에 "우와 후직(后稷)은 몸소 농사를 지었는데도 천하를 소유하였습니다.〔禹稷躬稼而有天下.〕"라고 하였다.

127 주공(周公)이……것 : 주공(周公)은 낙읍(洛邑)에 귀로(歸老)할 뜻을 밝히며 성왕(成王)에게 "나는 물러가 농사를 밝힐 것이다.〔玆予其明農哉.〕"라고 하였다. 《書經 周書 洛誥》

128 그대를……것 : 한퇴지는 당(唐)나라 한유(韓愈)를 말한다. 한유의 〈송이원귀반곡서(送李愿歸盤曲序)〉에 "내 수레에 기름 치고 내 말에 꼴을 먹여 반곡으로 돌아가는 그대를 따라가 나의 여생 마치며 노니리라.〔膏吾車兮, 秣吾馬, 從子于盤兮, 終吾生以徜徉.〕"라고 하였다. 《韓文考異 卷19》

박서선 봉양 에게 답함 계사년(1833, 순조33) 11월

答朴瑞善 鳳陽○癸巳至月

신주를 분실한 것은 진실로 놀랍고 애통한 일이나 이미 다시 찾았다면 마땅히 예전대로 봉안하여야 합니다. 이는 신(神)이 이곳에 의지한 지가 이미 오래되어서이니 오래되면 고치기가 어려운 것입니다. 만약 신주가 손상되었으면 형세상 마땅히 다시 만들어야 하지만, 그렇지 않다면 새로 분면(粉面)하고 개제(改題)만 하면 됩니다. 개제할 때에는 먼저 술과 과일을 진설하되 길제(吉祭) 때에 개제하는 의식과 같게 하고, 개제한 다음 다시 봉안하고 철상해야 하니, 이것은 바로 음식을 가지고 신을 의지하게 하는 것입니다.

개제(改題)할 때에는 마땅히 먼저 여러 신위에 고해야 하니, 고유하는 말은 다음과 같아야 합니다. "유세차……에 효현손(孝玄孫) 모관(某官) 아무개는 현고조고(顯高祖考)……현고조비(顯高祖妣)……-여러 신위를 차례로 쓴다.-……. 제가 불초하고 무상(無狀)하여 환란을 대비하지 못해서 갑작스러운 변고가 사당의 신주에 이르러서 존령(尊靈)을 놀라게 했으니 애통한 마음 망극합니다. 이제 막 개제(改題)하였으니 이에 옛 신주가 새로워졌습니다. 삼가 주과(酒果)를 가지고 올립니다."

김유선[129] 술현 에게 답함 정해년(1827, 순조27) 5월

答金幼善 述鉉○丁亥五月

아버지가 생존해계시면 아내의 상(喪)에 상장(喪杖)을 짚지 않는 것은 소가(疏家)의 말이고, 아버지의 생존 여부를 막론하고 다 상장을 짚는 것은 《가례(家禮)》의 말이니,[130] 예가(禮家)들이 소가의 설을 버리고 《가례》를 따름은 바꿀 수 없는 올바른 법이 됩니다. 남편이 된 자가 자기 아버지가 제사를 주관한다고 해서 상장을 짚지 않을 수는 없으니, 상장을 짚으면 연제(練祭)를 지내야 하는데, 이때에 상복을 변제(變除)하지 않는다면 어디에 연(練)이라는 뜻이 있겠습니까. 연복(練服)의 제도는 대공복(大功服)과 같이 하여 한결같이 삼년상을 따라 변제해야 할 듯합니다. 아버지가 만약 제사에 참여한다면 자식이 감히 상장을 가지고 자기 자리에 나아갈 수가 없으니, 상장을 당(堂)과 방안에 들이지 않음은 아버지에게 압존(壓尊)되기 때문입니다.

129 김유선 : 김술현(金述鉉, 1790~?)으로, 자는 유선(幼善), 본관은 광산(光山)이다. 벼슬이 돈녕부 도정(敦寧府都正)에 이르렀다.

130 아버지의……말이니 : 《가례》 권4 〈상례(喪禮)〉의 "장기(杖期)" 본주(本註)에 "남편이 아내를 위해 입는다."라고 하여 다른 조건을 두지 않았다.

김유선에게 답함 경인년(1830, 순조30) 12월

答金幼善 庚寅臘月

고례(古禮)에 "부모상의 제사를 지내려 하는데 형제가 죽으면 빈소한 뒤에 제사를 지내고 한 집에 사는 형제면 장례를 행한 후에 제사 한다." 라고 하였으니, 이른바 '빈소한 뒤에 제사를 지낸다'는 것은 다른 집에 사는 형제를 가지고 말한 것입니다. 기년상은 비록 한 집에서 살더라도, 빈소한 뒤에 부모상의 우제(虞祭)를 여관에서 행한다면 여관은 '같은 집'이 아니므로 할 수 있습니다. 더구나 정령(精靈)을 맞이해 돌아와서 그날 중에 우제를 지내는 것은 차마 단 하루도 어버이의 영혼을 떠나게 할 수 없어서가 아닙니까. 그러므로 "빨리 우제를 지낸다. 〔報虞〕"라고 하였으니, 신(神)을 편안히 하는 것이 급한 일이기 때문입니다.[131] 그렇다면 비록 같은 집에 사는 형제의 상에 아직 장례를 행하지 않았다 하더라도 부모상의 우제를 폐할 수가 없는 것이니, 비단 초우(初虞)와 재우(再虞)뿐만 아니라 삼우(三虞)까지 마땅히 거행하여야 합니다. 그러나 우옹(尤翁 송시열(宋時烈))이 말씀하기를 "초우

131 빨리……때문입니다 : 《예기(禮記)》 〈상복소기(喪服小記)〉에 "부장(報葬)은 우제를 빨리 지낸다.〔報葬者, 報虞.〕"라고 하였다. 부장은 가난이나 기타의 사정으로 인하여 예(禮)에서 정한 날짜보다 일찍 지내는 장사를 말하는 것으로, 《예기집설(禮記集說)》에 "보(報)'는 '부(赴)'로 읽으니, 급하다는 뜻이다."라고 하였다. 사정으로 인해 예법보다 일찍 장사를 지낸 경우, 즉 부장(報葬)을 한 경우, 이에 맞추어 우제 역시 빨리 지내는데, 이는 우제가 신(神)을 편안히 하는 것이므로 늦출 수 없기 때문이다. 《禮記集說 卷6 喪服小記》

와 재우는 즉시 행하고 삼우와 졸곡(卒哭)과 부제(祔祭)는 미루어서 행한다."라고 하셨으니, 삼우제는 반드시 집에 와서 행하기 때문에 끝내 같은 집에 산다는 점에 구애되므로 반드시 장례를 행한 뒤에 제사하게 한 것입니다.

신을 편안히 하는 우제를 2번 행했으면 삼우제는 비록 미루어서 행하더라도 적절하고, 삼우제를 지낸 뒤에 졸곡과 부제는 마땅히 예와 같이 지내야 합니다. 즉시 행하는 초우와 재우, 미루어서 행하는 삼우에 모두 삼헌(三獻)을 해서는 안 되는 의리가 없습니다. 우제는 바로 상제(喪祭)이므로 같은 집이든 다른 집이든 막론하고 기년상의 장례 전에 우제를 행할 때에는 반드시 예를 갖추어야 하니, 기제(忌祭)·묘제(墓祭)와 똑같이 취급하여 단헌(單獻)하고 축문이 없게 해서는 안 됩니다.

가주서(假注書)의 벼슬을 지낸 적이 있는 자는 또한 명정(銘旌)에 '가(假)' 자를 쓰지 않으니, 신주를 쓸 때에 장작관(將作官) 위에 굳이 한 '가' 자를 더할 필요가 없습니다. '가' 자는 상사(喪事)에 쓸 수 있는 것이 아니기 때문입니다. 이것은 비록 작은 예절이나 만일 이것이 잘못 되었다면 속히 고쳐야 하니, 어찌 장사지낸 뒤를 기다릴 것이 있겠습니까.

김유선에게 답함 신묘년(1831, 순조31) 4월

答金幼善 辛卯四月

부제축(祔祭祝)은 마땅히 현증조(顯曾祖)와 현증조비(顯曾祖妣)를 함께 들어야 할 듯한데, 고례(古禮)와 《가례(家禮)》에 다만 현증조만을 든 것은 남자의 신주를 황조(皇祖)에게 합부하기 때문입니다. 사옹(沙翁 김장생(金長生))의 말씀은 아마 이 뜻에서 나온 듯합니다.

체천한 신주를 매안할 때에 고택을 경유하게 되면 요여(腰輿)에 신주를 봉안해서 옛집에 머무르니, 이는 유명(幽明 귀신세계와 인간세계)의 연고를 통하게 하고 사람과 신(神)의 정(情)을 화합하게 하는 것이니, 이것은 안 할 수가 없지만, 제물을 진설하는 일로 말하면 근거가 없고 명칭이 없습니다. 인정을 억제하여 예절을 넘지 않는 것은 예(禮)이고, 인정대로 하여 제재할 줄 모르는 것은 예가 아니니, 예가 아니면서 제사하면 신이 어찌 흠향하겠습니까.

그러나 체천하여 매안함은 삶과 죽음이 크게 갈리는 경계이니, 상상해보건대 선조의 정령(精靈)도 응당 자기가 살던 숲과 골짝, 집과 방을 돌아보고 연연해하며 방황할 것입니다. 그런데 아무 일도 없이 지나간다면 비록 예의 바름을 얻는다 하더라도 혹 인정에 편안하지 못할 듯하니, 은전(殷奠)하고 단헌(單獻)해서 무궁한 사모의 마음을 붙이는 것 또한 그다지 도리에 어긋나지 않을 듯합니다. 또 선조께서 행하셨던 선례(先例)가 있어 따를 수 있는 경우라면 예문(禮文)에 없는 예[132]가 됨에 무방합니다. 삼헌을 한 뒤에야 제사가 되는 것이니, 그렇다면 단헌을 하고 축문이 없는 것은 다만 정을 펴고 그치는 것일 뿐, 이것을 어찌 제사라 하겠습니까. 비록 종(宗)을 없앴다고 하나 고택에서 예를 행하게 되면 종손이 주헌(主獻)을 해야 할 듯하니, 어떨지 모르겠습니다.

132 예문(禮文)에 없는 예 :《예기(禮記)》〈단궁 상(檀弓上)〉에 "장군 문자(文子)의 상에 이미 상복을 벗고 난 뒤에 월(越)나라 사람이 조문을 오자, 주인이 심의(深衣)에 연관(練冠)으로 사당에서 기다리되 곡하지 않고 콧물과 눈물을 흘렸다. 자유(子游)가 이것을 보고 '장군 문씨의 아들이 예에 가깝구나. 예문에 없는 예에 그 거동이 절도에 맞다.'라고 말하였다.〔將軍文子之喪, 旣除喪而後, 越人來弔, 主人深衣練冠, 待于廟, 垂涕洟. 子游觀之曰: 將軍文氏之子, 其庶幾乎! 亡於禮者之禮也, 其動也中.〕"라고 한 데에서 온 말이다.

김유선에게 답함 병오년(1846, 헌종12) 11월
答金幼善 丙午至月

상을 당한 뒤에 양자를 세운 경우에는 소상(小祥)과 대상(大祥)의 원래 날엔 다만 성대한 제수를 진설해서 슬픔을 펴고, 양자가 상복을 다 입는 날을 기다려서 대상과 소상을 행하고 변제(變除)하고 궤연을 철거합니다. 근고(近古)의 제현들이 《예기(禮記)》〈상복소기(喪服小記)〉의 "제사는 상복을 벗기 위한 것이 아니다."라는 글을 근거해서 원래 기일(忌日)에 소상과 대상을 예(禮)대로 행하고 재기(再期)에는 사당에 들이니, 이는 제사와 복이 똑같지 않기 때문입니다.

양자가 변제하는 것은 다만 부음을 들은 날로부터 계산하여야 합니다. 슬픔이 지극하여 하는 곡(哭)은 궤연을 철거했느냐의 여부에 구애될 것이 없으니, 신주가 비록 이미 사당에 들어갔다 하더라도 중문 밖의 여막에서 거처할 것이요, 만일 부득이하면 마땅히 시묘를 살면서 3년 상을 마쳐야 하니, 이것이 바꿀 수 없는 정론입니다. 혹 일의 형편 때문에 시묘살이가 어려우면 집에 있으면서 여막에서 지내고 허위(虛位)를 진설하며 슬픔이 지극하면 곡하는 것이 마땅할 듯합니다. 슬픔이 지극해서 하는 곡은 또한 법도가 있어야 하니, 혹 하루에 한번 곡하여 조석곡(朝夕哭)과 구별하는 것이 옳을 것입니다.

상을 당한 뒤에 양자가 된 아들이 추복(追服)한 후에는 마땅히 27개월의 시기를 계산해서 담제(禫祭)를 행하여 변제(變除)하기를 예(禮)대로 하여야 하니, 이는 '두 개의 상이 있는 자가 앞의 상의 담제를 지내지 못하였으면 시기가 지나서 거행하지 않는 것'과는 같지 않기 때문입니다. 상중에 담제를 폐하는 이유는 차마 흉복(凶服)으로 길사(吉事)를 행할 수 없기 때문입니다. 양자로서 담제를 행하는 자는 본디 달수를 계산해서 상기를 다해야 합니다.

오경눌 치민 에게 답함 계사년(1833, 순조33) 12월

答吳景訥 致敏○癸巳臘月

손자는 할아버지와 소목(昭穆)이 같기 때문에 손자를 조고(祖考)에게 합부(合祔)하여 선조와 더불어 합제(合祭)하는 것이 편안한 일이 되는 것입니다. 이 때문에 모든 예(禮)에 '부(祔)'를 말할 적에 적서(適庶)와 친소(親疎)를 구분하지 않았으니, 어찌 첩의 손자라 하여 이것을 폐하겠습니까. "희생을 바꾸어 합부한다."[133]는 글로 헤아려 보면 낮은 사람으로서 높은 사람을 끌어 당겨 옴은 혐의할 것이 아닙니다. 첩의 손자를 할아버지에게 합부할 때에도 마땅히 희생을 바꾸는 예를 따라야 하니, 합부하는 신위에 제찬(祭饌)을 약간 더 올리는 것이 마땅할 듯합니다.

예(禮)에 첩인 어머니는 대대로 제사하지 않습니다. 그러므로 단을 만들어 부제(祔祭)를 하니,[134] 이것은 바꿀 수 없는 것인데, 근세에는

133 희생을 바꾸어 합부한다 : 《예기(禮記)》 〈상복소기(喪服小記)〉에 "사(士)를 대부에게 부묘하게 되면 희생을 바꾸어 쓴다.〔士祔於大夫, 則易牲.〕"라고 하였고, 또 "첩이 첩조고(妾祖姑)가 없는 경우에는 희생을 바꾸어 여군(女君)에게 부묘하는 것이 가하다.〔妾無妾祖姑者, 易牲而祔於女君可也.〕"라고 하였는바, 첩조고가 없을 경우에 적조고(適祖姑)에게 부묘하되 희생을 바꿈으로써 높임에 대한 혐의를 없애는 것이다.

134 예(禮)에……하니 : 《예기(禮記)》 〈상복소기(喪服小記)〉에 "첩이 첩조고(妾祖姑)가 없는 경우에는 희생을 바꾸어 여군(女君)에게 부묘하는 것이 가하다.〔妾無妾祖姑者, 易牲而祔於女君可也.〕"라 하고, 그 아래에 "자모(慈母)와 첩모(妾母)는 대대로 제사하지 않는다.〔慈母與妾母, 不世祭也.〕"라고 하여 모순되는 듯 보이는데, 이에 대하

제사를 증손·현손까지 미치고 혹은 체천하는 자도 있습니다. 신(神)은 예가 아닌 것을 흠향하지 않으니, 이것은 후하고자 하나 도리어 박하게 하는 것입니다. 할아버지 상의 졸곡(卒哭) 후에는 진실로 즉시 첩고조모(妾高祖母)의 신주를 매안해야 하는데 3년 뒤에 신주를 다시 쓰고 체천하는 일이 있을 것이니 그렇다면 체천하여 매안하는 것도 상이 끝나기를 기다릴 뿐입니다. 길제(吉祭) 때에 첩고조모를 함께 제사해서는 안 됩니다.

길제 전날에 해당 신위에 고유하는 말은 다음과 같습니다. "유세차……에 현손 아무개가 망고조모(亡高祖母) 모관(某貫) 모씨(某氏)에게 감히 밝게 아뢰니다. 제사를 대대로 이어가지 않음은 예경(禮經)에 정해진 가르침이 있는데 정에 치우쳐 예를 잃은 채 이미 몇 대가 지났습니다. 현조고(顯祖考)의 상기가 이미 다하였으니, 추후에 바로잡는 조처를 마땅히 이때에 시행해야 합니다. 그래서 신주를 묘소에 묻게 되었으니 슬픈 마음을 이길 수가 없습니다. 삼가 술과 제찬(祭饌)을 가지고 백배 올려 고유하오니, 부디 흠향하소서."

여 소(疏)에서 "첩은 사당이 없는데 지금 도리어 부제가 고조에 미친다고 말한 것은 마땅히 단(壇)을 만들어서 부제하는 것이다.〔妾無廟, 今乃云祔及高祖, 當是爲壇以祔之耳.〕"라고 설명하였다.《禮記注疏 卷33 喪服小記》

소백연[135] 수구 에게 줌 을미년(1835, 헌종1) 11월

與蘇伯淵 洙榘○乙未復月

궁벽한 호숫가에서 자취를 감추고 있으면서 온갖 인연을 마음에서 잊었었는데, 훌륭한 분의 방문이 두세 번에 이르렀으니, 세한(歲寒)의 이 뜻은 더욱 더 정중하여 진실로 이미 마음에 새겨 잊지 않고 있습니다. 또 온 강에 달이 밝게 비춘 곳에서 마음을 열고 평소의 뜻을 말하니, 더욱 풍류와 운치의 일이 되어 산중(山中) 하나의 고사로 남겨둘 만합니다. 이미 3일 밤을 묵으셨는데 나그네로 있는 기거는 더욱 더 삼가십니까? 돌아갈 거마에 멍에를 이미 챙겨서 곧 출발하십니까? 훌륭한 손님과 주인이 서로 만나는 것을 옛사람들은 물고기가 냇물에서 헤엄치고 새가 구름 높이 나는 것에 견주었는데 고명의 금일의 여행은 여기에 매우 가까우니, 참으로 두 번 만나기 어려운 일입니다. 제가 엎드려 생각해보건대 아마 고삐를 잡고 머뭇거리며 도성문에서 연연함을 금치 못하실 것입니다.

양곡(陽谷) 문정공(文靖公)[136]의 출처와 진퇴는 명분과 의리가 올바

135 소백연 : 소수구(蘇洙榘, 1774~1841)로, 자는 백연, 호는 담락헌(湛樂軒), 본관은 진주(晉州)이며, 익산(益山)에 거주하였다. 월주(月洲) 소두산(蘇斗山)의 5세손이며, 홍직필의 문인 소휘면(蘇輝冕)의 조부이다. 《매산집(梅山集)》 권46에 소수구의 행장인 〈진사소공행장(進士蘇公行狀)〉이 실려 있는데, 이에 따르면 소수구는 이항로(李恒老)와 송환기(宋煥箕)를 사사하였으며, 1840년(헌종6)에 생원시에 합격하였다.

136 양곡(陽谷) 문정공(文靖公) : 소세양(蘇世讓, 1486~1562)으로, 자는 언겸(彦謙), 호는 양곡(陽谷)·퇴재(退齋)·퇴휴당(退休堂), 시호는 문정(文靖), 본관은 진

른데 2백년이 넘도록 매몰되어 알려지지 않았습니다. 그런데 이제 서문(序文)을 얻어 처음으로 드러나서[137] 마땅히 담재(湛齋 김인후(金麟厚))와 함께 후세에 베풀어질 것이니, 표장(表章)됨이 반드시 지금을 기다린 것은 또한 드러나고 감추어짐이 때가 있어서 그런가봅니다. 이는 고명이 후일 지하에서 존선조(尊先祖)를 배알할 때 손에 들고 갈 수 있는 것이니, 고명을 위하여 찬탄합니다. 구구한 제가 이 유집을 높이 모시려고 하는 이유는 다만 문장이 온화하고 진실하기 때문만은

주이다. 1504년(연산군10) 진사에 이어 1509년(중종4) 식년문과(式年文科)에 급제했다. 1514년 사가독서(賜暇讀書) 하였고, 후에 직제학(直提學) 등을 거쳐 사성(司成)이 되었고, 왕자 사부(王子師傅) 등에 이어 전라도 관찰사로 나갔으나, 1530년 왜구에 대한 방비를 소홀히 했다 하여 파직되었다가 이듬해 다시 기용되었다. 형조 판서 등을 거쳐 1533년(중종28) 지중추부사 때 진하사(進賀使)로 명나라에 다녀왔다. 이어서 형조·호조·병조·이조의 판서를 거쳐 우찬성(右贊成)이 되고, 1538년 성주사고(星州史庫)가 불타자 왕명에 따라 춘추관의 실록을 등사, 봉안했다. 1545년(인종1) 윤임(尹任) 일파의 탄핵으로 사직되고, 명종이 즉위한 뒤 을사사화로 윤임 등이 몰락하자 재기용되어 좌찬성(左贊成)을 지내다가 사직한 뒤 익산(益山)으로 은퇴했다. 익산 화암서원(華巖書院)에 제향되었다. 문집으로 《양곡집(陽谷集)》이 있다.

137 서문(序文)을……드러나서 : 소세양(蘇世讓)의 문집은 1571년(선조4)에 처음 간행되었으나 초간본이 병화(兵火)로 산일되어 전하는 책이 거의 없었는데, 종후손 소세중(蘇洙中)이 2책의 유실된 잔본을 얻어 1801년(순조1) 〈완산황씨가등본(完山黃氏家謄本)〉에 따라 교정하고 보궐(補闕)하여 가장(家藏)하였다. 1835년(헌종1)에는 소수구의 부친인 소시연(蘇始運)이 여기에 유문과 연보 등을 합하여 16권 8책으로 편집하고 홍석주(洪奭周)의 서문을 받아 보관하였는데, 그 서문이 《연천집(淵泉集)》 권19에도 실려 있다. 그 서문에 "소시연의 아들 소수구가 나에게 이르기를 '문정공의 글은 이미 세상을 크게 울려서 중국에까지 알려졌으니, 이전 사람들이 서술한 것이 이미 구비되었습니다. 그러나 출처와 진퇴의 큰 절개는 오히려 쓸쓸하게도 드러나지 못했으니, 원컨대 저를 위하여 이 문집의 서문을 써주시어 「그 책을 읽고 그 시대를 논함」을 할 수 있는 후세의 사람을 기다리게 해주십시오.' 하였다."라고 하였다.

아니고, 명절(名節)이 드높았으면서도 평생 동안 수양하고 감추어서 스스로 그 자취를 없앴기 때문이니, 부디 저에게 전집을 보내주어서 제 간절한 마음에 부응해 주시기 바랍니다.

소백연에게 답함 정유년(1837, 헌종3) 11월 15일

答蘇伯淵 丁酉復墾

옥 같은 편지를 보니 표표히 구름을 타고 올라가서 노니는 것 같은 감상[138]이 생깁니다. 연세가 높아질수록 문장이 더욱 호방하니, 어떻게 이렇게 되신 것입니까? 이 때문에 열 번 상소하면서도 피로함을 잊고 백 번 싸우면서도 좌절하지 않아서 유구하여 무강(無疆)한 징조가 되기를 삼연옹(三淵翁)이 말씀하신 것과 같게 하신 겁니까?[139] 세상만사는 모두 이해(利害)가 섞여 있는데, 오직 책을 읽는 것은 이로움만 있고 해로움이 없으며, 오직 시내와 산을 좋아하고 풍월(風月)을 좋아함은 이로움만 있고 해로움이 없으며, 오직 정신을 응집하여 정좌(靜坐)해서 천리(天理)를 체인(體認)함은 이로움만 있고 해로움이 없으

138 표표히……감상 : 글이 훌륭하여 읽고서 기분이 들떠 구름 위에서 노는 것 같은 느낌이 든다는 말로, 《사기(史記)》 권117 〈사마상여열전(司馬相如列傳)〉에, "사마상여가 대인지송을 지어 천자에게 아뢰자, 천자가 크게 기뻐하여 표표히 구름 위로 올라가는 의기가 있었다.〔相如既奏大人之頌, 天子大說, 飄飄有凌雲之氣.〕"고 한 데서 온 말이다.

139 열……겁니까 : 삼연옹은 김창흡(金昌翕, 1653~1722)이다. 《삼연집》 권19 〈답김현보(答金顯甫)〉에 "가장 좋은 것은 열 번 상소하면서도 피로함을 잊고 백 번 싸우면서도 좌절하지 않아서 기가 강건하고 뼈가 굳셈을 볼 수 있어 유구하여 무강한 징험이 되는 것이니, 곤궁함은 유분(劉蕡)과 거의 가까우나 수명은 장차 팽조(彭祖)와 나란할 것이어서 가감승제(加減乘除)가 하나가 되니, 또한 유감이 없을 수 있다.〔最是十上忘勞, 百戰不挫, 足見其氣健骨勁, 爲悠久無疆之徵, 窮固劉蕡之殆近, 而壽將彭祖與匹, 乘除得一, 亦可以無憾矣.〕"라고 하였다.

니, 이것이 지극한 낙이고 또한 고인의 유명한 의론입니다. 그런데 고명은 이 4가지 중에 하나도 겸하지 않은 것이 없으니, 유분(劉蕡)[140]과 나륜(羅倫)[141]의 곤궁 때문에 혹시라도 상야(尙野)[142]와 손췌(孫萃)[143]의 지취를 저상하지 말고 반드시 살아서는 하늘을 따르고 죽어서는 편안하여 여한이 없는 것[144]을 구경(究竟)의 법으로 삼는 것이 어떻겠습니까?

140 유분(劉蕡) : 자는 거화(去華)이며, 당(唐)나라 유주(幽州) 창평(昌平) 사람이다. 문종(文宗) 태화(太和) 원년(827) 비서랑(秘書郎)을 지냈고, 다음 해 현량방정과에 응시하여 환관의 횡포를 심하게 꾸짖는 글을 썼는데, 시험관도 탄복했지만 환관이 두려워 선발하지 않았다. 문종(文宗) 태화(太和) 9년(835) 영호초(令狐楚)와 우승유(牛僧孺)가 자기 막부로 불러 비서랑(秘書郎)에 임명하였으나, 환관들이 극도로 미워해 무고로 죄를 만들어 유주사호참군(柳州司戶參軍)으로 좌천시켰고, 재직 중에 죽었다.

141 나륜(羅倫) : 1431~1478. 자는 이정(彝鼎), 호는 일봉(一峯), 시호는 문의(文毅)이고, 명(明)나라 영풍(永豐) 사람이다. 성화(成化) 2년(1466) 진사(進士)에 급제한 뒤 한림원 수찬(翰林院修撰)에 임명되었는데, 글을 올려 이현(李賢)이 복직하는 것을 반대하다가 낙직되고, 다음 해 복직된 뒤에 몇 년 후 병으로 사퇴했다. 금우산(金牛山)으로 들어가 숨어살면서 학문 활동과 저술에 전념하면서 학생들을 가르쳤다.

142 상야(尙野) : 1244~1319. 자는 문울(文蔚), 시호는 문의(文懿)이며 원(元)나라 보정(保定) 사람이다. 세조(世祖) 지원(至元) 18년(1281)에 징발되어 국사원 편수관(國史院編修官)이 되었다. 외직으로 나가 여주 판관(汝州判官)이 되었는데 청렴함으로 치적을 이루었으며, 남양현 윤(南陽縣尹)으로 옮겼는데 결옥(決獄)함에 지체함이 없었다. 성종(成宗) 대덕(大德) 연간에 국자박사(國子博士)가 되어 크게 학사(學舍)를 세워 교육에 이바지했다.

143 손췌(孫萃) : 북송의 학자 손각(孫覺)을 가리키는 듯하다. 손각은 자가 복명(復明), 호가 신로(莘老)이며, 북송 고우(高郵) 사람이다. 젊어서 호원(胡瑗)을 사사했다. 《주역(周易)》과 《춘추(春秋)》에 밝았으며, 《춘추경해(春秋經解)》를 저술했다.

144 살아서는……것 : 199쪽 주18 참조.

영포(令抱)[145]는 글을 읽음에 전심하여 돈독히 할 것으로 생각되니, 그로 하여금 과거 공부에 공력을 나누지 말게 하고 오직 독실히 믿고 배우기를 좋아하며 죽음으로 지키면서도 도를 잘하는 것[146]을 집안 대대로 전해오는 의체(義諦)로 삼게 하기를 지극히 바라고 지극히 바랍니다.

145 영포(令抱) : 상대의 손자를 지칭하는 말로《예기(禮記)》〈곡례(曲禮)〉에 "군자는 손자를 안아주고 아들은 안아주지 않는다.〔君子抱孫, 不抱子.〕"라고 한 데에서 온 말이다. 소수구의 손자는 소휘면(蘇輝冕, 1814~1889)으로, 소수구에게 배웠으며 뒤에 홍직필을 사사하였다.

146 독실히……것 :《논어(論語)》〈태백(泰伯)〉의 말이다.

심치문[147] 규택 에게 답함 정유년(1837, 헌종3) 9월

答沈穉文 奎澤○丁酉九月

어제 말씀하신 《태극도해(太極圖解)》의 "정추(精粗)와 본말(本末)"에 대하여 "이(理)가 있지 않음이 없다."라고 하셨는데, 저도 일찍이 "정추와 본말"을 모두 음(陰)과 양(陽)에 소속시키고 "피차가 없음"을 태극(太極)에 소속시켜서 '음양의 정추와 본말에 이(理)가 있지 않은 곳이 없다'는 뜻이라고 생각했습니다.[148] 그런데 근래 다시 생각해보니, 이 《태극도해》는 《태극도설(太極圖說)》을 인용하여 도(圖)의 체제를 해석하면서 오행을 음양에 상대하고 음양을 태극에 상대하였으며 맨 끝에는 혼륜(渾淪)하여 간격이 없는 묘함을 말하였습니다.[149]

147 심치문 : 심규택(沈奎澤, 1812~1871)으로, 자는 치문(穉文), 호는 서호(西湖), 본관은 청송(靑松)이다. 오희상(吳熙常)·송치규(宋穉圭)·홍직필(洪直弼) 등의 문하에서 수학하였으며, 경학에 힘써 《태극명의설(太極名義說)》·《중용기의(中庸記疑)》·《대학서문분절(大學序文分節)》·《대학경전기의(大學經傳記疑)》·《대학혹문경일장분절(大學或問經一章分節)》·《태극도군서구해기의(太極圖群書句解記疑)》·《근사록기의(近思錄記疑)》 등을 저술하였다. 문집으로 《서호집(西湖集)》이 있다.

148 태극도해(太極圖解)의……생각했습니다 : 《태극도해》는 주희(朱熹)의 저작으로, 주돈이(周惇頤)의 《태극도(太極圖)》를 해설한 내용이다. 거기에 "'오행(五行)이 한 음양(陰陽)임'은 다섯 가지 다른 것과 두 가지 실제가 남거나 모자람이 없다는 것이고, '음양이 한 태극임'은 정추와 본말에 피차가 없다는 것이다.〔五行, 一陰陽, 五殊二實無余欠也, 陰陽, 一太極, 精粗本末無彼此也.〕"라고 하였다.

149 이 태극도해는……말하였습니다 : 《태극도해》의 "'오행(五行)이 한 음양(陰陽)임'은 다섯 가지 다른 것과 두 가지 실제가 남거나 모자람이 없다는 것이고, '음양이 한 태극임'은 정추와 본말에 피차가 없다는 것이다.〔五行, 一陰陽, 五殊二實無余欠也,

그러므로 주선생(朱先生 주희(朱熹))도 상대하는 것을 가지고 말씀을 한 것입니다. "다섯 가지 다른 것과 두 가지 실제는 나누어도 남거나 모자람이 없고, 정추와 본말은 합하여 피차가 없다."라고 하셨으니, 이와 같이 보아야 비로소 본지에 부합할 것입니다.

《태극도설》의 소주(小註)에 태극을 정본(精本)이라 하고 음양을 추말(粗末)이라 하였으니,[150] 오행에서 음양으로 가고 음양에서 태극으로 가는 것인바, 이른바 '만 가지를 모아 하나로 귀결한다'는 것입니다. 만약 이(理)와 기(氣)의 묘합(妙合)을 범연히 논한다면 정추와 본말에 이(理)가 이르지 않음이 없다고 말하는 것이 당연하지만, 만약 '피차가 없음'의 뜻을 해석한다면 이 말이 적절하지 않을 듯하니, 율곡(栗谷)과 사계(沙溪) 두 선생의 미정(未定)의 의론을 가지고 그 잘못을 그대로 인습해서는 안 될 것 같습니다.[151] 어떨지 모르겠습니다.

陰陽, 一太極, 精粗本末無彼此也.〕"라는 말에서, '오행이 한 음양임'과 '음양이 한 태극임'은 주돈이(周惇頤)의 《태극도설(太極圖說)》의 말을 인용한 것이다. '혼륜하여 간격이 없는 묘함'은 주희(朱熹)가 "피차가 없다"고 한 것을 가리킨다. 주돈이의 《태극도설》은, 앞에서는 무극(無極)이면서 태극(太極)인 이(理)로부터 음양으로, 음양에서 오행으로 이어지는 하향(下向)의 분기를 설명하고, 뒤에서는 다시 오행에서 음양으로, 음양에서 태극으로 이어지는 상향(上向)의 수렴을 설명하였는데, 주희의 이 말은 후자를 설명한 것이다.

150 태극도설의……하였으니 : 《성리군서구해(性理群書句解)》 권11 〈태극도(太極圖)〉의 "정추본말" 아래에 웅강대(熊剛大)의 소주가 있는데, 거기에 "태극이 정이 되고 음양이 추가 되며, 태극이 본이 되고 오행이 말이 된다.〔太極謂精, 陰陽謂粗, 太極謂本, 五行謂末.〕"라고 하였다.

151 만약……같습니다 : 홍직필은 《태극도해(太極圖解)》의 "'음양이 한 태극임'은 정추와 본말에 피차가 없다는 것이다.〔陰陽, 一太極, 精粗本末無彼此也.〕"라는 말을, 추(粗)와 말(末)을 음양으로 정(精)과 본(本)을 태극으로 보아, '정추본말에 피차가 없음'

을 음양과 태극 즉 기(氣)와 이(理)에 피차의 간격이 없다는 의미로 해석한 것이다. 반면 심규택은 정추와 본말을 모두 음양, 즉 기로 보아서, '피차가 없음'을 어떤 기에나 모두 이(理)가 있다는 의미로 해석하였는데, 이러한 견해는 율곡 이이와 사계 김장생을 따른 것이다. 《율곡전서(栗谷全書)》 권32 〈어록 하(語錄下)〉에 "사계(沙溪)가 말하였다. '웅씨(熊氏)의 주에 「태극(太極)이 정(精)이 되고 음양(陰陽)이 추(粗)가 되며 태극이 본이 되고 음양이 말이 된다.」라고 하였는데, 이 주는 잘못된 것인 듯하다. 율곡이 「정추본말은 기를 가지고 말한 것이니, 하나의 이(理)가 정·추·본·말에 모두 통하여 피차의 간격이 없는 것이다.」라고 하셨다.〔沙溪曰: 熊氏註云: 太極爲精, 陰陽爲粗, 太極爲本, 陰陽爲末, 此註恐誤. 栗谷嘗曰: 精粗本末, 以氣言也, 一理通於無精無粗無本末彼此之間也.〕"라고 보인다.

심치문에게 답함 정유년(1837, 헌종3) 10월

答沈穉文 丁酉十月

얼마 안 되는 동안에 나그네 체후는 더욱 삼가십니까? 여기에서 보내는 2권의 책은 바로 강한(江漢) 한경원(韓景源)이 지은 《황명배신전(皇明陪臣傳)》[152]입니다. 한정당(閒靜堂) 송공(宋公 송문흠(宋文欽))이 의례(義例)를 만들어냈고 황공이 이 책을 지었으니, 이것은 천지간에 몇 안 되는 훌륭한 문자입니다. 배신(陪臣)이 천왕(天王)을 위해서 충절(忠節)을 다한 것은 천지가 개벽한 이래로 오직 우리 동방에서만 볼 수 있으니, 우리 동방이 천하와 만세에 훌륭한 말을 남길 수 있는 것은 바로 이 책이 있기 때문입니다. 지금 순수(鶉首)가 취한 것이 아직 깨지 못해서[153] 비린내 나는 오랑캐들이 함께 중국을 다스리는데 중국 사대부들도 거기에 빠져 오랑캐가 되면서도 부끄러운 줄을 모르

152 강한(江漢)……황명배신전(皇明陪臣傳) : 황경원(1709~1787)은 자는 대경(大卿), 호는 강한유로(江漢遺老), 본관은 장수(長水)이다. 예학(禮學)에 밝았으며, 항상 춘추대의를 강조하여 홍문관 응교로 있을 때에는 명나라 의종(毅宗)의 추사(追祀)를 건의하여 실시하게 하기도 하였다. 이와 관련하여 저술도 남겼는데, 장정옥(張廷玉)의 《명사(明史)》를 읽고 홍광제(弘光帝) 이하 3제(帝)가 누락되어 있음을 보고서 《남명서(南明書)》를 편찬하였으며, 《황명배신전》은 명나라 의종 이래로 명나라에 대한 절의를 지킨 조선 사람들의 전기(傳記)이다. '배신'은 제후의 신하가 천자에 대하여 자신을 일컫는 말이다.

153 순수(鶉首)가……못해서 : 순수는 성차(星次)의 이름으로 진(秦)나라의 분야(分野)를 가리키는바, '순수가 취했다'는 것은 상제가 취하여 진나라에 땅을 하사했다는 의미로, 세상이 혼란함을 비유한 말이다. 《文選 卷2 西京賦》

니, 부끄러워하지 않음이 보통 사람과 같지 않다면 어느 것이 보통 사람과 같은 것이 있겠습니까.[154]

비단 중국만 그러한 것이 아니고 우리나라 사람들도 보고 들음에 익숙해져서 당연하다고 여기니, 오랑캐로 변하지 않은 자가 얼마 안 됩니다. 그래서 한 질의 《춘추(春秋)》를 읽을 곳이 없으니, 세교(世教)가 서로 망함은 아마도 이 때문일 것입니다. 우리 당의 선비들은 마땅히 우옹(尤翁 송시열(宋時烈))의 훌륭한 가르침을 가슴 속에 간직해서 '애통함을 참고 원통함을 머금은 채로 절박하여 어쩔 수 없이 한다.〔忍痛含冤迫不得已〕'는 여덟 글자[155]를 서로 지키고 잃지 말아서 음(陰)이 쌓인 가운데에서 작은 양(陽)을 붙들어야 할 것이니, 이는 그만 둘 수 있어서 그만 둘 수 있는 일이 아닙니다. 이 《배신전》을 고명이 아직 보지 못한 듯하므로 삼가 이에 올리니, 부디 성여(聖如 신석우(申錫愚))와 함께 보아서 여기에서 의리를 인식함으로써 끝내 대명(大明)의 유민이 되시기를 크게 바라 마지않습니다.

154 부끄러워하지……있겠습니까 : 《맹자(孟子)》 〈진심 상(盡心上)〉의 말이다.

155 애통함을……자 : 오랑캐에 화의한 것이 어쩔 수 없어서 한 것이라는 말로, 《주자대전(朱子大全)》 권24 〈여진시랑서(與陳侍郎書)〉에 보이는바, 오랑캐에게 예물을 보내 그들과 화의를 맺게 되면 군주와 신하가 서로 기뻐하며 "전날의 작은 일들을 나는 이미 잊었다."고 하고 다시는 "애통함을 참고 원통함을 머금은 채로 절박하여 어쩔 수 없이 한 것이다.〔忍痛含冤迫不得已.〕"라는 말을 하여 천하의 대방(大防)을 보존하는 자가 없다고 탄식하는 내용이다.

심치문에게 답함 계묘년(1843, 헌종9) 6월
答沈穉文 癸卯蜩夏

조유문(趙孺文)[156]의 편지를 보니 현자와 수많은 강마(講磨)가 있었다 하는데 이 몸을 그 사이에 가지고 가서 새롭고 뛰어난 명리(名理)를 듣지 못하는 것이 한스럽습니다. 근간에 강정능(姜靜能)[157]이 방문해 주어서 만나 보았는데, 그의 견식이 투철하며 함양(涵養) 공부가 순숙(純熟)하였으니, 만일 진실하게 쌓은 공부가 없다면 또한 어찌 여기에 이르겠습니까. 우리 도(道)를 영남에 펼칠 수 있는 분은 치문과 정능이 있음에 기댈 뿐입니다. 함창(咸昌)의 남 상사(南上舍)[158]는 짐작컨대 덕을 진전시키고 업을 쌓는 일에 부지런히 힘쓸 터인데, 한 세상에 살면서도 얼굴을 한번 알지 못하여 다만 천리 먼 곳에서 신교(神交)[159] 하는 것에 의탁할 뿐입니다. 세 현자에게 기대하고 바라는 것이 매우 돈독하니, 나의 이러한 간절한 마음을 이해해 줄 수 있겠습니까?

156 조유문(趙孺文) : 조병덕(趙秉悳, 1800~1870)으로, 호는 숙재(肅齋), 본관은 양주(楊州)이며, 유문(孺文)은 그의 자이다. 홍직필과 오희상(吳熙常)의 문하에서 수업하였다. 1852년에 음보(蔭補)로 지평이 되었고 1859년에 경연관이 되었으며, 이후 이조 참의를 거쳐 호조 참판에 이르렀다. 저서로 《숙재집(肅齋集)》이 있다.

157 강정능(姜靜能) : 강진(姜鎭, 1799~?)으로, 본관은 진주(晉州)이다.

158 함창(咸昌)의 남 상사(南上舍) : 남이목(南履穆, 1792~?)으로, 자는 순지(純之), 호는 직암(直菴), 본관은 의령(宜寧)이며 함창에 거주하였다. 송치규(宋穉圭)와 유휘(柳徽)에게 사사하였으며, 저서로 《삼관수록(三官隨錄)》, 《직암집(直菴集)》이 있다.

159 신교(神交) : 서로 만나지 못하고 다만 정신으로 사귄다는 말이다.

편지에, 장차 옥산(玉山) 이공(李公)[160]의 사당을 매학정(梅鶴亭)[161] 곁으로 옮겨서 이 일을 계기로 율곡(栗谷 이이(李珥))과 우암(尤庵 송시열(송시열)) 두 선생을 제사할 것이라 하였으니, 이 예(禮)는 덕을 높이고 현자를 존숭하는 지극한 뜻에서 나온 것인 줄을 압니다. 그간에 이미 현판을 걸고 영령(英靈)을 잘 모셨습니까? 율곡과 우암 두 현자는 진실로 함께 제향하는 것이 마땅하나 옥산으로 말하면 위차(位次)에 있어 우암과 서로 장애되는 일이 없습니까? 연대(年代)를 가지고 말하면 우암이 옥산의 아래에 처하여야 하고, 지위와 덕으로 말하면 옥산은 우암의 위에 처할 수가 없으며, 옥산을 율곡에게 배향하는 것은 당연하지만 우암에게 배향하는 것은 불가하니, 장차 어떻게 선택하시렵니까? 조두(俎豆)하는 일도 나는 배우지 못했으므로[162] 감히 질언하지 못하는 것입니다.

160 옥산(玉山) 이공(李公) : 이우(李瑀, 1542~1609)로, 자는 계헌(季獻), 호는 옥산·죽와(竹窩)·기와(寄窩), 본관은 덕수(德水)이며, 율곡(栗谷) 이이(李珥)의 동생이다. 1567년(명종22) 진사시에 합격하였고, 비안 현감과 괴산·고부 군수를 거쳐 군자감정에 이르렀다. 시(詩)·서(書)·화(畫)·금(琴)을 다 잘하여 사절(四絶)이라 불렸다. 그림은 초충(草蟲)·사군자·포도 등을 다 잘 그렸는데, 어머니의 화풍을 따랐으며, 아들 이경절(李景節)도 가법(家法)을 이어 서·화·금에 능하여 3절이라는 말을 들었다. 유작으로는 설중매죽도(雪中梅竹圖)·노매도(老梅圖)·수과초충도(水瓜草蟲圖)·포도도(葡萄圖) 등이 전한다.

161 매학정(梅鶴亭) : 소재지는 경북 구미이다. 이우(李瑀)가 장인 황기로(黃耆老)와 풍류를 즐기고 학문을 연마하던 곳이다.

162 조두(俎豆)하는……못했으므로 : 전혀 아는 것이 없음을 의미하는 겸사이다. 《논어(論語)》 〈위령공(衛靈公)〉에 "위나라 영공이 공자에게 진법을 묻자, 공자가 대답하셨다. '조두에 대한 일은 일찍이 들었지만 군대에 관한 일은 배우지 못하였다.'〔衛靈公問陣於孔子, 孔子對曰: 俎豆之事, 則嘗聞之矣, 軍旅之事, 未之學也.〕"

듣자하니 존문(尊門)에서 후사를 세우는 일 하나로 인하여 현자 또한 한 집안 안의 싸움을 면치 못했다 하니, 근간에 이미 다 끝마쳤습니까? 어리석은 나는 이 일로 인하여 하서(河西 김인후(金麟厚)) 종가의 일에 언급했다가 구설을 듣고 있습니다. 예(禮)는 분쟁을 이루기 쉬우니 이는 예로부터 공통된 근심입니다. 그런데 지금은 떳떳한 경도(經道)와 바른 의리를 분변하지 않고 오직 다투어 이기는 것에만 힘쓰니, 비록 주공(周公)과 공자(孔子)가 다시 세상에 나오시더라도 입을 떼어 말씀하기가 어려울 것입니다. 물소리가 제 귀를 덮어서 시비 소리를 듣지 않길 더욱 원합니다.

심치문에게 답함 계묘년(1843, 헌종9) 8월

答沈穉文 癸卯棗秋

'미발시(未發時)에 기질성(氣質性)이 있느냐 없느냐'라는 논의는 이미 조유문(趙孺文 조병덕(趙秉悳))과 수많은 왕복이 있음을 그를 통해 아니, 처음에는 의견이 서로 어긋났다가 끝내는 완전히 부합했습니까? 이는 의리의 지극히 정미한 부분이니 언어와 문자로 형용할 수 있는 바가 아닙니다. 현자 또한 주정(主靜) 공부가 있을 것이니, 만일 묵묵히 앉아 정신을 맑혀서 미발의 기상을 체인(體認)한다면 자연 기질이 있고 없는 것을 징험하게 될 것입니다. 어찌 남에게 물을 필요가 있겠습니까.

정체(靜體)의 자리에 기(氣)가 없은 적이 없으나 이때에는 기가 용사(用事)하지 않으므로 이(理)가 주장이 되는 것이고, 동용(動用)의 자리에 이(理)가 없은 적이 없으나 발용하는 것이 기이므로 기가 주장이 되는 것이니, 그 자리에 따라 동(動)과 정(靜), 체(體)와 용(用)의 분별이 있고 주리(主理)와 주기(主氣)의 차이가 있는 것입니다. 성(性)은 진실로 본연(本然)과 기질(氣質)이 있고 심(心) 또한 본연과 기질의 구분이 있으니, 성과 심을 막론하고 기질은 다 발한 이후에 말해야 하는 것입니다. 미발시에 기질이 전혀 없다고 말하는 것은 아니고, 미발시에는 기기(氣機)가 물러나서 숨어 있으니 이 때문에 기질을 찾을 수가 없으므로 '기가 없는 듯하다'고 말한 것입니다.

대저 이(理)는 약하고 기(氣)는 강하기 때문에 반드시 약한 것을 붙들고 강한 것을 억제하기를 음(陰)을 억제하고 양(陽)을 붙드는 것처럼 해야 하는 것입니다. 성현의 천 마디 말씀과 만 마디 말씀이 모두 이(理)를 기(氣)의 주장으로 만들고자 한 것이니, 이(理)를 주장하는 것이 진정한 문로(門路)입니다. 이 의리를 체득하여 연구한다면 자연 쓸데없는 말을 많이 할 필요가 없을 것입니다. 무릇 명리(明理)에 관계되는 것을 제목(題目)으로 삼아 깊이 생각하고 많이 쌓는 것을 한도로 삼아야 할 것이요, 혹시라도 고집스럽게 견해를 정하여 입론(立論)해서는 안 되니, 이것이 지극히 마땅하고 지극히 마땅할 것입니다.

김질 희성 광연 에게 답함 무술년(1838, 헌종4) 5월 29일

答金姪希聖 廣淵○戊戌午晦

동한(東漢) 말기에 조조(曹操)가 한나라 솥에 침을 흘리면서 신기(神器 왕위)를 도둑질하여 희롱하였고, 손권(孫權)은 강남 지방을 할거하여 천자의 지위를 도적질하였으니, 이 손권도 한나라의 적이네. 이 때문에 제갈공명(諸葛孔明 제갈량(諸葛亮))이 조조의 초청을 받았으나 응하지 않았고 손권과 인근에 살았지만 만나보지 않다가 소열제(昭烈帝 유비(劉備))가 삼고초려하기를 기다린 이후에야 나갔던 것이니, 이는 그가 천하의 의로운 군주가 되기 때문이었네. 만일 그렇지 않다면 궁벽한 산중에서 말라 죽었을 것이니, 어찌 와룡강(臥龍岡)[163]에서 한 걸음이라도 나오려 했겠는가. 이 때문에 주자(朱子)가 《자치통감강목(資治通鑑綱目)》에서 유비가 제갈량을 융중(隆中)에서 만나본 것에 대해 특필(特筆)한 것이네. 이에 윤기신(尹起莘)이 그 의리를 발명하여 말하기를 "탕왕(湯王)이 신야(莘野)에서 이윤(伊尹)을 초빙한 것, 문왕(文王)이 위수(渭水) 가에서 강태공(姜太公)을 방문한 것과 천년이나 멀리 떨어져 있으면서도 마치 한 바퀴 자국에서 나온 듯하다."라고 하였으니, 장려하고 허여함이 지극하네. 이 말은 비록 주자의 말씀은 아니나 주자의 뜻을 잘 말한 것이라고 하겠네.

163 와룡강(臥龍岡) : 중국 하남성(河南省) 남양현(南陽縣)의 서남쪽에 있는데, 제갈량(諸葛亮)이 출세하기 전에 이곳에서 은둔하였다.

김질 희성에게 답함 신축년(1841, 헌종7)

答金姪希聖 辛丑

기성(箕聖)이 동쪽 조선으로 나와서 백성들에게 예의(禮義)와 농사일과 누에치고 베 짜는 일과 경전(耕田)을 구획하는 제도를 가르쳐주고 금령(禁令) 8조목을 만들었으니,[164] 그 대략은 다음과 같네. 살인한 자는 목숨으로 보상하고, 상해한 자는 곡식으로 보상하며, 도둑질한 자는 아들과 딸이 그 집안에 노비가 되는데, 스스로 속죄하고자 하는 자는 한 명당 50만전이다. 이 경우에 비록 면천하여 양민이 되더라도 세속에서 오히려 부끄럽게 여겨서 시집가고 장가듦에 청혼하는 자가 없었네. 그 나머지 다섯 가지는 전하지 않네. 필시 홍범구주(洪範九疇)[165]의 가르침을 근본으로 하였을 텐데, 8조목은 바로 금령을 만든 것이네. 혹 홍범의 오사(五事)와 오기(五紀)[166]를 가지고 여덟 가지

164 기성(箕聖)이……만들었으니 : 기성은 은(殷)나라 주왕(紂王)의 숙부인 기자(箕子)로, 은나라가 망한 뒤 주(周)나라 무왕(武王)으로부터 조선(朝鮮)에 봉함을 받고 들어와 예의·전잠(田蠶)·방직을 가르치고 팔조 금법을 행하였다고 하는데, 지금은 세 가지만 전한다.《漢書 地理志》

165 홍범구주(洪範九疇) : 주 무왕周武王)이 은(殷)나라를 이기고 기자(箕子)를 방문하여 천도(天道)를 묻자 기자가 대답한 아홉 가지 법으로, 곧 오행(五行)·오사(五事)·팔정(八政)·오기(五紀)·황극(皇極)·삼덕(三德)·계의(稽疑)·서징(庶徵)·오복(五福)이다.《書經 周書 洪範》

166 오사(五事)와 오기(五紀) : 오사는 모(貌)·언(言)·시(視)·청(聽)·사(思)를 말하니,《서경(書經)》〈홍범(洪範)〉에 "오사는 첫째는 모습이고, 둘째는 말이고, 셋째는 보는 것이고, 넷째는 듣는 것이고, 다섯째는 생각하는 것이다. 모습은 공손하고,

수를 채우는 자가 있으니, 이것은 견강부회한 것으로 전혀 이치에 가깝지 않네. 구주는 바로 나라를 다스리는 방법이어서 하나라도 없어서는 안 되니, 어찌 다섯 가지만을 취해서 억지로 여덟 조항에 채운단 말인가.

외삼촌의 아들을 '내종(內從)'이라 하고 고모의 아들을 '외종(外從)'이라고 하는 것은 비단 《이아(爾雅)》에 기재되었을 뿐만이 아니라 주자(朱子)의 정론(定論) 또한 있는데, 지금 사람들은 혹 외삼촌의 아들을 부르기를 외종이라 하니, 이는 외가의 형제로 인식하기 때문에 그런 것이네. 그러나 어머니 형제를 '내구(內舅)'라고 한다면 내구의 아들이 어찌 내종이 되지 않겠는가. 여자로서 출가한 자들은 모두 밖에서 완성되네. 그러므로 사위를 칭하여 '외생(外甥)'이라 하고 손자를 외손(外孫)이라 하는 것이니, 이 의리를 미루어 보면 고모 아들을 외종이라고 칭함을 알 수 있다네.

처음 장례하는 자가 땅이 얼어서 봉분(封墳)과 사초(莎草)를 완전하게 하지 못하고 날씨가 온화해지기를 기다려서 추후에 행하게 되면, 마땅히 개사초(改莎草)하는 예(禮)를 사용해서 해당 신위에 고유하고 난 뒤에 아울러 토지신에게도 고유하되, 일을 끝낸 뒤에는 다만 해당 신위에만 위안제를 지내는 것이네. 고유하는 글은 아래에 있네.

말은 순종하고, 보는 것은 밝고, 듣는 것은 귀 밝고, 생각하는 것은 지혜로워야 한다.〔一曰貌, 二曰言, 三曰視, 四曰聽, 五曰思, 貌曰恭, 言曰從, 視曰明, 聽曰聰, 思曰睿.〕"라고 하였다. 오기는 세(歲)·월(月)·일(日)·성신(星辰)·역수(曆數)를 말한다.

유세차……에 부(夫) 아무개는 ……께 밝게 고합니다. 처음 양례(襄禮)를 행할 적에 언 날이 아직 풀리지 않아서 봉분과 사초를 완전히 하지 못하였었는데 이제 장차 다시 수취하려고 하니 영령(英靈)은 진동하지 말고 놀라지 마십시오. 삼가 술과 과일로 ……합니다.

유세차……에 지금 모친(某親)……를 위하여 총택(塚宅)이 완전하지 못해서 장차 수치(修治)를 가하게 되었으니, 신은 보우하사 뒤에 어려움이 없게 하소서. 삼가 ……합니다.-이상은 토지신에게 고유하는 내용임-

유세차……에 모친(某親)……께 밝게 고합니다. 이미 봉분하고 이미 사초하여 무덤이 처음으로 완전하게 되었으니 영령은 영세토록 편안하십시오.-이상은 개사초한 뒤임-

토지신에게 제사할 때 반드시 죽은 자의 이름을 쓰는 것은 신을 높이는 의리이니, 자손이 토지신에게 고한다면 감히 아버지와 할아버지의 이름을 부를 수 없지만 다른 사람이라면 휘(諱)해서는 안 되네. 막 택조(宅兆 무덤)를 경영하여 세우려 할 적에 그 이름을 듣지 않는다면 여기에 장례하는 분이 누가 되는지를 어떻게 알겠는가.

홍헌경 한주 에게 답함 경자년(1840, 헌종6) 8월

答洪憲卿 翰周○庚子八月

후사(後嗣)가 된 자가 종자(宗子)라면 마땅히 자신이 직접 고유해야 하니, 예사(禮斜 예조에서 발급하는 양자 허가 증명서)가 집에 이르는 날에 먼저 사당에 고한 뒤에 거애(擧哀 발상(發喪))하는 것이 마땅할 듯합니다. 장사를 지내기 전에 고유함은 주과를 쓰지 않는 예(例)를 따라야 하는데 축판(祝板)을 사용하여 고유하고, 굳이 여러 신위를 나란히 쓸 필요가 없습니다. 고유하는 글은 아래에 있습니다.

> 불초 아무개가 막 선부군(先府君)의 사자(嗣子)가 되어서 임금에게 아룀에 명령이 내려졌음으로 이제 장차 거애하여 삼가 고합니다.

먼저 사당에 고하고 다음에 궤연에 고하고 그런 뒤에 거애를 하여야 하니, 고유하는 말은 사당에 고하는 글과 똑같이 하되, '이제 장차 거애함〔今將擧哀〕' 아래에 '애통함이 망극합니다.〔哀痛罔極〕' 네 글자를 더 첨가하는 것이 마땅할 듯합니다.

추후에 성복(成服)하는 자는 성복하는 날에 오복(五服)의 친척들이 서로 조문해야 하는데 절하는 예(禮)는 없습니다. 오복의 사람들이 궤연에 가서 곡하지 않을 수 없으니, 이는 새로 상주(喪主)를 세웠으므로 기쁨을 고하는 듯함이 있는 것이고, 또 사자(嗣子)를 위해서 슬픔을 도와주는 것입니다.

사손(嗣孫)이 사당에 들어갈 때에는 마땅히 먼저 절하고 뒤에 고유하고 고유한 뒤에 또 절하되 복은 미길복(微吉服)을 사용해야 하니, 연포(練布)와 백포대(白袍帶)가 이것입니다.

예사(禮斜)의 문자는 임금의 명령에 관계된 것이니, 고유할 때에 예사를 탁상 위에 봉안하고 고유가 끝나면 거두어 모시는 것이 마땅할 듯합니다.

서원옥[167] 원보 에게 답함 기해년(1839, 헌종5) 10월

答徐爰玉 瑗輔○己亥陽月

추후에 신주(神主)를 세우는 경우에는 마땅히 추후에 부제를 지내야 하는데, 상(喪)이 끝난 지가 이미 오랜 뒤에 부제를 추행(追行)하는 것은 예(禮)에서 말하지 않은 것입니다. 그러나 제사를 지내지 않고 곧바로 합부(合祔)할 수도 없으니, 신주를 세운 뒤에 방에다가 임시로 봉안하였다가 부제가 끝나면 합부한 바의 신위까지 아울러서 동시에 사당으로 들이는 것이 마땅할 듯합니다. 고유하는 축문(祝文)은 아래에 있습니다.

유세차……에 효증손(孝曾孫) 아무개는 현증조비(顯曾祖妣) 모봉(某封) 모씨(某氏)께 감히 밝게 고합니다. 사세(事勢)와 힘이 미치지 못하여 선비(先妣) 모봉(某封) 모씨(某氏)를 올려서 합부하는 예를 때가 지나도록 행하지 못하였으니, 지극히 슬프고 서운합니다. 상이 끝난 지가 비록 오래되었으나 끝내 빠뜨릴 수 없으므로 내일 공경히 부제(祔祭)를 올리려고 하오니, 슬픈 마음을 이길 수가 없습니다. 삼가 술과 과일을 가지고 정성을 펴서 경건히 고하고 삼가 고합니다.-이상은 할아버지 사당에 고유하는 축문임-

167 서원옥 : 서원보(徐瑗輔, 1754～?)로, 자는 원옥(爰玉), 본관은 대구이며, 서울에 거주하였다. 부친은 서유찬(徐有贊)이다. 1849년(헌종15)에 생원시에 합격하였으며, 산릉도감 감조관(山陵都監監造官)을 지냈다.

유세차……에 효자 아무개는 현비(顯妣) 모봉(某封) 모씨(某氏)께 감히 밝게 고합니다. 사세와 힘이 미치지 못하여 합부하는 일의 때를 잃었으니, 상을 마친 지가 비록 오래되었으나 예에 있어서는 마땅히 추행(追行)해야 하기에 내일 조비(祖妣) 모봉 모씨께 올려서 합부하려 하오니, 슬피 사모하는 마음을 이길 수 없습니다. 삼가 술과 과일을 가지고 정성을 펴서 공경히 고하고 삼가 고합니다.-이상은 새 신주에 고유하는 축문임-

원배(元配)의 신주를 세우는 일을 계배(繼配)의 장례 전에 추행(追行)한다면, 추행하는 부제는 마땅히 계비의 졸곡(卒哭) 뒤에 있어야 하는데, 날짜를 택하여 부제를 행할 때에 원배를 먼저 하고 계배를 뒤에 하는 것이 예(禮)에 맞습니다. 계배에 대한 부제는 마땅히 졸곡 다음날에 있어야 하나 이미 원배의 부제를 거행하였으면 형편상 늦춰서 행해야 하니, 졸곡축(卒哭祝) 끝의 "내일 올려 합부한다〔來日隮祔〕"라는 한 구(句)의 말은 빼는 것이 옳을 듯합니다. 날짜를 택하기를 기다려서 다시 고유하는 것이 마땅할 것입니다.

홍생 재주 에게 답함 을미년(1835, 헌종1) 2월

答洪生 在周○乙未二月

서자(庶子)로서 아버지의 후사가 된 자는 자기를 낳아주신 어머니를 위하여 서모복(庶母服)을 입으니, 이는 아버지의 체(體)를 이었으므로 감히 사사로운 정을 펼 수 없기 때문입니다.[168] 비록 서모복인 시마복(緦麻服)을 입으나 3개월 중에는 마땅히 3년 동안 거상하는 예절을 다해서 출입할 때 삼베로 만든 심의(深衣)와 폐양자(蔽陽子)를 착용해야 하고, 상복을 벗으면 즉시 심상(心喪)을 받아서 검은 삿갓과 검은 띠와 연포로 만든 직령을 착용하여 27개월의 시기를 마치고서 길함으로 나가야 하니, 이것이 바꿀 수 없는 예(禮)입니다. 어머니에 대한 자식의 정은 비록 끝이 없으나 예에서 허락하지 않는 바이니, 그렇다면 정 또한 자기 뜻대로 할 수가 없으므로 다만 심상 3년을 폄으로써 자기를 낳고 길러준 은혜에 보답할 뿐입니다.

승중(承重)한 첩자(妾子)는 사시(四時)의 제사를 폐할 수가 없습니다. 이 때문에 감히 사친의 복을 펼 수가 없으므로 예(禮)에 다만 3개월 동안 제사를 거행하지 않는 것을 허락한 것이니, 이것이 시마복을

168 서자(庶子)로서……때문입니다 : 《의례(儀禮)》 〈상복(喪服)〉에, 서자로서 아버지의 후사가 된 자가 그 생모를 위하여 시마복을 입는다고 하고 "존자(尊者)와 일체가 되므로 감히 사친(私親)을 위하여 복을 입지 않는 것이다.〔與尊者爲一體, 不敢服其私親也.〕"라고 하였다.

입게 된 이유입니다.[169] 시마복을 벗은 뒤에는 제사를 평상시처럼 지내되 시제(時祭)에 다만 수조(受胙)[170]를 하지 않으니, 이는 몸에 심상(心喪)이 있기 때문입니다.

서자(庶子)의 자식이 아버지가 죽은 뒤에 첩조모(妾祖母)를 위하여 아버지를 대신해 삼년복을 입지 않는 것은 이을만한 중함이 없기 때문입니다. 승중(承重)이라는 것은 할아버지의 중함을 잇는 것이니, 할아버지의 중함을 잇지 않는 자가 어찌 첩조모의 중함을 이을 수 있겠습니까? 또 첩조모에게 어찌 전할 만한 중함이 있겠습니까? 이 때문에 우옹(尤翁)이 말씀하기를 "손자가 조부모를 위하여 삼년복을 입는 것은 승중하였기 때문이니, 지금 자기 조모가 할아버지의 첩일 뿐이라면 그 손자를 어찌 승중이라고 말하여 삼년복을 입게 하겠는가."라고 하신 것입니다.[171] 우옹의 가르침이 이와 같을 뿐만이 아니요, 명릉(明

169 승중(承重)한……이유입니다 : 《의례(儀禮)》 〈상복(喪服)〉에 서자로서 아버지의 후사가 된 자가 그 생모를 위하여 시마복을 입는다고 하고 "그렇다면 어째서 시마복을 입는가? 궁중에 죽은 자가 있으면 그를 위하여 3개월 동안 제사를 거행하지 않는다. 이로 인하여 시마복을 입는다.〔然則何以服緦也? 有死於宮中者, 則爲之三月不擧祭, 因是以服緦也.〕"라고 하였다.

170 수조(受胙) : 제사를 마치고서 축관(祝官)이 주제자(主祭者)에게 신(神)의 말을 전하면서 음식을 조금 주면 주제자가 그것을 음복하는 예이다.

171 우옹(尤翁)이……것입니다 : 우옹은 송시열(宋時烈)을 가리키는바, 이 말은 《송자대전(宋子大全)》 권86 〈답민사앙(答閔士昂)〉에 보인다. 전문은 다음과 같다. "승중한 서자의 자식은 아버지의 생존 여부를 막론하고 모두 복이 없고, 승중이 아닌 서자의 자식은 다만 본래 상복을 입을 뿐이니, 삼년복을 입는 것은 매우 근거가 없다. 만약 아버지가 삼년복을 입어야 하기 때문에 대신해서 삼년복을 입는다고 한다면 절대 그렇

陵)의 시대에 조정의 명령으로 거듭 금하였으니,[172] 어찌 감히 이것을 어기겠습니까. 다만 마땅히 본래 상복인 기년복을 입을 뿐입니다. 그리고 상이 끝나면 신주를 매안하는 것은 이는 첩모(妾母)를 대대로 제사하지 않는 의리가 되는 것입니다.[173]

지 않은 이유가 있으니, 조부모를 위하여 삼년복을 입는 손자는 승중했기 때문인데, 지금 자기 조모가 할아버지의 첩일 뿐이라면 그 손자를 어찌 승중이라고 말하여 삼년복을 입게 하겠는가.〔若是承重庶子之子, 則無論父在與否, 而皆當無服, 非承重者之子, 則只服本服矣, 三年則甚無謂矣. 若謂其父當服三年, 故代服三年云爾, 則有大不然者, 凡孫之爲祖父母三年者, 是承重故也, 今其祖母, 是其祖之妾而已, 則其孫豈可亦謂之承重而服三年乎?〕"

172 명릉(明陵)의……금하였으니 : 명릉은 숙종이다. 숙종 39년(1713)에 '첩손(妾孫)이 아버지가 죽은 뒤에 조모를 위하여 삼년복을 입는 것의 가부'에 대하여 대신들에게 문의하였는데, 판부사 이여(李畬)는 김장생(金長生)·송시열(宋時烈)·박세채(朴世采) 등의 예설을 인용하여 삼년복을 금지해야 한다고 하였고, 판부사 조상우(趙相愚)는 송준길(宋浚吉)의 예설을 따라 삼년복을 허용해야 한다고 하였다. 권상하(權尙夏)·이유(李濡)·김창집(金昌集)·이이명(李頤命)·서종태(徐宗泰) 등은 모두 이여의 의견이 옳다고 하였고, 숙종도 이여의 의논에 의거하여 시행하라고 명하였다.《肅宗實錄 39年 5月 1日》

173 첩모(妾母)를……것입니다 :《예기(禮記)》〈상복소기(喪服小記)〉에 "자모(慈母)와 첩모(妾母)는 대대로 제사하지 않는다.〔慈母與妾母, 不世祭也.〕"라고 하였다.

이백원 인행 에게 답합 기축년(1829, 순조29) 5월

答李百源 寅行○己丑五月

예(禮)에는 일이 있으면 사당에 고유하는데, 일은 죽는 것보다 더 큰 것이 없으니 어찌 고하지 않을 수 있겠습니까. 《의례(儀禮)》〈사상례(士喪禮)〉를 보면, 부고를 내는 것이 처음 죽어서 시신을 옮긴 뒤에 있으니, 사당에 고유하는 것도 마땅히 이때에 해야 합니다. 친족을 써서 대신 고유하되 고유하는 글은 다음과 같습니다. "효현손(孝玄孫) 아무개가 모월 모일에 죽었으므로 삼가 고합니다."

상례는 간략함을 따르니, 분향만 하는 것이 마땅할 듯하고 사당에 고유를 이미 제때 못했으면 또한 마땅히 추후에 조조(朝祖)[174]할 때에 고하나, 조조할 때에 사당에 고하는 절차가 없는 것은 처음 죽었을 때 고유가 있기 때문입니다.

부식(祔食)[175]은 바로 방친(旁親) 중에 후사가 없는 자와 상상(殤喪)으로 반부(班祔)한 자를 가리키는 것입니다. 여기에 모친(某親)이라고 말한 것은 주제자(主祭者)의 친속 관계를 가지고 이렇게 말한 것입니다.

174 조조(朝祖) : 장사를 지내기 하루 전에 상구(喪柩)를 받들고 사당에 들어가 뵙게 하고 절하는 것을 말한다.

175 부식(祔食) : 혼인하기 전에 일찍 죽었거나 후사가 없는 사람을 그 조상의 사당에 합사해서 제품(祭品)을 받아서 먹게 하는 것이다.

심원중 노완 에게 답함 을미년(1835, 헌종1) 5월

答沈元仲 魯完○乙未五月

상복을 차마 갑자기 벗을 수가 없기 때문에 비록 3년이 지난 뒤에 장례를 행하는 경우라도 반드시 부제(祔祭)를 지내고서 그 다음 달에 소상제(小祥祭)를 지내고 또 다음 달에 대상제(大祥祭)를 지내야 하니, 이는 때를 다르게 하기 위해서입니다.[176] 옛날에는 대상제과 담제를 같은 달에 지냈으므로 대상제를 담제 지내는 달로 미루는 자는 상순(上旬)에 대상제를 지내고 하순(下旬)에 담제사를 지내야 했던 것이니, 만약 담제 지낼 시기를 넘긴 경우에는 또 담제 없이 같은 달에 길복(吉服)으로 나갈 수가 없습니다. 《개원례(開元禮)》에서 말한 "대상제를 지내고 길복으로 나아간다."는 것은 '대상제를 하고서 바로 그 달에 협제(祫祭)를 거행한다'는 뜻이 아니고 바로 대상제와 협제 사이에 담제를 지냄이 없음을 밝힌 것입니다.[177] 만약 대상제를 지낸 달에

176 상복을……위해서입니다 : 《예기(禮記)》 〈상복소기(喪服小記)〉에 "3년이 지난 뒤에 장사하는 자는 반드시 두 번 제사를 지내니, 제사하는 사이에 동시에 상복을 벗지 않는다.〔三年而后葬者, 必再祭, 其祭之間, 不同時而除喪.〕"라고 하였는데, 정현(鄭玄)의 주(注)에 "'두 번 제사 지냄'은 소상제와 대상제이다. '사이에 동시에 하지 않음'은 달을 달리 해야 하는 것이니, 부제를 지내고서 다음 달에 소상제를 지내고 또 다음 달에 대상제를 지내서 반드시 달을 달리 하는 까닭은 장례와 소상과 대상이 본래 다른 해에 하므로 때를 달리 하는 것이 당연하기 때문이다.〔再祭, 練祥也. 間不同時者, 當異月也, 旣祔, 明月練而祭, 又明月祥而祭, 必異月者, 以葬與練祥本異歲, 宜異時也.〕"라고 하였다. 《禮記注疏 卷32 喪服小記》

177 개원례(開元禮)에서……것입니다 : 《개원례》는 당(唐)나라 개원(開元) 20년에

길복을 입는다면 이것이 어찌 "점차적으로 하여 효자의 마음을 편안하게 하는 것"[178]이겠습니까. 한 달을 넘겨 협제사를 행하고 길복으로 나아가는 것이 옳은 예(禮)입니다.

중서령 소숭(蕭嵩) 등이 칙명을 받아 만든 《대당개원례(大唐開元禮)》를 말하는바, 개원은 현종(玄宗)의 연호이다. 《대당개원례》에 "만약 2주년이 지난 뒤에 장례하는 자는 장례한 다음 달에 소상제를 지내고 그 다음 달에 대상제를 지내니, 대상제를 지내고 길복으로 나아가며 다시 담제는 없다.〔若再周而後葬, 則以葬之後月練, 又後月爲大祥, 祥而卽吉, 無復禫矣.〕"라고 하였다.

178 점차적으로……것 : 《대당개원례(大唐開元禮)》의 '시기에 미처 지내지 못한 장례〔不及期葬〕' 조에 장례를 빨리 치르는 경우, 1년 만에 치르는 경우, 2년이 지난 뒤에 치르는 경우, 2년이 되기 전에 치르는 경우에 소상제・대상제・담제를 어떻게 지내야 하는지 설명하였는데, 그 소주(小註)에 "반드시 소상・대상・담제를 하는 것은 깊은 슬픔은 갑자기 없앨 수 없음을 밝힌 것이다. 그러므로 점차적으로 해서 효자의 마음을 편안하게 하는 것이다.〔必練祥禫者, 明深哀不可頓除, 故爲之漸, 以安孝子之心.〕"라고 하였다.

이공우 익영 에게 답함 임자년(1852, 철종3) 1월

答李公虞 益永○壬子元月

부모의 상(喪)이 함께 있어서 같은 날에 하관하는 경우에는 삼우제(三虞祭)와 졸곡제(卒哭祭)를 행함에 마땅히 중한 상을 먼저 하고 가벼운 상을 뒤에 해야 하는데, 두 신위의 궤연에 각각 진설해야 하고, 부제(祔祭) 역시 각각 행해야 합니다. 이른바 "자리를 펴서 같은 궤연에 진설한다"는 것은 정기(精氣)를 합한다는 뜻이니,[179] 마땅히 상을 끝내고서 합독(合櫝)한 뒤에 논할 것이요, 3년 안에는 비록 초상과 장례가 같은 날이라 하더라도 마땅히 각각 영위(靈位)를 진설하여 궤전(饋奠)을 각각 행해야 합니다. 같은 날에 장례한 경우에는, 신(神)을 편안히 하는 것을 시급함으로 삼으므로, 이날을 넘기지 않고서 선후로 우제를 지내야 하지만, 부묘하는 일은 같은 날에 중첩으로 설치할 수가 없으니, 죽은 자의 할아버지와 할머니에게 하루에 두 번 제사할 수 없기 때문입니다.

179 자리를……뜻이니 : 《예기(禮記)》〈제통(祭統)〉에 "자리를 펴고 같은 궤연에 진설함은 신을 의지하게 하기 위한 것이다.〔鋪筵, 設同几, 爲依神也.〕"라고 하였는데, 공영달(孔穎達)의 소(疏)에 "사람이 살아 있을 때에는 형체가 다르므로 부부가 궤연을 달리 하지만, 죽어서는 혼기(魂氣)가 여기에 함께 돌아가므로 부부가 궤연을 함께 한다고 말한 것이다.〔言人生時, 形體異, 故夫婦別几, 死則魂氣同歸於此, 故夫婦共几.〕"라고 하였다. 《禮記注疏 卷49 祭統》

신계선 광실 에게 답함 임진년(1832, 순조32) 5월
答申季善 光實○壬辰五月

특별히 추증하는 명령이 내렸으면 마땅히 당일에 사당에 고유해야 할 듯하니, 고유하는 글은 다음과 같아야 합니다. "유세차……에 효자 모관(某官) 아무개는 현고(顯考)……와 현비(顯妣)……께 감히 밝게 고합니다. 현고의 순수한 효도와 올바른 학문이 진실로 사림들에게 흠모를 받아서 도신(道臣)이 장계를 올리고 전조(銓曹)의 신하가 경연에서 아뢺으로 인하여 특별히 통훈대부(通訓大夫) 사헌부 지평(司憲府持平)을 추증하고 현비도 따라서 영인(令人)을 추증하였습니다. 임금의 특별한 은혜를 우러러 입어서 이처럼 표창하는 추증이 있게 되니, 교서를 공경히 받듦에 가슴이 무너지고 목이 메어 망극합니다. 삼가 술과 과일을 가지고 정성을 펴서 경건히 고하고 삼가 고합니다."

먼저 사당에 고유하고 뒤에 다시 신주를 다시 쓰는데, 이 둘의 날짜가 똑같지 않으면 신주를 다시 쓰는 날에 또 고유해야 하니 고유하는 글은 다음과 같아야 합니다. "유세차……에 영화로운 추증을 입었기에 이제 장차 신주를 고쳐 쓰려 합니다." '삼가〔謹以〕' 이하는 위와 같습니다. 이때 진설하는 주과(酒果)는 신주를 받들어 신위로 돌아가기를 기다렸다가 철거해야 하니, 이것은 바로 음식을 가지고 신을 의지하게 하는 것입니다.

요즘 말하는 '분황(焚黃)'이라는 것은 바로 중국에서 제서(制書)를 황지에 쓴 데서 온 것이나 태우는 것은 의미가 없으니, 혹 삶과 죽음의 연고를 통하게 하기 위한 것인지도 모르겠습니다. 만일 사대(四代)가 지나서 신주를 매안하였는데 그 뒤에 추증하는 은전이 있게 되면, 마땅히 묘에만 고하고 그렇지 않으면 마땅히 주선생(朱先生)이 행한 것을 따라서 추증을 고하는 것을 다 사당에서 해야 하는데,[180] 지금 풍속에는 분황해 올리는 축사가 있으니 이는 묘소에서 행하기 때문입니다. 그러나 성대한 제사를 사당에 진설해 놓고서 분황을 행하는 것이 예에 맞을 듯합니다.

신주를 다시 쓰는 것과 분황이 또 같은 날이 아니면 분황하는 날에 다시 고유해야 하니, 고유하는 글은 다음과 같아야 합니다. "유세차……에 이번에 내린 은혜로운 추증이 보통의 격식을 특별히 벗어나니, 명하는 글을 공경히 받듦에 한편으로 기쁘고 한편으로 슬픕니다. 분황하여 영화(榮華)를 고하는 것은 비록 근거할 만한 옛날 법이 없으나 중국으로부터 본조에 이르러 이미 떳떳한 법을 이루었으므로 예에 폐할 수가 없기에 공경히 기록하여 태우니, 슬픈 마음 망극합니다. 삼가 술과 제찬(祭饌)을 가지고 정성을 펴서 경건히 고하고 삼가 고합니다."

구경산(丘瓊山)[181]은 삼헌(三獻)의 예(禮)를 썼으나 이는 시제(時

180 주선생(朱先生)이……하는데 : 주선생은 주희(朱熹)이다. 《가례(家禮)》 〈부록〉에 "분황을 근세에는 묘소에서 행하는데, 예에 어떤 근거가 있는지 모르겠다. 장위공(張魏公)은 증시(贈諡)를 사당에만 고하였는데, 예에 맞을 듯하다.〔焚黃, 近世行之墓次, 不知於禮何據. 張魏公贈諡只告於廟, 疑爲得禮.〕"는 주희의 말이 보인다.

181 구경산(丘瓊山) : 명(明)나라 때 경산(瓊山) 사람인 구준(丘濬)으로, 자는 중심(仲深), 호는 심암(深菴) 또는 경산선생(瓊山先生)이다. 문연각 대학사(文淵閣大學

祭)와 기제(忌祭) 두 제사와는 다르니, 단헌(單獻)을 하는 것이 마땅할 듯합니다. 만약 여러 신위를 함께 받드는 경우라면 신주를 정침(正寢)으로 꺼내서 제사를 행하고, 다만 해당 신위만을 받들면 사당 안에서 올리는 것이 맞을 듯합니다.

士)를 지냈고, 주자학(朱子學)에 정통하였다. 저서로는 《가례의절(家禮義節)》, 《대학연의보(大學衍義補)》, 《주자학적(朱子學的)》 등이 있다. 《明史 卷181 丘濬列傳》

전화중[182] 석채 에게 답함 을사년(1845, 헌종11) 6월

答田和仲 錫采○乙巳蜩夏

영남이 아득히 멀어서 얼굴을 뵈올 길이 없으니 다른 세상에서 사는 것과 다를 것이 별로 없었는데, 다행히 아드님이 함께 있어서 아드님을 본 것으로 한번 대면하였다 생각하였으니 진실로 위안이 되었습니다. 그런데 뜻밖에 은혜로운 편지를 또 먼저 베풀어 주시니, 편지를 받음에 감사한 마음은 비단 궁금하던 소식을 전해들은 것으로 인한 것뿐만이 아닙니다. 편지를 통해 한여름의 기거가 바르고 삼가심을 알았으니, 더욱 제 소원에 부합합니다.

귀향의 삼동(三洞)의 빼어난 경치는 비단 영남 전체에서 유명한 구역이 될 뿐만이 아니니, 매양 한번 상상해보면 가슴이 확 트여 몸이 가벼워져서 마치 몸과 세상이 붕 뜨려하는 것 같습니다. 곧장 나막신을 챙겨 탐방하고서 동계(桐溪 정온(鄭蘊))와 동춘(同春 송익필(宋翼弼))의 유적을 찾고 싶으나 그리 할 수가 없으니, 이미 쇠잔한 목숨이 끊어져서 다시는 사통팔달하는 곳에서 수레를 나란히 끌고 갈 희망이 없습니다. 오직 종소문(宗少文)처럼 거문고를 타서 소리를 내어 여러 산으로 하여금 모두 메아리치게 하려는 생각이 있을 뿐이니,[183] 삼동의 기이한

182 전화중 : 전석채(田錫采)로, 홍직필의 문인인 부계(扶溪) 전병순(田秉淳, 1816~1890)의 부친이다.

183 종소문(宗少文)이……뿐이니 : 종소문은 남조(南朝) 시대 송(宋)나라 사람인 종병(宗炳)으로, 소문은 그의 자이다. 종병은 거문고를 잘 타고 그림을 정교하게 그렸으며, 산수를 퍽 즐기어 매양 산수를 유상(遊賞)할 때마다 한번 가면 돌아올 줄을 몰랐다.

경치를 그려서 나한테 보여주시기를 회옹(晦翁)이 오로봉(五老峯)의 그림을 그렸던 고사[184]처럼 해주실 수 있겠습니까?

영윤(令尹)의 타고난 자질이 도(道)에 가깝고 진심으로 학문을 향하니, 실로 후생 중에 빼어난 자입니다. 한 세상 준걸스러운 선비들을 차례로 뽑아봄에 비견할 사람이 적으니, 그를 아끼고 좋아하는 마음을 이루 다 말할 수 없습니다. 부디 벼슬길에 진취하는 것을 바라지 말고 자기 좋아하는 바를 하도록 맡겨두어서 덕업을 성취하게 하는 것이 어떻겠습니까? 뜻이 있는 선비들이 왕왕 자기 부형(父兄)의 압박을 받아서 과거 공부에 일생을 파괴하니, 현자가 어찌 이러한 일을 하시겠습니까. 어찌 이러한 일을 하시겠습니까.

천한 이 몸은 나이가 이미 칠순에 오르고 고질병이 이미 4년을 넘어

나라에서 벼슬을 시키기 위해 자주 불렀으나 나가지 않고서 형산(衡山)에 집을 짓고 살다가 뒤에 병으로 강릉(江陵)에 돌아왔는데, 이에 탄식하기를 "늙음과 병이 한꺼번에 이르렀으므로 명산을 두루 구경하지 못할 듯싶으니, 오직 맑은 생각을 가지고 누워서 유상해야 할 뿐이다."라 하고 그가 평소에 유력(遊歷)하던 곳을 모두 방에 그리고는 사람들에게 말하기를 "거문고를 타서 뭇 산이 모두 메아리치게 하려고 한다." 하였다. 《宋書 卷93》

184 회옹(晦翁)이……고사 : 회옹은 주희(朱熹)이다. 주희가 노년에 오로봉의 삼층 샘이 빼어나다는 말을 들었으나 끝내 가보지 못할 것 같아 황상백(黃商伯)과 진화성(陳和成)에게 그림을 그려 보내달라고 부탁을 하였다는 일화가 있다. 이 내용은 《주자대전 별집(朱子大全別集)》 권3 〈양백기(楊伯起)〉에 "백록에서 예전에 노닐 때 황홀함이 마치 꿈속과 같았는데, 다만 오로봉 아래 새로운 샘의 세 층이 자못 진기하고 빼어나다고 들었습니다. 이번 생에는 거기에 갈 수가 없을 듯하여 일찍이 황상백과 진화성에게 부탁을 해서 모사하여 그려서 오도록 하였으니, 수묵화를 어루만지며 다만 탄식하였습니다.〔白鹿舊遊恍然夢寐, 但聞五老峯下新泉三疊, 頗爲奇勝, 計此生無由得至其下, 嘗託黃商伯陳和成摹畫以來, 摩挲素墨, 徒以慨歎也.〕"라고 보인다.

서 나이와 병이 함께 지극하니 이치상 반드시 불행하게 죽을 것인데, 근간에 또 병이 더 심해져서 병상에 누워 있습니다. 이 때문에 영윤이 가르침을 청하는 지극한 뜻에 부응할 수가 없어 다만 '벗은 먼 지방에서 온 사람을 그르친다'는 주선생(朱先生)의 시구[185]를 외울 뿐입니다. 병을 무릅쓰고 편지하여 그가 돌아가는 인편에 붙입니다.

185 벗은……시구 : 주선생은 주희(朱熹)이다. 멀리서 배움을 찾아 온 벗을 제대로 가르치지 못하여 그르친다는 의미로, 《주자어류(朱子語類)》 권107에 주희가 죽림정사(竹林精舍)의 도부(桃符)에 "도는 이전 성인들의 계통을 어지럽히고 벗은 멀리서 온 이를 그르친다.〔道迷前聖統, 朋誤遠方來.〕"라고 썼다는 기록이 있다.

전화중에게 답함 무신년(1848, 헌종14) 6월
答田和仲 戊申六月

편지를 보니, 세월이 어긋나 좋은 만남을 이루지 못하는 것을 한스럽게 여기셨지만, 만일 마음에 통함을 기약한다면 굳이 무릎을 가까이 하고 대면하는 것을 귀하게 여길 필요가 없으니, 이 때문에 고인들이 천리 먼 곳에서 신교(神交)[186]하는 것에 의탁한 것입니다. 두 아드님이 이번에 또 책상을 메고 온 것은 현자가 의로운 방법으로 가르친 것[187]에서 나온 줄을 알겠으니, 찬탄을 금할 수 없습니다. 다만 이 몸이 병들어 죽게 되어서 정신과 의지가 소진되어 가르침을 청하는 아드님의 지극한 뜻에 부응할 수가 없으니, 그저 부끄러움과 무안한 마음만 더할 뿐입니다. 사람을 가르치는 자는 첫 번째로 덕스러운 도량을 양성시키고자 하고, 그 다음은 경서를 익숙히 읽히고자 하는데, 두 아드님은 이 두 가지에 있어서 거의 공효를 거두고 있으니, 이것은 바로 현자가 몸소 가르쳐서 아들에게 미룬 것입니다. 선(善)은 반드시 쌓아야 하니, 금일에 쌓고 다음날에 쌓아서 쌓음이 커져서 마치 강하를 터놓아 막을 수 없는 것처럼 되기를 현자를 위하여 기원합니다.

186 신교(神交) : 서로 만나지 못하고 다만 정신으로 사귄다는 말이다.

187 의로운……것 : 《춘추좌씨전(春秋左氏傳)》 은공(隱公) 3년 조에, 위(衛)나라 장공(莊公)의 아들 주우(州吁)가 오만 방자하게 굴자, 현대부(賢大夫) 석작(石碏)이 장공에게 "자식을 사랑하되 그를 의로운 방법으로 가르쳐서 사악한 길로 빠져들지 않게 해야 한다.〔愛子, 教之以義方, 弗納於邪.〕"라고 충간(忠諫)한 말에서 인용한 것이다.

유원중[188] 경환 에게 줌 기유년(1849, 헌종15) 12월

與兪元仲 敬煥○己酉臘月

박사암(朴思庵)[189] 선생은 학문과 명절(名節), 문장과 사공(事功)이 두루 구비하지 않은 것이 없으니, 다만 본조에 정승 중에 으뜸이 될 뿐만이 아닙니다. 그런데 제사를 주관하는 적손(適孫)이 없고 또 서자(庶子)가 화를 당해서 문호가 전복되어 문헌(文獻)에 징험할 것이 없으니, 현행하는 유고는 백에 하나, 천에 하나도 되지 못합니다. 또 판본도 전하지 않아서 장차 매몰되게 되었으니, 사림들이 한탄한 지가 오래되었습니다. 그런데 사암의 방손인 박이휴(朴頤休)가 중간(重刊)하는 일을 담당하였으니, 그 뜻이 진실로 이미 참되고 간절합니다. 또 장차 완산백 영공(完山伯令公)에게 성취를 부탁하여 발문까지 허락을 받았다고 하니,[190] 이 말을 들음에 흐뭇하여 찬탄하는 마음을 금할 수 없습니다.

188 유원중 : 유경환(兪敬煥, 1806~?)으로, 자는 원중(元仲), 본관은 기계(杞溪)이다. 1846년(헌종12)에 진사시에 급제하였다. 동몽교관(童蒙敎官)을 역임하였다.

189 박사암(朴思庵) : 박순(朴淳, 1523~1589)으로, 자는 화숙(和叔), 호는 사암, 시호는 문충(文忠)이며 본관은 충주이다. 1553년(명종8) 정시 문과에 장원으로 급제하고 벼슬이 영의정에 이르렀다. 극심한 동서당쟁 속에서 이이(李珥)·성혼(成渾)을 두둔하다가 서인으로 지목되어 탄핵을 받고 영평 백운산(白雲山)에 은거하였다.

190 사암의……받았으니 : 박상(朴祥)의 문집은 박상의 후손 박원응(朴源應)과 박이휴 등이 중간하였는데, 이때 홍직필에서 편정(篇定)을 부탁하고, 1857년 전라도 관찰사 김병교(金炳喬), 심경택(沈敬澤)의 협조를 받아 전주에서 간행하였다. 심경택은 발문을 쓰기도 했으며, 홍직필 역시 발문을 썼다. '완산백 영공'은 전라도 관찰사를 말한다.

선철(先哲)들의 문자가 없어지지 않고 영원히 전해지는 것은 대부분 후현(後賢)들이 힘썼기 때문입니다. 《사기(史記)》와 《한서(漢書)》 두 질은 능치융(凌稚隆)의 평론을 거쳤고,[191] 《당송팔가문(唐宋八家文)》은 모녹문(茅鹿門)이 밝혀서 찬술하였으니,[192] 삼라만상이 이름 있는 지역으로 들어가고 오음(五音)의 희이(希夷)[193]가 소리 없는 경지에서 나오는 것은 전적으로 지음(知音)에 힘입는 것입니다. 사암의 본집은 바로 판서 서필원(徐必遠)이 완산부에 부임했을 때에 간행한 것입니다. 서공은 세속의 재상인데도 덕을 드러내고 현자를 높임이 이와 같았으니, 세상 사람은 무상(無常)하나 서공은 유상(有常)하다고 이를 수 있을 것입니다. 그런데 더구나 서공이 되는 것에 만족하지 않는 분에 있어서이겠습니까. 부디 이러한 뜻을 가지고 완산 감영(監營)에 전달해서 반드시 한 도의 선창이 되기를 도모하는 것이 어떻겠습니까? 이 문집이 간행되고 간행되지 않음은 세교(世敎)가 높아지고 낮아짐에 관계되니, 그만 둘 수 있어서 그만 둘 수 있는 것이 아닙니다.

191 사기(史記)와……거쳤고 : 능치융은 자가 이동(以棟), 호가 뇌천(磊泉)이며, 명(明)나라 절강성 오정(烏程) 사람이다. 《사기》와 《한서》에 대한 평석을 집대성하여 《사기평림(史記評林)》과 《한서평림》을 편찬하였다.

192 당송팔가문(唐宋八家文)은……찬술하였으니 : 모록문은 모곤(茅坤, 1512~1601)으로 자가 순보(順甫), 호가 녹문이며 명(明)나라 호주부(湖州府) 귀안(歸安) 사람이다. 의고파(擬古派) 풍조가 성할 때, 당송고문(唐宋古文)을 높이 평가하여 《당송팔대가문초(唐宋八大家文鈔)》 144권을 편집, 유포했다.

193 희이(希夷) : 도(道)를 비유한 말이다. 《도덕경(道德經)》 14장의 "도는 보려고 해도 볼 수 없으니 그것을 이(夷)라고 하고, 들으려고 해도 들을 수 없으니 그것을 희(希)라고 한다.〔視之不見, 名曰夷, 聽之不聞, 名曰希.〕"라는 말에서 유래한 것이다.

이화경 석용 에게 답함 계묘년(1843, 헌종9) 7월

答李和卿 碩鏞○癸卯梧秋

숙신(肅愼)[194]의 고적과 발해의 유적도 마음과 눈으로 기억할 만한 것이 있었습니까? 칠보산(七寶山)의 유람은 짐작건대 빼어난 경치들을 빠뜨리지 않았을 것이니, 거기에 쌓여 있는 진경을 다 찾아보셨습니까? 삼연(三淵) 선생이 일찍이 칠보산의 품격을 논하여 "한 지역의 10여 명산을 차등함에 세 번째를 차지하니, 금강산도 구비하지 못한 바를 소유하였다. 이로써 '깨끗한 기운이 모이는 것이 변방이라는 이유로 저해되지 않음'을 비로소 알게 되었다."라 하시고, 이를 훌륭한 사람이 필영(畢郢)과 저풍(諸馮)에서 태어난다는 것에 비견하기까지 하였습니다.[195] 매번 신령스러운 경치를 상상함에 형체와 정신이 초월하지만, 포계(匏繫)[196]를 자신의 분수로 여겨서 마음의 빚을 갚을 길이 없

194 숙신(肅愼) : 만주 목단강 유역과 연해주(沿海州) 방면에 퍼져 살던 퉁구스 계통의 종족으로, 후대로 내려오면서 말갈·여진 등의 이름으로 불렸다.

195 삼연(三淵)……하였습니다 : 삼연은 김창흡(金昌翕)의 호로, 이 내용은 《삼연집》 권19 〈답이참봉(答李參奉)〉에 보인다. 필영과 저풍은 변방의 지명으로, 《맹자》 〈이루 하(離婁下)〉에 "순임금은 저풍(諸馮)에서 태어나서 부하(負夏)로 옮겨 갔다가 명조(鳴條)에서 돌아가셨으니 동이(東夷) 지역 사람이다. 문왕은 기주(岐周)에서 태어나서 필영(畢郢)에서 돌아가셨으니 서이(西夷) 지역 사람이다."라고 하였다.

196 포계(匏繫) : 한 곳에 매달린 뒤웅박이라는 말로, 여기에서는 자유롭게 다니지 못하는 처지를 비유한 것이다. 《논어(論語)》 〈양화(陽貨)〉에 "내가 어찌 뒤웅박처럼 한 곳에 매달린 채 먹기를 구하지 않을 수가 있겠는가.〔吾豈匏瓜也哉, 焉能繫而不食?〕"라고 탄식한 공자의 말이 보인다.

으니, 고명이 진경을 찾음에 기대어서 종소문(宗少文)의 와유(臥遊)[197]로 삼으려고 합니다. 그러하니 용면거사(龍眠居士)[198]의 힘을 빌려서 그림으로 저에게 보여주실 수 있겠습니까? 주선생(朱先生)이 일찍이 오로봉(五老峯) 아래 샘물이 삼층으로 있다는 말을 듣고 황상백(黃商伯)과 진화성(陳和成)에게 부탁해서 그리게 하였으니,[199] 이것이 현자에게 바라는 바입니다.

197 종소문(宗少文)의 와유(臥遊) : 311쪽 주183 참조.

198 용면거사(龍眠居士) : 송(宋)나라의 저명한 화가(畫家) 이공린(李公麟)의 별호이다.

199 주선생(朱先生)이……하였으니 : 312쪽 주184 참조.

이백흠[200] 준 에게 답함 을사년(1845, 헌종11) 8월

答李伯欽 埈○乙巳秉秋

부모가 자식을 사랑함과 자식이 부모를 사랑함은 모두 자연에서 나와서 끝이 없으니, 그렇다면 자식이 부모가 베풀어준 은혜에 보답함에 어찌 세월을 계산하여 하겠습니까. 부모상이 3년에 그치는 것은 하늘의 운행이 2번 돌아서요,[201] 3년이면 품을 면하기 때문에 그런 것은 아닙니다.[202] '3년의 사랑'은 마땅히 부모와 자식을 통합하여 보아야 할 듯하나, 부모가 자식을 사랑함을 어찌 다만 3년을 가지고 한도를

200 이백흠 : 이준(李埈, 1812~1853)으로, 자는 백흠(伯欽), 호는 괴원(槐園), 본관은 벽진(碧珍)이며, 이항로(李恒老)의 아들이다. 1835년(헌종1) 사마시에 합격하였으나, 그 뒤 과거에 나아가지 아니하고 가학(家學)하면서 은거하며 주자학 연구에 몰두하였다. 1846년(헌종12) 《주자대전차의집보(朱子大全箚疑輯補)》 70책을 지었는데, 송시열의 《주자대전차의(朱子大全箚疑)》에 기초를 두고 30여 가(家)의 설을 참작하여 지은 것으로, 강령대지(綱領大旨)는 부친 이항로가 집필하고 그가 고증과 해설을 하여 자득(自得)의 설을 밝혔다. 『주자대전집차(朱子大全集箚)』 20책 또한 지었다. 1852년(철종3) 홍천으로 이거하였다가 이듬해 낙상하여 죽었다. 문집으로 《괴원집(槐園集)》이 있다.

201 하늘의……돌아서요 : 삼년상은 실제로는 만2년이기 때문에 이렇게 말한 것이다.

202 3년이면……아닙니다 : 공자(孔子)의 제자 재아(宰我)가 공자에게 삼년상이 너무 길다고 말하자 공자가 "재여(宰予)의 인(仁)하지 못함이여! 자식이 태어나서 3년이 된 뒤에야 부모의 품을 벗어난다. 3년의 상(喪)은 천하의 공통된 상이니, 재여는 3년의 사랑이 그 부모에게 있었는가?"라고 하였는데, 이 말을 '부모상을 3년 동안 하는 이유가 자식이 태어나서 3년 동안 부모의 품에 있기 때문'이라는 의미로 받아들여서는 안 된다는 것이다.

삼을 수 있겠습니까. 이는 자식이 부모의 품에 있는 것을 가지고 말했을 뿐이니, 본문의 '어기(於其)' 두 글자에서 자식이 부모를 사랑함을 말한 것임을 단정할 수 있습니다.[203] 3년 동안은 부모의 품을 떠나지 않으므로 부모를 사랑하는 마음이 계속 되어 끊어지지 않다가 자라고 나서 품을 떠나면 시간이 오래될수록 점점 사랑하는 마음을 잃는다는 것은, 편지에서 말씀한 뜻이 옳습니다.

203 본문의……있습니다 : 《논어(論語)》 〈양화(陽貨)〉에 "재여(宰予)는 3년의 사랑이 그 부모에게 있었는가?〔予也有三年之愛於其父母乎?〕"라고 한 것의 '어기(於其)'를 가리켜 말한 것이다. 즉 '어기'라고 한 것을 보면, 《논어》 본문의 말이 '재여의 부모에게 재여를 향한 3년의 사랑이 있었는가?'라는 의미가 아니라 '재여에게 부모를 향한 3년의 사랑이 있었는가?'의 의미가 됨을 알 수 있다는 것이다.

이백흠에게 답함 정미년(1847, 헌종13)

答李伯欽 丁未

《주서(朱書)》 한 질을 가지고서 화강(花江)의 깨끗한 절에 들어가서 독서를 마쳤다고 들었습니다. 견고하고 각고(刻苦)해서 형체와 정신이 모두 안정되어 도리가 응집되는 바가 있을 것이니, 저의 분수 밖의 일을 바라면서 좌하를 부러워함을 한 두 마디 말로 쉽게 말할 수가 없습니다. 화양노자(華陽老子 송시열(宋時烈))께서는 주자의 책을 전공하여 도가 마침내 크게 통달하셨습니다. 그리하여 그 심법(心法)을 전수받아 익히고 그 명리(名理)를 익숙히 사용해서, 변치 않는 하늘의 경(經)과 땅의 의(義)[204]가 이에 확립되었으니, 좌하가 이번에 하신 것은 화양노자의 유풍을 듣고 진작한 것입니까?

부디 《주자대전(朱子大全)》과 《주자어류(朱子語類)》를 가지고서 자신의 계책으로 삼아 죽을 때까지 연구하신다면, 천지간의 만사(萬事)와 만리(萬理)가 모두 이로부터 나올 것이니, 천만번 힘쓰시기 바랍니다. 이 책은 땅이 만물을 다 싣고 바다가 모든 물을 다 수용하는 것과 같아서, 진실로 다 이해하기가 어렵습니다. 또 명론(名論)의 초년설과 만년설을 선별해야 할 터인데, 근세의 학자들은 혹 하나의 고정된 견해를 강하게 세워서 여러 선철(先哲)들의 말씀을 다 몰아다가 자기 견해를 아름답게 꾸미는 데에 쓰고 맙니다. 그래서 종종 주자를 가지고

204 변치……의(義) : 불변의 도리를 말한다. 《춘추좌씨전(春秋左氏傳)》 소공(昭公) 25년 조에 "예(禮)는 하늘의 경(經)이요 땅의 의(義)이다."라고 한 데서 온 말이다.

주자를 공격하고 있으니, 이것은 심한 고질병이며, 사문(斯文)의 폐해가 된 것은 감히 다 말할 수가 없습니다.

도학(道學)이 분열된 지가 오래되었습니다. 이것이 옳으면 저것이 그르고 저것이 옳으면 이것이 그른 것이니, 이는 본래 바꿀 수 없는 공안(公案)으로, 사람의 지혜와 힘으로 바꿀 수 있는 것이 아닙니다. 진실로 지성(至誠)으로 도를 구하는 뜻이 있다면 비록 아버지와 스승에게 전수 받은 바가 있더라도 결코 그 사이에 털끝만한 사사로운 뜻을 용납하여 고집하거나 기필해서는 안 됩니다. 우선 가슴 속을 깨끗이 비우고서 끝까지 강구하여 오직 옳은 것을 찾아야 하니, 그래야 비로소 선조를 빛내고 후학을 열어 주는 도리가 될 것입니다. 그런데 습속이 한쪽으로 다 쓸려가서 전부 다투는 마음과 이기려는 기운이므로 공공(公共)의 의리를 자기의 사사로운 계책으로 삼고 있습니다. 그래서 시비와 득실을 애당초 마음에 두지 않고 오직 선입견을 주장하여 경계를 만들어서 행여나 이 경계를 넘지 못합니다. 세상의 수많은 뜻 있는 선비들은 이 구덩이에 구속되어 몸을 움직일 수가 없어서 헛되이 평생을 보내고 있으니, 어찌 크게 답답하지 않습니까. 보내주신 편지에 누누이 말씀한 것은 실로 이치를 밝게 알고 말을 아는 데서 나온 것이어서 말씀이 참되고 간절하니, 또한 서로 필요로 하고 서로 의뢰할 수 있을 것입니다. 그러므로 그저 이렇게 답하는 것이니, 서로 말해주면 이해할 것[205]이라 생각합니다.

205 서로……것 : 원문은 '상설이해(相說而解)'인데, 이 말은 《예기(禮記)》 〈학기(學期)〉에 "잘 묻는 자는 단단한 나무를 다루는 것과 같아서 쉬운 데를 먼저하고 나무 마디나 눈이 있는 곳을 나중에 하여 그 오래됨에 미쳐 서로 말해주면 이해가 된다.〔善問

주자(朱子)의 책에 주를 낸 것은 퇴계(退溪 이황(李滉))의 《절요(切要)》[206]에서 시작되었습니다. 이후 퇴계 문인들이 강록(講錄)한 것이 있으나 모두 책을 이루지는 못했습니다. 윤휴(尹鑴)가 주자를 비난하며 업신여기고 《중용(中庸)》의 주(註)를 고쳤는데, 반세상이 모두 거기에 휩쓸려서 가서 선택할 바를 알지 못하여 그에게 오도되었고 창귀(倀鬼)[207]가 되거나 홍수의 물결을 도운 자도 있습니다. 우암(尤庵 송시열(宋時烈))은 올바른 학문을 밝히는 것을 부정한 학설을 물리치는 근본으로 삼았으니, 이것이 《주자대전차의(朱子大全箚疑)》[208]를 짓게 된 이유입니다. 남쪽 변방의 궁벽한 바닷가에는 서적이 없었기 때문에

者, 如攻堅木, 先其易者, 後其節目, 及其久也, 相說以解.〕"라고 한 데서 온 것이다. 고주(古注)에서는 '설(說)'의 음을 '열'이라 하여, '서로 기뻐하여 이해한다'로 해석하였는데, 이에 대하여 주희(朱熹)는 "'설'은 단지 본 글자대로 해석해야 한다.〔說, 只當如字.〕"라고 하였으므로, 이를 따라 번역하였다. 《朱子語類 卷87 禮四》

206 퇴계의 절요(切要) : 이황(李滉)이 《주자대전(朱子大全)》의 편지들 중 중요한 것을 뽑아 편찬한 《주자서절요(朱子書節要)》를 말한다. 이 책은 1611년(광해군3)에 기대승(奇大升)이 전주에서 간행하였다. 권두에 이황의 서문이, 권말에 황준량(黃俊良)과 기대승의 발문이 있다.

207 창귀(倀鬼) : 호랑이에게 물려 죽은 사람의 영혼을 말하는데, 종종 호랑이의 사역을 받아 사람을 해친다고 한다. 여기서는 윤휴에게 오도된 후에 그 학설을 남에게 전파한 사람이 있다는 뜻으로 쓴 말이다.

208 주자대전차의(朱子大全箚疑) : 《주자대전(朱子大全)》 중에서 난해한 구절을 뽑아 주석한 책이다. 《주자대전차의집보》의 〈제가차주서목(諸家箚註書目)〉에 따르면, 《주자대전차의》는 송시열이 거제에 유배되었을 때(1675년) 편찬하기 시작하였고, 임종할 때까지 작업을 다 끝내지 못하여 임종 시에 송시열이 손수 간찰을 써서 문인인 권상하(權尙夏), 김창협(金昌協), 정호(鄭澔), 이희조(李喜朝), 이기홍(李基洪), 그리고 손자 송주석((宋疇錫)에게 나머지 교정을 부탁하였다고 한다.

태반은 "마땅히 상고해야 한다."라 하거나 "자세하지 않다."라 하였는데, 이것을 미처 재차 찬수(撰修)하지 못하고 판각하는 날에도 정돈을 하지 못해서 많은 유감이 있게 되었으니, 평생토록 혈성으로 주자를 위하여 충성을 바치려 한 이 분은 응당 지하에서도 잊지 못할 것입니다. 우암의 뜻을 이어서 《주자대전차의》에 빠진 것을 보충한 자가 이루 다 셀 수 없을 정도이고 뒤에 나온 것이 더욱 분명하고 극진할 것이나, 저는 미처 두루 다 보지 못했기에 감히 완성된 책의 득실에 대해서 언급할 수가 없습니다.

주자의 책을 읽는 자들은 마땅히 그 의리의 귀결을 연구해야 할 뿐이요, 굳이 물건의 이름과 도수(度數)에 급급할 것은 없습니다. 명(明)나라와 청(淸)나라 때 경전을 해설한 자들은 새로운 것에 힘쓰고 기이함을 숭상해서 못하는 짓이 없었습니다. 그래서 훈고의 외에 또다시 훈고를 만들고 각주 아래에 다시 각주를 붙여서 경전의 본문과 성현의 본지로 하여금 자재(自在)하지 못하게 만들었으니, 민망할 만하지 않습니까. 지엽의 번다함이 도리어 근본의 실제를 가리고 유파의 번져나감이 근원을 바꾸고 뒤섞어 놓으니, 우리 당의 선비가 마땅히 기억하고 경계해야 할 바입니다.

배우고 묻고 생각하고 분변함은 진실로 그만둘 수는 없는 것이나 진짜 즐거움은 본래 그것 너머에 있으니, 반드시 백원(百原)에서 옷깃을 정돈하고[209] 염계(濂溪)에서 갓끈을 빤[210] 근본 바탕이 있은 뒤에야

209 백원(百原)에서 옷깃을 정돈하고 : 송(宋)나라 학자 소옹(邵雍)의 일화를 들어 말한 것이다. 소옹은 젊었을 때 소문산(蘇門山) 백원에 몇 년 동안 살면서 몸소 밥을 지어 어버이를 봉양하는 한편 학문에 각고의 노력을 쏟았다. 《宋元學案 卷9 百源學案上》

밝고 깨끗한 근원에 나아갈 수 있으니, 이것이 본래면목(本來面目)이 됩니다. 부디 이 뜻을 체인해서 주렴계(周濂溪 주돈이(周惇頤))와 소강절(邵康節 소옹(邵雍))의 '마음을 살펴보는 학문'에 더욱 부지런히 힘쓰고 옛 종이가 쌓인 데에서 한갓 마음을 사역하지 않기를 바라니, 이렇게 하심이 어떻겠습니까?

210 염계(濂溪)에서 갓끈을 빤 : 송(宋)나라 학자 주돈이(周惇頤)의 일화를 들어 말한 것이다. 주돈이가 여산 연화봉(蓮花峯) 기슭에 자리 잡고 살면서 그 앞에 흐르는 시내를 염계라 이름하고 성현의 도를 즐기며 청아한 나날을 보냈다 한다. 《宋史 卷427 周敦頤列傳》

이백흠에게 답함 무신년(1848, 헌종14) 3월

答李伯欽 戊申三月

부탁하신 《연평문답(延平問答)》[211]을 삼가 받들어 올립니다. 이 어른의 학문은 오로지 내면에 마음을 써서 무릇 한 가지 일을 만나면 바로 이 일에 나아가 반복하고 미루어 찾아 그 이치를 연구하되 완전히 풀리고 해소된 뒤에 그만두셨습니다. 이처럼 여러 번 반복해 쌓기를 많이 하면 도리를 꿰뚫지 못함을 근심할 필요가 없으니, 이것이 이른바 "쇄락처(灑落處)"[212]라는 것입니다. 기타 심상한 말씀도 친절하게 체인(體認)하고 진실하게 잡아 기르는 일 아님이 없습니다. 또 도의 큰 근원을 보셨으므로 저술을 일삼지 않았으니, "태상(太上)은 입덕(立德)"[213]이

211 연평문답(延平問答) : 연평은 송(宋)나라 학자 이통(李侗, 1093~1163)으로, 자는 원중(願中), 호는 연평(延平), 시호는 문정(文靖)이다. 나종언(羅從彦)에게 정자(程子)의 이학(理學)을 배워 이정(二程)의 삼전제자(三傳弟子)가 되었으며, 주희(朱熹)의 스승으로서 이정의 학문이 주희에게 이어지는 교량적 역할을 담당하였다. 《연평문답(延平問答)》은 본래 서명이 《연평답문(延平答問)》으로, 주희가 이통과 문답한 것을 기록한 책이다.

212 쇄락처(灑落處) : 천리를 온전히 체인하여 마음이 시원해지고 풀리게 되는 경지로, 이통(李侗)이 주희에게 이것을 체험할 것을 자주 강조하였다.

213 태상(太上)은 입덕(立德) : 썩지 않고 영원히 전해지는 삼불후(三不朽) 중에 가장 좋은 것이 덕을 세우는 것이라는 말이다. 춘추 시대 노(魯)나라 대부 숙손표(叔孫豹)가 진(晉)나라에 갔을 때에 범선자(范宣子)가 오래 되어도 썩지 않는 것을 묻자, 그가 대답하기를, "가장 좋은 것은 입덕이 있음이고, 그 다음은 입공(立功)이 있음이고, 그 다음은 입언(立言)이 있음이다. 비록 오래되어도 없어지지 않으니, 이를 불후라고 한다.〔太上有立德, 其次有立功, 其次有立言, 雖久不廢, 此之謂不朽〕."라고 하였다. 《春

라는 것이 진실로 이와 같을 것이니, 이 때문에 자양(紫陽 주희(朱熹))의 큰 문정(門庭)을 열어 놓을 수 있었던 것입니다. 연평은 말씀하기를 "사람이 몸가짐은 마땅히 공자(孔子)를 법으로 삼아야 한다."라고 하셨으니, 그 말씀이 지극히 평담(平淡)하고 지극히 통절(痛切)하여 더욱 체인하기가 좋습니다. 선철(先哲)들은 이 문집에 대해서 몸과 세상 두 가지 다 잊고 한 마음으로 깊이 탐구해보려는 소원이 있었으니, 어찌 공연히 그런 것이겠습니까. 부디 한 부를 전사해서 마음 공부하는 의체(義諦)로 삼으시기 바랍니다.

《점필재집(佔畢齋集)》[214]을 함께 올리니 부디 도착하거든 살펴보십시오. 이 어른이 조정에서 벼슬한 것이 영락(永樂) 때의 세 양씨(楊氏)와 같은 상황이었는데 세 양씨는 건문제(建文帝)가 있음을 몰랐으나, 이 어른은 의기가 격동하여 〈조의제문(弔義帝文)〉을 짓기까지 하였으니,[215] 비록 말함과 침묵함의 정도(正道)에는 맞지 못했으나 또한 뱃속

秋左氏傳 襄公24年》

214 점필재집(佔畢齋集) : 김종직(金宗直, 1431~1492)의 문집이다. 김종직은 자가 계온(季昷), 호가 점필재, 시호가 문충(文忠), 본관이 선산(善山)이다. 세조·성종 대에 걸쳐 벼슬을 하면서 항상 절의와 의리를 숭상하고 실천하였다. 사후, 세조의 왕위 찬탈을 비난하는 내용의 저작 〈조의제문(弔義帝文)〉이 문제가 되었는데 이것이 무오사화(戊午士禍)의 발단이 되어 많은 사람들이 화를 당하였으며 자신은 능지처참의 극형에 처해지고 집안이 멸족되었다.

215 이 어른이……하였으니 : 건문제는 명(明)나라 태조의 손자이자 2대 황제인 혜제(惠帝)인데, 당시 연왕(燕王)이었던 성조(成祖) 영락제(永樂帝)가 남경(南京)의 혜제(惠帝)를 공격하여 패사(敗死)시키고 제위에 올라 북경에 도읍하였는바, 이 일이 김종필 당시에 세조가 계유정난을 일으켜 단종을 폐위하고 스스로 왕위에 오른 것과 유사하다는 말이다. '세 양씨'는 명나라의 양사기(楊士奇)·양영(楊榮)·양부(楊溥)를 말하

에 가득한 뜨거운 피를 징험할 수 있습니다. 또 "성삼문(成三問)은 충신이다"라는 말을 임금 앞에서 읊었으니, 이는 설 문청(薛文淸)[216]도 감히 말하지 못한 것입니다. 한훤당(寒暄堂 김굉필(金宏弼))과 일두(一蠹 정여창(鄭汝昌))가 그의 문정에서 나온 것이 어찌 이유가 없겠습니까.

는데, 방효유(方孝孺) 등이 영락제를 섬기지 않고 혜제에 대한 충정을 지키다가 살해된 것과는 대조적으로, 이들은 성조(成祖)·인종(仁宗)·선종(宣宗)·영종(英宗)을 내리 섬겼다. 그러나 그들 역시 청렴한 명신(名臣)으로 불린다. 다만 혜제에 대한 충정을 지키지 못했을 뿐이다.

216 설 문청(薛文淸) : 명(明)나라의 학자 설선(薛瑄)을 가리키는바, 문청은 그의 시호이다. 영락(永樂) 19년(1420) 향시에 장원급제하고 관직 생활을 하였는데, 홍직필은 이에 대하여 "다만 그가 영락 연간에 발신(發身)한 것은 올바른 출처에 흠이 될 듯하니, 지조를 잃었다는 평을 면하기 어려울 것이다."라고 언급한 바 있다. 《梅山集 卷14 答永明尉洪公》

이백흠에게 답함

答李伯欽

여동래(呂東萊)[217]는 말하기를 "오직 비씨(費氏)[218]가 고문(古文)의 역(易)을 전하였으니, 참으로 공씨(孔氏)의 유서이다. 한대(漢代)의 제가(諸家) 중에 가장 옛것에 가깝다."라 하고, "천년 뒤에 우뚝하게 홀로 남아 있으리니, 어찌 하늘이 한 것이 아니겠는가."라고 까지 하였습니다. 그런데 한정당(閒靜堂) 송공(宋公 송문흠(宋文欽))은 말씀하기를 "고역(古易)[219]을 어지럽힌 것이 비직(費直)에서 시작되어 왕필(王弼)에서 이루어졌다."라고 하였으니, 이는 왕필이 〈단전(彖傳)〉과 〈상전

217 여동래(呂東萊) : 여조겸(呂祖謙, 1137~1181)으로, 자는 백공(伯恭), 호는 동래선생(東萊先生)이며 남송(南宋) 무주(婺州)사람이다. 주희(朱熹)・장식(張栻)과 더불어 명성을 떨쳤으며, 당시에 '동남삼현(東南三賢)'으로 불렸다. 《주역(周易)》 연구에 있어서는 당시 유행하던 금역(今易) 체제를 따르지 않고 다시 경(經) 2권과 전(傳) 10권으로 만들어 비로소 본래 《주역》의 모습을 회복하였다.

218 비씨(費氏) : 비직(費直)으로, 자는 장옹(長翁)이고 전한(前漢) 동래(東萊) 사람이다. 그는 고문(古文) 《주역(周易)》을 전하였는데, 정현(鄭玄)과 순상(荀爽), 그리고 왕필(王弼)이 그의 책을 저본으로 채택하였다. 또 그는 처음으로 금역(今易)의 체제를 만들었는바, 비직의 금역은 《주역》의 경문과 십익(十翼)을 구분하지 않고 〈단전(彖傳)〉과 〈상전(象傳)〉을 경문 아래에 잘라 붙여 이 전(傳)으로 경문을 해석하도록 한 체제이다.

219 고역(古易) : 《주역(周易)》의 체제는 크게 고역과 금역(今易)으로 구분된다. 《주역》은 본래 64괘와 괘사(卦辭) 및 효사(爻辭)로 구성된 것이고, 십익(十翼)은 이에 대한 전(傳)으로서 후대에 지어진 것이므로, 애초에 《주역》과 십익은 각각의 책으로 통용되었다. 이렇게 경(經)과 전(傳)이 분리되어 있는 편집 체제를 고역이라 한다.

(象傳)〉과 〈문언전(文言傳)〉을 경문에 붙인 것을 가지고 이렇게 말한 것입니까?[220]

주자(朱子)의 《주역본의(周易本義)》는 여씨(呂氏 여조겸(呂祖謙))의 본을 따라서 고경(古經) 열 두 편의 옛 모습을 되돌려 놨는데, 《영락대전(永樂大全)》은 왕필의 본을 사용하여 《정전(程傳)》과 《본의(本義)》를 합쳐 하나로 만들었습니다.[221] 이로써 주자와 여동래 두 선생이 천여 년 뒤에서 옛것을 회복한 것을 다시 뒤섞이게 만든 것입니다. 명(明)나라 학자인 채복상(蔡復賞)이 고역(古易)의 경문에 근본하였으나 권의 차례가 잘못되어서 주자의 초본(初本)에는 부합하지 않습니다. 현자가 한결같이 구본(舊本)을 따라 정문(正文)을 기록해서 두 선생이 정해 놓은 가르침을 이루려고 하는 것은 그만둘 수는 없을 듯합니다.

호쌍호(胡雙湖) 부자[222]가 대역(大易)을 전공하여 《역학계몽익전

220 왕필이……것입니까 : 왕필(226~249)은 자가 보사(輔嗣)이고, 삼국시대 위(魏)나라 산양(山陽) 고평(高平) 사람이다. 왕필 이전의 역은 상수역(象數易)이 대부분이었는데, 왕필은 이를 따르지 않고 의리를 중심으로 《주역》을 해석하여, 괘사(卦辭)와 효사(爻辭) 아래에 〈단전(彖傳)〉과 〈상전(象傳)〉을 잘라 붙이고 건괘(乾卦)·곤괘(坤卦)의 〈문언전(文言傳)〉도 각각의 괘 밑에 붙이고서 '단왈(彖曰)', '상왈(象曰)', '문언왈(文言曰)'을 덧붙여 경문(經文)과 전문(傳文)을 구별하였다. 이러한 방식의 편집본을 금역(今易)이라 한다.

221 주자(朱子)의……만들었습니다 : 주자는 고역의 체제에 입각하여 《주역본의》를 지었고, 정이(程頤)는 금역의 체제에 입각하여 《이천역전(伊川易傳)》을 지었는데, 영락 연간에 이 둘을 합쳐 《주역전의대전(周易傳義大全)》을 만들면서 《이천역전》의 금역 체제를 기준으로 하여 《본의》를 거기에 맞게 잘라 붙였다.

222 호쌍호(胡雙湖) 부자 : 아버지 호방평(胡方平)과 아들 호일계(胡一桂)를 가리킨다. 호일계는 자가 정방(庭芳)인데, 세상에서는 쌍호 선생이라고 칭한다. 역(易)에 정통하였으며, 《주역본의부록찬소(周易本義附錄纂疏)》, 《역학계몽익전(易學啓蒙翼

(易學啓蒙翼傳)》을 짓기까지 하였으니, 또한 훌륭한 공인의 고심을 볼 수 있습니다. 다만 《역학계몽》과 《주자본의》를 순수하게 쓰지 못한 것은 바로 견해가 도달하지 못해서 그런 것입니다. 그러나 《주역》은 사서(四書)와 달라서 비록 혹 《정전》과 《본의》에 위배되는 것이 있더라도 오(吳)나라와 초(楚)나라가 왕을 참칭한 것과 같다고 단정해서는 안 됩니다. 왕보사(王輔嗣 왕필)의 역이 비록 노장(老莊)을 종주로 하였으나, 약관 시절에 붓을 들고 《주역》에 전주(箋註)를 내어서 그 해설이 여기에 이르렀으니, 이 또한 세상에 드문 영재입니다. 그가 "뜻이 만일 능히 굳세다면 하필 건(乾)이어야만 비로소 말이 되겠는가. 효(爻)가 만일 응당 순하다면 하필 곤(坤)이어야만 비로소 소가 되겠는가."[223]라고 한 것은 지극히 명민하고 오묘합니다. 그리고 또 호괘(互卦)·납갑(納甲)·비복(飛伏)의 누추한 말을 깨뜨려서 오로지 이치에 입각하여 경문을 말하였으니, 이른바 이(理)라는 것은 반드시 선왕의 도에 다 부합하지는 않으나, 종종 《정전》에 채록되었던 것은 또한 어찌 연유가 없겠습니까.

傳)》, 《주자시전부록찬소(朱子詩傳附錄纂疏)》, 《십칠사찬(十七史纂)》 등을 지었다.

223 뜻이……되겠는가 : 이 말은 왕필의 《주역약례(周易略例)》 〈명상(明象)〉에 보이는바, 역의 상(象)은 고정된 것이 아니라 의리에 따라 말한 것임을 논한 것이다.

이백흠에게 답함
答李伯欽

불천위(不遷位)를 받드는 자가 5세를 받든다는 혐의에 구애되어서 고조의 신위를 다른 사당에 옮기는 것은 본래 사계(沙溪 김장생(金長生)) 선생의 정론이 있습니다. 그러므로 온 세속에서 취하여 법으로 삼고 있는 것입니다. 이미 유흠(劉歆)의 "종(宗)은 대수(代數)에 들어있지 않다"는 의논을 얻어서 주자(朱子)에게 인정을 받았으니 그렇다면 이것이 따를 만한 것입니다. 천자와 제후의 사당은 세실(世室)이 정수(正數) 안에 들어 있지 않으니, 사가에서 공신이 있어 불천(不遷)하는 불천위도 천자와 제후에게 종이 있고 사당이 있는 것과 같습니다. 그래서 제사에 많고 적음을 한정하지 않으므로 본래 참람함에 혐의될 것이 없습니다. 김잠곡(金潛谷 김육(金堉))은 3대를 불천하였는데 그 집안에서는 한 사당에서 함께 제사하니, 불천위가 이미 4대의 밖에 있다면 또한 그 많음을 어찌 혐의할 것이 있겠습니까. 《국조오례의(國朝五禮儀)》와 《대전통편(大典通編)》에도 "친(親)이 다한 할아버지가 공신이 되어 불천위가 되면 대수(代數) 외에 별도로 한 실을 세워 제사한다."라고 하였으니, 이른바 '한 실'이라는 것은 별도의 사당이 아니고 바로 한 감실입니다. 유흠의 말이 이미 그 올바름을 얻었고, 시왕(時王)의 제도를 또 바꿀 수가 없으니, 이것이 국가나 사가(私家)에서 통행하는 전례(典禮)가 되어야 할 것입니다.

매산집

제19권

書서

서書

김교여[1] 건 에게 답함 계묘년(1843, 헌종9)

答金教汝 鍵○癸卯

지방(紙榜)을 쓰는 경우에는 강신(降神)을 먼저 하고 참신(參神)을 나중에 하지만, 허위(虛位)로 예를 행하는 것은 더욱 황홀(怳惚)한 경지[2]에 속하므로 "헤아릴 수 없는〔不可度思〕" 의리[3]가 신주(神主)를 쓰는 경우보다 더욱 배가 됩니다. 비록 원래의 축문(祝文)으로 강신함

1 김교여(金教汝) : 김건(金鍵, 1795～?)으로 자는 교여(教汝), 본관은 연안(延安)이다. 1834년(순조34) 식년시에서 진사 3등 28위로 합격하였고, 음관으로 벼슬을 하여 경기 참봉(慶基參奉), 동지돈녕부사(同知敦寧府事) 등을 지냈다.

2 황홀(怳惚)한 경지 : 정성껏 제사를 받들면 조상의 혼령이 내려와 어렴풋하게 직접 그 모습을 뵙는 듯이 느끼는 경지를 말한다. 《예기(禮記)》 〈제의(祭義)〉에 "이에 그 뜻을 깨달아서 황홀하게 신명(神明)과 만나면 제대로 제사를 올리는 데에 가깝다.〔於是諭其志意, 以其慌惚, 以與神明交, 庶或饗之.〕"라고 하였다.

3 헤아릴 수 없는 의리 : 비록 성의(誠意)를 극진히 하여 신에게 제사하더라도 오히려 정성이 부족하여 신이 반드시 이를지를 헤아려 알 수가 없다는 뜻으로, 정성을 극진히 다하여야 한다는 말이다. 《시경(詩經)》 〈대아(大雅) 억(抑)〉에 "신명(神明)의 강림은 헤아릴 수가 없거늘, 하물며 싫어할 수가 있겠는가.〔神之格思, 不可度思, 矧可射思?〕"라고 하였다.

은 없더라도 고유하는 말이 없어서는 안 되니, 마땅히 《가례(家禮)》의 초조제(初祖祭)의 예(例)[4]를 끌어다가 행하는 것이 옳을 듯합니다. 분향하기 전에 고해야 합니다.

4 가례(家禮)의 초조제(初祖祭)의 예(例) : 초조제는 시조에게 지내는 제사이다. 강신(降神)과 참신(參神)을 할 때에 주인(主人)의 고유하는 말이 《가례》 권5 〈제례(祭禮)〉 초조(初祖)조에 보인다.

김원방에게 답함

答金元方

시축(尸祝 제사의 축관)이 제사에 참여하지 않으면 기제사의 축문에는 마땅히 "효손 아무개가 다른 곳에 머무르며 업(業)을 하느라 몸소 제사를 받들 수가 없어서 중부(仲父)에게 맡겨-섭사(攝祀)하는 사람이 만약 항렬이 낮거나 어리다면 마땅히 "모친(某親) 아무개로 하여금"이라고 해야 한다.- 감히 밝게 고하나이다.……"라고 하는 것이 옳을 듯합니다. 출주축(出主祝)은 섭사(攝祀)라 하여 속칭(屬稱)[5]을 바꾸지 않는 것이 또한 옳습니다.

형의 자식으로서 계부(季父)를 제사지내는 자는 이미 '현 계부(顯季父)'로 신주에 썼으면 마땅히 삼헌(三獻)을 하여야 합니다. 주인(主人 제주(祭主))이 초헌(初獻)을 하였다면 주부(主婦)가 아헌(亞獻)을 하여야 하니, 이를 그만두어서는 안 될 듯합니다. 이 예(禮)를 방친(傍親)이라 하여 폐하여서는 안 됩니다.

5 속칭(屬稱) : 선조에 대한 칭호를 말하는 것으로, '속(屬)'은 고(高), 증(曾), 조(祖), 고(考) 등의 친속의 호칭이고, '칭(稱)'은 관직이나 호를 말한다. 《二程文集 卷11 作主式》

홍관오 재설 에게 답함 무신년(1848, 헌종14)

答洪寬五 在卨○戊申

《예경(禮經)》의 정사에 종사하는 법식을 가지고서 살펴보면, 외조부모의 상(喪)에 성복(成服)한 뒤에는 과거 시험을 보러가서는 안 될 의리는 없는 듯합니다.[6] 우복(愚伏 정경세(鄭經世)), 남계(南溪 박세채(朴世采)), 죽암(竹庵 윤득관(尹得觀))의 의론이 모두 장사하기 전에 과거 시험을 보러가는 것을 허락하였으니, 이는 상복이 소공(小功)이기 때문입니다. 그러니 과거에 응시하는 것도 근거가 없지는 않으나, 정리(情理)와 예의, 일의 체모가 절로 다른 소공과는 다르니, 외조부모상의 졸곡 전에 과거를 폐하는 것이 후한 쪽을 따르는 데에 해가 되지는 않을 듯합니다.

6 예경(禮經)의……듯합니다 : 《예기》 〈잡기 하(雜記下)〉에 "삼년상에는 대상(大祥)을 지낸 뒤에 정사에 종사하고, 기년상에는 졸곡을 지낸 뒤에 정사에 종사하고, 9월상에는 장사지낸 뒤에 정사에 종사하고, 소공(小功)과 시마(緦麻) 상에는 초빈이 끝난 뒤에 정사에 종사한다.〔三年之喪, 祥而從政. 期之喪, 卒哭而從政. 九月之喪, 旣葬而從政. 小功緦之喪, 旣殯而從政.〕"라고 하였다. 이 중에서 외조부모의 상은 소공(小功)에 해당되므로 이와 같이 말한 것이다.

황백오 종창 에게 답함 기유년(1849, 헌종15)

答黃百五 鐘昌○己酉

《예기(禮記)》〈상복소기(喪服小記)〉에 "소종(所從)[7]이 죽더라도 상복을 입는다."라는 글이 있고, 사계(沙溪 김장생(金長生)) 선생께서 또 "상복을 입지 못하였더라도 오히려 상복을 입어야 한다."[8]라는 가르침을 남기셨습니다. 이 의리를 미루어보건대, 손자며느리는 남편이 살았는지 죽었는지, 남편이 승중(承重)을 하였는지 승중하지 못하였는지를 막론하고 모두 마땅히 남편을 따라 복을 입어야 할 것이니, 조고(祖姑)의 상복을 삼년 동안 입는 것에 의심할 여지가 없을 듯합니다.

7 소종(所從) : 따라야 할 대상자를 의미하는데, 예컨대 아내가 남편을 따라 복을 입는 경우에는 남편을 가리키고 남편이 아내를 따라 복을 입는 경우에는 아내를 가리킨다.

8 상복을 입지……한다 : 이 말은 김장생(金長生)의 《사계전서(沙溪全書)》 권37 〈의례문해(疑禮問解)〉에 보인다. 남편이 죽은 뒤에 그 조모와 증조모가 죽었을 경우 그 아내가 남편이 이미 죽었다는 이유로 중(重)을 며느리나 손자며느리에게 떠넘기고서 자신은 본복(本服)만 입는다면, 이는 인정에 있어서 차마 하지 못할 점이 있을 뿐만 아니라, 그 남편이 비록 죽었더라도 전중(傳重)한 의리는 그대로 남아 있으므로 불가하다는 것이다. 따라서 그 손자와 증손이 비록 이미 죽어서 복을 입지 않았더라도 오히려 복을 입어야 한다고 하였다.

심정국[9] 의건 에게 답함 경술년(1850, 철종1)
答沈正國 宜健○庚戌

종가의 제사에 섭주(攝主)[10]가 되었으면 존백씨(尊伯氏)의 영연(靈筵)에도 고유(告由)해야 하니, 만약 영질(令姪)의 상을 미처 고하지 못했다면 상식(上食)을 인하여 함께 고하는 것이 옳을 듯합니다. 고유하는 말은 마땅히 다음과 같이 해야 합니다.

> 유세차…… 종제(從弟) 아무개가 감히 현 종부형(顯從父兄) 성균진사 부군께 밝게 고합니다. 종택(宗澤)이 6월 모일(某日)에 죽어서 후사를 이을 수 없어 종조(宗祧 종가의 사당)를 맡길 수 없기에 아무개가 종가의 제사를 권섭(權攝)하여 부군의 상제(喪祭)를 함께 주관하니, 더욱 비통한 마음이 더합니다. 감히 고합니다.

영종질(令從姪)의 상(喪)에 조조(朝祖)[11]를 먼저 한 뒤 친상(親喪)의 영좌(靈座)를 뵙는 것이 마땅합니다. 조(祖)는 묘(廟)의 호칭이므로 예묘(禰廟 아버지를 모신 사당)만을 받드는 것도 '조조(朝祖)'라고 하지

9 심정국(沈正國) : 심의건(沈宜健, 1806~?)으로 본관은 청송(青松), 자는 정국이다. 음관으로 벼슬을 하여 휘릉 참봉(徽陵參奉) 등을 지냈다.

10 섭주(攝主) : 제주(祭主)를 대신하여 제사를 주관하는 자를 말한다.

11 조조(朝祖) : 발인하기 하루 전 조전(朝奠)을 마친 뒤에 영구(靈柩)를 모시고 사당에 가서 마지막으로 조상을 뵙게 하는 의식으로, 조묘(朝廟)와 같은 뜻이다.

만, 영좌는 묘(廟)가 아니기 때문에 '조조(朝祖)'라고 해서는 안 되니, "현고(顯考)의 영좌에 뵙기를 청합니다."라고 고하는 것이 어떨지 모르겠습니다.

심정국에게 답함 임자년(1852, 철종3)
答沈正國 壬子

종질을 위해 섭사(攝祀)하는 사람은 마땅히 종질의 대상(大祥)과 부묘(祔廟)를 고유해야 하는데, 속칭(屬稱)을 또한 쓰지 않을 수 없습니다. 고유하는 말은 마땅히 다음과 같이 해야 합니다.

> 섭사(攝祀) 현손(顯孫) 아무개는 현 고조고(顯高祖考)……-여러 위를 다 나열하여 쓴다.-께 감히 밝게 고합니다. 이제 종질(從姪) 아무개의 대상이 다다라서 예에 따라 현 모친(顯某親) 모관(某官) 부군께 부식(祔食)해야 하니, 서글픈 마음을 가눌 수 없습니다. 삼가 술과 과일을 차려 놓고 정성을 펴 경건히 고합니다.

예(禮)에 정위(正位)에만 고하고 부위(祔位)에는 고하지 않는다고 하였습니다.[12] 존백씨(尊伯氏)는 비록 다른 부위와는 다르지만 아직 정감(正龕)에 들어가지는 못하였으면 다만 부위(祔位)로 대해야 할 것이니, 고유하는 말에서 거론하지 않는 것이 옳을 듯합니다.

12 예(禮)에……하였습니다 : 정위(正位)는 고조, 증조, 조, 부의 4대 신위를 말하고, 여기에 합사한 신위를 부위(祔位)라고 한다. 《가례》 권1 〈통례(通禮)〉 사당(祠堂)조에 "고사(告事)의 축(祝)은 사대(四代)를 한 판으로 한다. 자신의 칭호는 그중 가장 높은 것을 주로 한다. 정위(正位)에만 아뢰고 부위(祔位)에는 아뢰지 않는다.〔告事之祝, 四代共爲一版. 自稱以其最尊者爲主. 止告正位, 不告祔位.〕"라고 하였다.

정성언 재륜 에게 답함 경술년(1850, 철종1)

答鄭聖言 在綸○庚戌

보내온 편지에서 나아가서는 군자의 학문을 하지 못하고, 물러나서는 농공(農工)의 업을 하지 못하여 한 몸의 능력이 천지간에 하나의 도적이 되는 것일 뿐이라고 근심하였습니다. 스스로 한 말이니 지나치게 폄하함은 이상할 것이 없으나, 몸에 돌이켜 성찰하고 자신에게 절실하게 체험한 사람이 아니라면 어찌 이렇게 말할 수 있겠습니까. 찬탄하는 마음을 금할 수 없습니다.

사농공상(士農工商)이 업으로 삼는 것은 다르지만 사(士)는 농업을 겸하여야 합니다. 독서에 힘써 이치를 연구함은 몸을 닦고 집안을 다스리는 방법이고, 밭에서 일하여 농사에 힘씀은 어버이를 봉양하고 선조에게 제사를 지내는 방법이니, 함께 행하여도 어긋나지 않는 것입니다. 이것이 군자의 일이니, 다만 이 두 가지가 있을 뿐 나머지 다른 것은 없습니다. 한 점의 진심이 천지를 관통하고 고금에 미치니, 배우기를 그치지 않는다면 이 한 점의 진심이 더욱 광대해지고 정성스럽고 간절해지며, 더욱 미묘해지고 통명(通明)해져서 그 가운데 경계가 무궁하고 단계가 무궁하고 맛이 무궁해질 것입니다. 그러니 실제로 착수하고 수업(修業)한 사람이 아니라면 성인께서 분발하여 즐거워하고 즐거워하면서 늙음이 장차 이르는 줄 모르셨던 경지[13]를 알지 못합니다. 이른

13 성인께서……경지 : 《논어》 〈술이(述而)〉에 공자가 스스로에 대해 "이치를 깨닫지 못하여 분발하면 먹는 것도 잊고, 이치를 깨달으면 즐거워 근심을 잊어 늙음이 장차

바 덕을 진전시키고 학업을 수행하기를 때에 맞게 하여 위로 천덕(天德)에 이른다는 것은 곧 충신(忠信)이고,[14] 충신은 문(文)과 행(行)의 근본이니,[15] 힘쓰기를 바랍니다.

닥쳐오는 줄도 모른다.〔發憤忘食, 樂以忘憂, 不知老之將至.〕"라고 한 것을 가리킨다.

14 덕을……충신(忠信)이고 : 《주역(周易)》 〈건괘(乾卦) 문언(文言)〉에 구삼(九三)효에 대하여 "군자는 덕을 진전시키고 업(業)을 닦나니, 충신이 덕을 진전시키는 것이고 말을 함에 정성을 세움이 업을 보유하는 것이다.〔君子進德修業, 忠信所以進德也, 修辭立其誠, 所以居業也.〕" 하였고, 구사(九四)효에 대하여 "군자(君子)가 진덕(進德)하고 수업(修業)함은 때에 미쳐 도(道)를 펴고자 함이다.〔君子進德修業, 欲及時也.〕"라고 하였으며, 구오(九五)효에 대하여 "비룡(飛龍)이 하늘에 있다는 것은 마침내 천덕(天德)에 자리함이다.〔飛龍在天, 乃位乎天德.〕" 하였다.

15 충신은……근본이니 : 《논어》 〈술이(述而)〉에 "공자(孔子)께서는 네 가지로써 가르치셨으니, 문(文)·행(行)·충(忠)·신(信)이었다.〔子以四敎, 文行忠信.〕" 하였는데, 집주(集註)에 "사람을 가르치되 글을 배우고 행실(行實)을 닦으며 충신(忠信)을 마음에 간직하게 한 것이니, 이중에서 충신(忠信)이 근본이다.〔敎人以學文修行而存忠信也, 忠信本也.〕"라고 하였다.

서 진사[16] 경순 에게 답함 임자년(1852, 철종3)

答徐進士 璟淳○壬子

예(禮)에 고자(孤子)는 이름을 고치지 않으나[17] 부득이한 경우가 있으면 또한 고치지 않을 수 없으니, 고치면 다만 마땅히 이름을 고치는 이유를 고하여 이것을 축사(祝辭)에 써야할 것입니다. 방제(傍題)는 바꾸어서는 안 될 듯하니, 바꿀 수 없는 것은 자손의 연고로 신주를 멋대로 고쳐 쓰는 것이 설만하고 분수에 넘는 일이기 때문입니다. 창방(唱榜)한 날에 술과 과일을 차려 놓고 영화(榮華)를 고하고, 인하여 이름을 고치는 이유를 언급하는 것이 옳을 듯합니다. 과거(科擧)로 인해 이름을 고치는 자는 향후 옛 이름을 도로 회복하여, 고자(孤子)는 이름을 고치지 않는 의리를 보존하는 것이 사리에 합당할 듯합니다. 이름을 회복할 때에 다시 사당에 고해야 합니다.

16 서 진사(徐進士) : 서경순(徐璟淳, 1808~?)으로 자는 원직(元稷), 본관은 대구(大丘)이다. 1852년(철종3) 식년시에서 생원에 합격하고 1860년(철종11) 춘당대(春塘臺)에서 실시된 칠석제(七夕製)에 참석하여 전시(殿試)에 응시할 자격을 부여받았다. 1861년(철종12) 식년시에서 병과에 급제하였고, 1862년(철종13)에는 관록(館錄)에 선발되었다. 1867년(고종4)에는 사간원 대사간(司諫院大司諫)에 임명되고, 이후 공조판서・예조판서・이조참판 등을 역임하였다.

17 예(禮)에……않으나 : 고자(孤子)는 아버지를 여읜 사람을 뜻한다. 《예기》 〈곡례 하(曲禮下)〉에 "군자는 이미 아버지를 여의고 나서는 이름을 고치지 않는다.〔君子已孤不更名.〕"라고 하였다.

이하영에게 답함
答李夏永

그대의 선조이신 정의공(靖懿公)의 사당에 편액을 하사하는 명[18]은 진실로 성조(聖朝)의 친척을 돈독히 하고 먼 친족을 화목하게 하며 덕 있는 이를 높이고 현자를 숭상하는 성대한 법에서 나온 것이고 어진 자손의 지극한 정성이 하늘을 감격시킨 결과이니, 어리석은 내가 어찌 이에 관여할 수 있겠습니까. 평소에 제가 정의공을 존모하던 것은 떳떳한 본성이 똑같이 그러한 바이니, 어찌 감히 정의공의 덕을 안다고 말하겠습니까.

일찍이 생각하건대, 진안대군(鎭安大君)은 백이(伯夷)와 숙제(叔齊), 태백(泰伯)과 중옹(仲雍)의 덕을 합하여 한 몸에 지니셨는데,[19]

18 정의공(靖懿公)의……명 : 1828년(순조28) 10월 14일에 정의공인 진안대군(鎭安大君)의 사당에 '청덕(淸德)'이라는 사호(賜號)로 편액을 하사하는 명이 있었다. 정의공은 진안대군 이방우(李芳雨, 1354~1393)로 시호는 경효(敬孝)이다. 태조(太祖)의 맏아들로, 어머니는 신의왕후(神懿王后) 한씨(韓氏)이고, 부인은 찬성사 지윤(池奫)의 딸이며, 정종과 태종의 동모형이다. 일찍부터 벼슬에 나아가 예의판서(禮儀判書)를 역임하였다. 1388년(창왕 즉위년)에 밀직부사(密直副使)로 정사(正使)인 강회백(姜淮伯)과 함께 명나라에 가서 창왕의 친조를 청하였으나 뜻을 이루지 못하고 귀환하였다. 1392년(태조1) 조선왕조가 개창되자 진안군(鎭安君)으로 책봉되고, 함경도 고원의 전답을 녹전(祿田)으로 받아 국가 일에 간여하지 않고 함경도에서 일생을 마쳤다. 1418년에 진한정효공(辰韓定孝公)에 추증되었다.《純祖實錄 28年 10月 14日》《弘齋全書 卷15 鎭安大君墓碑銘》

19 진안대군(鎭安大君)은……지니셨는데 : 진안대군(鎭安大君)이 고려에 대한 절개를 지키고, 한편으로는 조선을 건립한 태조의 맏아들이면서도 은거하여서 동생들에게

대군께서 처하신 상황은 네 사람에 비해 더욱 어려운 점이 있었습니다. 그런데도 자취가 남아있지 않아 사람들이 형용할 수가 없으니, 이분은 태조의 효자이자 고려의 순신(純臣)입니다. 제가 늘 집편(執鞭)[20]하고자 하는 바람이 간절하였는데, 장차 '청덕(淸德)' 두 글자의 금장한 편액이 휘황찬란함을 보게 될 것이니 어찌 저도 함께 영광스럽게 여기지 않겠습니까. 오직 여러 어진 자손들이 독서에 힘쓰고 수신(修身)하여서 최고의 도리로 자처하여 뜻과 사업을 계술(繼述)하는 요체로 삼으시기를 바랍니다.

편액을 맞이하여 제사를 올리는 것은 집안 형편에 맞게 해야 할 것이니, 재력을 헤아리지 않고 행하는 것은 모범으로 삼을 바가 아닙니다. 선조를 빛내고 후손을 신칙하는 도리는 여기에 있지 않은 듯하니, 부디 잘 헤아려서 집안을 보존하는 계책으로 삼으십시오.

왕위가 전해지도록 하였음을 말한 것이다. 백이(伯夷)와 숙제(叔齊)는 은(殷)나라 고죽군(孤竹君)의 아들로, 주 무왕(周武王)이 은나라를 치려 할 때에 간언하였지만 듣지 않자 수양산(首陽山)으로 들어가 고사리를 캐먹으며 살다가 굶어 죽었으며, 태백(泰伯)과 중옹(仲雍)은 주 문왕(周文王)의 조부인 태왕(太王)의 장남과 차남으로, 태왕이 은(殷)나라를 칠 생각을 가지고 있다는 것을 알고 형만(荊蠻)으로 달아나 왕위가 계력(季歷)을 거쳐 문왕에게 전해지게 하였다. 《史記 卷61 伯夷列傳》《論語集註 泰伯》

20 집편(執鞭) : 몹시 사모한 나머지 아무리 천한 일이라도 마다하지 않겠다는 뜻이다. "안자(晏子)가 지금 살아 있다면 내 그의 마부가 되어 말채찍을 잡는 일이라도 흔쾌히 할 것이다.〔假令晏子而在, 余雖爲之執鞭, 所忻慕焉.〕"라고 했던 사마천(司馬遷)의 말에서 비롯된 것이다. 《史記 卷62 管晏列傳論》

김인회[21] 인근 에게 보냄 임인년(1842, 헌종8)

與金人會 寅根○壬寅

옛날에 이른바 '자식이 아버지를 잘 계승하면 그 아버지에 그 아들이다.'는 것은 혹 과거로 벼슬하여 계업(繼業)함을 가지고 이르기도 하지만, 이것이 어찌 족히 가업을 계승함이 될 수 있겠습니까. 반드시 충신(忠信)을 주장함을 근본으로 삼고 방심(放心)을 찾음을 요점으로 삼아,[22] 형색(形色)을 실천하고 성(性)을 다하여[23] 위로 천리(天理)에 도달함을 궁극의 법으로 삼아야 할 것이니, 그래야 진정한 계술인 것입니다. 이와 같다면 다만 글 종자와 책 향기가 끊임없이 이어질 뿐만이 아닐 것입니다. 유빈(柳玭)이 말하기를, "문벌이 높은 것은 두려워해야하지 믿어서는 안 된다. 입신(立身)과 몸가짐에 한 가지라도 잘못이 있으면 죄가 다른 사람보다 무겁기 때문이다."라고 하였으니,[24] 이

21 김인회(金人會) : 김인근(金寅根, 1817～?)으로, 본관은 안동(安東), 자는 공희(公羲)이다. 1840년(헌종6) 식년시에서 생원 3등 37위로 합격하였다. 음관으로 벼슬을 하여 태인 현감(泰仁縣監), 호조정랑(戶曹正郎) 등을 지냈다.

22 충신(忠信)을……삼아 : 충신(忠信)을 주장한다는 말은《논어(論語)》〈학이(學而)〉에 보이며, 방심(放心)을 찾는다는 말은《맹자(孟子)》〈고자 상(告子上)〉에 보인다.

23 형색(形色)을……다하여 : 형색(形色)은 사람이 타고난 바른 형체(形體)와 색(色)으로 곧 천성(天性)이니, 이를 남김없이 실천함을 말한다.《맹자(孟子)》〈진심 상(盡心上)〉에 "형색(形色)은 천성(天性)이니, 오직 성인(聖人)인 뒤에야 형색(形色)을 실천할 수 있는 것이다.〔形色天性也, 惟聖人然後, 可以踐形.〕"라고 하였다.

24 유빈(柳玭)이……하였으니 : 유빈(柳玭)은 당(唐)나라 유공작(柳公綽)의 손자로, 자는 직청(直淸)이며, 가풍을 이어 효제(孝悌)와 예법(禮法)을 준수하였다. 유빈

말이 좋습니다. 이는 세가의 자손들이 힘써야 할 바이니, 그대가 마땅히 일에 앞선 경계로 삼아야 할 것입니다.

그대 선조께서 남기신 책은 예전에 열람하도록 허락을 받았었는데 어느새 세월이 흘러가 버렸습니다. 생각함에 서글퍼 눈물이 흐르니, 보여주실 수 있겠습니까? 이 문집은 세교(世教)와 민이(民彝)에 관계되어 있지만 또한 사람들에게 보여주어서는 안 될 것이니, 삼가 감추고 숨겨서 몹시 조심하고 삼갈 것입니다. 염려하지 마십시오.

의 이 말은 그의 자제들을 경계시킨 것으로, 《자치통감(資治通鑑)》 권259 〈당기(唐紀)〉에 보인다.

김인회에게 답함 계묘년(1843, 헌종9)

答金人會 癸卯

장자(長子)가 후사가 없이 죽으면 장자를 위하여 후사를 세워 승중(承重)의 조부상에 해당하는 상복을 입는 것이 보편적인 법도인데 끊긴 후손을 이을 수가 없다면 과방(過房)으로 간 아들이 섭사(攝祀)해야 할 듯하지만, 양자로 나간 사람이 도로 친생부모의 상에 상주가 되는 것은 혐의를 멀리하고 적통을 중시하는 것이 아닌 듯합니다. 그러니 만약 서자가 있다면 서자의 이름으로 신주에 쓰되, 방제(傍題)[25]에는 "서자 아무개가 섭사합니다."라고 하는 것이 옳을 듯합니다. 《국전(國典)》에도 이르기를, "적장자가 후사가 없으면 중자(衆子)가, 중자도 후사가 없으면 첩자(妾子)가 봉사(奉祀)-봉사(奉祀)는 임시로 대신함이다.-한다."라고 하였으니,[26] 이것이 근거로 삼을 만합니다. 혹 오랫동안 빌려가 돌려주지 않아서 분수가 아닌 것을 넘볼까 염려된다면, 또한 기미를 막는 데 힘써야 할 것입니다.

도암(陶庵 이재(李縡))께서는 말씀하시기를, "본생부모의 상(喪)에 양자 간 아들이 신주를 쓰는 것은 끝내 혐의를 구별하는 의리가 아니니, 만약 부득이하여 하는 경우라면 마땅히 중부(仲父)라고 칭하고

25 방제(傍題) : 신주 하단의 왼쪽에 봉사자(奉祀者)의 이름을 쓰는 것으로, 예컨대 부친의 신주에는 '효자(孝子) 아무개', 조부의 신주에는 '효손(孝孫) 아무개'라고 적는다.

26 국전(國典)에도……하였으니 : 이 말은 《경국대전(經國大典)》 〈예전(禮典) 봉사(奉祀)〉에 보인다.

-나이가 후사로 간 아버지보다 많으면 백부(伯父)라 칭한다.- 방제는 쓰지 않아야 할 듯하다."라고 하였습니다. 양자와 첩자의 섭사는 모두 구차한 것일 뿐이니, 이 두 가지 중에서 택하여 대처하는 것이 어떻겠습니까? 만일 훗날 적통을 범할 우려가 없다면 서자가 임시로 대신하여 삼년상을 행하는 것이 절로 큰 문제가 없을 듯하니, 이것이 변사(變事)를 만나 그 권도(權道)를 잃지 않는 것이 됩니다.

김인회에게 답함 을사년(1845, 헌종11)

答金人會 乙巳

향사(鄕祉)가 이미 훼손되었고 위판(位版)을 또 옮기게 되었으면 다시 제사를 올릴 곳이 없으므로 해당 신위의 묘소에 매안(埋安)함이 변사(變事)에 처하여 마땅함을 잃지 않는 것입니다. 가묘(家廟)에 제사하는 것은 자손의 예(禮)이고 향사에 제사하는 것은 사림의 일이니, 위판을 먼저 매안함은 신주가 아직 체천되지 않은 것에 구애받아서는 안 됩니다. 위판을 모시고 올 때와 매안할 때에 고유하는 말이 있어야 하니, 고유하는 말은 아래에 있습니다.

> 유세차…… 모손(某孫) 모관(某官) 아무개는 현 모친(顯某親) 모위(某位) 부군의 신위에 감히 밝게 고합니다. 김포의 유생들이 처음 부군의 유학의 교화와 남기신 인애(仁愛)를 인하여 사당을 세워 제사를 올린 것이 이미 여러 해가 되었습니다. 근래에 사당이 무너졌는데, 다시 세울 재력이 없어 위판을 우저서원(牛渚書院)에 옮겨 봉안하였으니, 일의 체모가 구차하여 지체할 수가 없기에 장차 부군의 묘소에 받들어 매안하려 합니다. 정의와 예의가 모두 어그러져 슬프고 애통한 마음을 가눌 수 없습니다. 삼가 술과 과일을 차려 놓고 정성을 펴 경건히 고합니다.
>
> 유세차…… 모손(某孫) 모관(某官) 아무개는 현 모친(顯某親) 모관(某官) 부군의 묘(墓)에 감히 밝게 고합니다. 김포의 유생들이 사당을 창건하여 부군에게 제사를 올린 지가 어느새 수년이 되었습니다.

그런데 지금 사당이 무너져 제사를 올릴 곳이 없고 형세가 국한되어 다시 세울 수가 없기에, 위판을 부군의 묘소에 매안하려 합니다. 삼가 술과 과일을 차려 놓고 정성을 펴 경건히 고합니다.

김후경 익양 에게 답함 정미년(1847, 헌종13)

答金厚卿 益陽○丁未

임금께 고하여 명이 내려진 날은 대륜(大倫)이 정해진 때이니, 시각을 지체하지 말고 선조의 사당에 고유하는 것이 옳을 듯합니다. 섭사(攝祀)하는 사람이 없으면 스스로 고유해야 할 것이지만, 그대의 중부(仲父)께서 이미 섭사하였다면 섭사한 사람의 이름으로 고유해야 하니, 고유하는 말은 아래에 있습니다.

유세차…… 섭사 현손 아무개는 현 고조고(顯高祖考) 모관(某官) 부군(府君)과 현 고조비(顯高祖妣) 모봉(某封) 모씨(某氏)-여러 위(位)와 현형(顯兄), 현형수(顯兄嫂)의 위를 나열하여 씁니다.-께 감히 밝게 고합니다. 현형께서 일찍 돌아가시어 후사가 없어 종가의 사당을 의탁할 수 없었습니다. 지금 의논이 정해져서 망제(亡弟) 아무개의 아들 아무개로 후사를 잇기로 하여, 예사(禮斜)를 내리라 명하시어 삼가 은혜로운 경사를 받들게 되었으니, 감격스럽고 사모하는 마음을 가눌 수 없습니다. 삼가 술과 과일을 차려 놓고 정성을 펴 경건히 고합니다.

양자는 본생부친의 사당에도 마땅히 고유해야 하는데 스스로 고해야 합니다. 고유하는 말은 아래에 있습니다.

유세차…… 효자 아무개는 현고(顯考)……께 감히 밝게 고합니다.

현 백부(顯伯父) 부군께서 일찍 세상을 떠나 후사가 없었는데, 집안에서 의논이 정해져서 불초한 저로 후사를 이어 조정에 아뢰어 예사(禮斜)를 내리라는 명을 받았습니다. 부군의 신주를 장차 날을 정하여 고쳐 쓰려 하니, 애통한 마음 망극합니다. 삼가 술과 과일을 차려 놓고 정성을 펴 경건히 고합니다.

조하서[27] 용희 에게 답함 임자년(1852, 철종3)

答趙河瑞 龍熙○壬子

아버지의 신위는 대상(大祥)을 지낸 뒤 고례(古禮)를 따라 영좌의 옛 자리에 봉안해 담제(禫祭)를 올리고, 담제를 지낸 다음 달에 길제(吉祭)를 행합니다. 길제를 마치고 새 사당에 들일 때에는 다만 아버지 신위에 "사당에 들입니다.〔入于祠堂〕"라는 네 글자만 고할 뿐이고, 다시 술과 과일을 차려서는 안 될 듯합니다.

27 조하서(趙河瑞) : 조용희(趙龍熙, 1815~?)로, 자는 하서이며 본관은 양주(楊州)다. 음관으로 벼슬을 하여 진천 현감(鎭川縣監), 서흥 부사(瑞興府使), 서원 현감(西原縣監) 등을 지냈다.

조회부[28] 명희 에게 답함 임인년(1842, 헌종8)

答趙晦夫 明熙○壬寅

그대는 일찍이 아버지께서 직접 가르쳐주신 덕분에 시(詩)와 예(禮)를 마음에 두고 익혀 절로 '삼대 중에 난 쑥이 잡아주지 않아도 저절로 곧은 것'[29]과 같으니, 어찌 멀고 궁벽한 곳에 있음을 근심하겠습니까. "군자가 거처한다면 무슨 누추함이 있겠는가."[30]라고 하지 않았습니까. 더구나 선향(仙鄕)이 존장(尊丈)으로부터 거친 풍속을 깨우쳐나간 것[31]이 회옹(晦翁 주희(朱熹))이 칠민(七閩)[32]에 대해 그러했던 것과 같습니다. 장괴애(張乖崖)의 시에 "큰 교화는 스스로 말하지 않아 영재(英才)에게 맡겨두네. 현문(玄門)은 닫혀있지 않으니, 힘써 배우면

28 조회부(趙晦夫) : 조명희(趙明熙, 1824~?)로, 자는 회부이며 본관은 양주(楊州)다. 음관으로 벼슬을 하여 광릉 참봉(光陵參奉) 등을 지냈다. 이재(李縡)·김원행(金元行)으로 이어지는 학맥을 홍직필에게서 이어받아 문하의 김병창(金炳昌) 등에게 전수했던 조병덕(趙秉悳, 1800~1870)의 아들이다.

29 삼대……것 : 《순자(荀子)》 〈권학(勸學)〉에 "쑥이 삼대 속에 나면 붙잡아 주지 않아도 곧다.〔蓬生麻中, 不扶而直.〕"라고 한 데에서 온 말이다.

30 군자가……있겠는가 : 이 말은 《논어(論語)》 〈자한(子罕)〉에 보인다.

31 선향(仙鄕)이……것 : 조명희(趙明熙)의 부친 조병덕(趙秉悳)은 14세가 되던 해인 1813년(순조13)에 충청도 남포현(藍浦縣) 삼계리(三溪里)의 본가로 돌아왔고, 이후 주로 이곳에 거주하면서 강학(講學)에 힘썼다.

32 칠민(七閩) : 중국 복건성(福建省)과 절강성(浙江省) 부근으로, 주희(朱熹)가 그곳에서 태어났다. 《주례(周禮)》 〈하관직방씨(夏官職方氏)〉에 "팔만 칠민(八蠻七閩)"이라는 말이 보인다.

절로 열리리라."라고 하였으니,[33] 이 말이 좋습니다. 이 의리를 서둘러 체득하여 더욱 부친의 뜻과 사업을 계술하는 데 힘쓰기를 마치 훌륭한 대장장이의 아들이 반드시 갖옷 만들기를 배우고 훌륭한 활 만드는 이의 아들이 반드시 키 만들기를 배우는 것[34]과 같이 하여 이 하나의 큰 사업을 마치기를 몹시 바랄 뿐입니다.

33 장괴애(張乖崖)의……하였으니 : 장괴애는 북송(北宋) 장영(張詠)으로, 자는 복지(復之), 호는 괴애다. 진사 을과(進士乙科)에 급제하고 촉(蜀) 지방에서 선정을 베풀었다. 진종(眞宗) 때 좌간의대부(左諫議大夫), 공부상서(工部尙書)를 지냈으며 시호는 충정(忠定)이다. 해당 시는 《괴애집(乖崖集)》 권2 〈권학(勸學)〉에 보인다. 《宋史 卷293 張詠傳》

34 훌륭한 대장장이의……것 : 자식이 훌륭한 부친의 가업을 잘 잇는다는 뜻이다. 《예기(禮記)》 〈학기(學記)〉에 "훌륭한 대장장이의 아들은 반드시 갖옷 만드는 것을 배우고, 훌륭한 활 만드는 사람의 아들은 반드시 키 만드는 것을 배운다.〔良冶之子, 必學爲裘, 良弓之子, 必學爲箕.〕"라고 하였다.

조회부에게 답함 갑진년(1844, 헌종10)

答趙晦夫 甲辰

보내온 편지에서 날마다 책상을 마주하여 책을 펼친다고 하니, 이와 같은 것은 듣기에 만족스러운데 어찌하여 유유범범(悠悠泛泛)만을 일삼고 있다 합니까. 유유범범하게 세월만 보내는 이들이 능히 그대처럼 글을 읽어 연찬(硏鑽)하기를 폐하지 않을 수 있다면, 나는 세상 사람들이 모두 유유범범하기를 바랄 것입니다. 능히 제술(製述)하지 못함은 익숙하게 익히지 못하여서 그러한 것이니, 만일 노력을 게을리 하지 않는다면 어찌 일을 이루지 못함을 근심할 것이 있겠습니까. 또 선비는 독서하고 궁리(窮理)하여 마땅히 행하여야 할 길[35]을 밝혀야 하니, 저 문사(文辭)만을 할 뿐인 자들은 비루하지 않겠습니까.[36]

견해가 이에 미친다면 술작(述作)에만 전심치지하여서 공교함을 힘쓰다가 광대라는 기롱을 얻어서는 안 될 것입니다. 그러므로 옛적의

35 마땅히 행하여야 할 길 : 도(道)를 말한다. 《중용장구》 제1장에 "하늘이 명(命)하신 것을 성(性)이라 이르고, 성(性)을 따름을 도(道)라 이른다.〔天命之謂性, 率性之謂道.〕" 하였는데, 주자의 주에 "사람과 물건이 각기 그 성(性)의 자연(自然)을 따르면 일상생활 하는 사이에 각기 마땅히 행하여야 할 길이 있지 않음이 없으니, 이것이 곧 이른바 도(道)라는 것이다.〔人物各循其性之自然, 則其日用事物之間, 莫不各有當行之路, 是則所謂道也.〕"라고 하였다.

36 저……않겠습니까 : 《소학(小學)》 〈가언(嘉言)〉에 주돈이(周敦頤)가 학문의 요체에 대하여 "성인의 도는 귀로 들어가 마음에 두어, 쌓여서 덕행이 되고 행하여 사업이 되니, 저 문사(文辭)만을 할 뿐인 자는 비루하다.〔聖人之道, 入乎耳, 存乎心, 蘊之爲德行, 行之爲事業, 彼以文辭而已者陋矣.〕"라고 한 말이 보인다.

배우는 이들은 오직 성정(性情)을 기르기만을 힘쓰고 다른 것은 배우지 않았으니, 배우지 않음은 독서를 폐함을 이른 것이 아니라 바로 붓을 잡고서 사장(詞章)에 부림을 당하지 않는다는 것입니다. 부디 이 뜻을 체득하여 오직 인(仁)을 구하여 자신을 위한 학문을 하기를 생각하고, 완물상지(玩物喪志)에 급급해하지 않는 것이 어떻겠습니까? 가학을 계술(繼述)함은 그대에게 있어서 급선무가 되니, 소홀히 하지 마십시오.

지난번 '제사(娣姒)'의 뜻을 물으셨는데, 다시 살펴보니 《이아(爾雅)》에 "여자가 같은 곳에 출가하면 먼저 태어난 사람을 사(姒)라 하고 뒤에 태어난 사람을 제(娣)라 한다."라고 하였는데, 주(註)에 이르기를 "같은 곳에 출가함〔同出〕은 똑같은 곳에 시집가서 한 지아비를 섬김을 말하니, 한 지아비를 섬기는 경우에 자기보다 먼저 태어난 사람을 사(姒)라 하고 뒤에 태어난 사람을 제(娣)라 한다."라고 하였습니다. 또 이르기를 "큰며느리가 작은며느리를 제(娣)라 하고, 작은며느리가 큰며느리를 사(姒)라 한다."라고 하였는데, 소(疏)에 이르기를 "세상 사람들이 제사(娣姒)의 명칭을 헷갈려서 모두 형의 아내가 아우의 아내를 제(娣)라 하고, 아우의 아내가 형의 아내를 사(姒)라 한다. 그러나 《춘추공양전(春秋公羊傳)》에 '제후가 한 나라에 장가가면 두 나라에서 잉첩을 보내되 질제(姪娣)를 딸려 보낸다.'라고 하였으니 제(娣)는 무엇인가? 제(弟)이다."라고 하였습니다. 이는 '연소〔弟〕'로써 '제(娣)'를 해석한 것이니 자연히 '연장〔長〕'으로 '사(姒)'를 해석해야 합니다. 연장〔長〕은 자신의 나이 많음을 말한 것이지, 지아비의 나이 많음이 아닙니다.

《춘추좌씨전(春秋左氏傳)》에 목강(穆姜)이 성백(聲伯)의 모친을

사(姒)로 여기지 않았고,[37] 또 숙향(叔向)의 형수가 숙향의 처를 사(姒)라 하였으니,[38] 이 두 가지는 모두 남편의 아우의 처를 사(姒)라고 한 것이니 어찌 남편의 나이를 따진 것이겠습니까. 《예기(禮記)》〈내칙(內則)〉에 "제사(娣姒)는 형제(兄弟)와 같다."라고 하였고, 《합벽사류(合璧事類)》에 "제사(娣姒)는 금세(今世)의 축리(妯娌 동서간)이다." 라고 하였으니, 이에 나아가 자세히 연구해보면 제사(娣姒)의 바깥에 따로 축리(妯娌)가 있는 것이 아닙니다.

가묘(家廟)에 신알(晨謁)하는 것은 진실로 주인(主人)의 예(禮)이지만, 주 선생(朱先生 주희(朱熹))께서도 자제를 이끌고 신알(晨謁)하셨고 우리나라의 선현들께서도 주인에게 연고가 있으면 자손이 대신 행한다는 논의가 있었으니, 혹자가 "주인이 아니면 행할 수 없다."라고 한 것은 통행(通行)할 수 없는 말인 듯합니다. 신알(晨謁)은 살아계실

37 목강(穆姜)이……않았고 : 이 내용은 《춘추좌씨전(春秋左氏傳)》 성공(成公) 11년 조에 보인다. 성백(聲伯), 즉 공손영제(公孫嬰齊)의 모친이 빙례(聘禮)를 행하지 않고 성백의 부친과 동거하자, 목강(穆姜)이 "나는 첩(妾)을 동서〔姒〕로 삼을 수 없다. 〔吾不以妾爲姒.〕"라고 하였다. 성백의 모친은 숙힐(叔肹)의 아내로, 숙힐과 목강의 남편 선공(宣公)이 동모형제(同母兄弟)였으므로 성백의 모친과 목강은 동서지간이 된다. 그러나 빙례를 행하지 않았으므로 목강이 성백의 모친을 사(姒)로 여기지 않았던 것이다.

38 숙향(叔向)의……하였으니 : 이 내용은 《춘추좌씨전(春秋左氏傳)》 소공(昭公) 28년 조에 보인다. 백화(伯華)의 동생인 숙향(叔向)의 아이가 태어나자 백화의 처인 자용(子容)의 모친이 시어머니에게 "큰 시숙의 동서〔姒〕가 아들을 낳았습니다.〔長叔姒生男.〕"라고 하였다. 백화가 맏이인데도 백화의 아내가 숙향의 아내를 사(姒)라 한 것이다.

때 혼정신성하는 예를 본뜬 것이니, 그렇다면 아버지께서 살아계시고 어머니 상을 당했을 때에, 상을 마치고 가묘(家廟)에 들어감에 어찌 신알(晨謁)을 폐할 수 있겠습니까. 아버지는 본디 자식을 압존하지만 할아버지는 손자를 압존하지 않으니, 어찌 할아버지가 가묘(家廟)의 주인이 되었다 하여 손자가 정을 펴지 않을 수 있겠습니까. 더군다나 다른 집에 사는 경우에 있어서겠습니까. 정(情)과 예(禮)의 사이에서 적당히 맞추어서 행하는 것이 옳을 듯합니다. 제가 일찍이 조부모님께서 살아계셨을 때에 이 예(禮)를 폐하지 않았습니다.

《주자가례》의 신알(晨謁)조에서는 다만 심의(深衣)만을 거론하였는데, 심의는 그 가운데 복건(幅巾)을 포함하니 이 두 가지는 서로 필요로 하여 하나를 뺄 수 없는 것입니다. 복건은 예복(禮服)이고 도포(道袍)는 속세의 제도이니, 어찌 뒤섞어 쓸 수 있겠습니까. 도포를 입었다면 마땅히 입자(笠子 갓)를 써야할 것입니다. 병계(屛溪 윤봉구(尹鳳九))는 복건이 옛 제도를 잃었다고 하여서 정자관(程子冠)을 쓰고 심의를 입고서 신알하였는데, 이를 따르기는 어려울 듯합니다.

남녀가 부부가 되어 내외(內外)의 자리를 정하였으니, 어찌 맞절하지 않을 수 있겠습니까. 《주자가례》의 "신부가 절하면 신랑이 답배한다.〔婦拜壻答拜〕"라고 한 글을 따르는 것이 옳을 듯합니다. 부부가 서로 절하는 것은 비록 고례(古禮)에는 보이지 않으나, 맞절하여 공경을 지극히 하는 것은 사리의 마땅함입니다. 한퇴지(韓退之 한유(韓愈))의 시에 "약한 아내가 나와서 절한다.〔弱妻出拜〕"[39]라고 하였으니 이는 중국의 예속(禮俗)임을 알 수 있고, 우리 동방의 유현(儒賢)들도 이를 많이 행하였습니다. 우옹(尤翁 송시열(宋時烈))께서 "외출하여 2,3일 이상이 걸리게 되면 처와 서로 절하였다."[40] 하였으니, 제 생각에는 하루를 떨어져 있었더라도 마땅히 절해야 할 것입니다. 그대가 반드시 이 예(禮)를 행하고자 하는 것은 부부간에 서로 손님처럼 공경하는 도리인 듯하니, 부디 더욱 계명매조(雞鳴昧朝)[41]에 힘써 단서를 만들고 처음을 바로잡는 요체[42]로 삼는 것이 어떻겠습니까?

39 약한 아내가 나와서 절한다 : 한유(韓愈)의 〈강릉으로 가는 도중에 왕이십 보궐, 이십일 습유, 이십육 원외 한림 세 학사에게 주다〔赴江陵途中寄贈王二十補闕李十一拾遺李二十六員外翰林三學士〕〉라는 시의 한 구절이다. 원래의 시에서는 "약한 아내가 아이를 안고서, 나와 절함에 부끄러움을 잊었네.〔弱妻抱稚子, 出拜忘慚羞.〕"라고 하였다. 《韓昌黎集 卷1》

40 외출하여……절하였다 : 송시열(宋時烈)의 어록(語錄)에, "나는 외출할 때 2,3일 이상이 걸리게 되면 처와 서로 절하면서 작별하지 않은 적이 없었고 돌아와서도 그와 같이 한다.〔吾出遊數日以上, 未嘗不與妻相拜以別, 歸亦如之也.〕"라고 한 말이 보인다. 《宋子大全附錄 卷18 語錄》

41 계명매조(雞鳴昧朝) : 계명매조는 《시경(詩經)》 〈정풍(鄭風) 여왈계명(女曰雞鳴)〉에 "여자가 닭이 울었다 하자, 남자는 아침이 아직 어둡다 하네. 그대는 일어나 밤을 보라 계명성(啓明星)이 찬란할 것이니, 장차 고상(翺翔)하여 오리와 기러기를 주살로 잡아올지어다.〔女曰雞鳴, 士曰昧旦. 子興視夜, 明星有爛, 將翺將翔, 弋鳧與雁.〕"라고 한 부분에서 앞의 두 구절을 줄여 쓴 것이다. 매조(昧朝)는 매단(昧旦)과 같은 말로 '단(旦)'이 태조(太祖) 이성계(李成桂)의 이름이므로 이를 휘하여 뜻이 같은 '조(朝)'로 바꿔 표기한 것이다. 이는 어진 부부가 사사로운 애정에 빠지지 않고 서로에게 자기의 직분을 다할 것을 경계하는 내용인데, 이 구절에 대해 주자(朱子)는 《집전(集傳)》에서 "여자가 '닭이 울었다.'고 하여 그 남편을 경계하자, 남편은 '아직 어둡다.'고 말하였으니, 이는 닭이 우는 데만 그치지 않은 것이다. 부인이 또 그 남편에게 말하기를, '그대는 일어나서 밤이 어떠한 지를 보라. 계명성이 이미 나와 반짝일 것이니, 그렇다면 떨치고 나가서 오리와 기러기를 주살로 잡아 돌아오라.' 한 것이다. 서로 경계한 말이 이와 같으니, 연닐(宴昵)의 사사로움에 얽매이지 않음을 알 수 있다."라고 하였다.

천신(薦新)에 올리는 물품은 한정하기가 어렵습니다. 우선 《예기(禮記)》의 〈월령(月令)〉과 〈왕제(王制)〉를 요약하고 《국조오례의(國朝五禮儀)》를 참고하여서 맹춘(孟春)에는 청어(靑魚), 중하(仲夏)에는 대맥(大麥)·앵두·오이, 계하(季夏)에는 소맥(小麥), 맹추(孟秋)에는 배, 중추(仲秋)에는 벼·감·대추·밤을 올리고, 또 세속을 따라 석어(石魚 조기)·위어(葦魚 웅어)·은어(銀魚)·서과(西瓜 수박)·첨과(甛瓜 참외)를 올리는 것이 마땅할 듯합니다. 그러나 또한 집안의 형편에 맞게 하는 것이 중도에 맞을 것입니다. 만약 물품이 있다고 해서 모두 올린다면 번독함에 해당될 듯합니다.

42 단서를……요체 : 부부의 도리가 인륜에 있어서 단서이자 처음이 되므로 이를 바로잡아야 한다는 뜻이다. 《중용장구(中庸章句)》 제12장에 "군자의 도는 부부에서 단서가 시작된다.〔君子之道, 造端乎夫婦.〕"라고 하였으며, 《시경(詩經)》 대서(大序) 소(疏)에 "주남(周南)·소남(召南)은 시초를 바르게 하는 도(道)이고 왕화(王化)의 기본이다.〔周南召南, 正始之道, 王化之基.〕"라고 하였다.

조회부에게 답함 정미년(1847, 헌종13)

答趙晦夫 丁未

《예기(禮記)》 〈곡례(曲禮)〉에 "모든 제사에 있어서 개를 갱헌(羹獻)이라 한다."라고 하였으니, 이는 개가 살찌면 국을 만들어 올릴 수 있음을 말한 것입니다. 《주례(周禮)》에 "여름에 말린 꿩과 말린 생선을 쓰되 개기름으로 요리한다.〔夏行腒䐹膳膏臊〕"라고 하였는데, 주(註)에 "조(臊)는 개기름이니, 말린 꿩과 말린 생선을 개기름으로 요리하는 것이다."라고 하였으니, 이는 계절음식의 제수에 사용하였던 것입니다. 그러므로 종묘에서도 개고기를 올리는데, 유독 사대부들이 제사에서 제수를 올릴 때에 쓰지 않아서 습속에 젖어든 것은 동인(東人)의 비루함입니다. 삼년상 중에 오직 상식(上食)에만 올리는 것은 살아있음을 형상하기 때문입니다.[43] 기제(忌祭), 묘제(墓祭), 시제(時祭)를 막론하고 사용하여 정조(鼎俎)의 제수로 삼는 것이 불가하지 않을 듯합니다.

43 상식(上食)에만……때문입니다 : 상식은 산 사람이 아침저녁으로 식사하기 전에 신위(神位) 앞에 음식을 차려 올리는 것을 말한다. 상식은 살았을 때와 같이 섬기는 것이므로 생시와 같이 찬품(饌品)을 진설한다.

외손자 민영화에게 답함 기유년(1849, 헌종15)

答外孫閔泳和 己酉

사람이 과실을 이루 다 헤아릴 수 없는 것은 기(氣)에 속박되고 욕심에 움직이고 뜻에 혼란하여 그 본체가 이로 인해 함닉(陷溺)되기 때문이다. 비록 함닉되었더라도 완전히 없어질 수 있는 것은 아니니, 비유컨대 우산(牛山)의 나무가 어찌 싹이 나오는 것이 없겠는가마는 사람들이 알지 못하는 것이 문제인 것[44]과 같다. 빨리 이 뜻을 체득하여, 개과천선하여서 옛 습관을 고치고 새로움을 도모할 방법을 생각해야 할 것이다. 술은 성명(性命)을 해치는 물건이니, 절대 입에 가까이 하지 말아서 스스로 몸을 보존하는 것이 매우 옳다.

44 우산(牛山)의……것 : 사람은 누구나 인의예지(仁義禮智)의 본성을 지니고 있으나 물욕(物慾)의 침해를 받아 발현되지 못하는 것일 뿐임을 말한 것이다. 《맹자》 〈고자 상(告子上)〉에 "우산(牛山)의 나무가 일찍이 아름다웠는데, 대국(大國)의 교외(郊外)이기 때문에 도끼와 자귀로 매일 나무를 베어 가니, 아름답게 될 수 있겠는가. 그 밤에 자라나는 바와 우로(雨露)가 적셔 주는 바에 싹이 나오는 것이 없지 않건마는, 소와 양이 또 따라서 방목되므로 이 때문에 저와 같이 탁탁(濯濯)하게 되었다. 사람들은 그 탁탁한 것만을 보고는 일찍이 훌륭한 재목이 있은 적이 없다고 여기니, 이것이 어찌 산의 본성이겠는가.〔牛山之木嘗美矣, 以其郊於大國也, 斧斤伐之, 可以爲美乎? 是其日夜之所息、雨露之所潤, 非無萌蘖之生焉, 牛羊又從而牧之, 是以若彼濯濯也. 人見其濯濯也, 以爲未嘗有材焉, 此豈山之性也哉?〕"라고 하였다.

민영화에게 답함 임자년(1852, 철종3)

答閔泳和 壬子

너의 편지 중에 "종신토록 나물을 씹으면 모든 일을 이룰 수 있다."[45]라고 한 것은 진실로 언행이 부합될 수 있다면 몸을 편안히 하고 천명을 세움이 이에 있을 것인데, 네가 평소 음식에 임하여 맛을 잊지 못하였으니, 지금은 무미(無味)를 맛으로 여겨 단지 이를 취하여서 배를 채우고만 있느냐? 예로부터 성현과 호걸이 능히 우주 간의 큰 사업을 이룸에 천신만고(千辛萬苦)로부터 나오지 않음이 없었다. 그러므로 공자께서 호학(好學)을 논함에 반드시 "편안함과 배부름을 구하지 않는다."라고 하셨고, "나쁜 옷과 나쁜 음식을 부끄러워하는 자는 더불어 도(道)를 의논할 수 없다."라고 하셨으며,[46] 주자께서는 《소학》을 엮으면서 "나물을 씹는다."로 끝마치셨으니,[47] 이는 기욕(嗜慾)을 끊는

45 종신토록……있다 : 이 말은 또한 《소학(小學)》 〈선행(善行)〉의 마지막장에 보인다. 북송(北宋) 여본중(呂本中)의 《동래여자미사우잡지(東萊呂紫微師友雜志)》에 "왕신민(汪信民)이 일찍이 '사람이 늘 나물 뿌리를 씹으면 모든 일을 이룰 수 있다.〔人常咬菜根, 則百事可做.〕' 라고 하였는데, 호강후(胡康侯)가 그 말을 듣고 무릎을 치며 감탄했다."라고 하였다.

46 공자께서……하셨으며 : 《논어》 〈학이(學而)〉에 "군자는 먹음에 배부름을 구하지 않으며 거처할 때에 편안함을 구하지 않으며 일을 민첩히 하고 말을 삼가며 도(道) 있는 이에게 찾아가 질정(質正)한다면 학문을 좋아한다고 이를 만하다.〔君子食無求飽, 居無求安, 敏於事而愼於言, 就有道而正焉, 可謂好學也已.〕"라고 하였고, 〈이인(里仁)〉에 "선비가 도(道)에 뜻을 두고서 나쁜 옷과 나쁜 음식을 부끄러워하는 자는 더불어 도를 의논할 수 없다.〔士志於道而恥惡衣惡食者, 未足與議也.〕"라고 하였다.

것이 덕을 이루는 요체이기 때문이다. 너는 명심하여라.

47 주자께서는……끝마치셨으니 : 《소학》의 마지막장인 〈선행(善行) 실경신(實敬身)〉에서 "내가 보건대 지금 사람들은 나무뿌리를 씹어 먹으려 하지 못하여 그 본심을 어기는 데에 이르는 이가 많으니, 경계하지 않을 수 있겠는가.〔某觀今人, 因不能咬菜根, 而至於違其本心者衆矣, 可不戒哉?〕"라는 주희(朱熹)의 말로써 책을 끝마쳤다.

윤자장 헌중 에게 답함 기유년(1849, 헌종15)

答尹子章 憲中○己酉

보내오신 편지에서 그대 선조의 족보를 만드는 일을 이미 다 끝마치셨다고 하니, 성력(誠力)이 이룬 것임을 알겠습니다. 사람은 천지(天地)의 만물을 낳는 마음을 품부 받아 마음으로 삼으니, 천지가 덮어주는 안에 있는 모든 것은 다 마땅히 아껴야할 대상입니다. 더군다나 집안의 세계(世系)가 나온 곳은 비록 가지가 나뉘고 종파가 다르더라도 미루어 올라가보면 모두 나의 조종(祖宗)의 같은 기(氣)입니다.[48] 그런데 이 의리를 깊이 밝혀 천성의 지애(至愛)를 잃지 않은 자가 극히 드뭅니다. 이욕에 집착하여 노한 눈으로 자신만을 위하여서 같은 집안에서 반목하고 멀어진다면, 비록 고금에 통달하고 천리(天理)와 인성(人性)을 고상하게 담론하더라도 선비가 될 수 없습니다.[49] 이 의리를 황문숙(黃文肅 황간(黃幹))이 통절하게 말하였으니, 바라건대 그대와 함께 힘쓰고자 합니다.

48 사람은 천지의……기(氣)입니다 : 이 말은 황간(黃榦, 1152~1221)의 《면재집(勉齋集)》 권22 〈서신감곽씨서보당기(書新淦郭氏敍譜堂記)〉에 보인다. 황간은 남송(南宋)의 경학가로 주자의 문인(門人)이자 사위이며, 자는 직경(直卿), 호는 면재(勉齋)이다. 벼슬은 대리승(大理丞)에 임명되었으나 사양하였고 주자(朱子)에게 수학하여 도통(道統)을 이어받았다. 주자의 부탁으로 《의례경전통해속편(儀禮經傳通解續編)》을 지었고, 《논어통석(論語通釋)》 10권과 《주자행장(朱子行狀)》, 《면재집》 40권의 저술이 있는데 《논어통석》은 현재 전하지 않는다.

49 이욕에……없습니다 : 이 말은 황간(黃榦)의 《면재집(勉齋集)》 권19 〈정차산이각기(鄭次山怡閣記)〉에 보인다.

강경이 순 에게 답함 임자년(1852, 철종3)

答姜儆而 錞○壬子

요사이 기거가 청화(淸和)하고, 한편으로는 장수하시는 부모님의 소식에 있어서 가끔 다시 안부를 살펴 받들고 있습니까? 타지에서 곤궁한 중에도[50] 학업을 폐하지 않았을 것이니, 높이 모셔두고 읽는 것은 어떤 책입니까? 예로부터 서울에서 유학하는 사람은 세속의 먼지에 물들기가 쉽습니다. "뜻한 바가 멀면 항상 미치지 못할 듯이 하고, 마음에 족히 즐거워함이 있으면 외물이 이를 어지럽힐 수 없는 법이다. 명예를 구하기에 급급한 자는 실로 믿을 수가 없고, 이익을 좇는 데 절실한 자는 의리가 밝지 못하여 소견이 좁다."[51]라고 하였습니다. 이는 옛 현철(賢哲)의 유명한 의론이기에 그대를 위하여 한 번 읊어드립

50 타지에서 곤궁한 중에도 : 원문의 "여쇄(旅瑣)"는 《주역》 〈여괘(旅卦) 초육(初六)〉에 "나그네가 쇄쇄(瑣瑣)함이니, 이 때문에 재앙을 취하게 된다.〔旅瑣瑣, 斯其所取災.〕"라고 한 데서 온 말로, 나그네가 되어 곤궁하다는 뜻이다.

51 뜻한……좁다 : 이는 방효유(方孝孺)의 글로, 《손지재집(遜志齋集)》 권14 〈증임공보서(贈林公輔序)〉에 보인다. 방효유는 명(明)나라 학자로, 자는 희고(希古), 호는 손지(遜志), 시호는 문정(文正)이다. 태조(太祖) 연간에 한중부 교수(漢中府敎授)가 되고, 촉 헌왕(蜀獻王)의 초빙을 받아 세자사(世子師)가 되었는데, 그의 집을 정학(正學)이라 불렀다. 혜제(惠帝) 때에 시강학사(侍講學士)가 되었는데, 후일의 성조(成祖)인 연왕(燕王)이 모반(謀叛)하여 도성(都城)을 함락하고 방효유에게 성조의 등극(登極)을 반포하는 조서(詔書)를 초하도록 강요하였으나 이를 끝까지 거부하여 책형(磔刑)을 당했다. 저서에 《손지재고(遜志齋稿)》, 《후성집(侯成集)》, 《희고당고(希古堂稿)》 등이 있다. 《明史 卷141 方孝儒列傳》

니다. 작은 성취에 안주하지 않고 가까운 이익에 유혹되지 않아서 원대한 것을 성취함이 우리 경이(儆而)가 평소에 지닌 뜻이니, 내가 권면하지 않더라도 세상을 멀리 하여 스스로 훌륭해질 것입니다.

태백 사현(太白四賢)[52]은 노 옥모(魯玉貌)의 동해에 뛰어들겠다던 뜻을 따르고[53] 정 소남(鄭少南)의 서대(西臺)에서 곡을 했던 뜻을 펼쳤습니다.[54] 이 뜻을 미루어보면 마땅히 해와 별과 더불어 빛을 다툴 것이

52 태백 사현(太白四賢) : 병자호란을 일으킨 청나라를 섬기지 않고 명나라에 대한 절개를 지키면서 태백산(太白山)에서 거처했던 심장세(沈長世)·정양(鄭瀁)·강흡(姜洽)·홍석(洪錫)을 말한다. 흔히 홍우정(洪宇定)까지 포함하여 태백 오현(太白五賢)이라고도 하는데, 홍우정은 순조 때에 이미 증직(贈職)을 가하여 시호(諡號)를 내린 바 있으므로 여기서는 아직 시호를 받지 못한 네 사람만을 일컬은 것이다.

53 노 옥모(魯玉貌)의……따르고 : 앞의 사현(四賢)이 병자호란을 일으킨 청나라를 섬기지 않겠다고 하여 절개를 지켰던 일을 비유한 말이다. 노 옥모는 전국 시대 제(齊)나라의 고사(高士)인 노중련(魯仲連)으로, 옥모는 전국 시대 위(魏)나라 객장군(客將軍) 신원연(新垣衍)이 노중련을 일컬었던 말로 전하여 노중련을 가리키는 말로 쓰인다. 노중련이 조(趙)나라에 가 있을 때 진(秦)나라 군대가 조나라의 수도인 한단(邯鄲)을 포위하였는데, 이때 위나라가 장군 신원연을 보내 진나라 임금을 황제로 섬기면 포위를 풀 것이라고 하였다. 이에 노중련이 "저 진(秦)나라가 방자하게 황제를 자칭하고 죄악으로 천하에 정사를 한다면, 나는 동해에 뛰어들어 죽을 뿐이요, 내 차마 그 백성은 될 수가 없다.〔彼卽肆然而爲帝, 過而爲政於天下, 則連有蹈東海而死耳, 吾不忍爲之民也.〕"라고 하자, 진나라 장군이 이 말을 듣고 군사를 50리 뒤로 물렸다고 한다.《史記 卷83 魯仲連列傳》

54 정 소남(鄭少南)의……펼쳤습니다 : 앞의 사현(四賢)이 병자호란을 일으킨 청나라를 섬기지 않겠다고 하여 절개를 지켰던 일을 비유한 말이다. 다만 이 부분은 송(宋)나라 말의 절신(節臣)이었던 사고(謝翶)와 정사초(鄭思肖)의 고사가 섞여 있고, 또 원문의 정사초의 자를 뜻하는 '소남(少南)'은 본래 '소남(所南)'인 것으로 알려져 있으므로 오류가 있었던 듯하다. 사고(謝翶)는 원(元)나라 병사가 임안(臨安)까지 내려왔을 때 자의참군(諮議參軍)으로 있었는데, 문천상(文天祥)이 죽었다는 소식을 듣고 서대

니, 시호(諡號)를 내려달라는 청[55]에서 그래도 사림(士林)의 정론을 징험할 수 있으나 오히려 늦은 것이라고 하겠습니다. 조정에서 이미 홍두곡(洪杜谷)에게 시호를 내렸던 경우[56]가 응당 사현(四賢)과 다르지 않을 것이니, 이미 낭간(琅玕)을 올려 창합(閶闔)에 호소하였는지[57] 모르겠습니다.

《주지천집(朱止泉集)》[58]을 빌려 주는 일을 그대의 중씨(仲氏)인 학

(西臺)에 올라 신주를 모시고 통곡하고 인하여 〈서대통곡기(西臺慟哭記)〉를 지었다고 한다. 정 소남(鄭所南)은 일명(一名) 정사초(鄭思肖)로, 원나라 병사가 남쪽으로 내려오자 오하(吳下)에 은거하면서 이름을 사초(思肖)로 고치고 수시로 임안을 바라보며 미친 듯이 울면서 종신토록 절개를 지켰다고 한다. 《自治通鑑後篇 卷157》《閩中理學淵源 卷35》

55 시호(諡號)를 내려달라는 청 : 이 편지를 보낸 해인 1852년(철종3) 4월 29일에 경상도 유생 이병우(李秉瑀) 등이 상소하여, 심장세(沈長世)·정양(鄭瀁)·강흡(姜洽)·홍석(洪錫)에게 홍우정(洪宇定)과 마찬가지로 시호를 내려달라고 청한 일이 있다. 《承政院日記 哲宗 3年 4月 29日》

56 홍두곡(洪杜谷)에게……경우 : 홍두곡은 홍우정(洪宇定, 1593~1654)으로, 자는 정이(靜而), 호는 두곡(杜谷), 본관은 남양(南陽)이다. 홍가신(洪可臣)의 손자로, 인조의 삼전도(三田渡) 항복 소식을 듣고 문수산(文殊山) 두곡에 은거하였다. 이후 조정에서 여러 차례 관직을 제수하였으나 나아가지 않아 숭정처사(崇禎處士)라고 불렸다. 저서로 《두곡집(杜谷集)》이 전한다. 1746년(영조22)에 참의로 증직되었고, 1820년(순조20)에 개절(介節)이라는 시호를 받았다. 《英祖實錄 22年 8月 22日》《純祖實錄 16年 10月 20日, 20年 3月 23日》

57 낭간(琅玕)을……호소하였는지 : 글을 써서 대궐에 올렸는지를 말한 것이다. 낭간(琅玕)은 아름다운 문장이나 좋은 간언(諫言)을 비유한 표현이며, 창합(閶闔)은 궁문(宮門)을 가리킨다. 한유(韓愈)의 시 〈착착(齪齪)〉에, "구름을 헤치고 창합에 호소하며, 마음을 열고 낭간을 올리리라.〔排雲叫閶闔, 披腹呈琅玕.〕"라는 구절이 있다.

58 주지천집(朱止泉集) : 주지천의 문집을 말한다. 주지천은 주택운(朱澤澐, 1666~1732)으로, 청(淸)나라 보응인(寶應人)이며 자는 상도(湘陶), 호는 지천이다. 옹정(雍

사(學士)께 잘 여쭈었습니까? 영관(瀛館)[59]에서 책을 빌린 일이 이름난 석유(碩儒)들의 글에 많이 실려 있으니, 의롭지 않다면 전현(前賢)들이 그렇게 하였겠습니까. 부디 나를 위해 부탁하여 내가 전사(傳寫)한 뒤에 받들어 올릴 수 있도록 해주십시오. 지천(止泉)이 회옹(晦翁 주희(朱熹))을 독실하게 믿어 학술이 무너져 분열되어 백가쟁명(百家爭鳴)하는 때에 한손으로 항거하였으니, 만약 도(道)를 봄이 진실하고 절실하지 않다면 또한 어찌 이에 참여할 수 있었겠습니까. 어두운 거리의 밝은 별이 됨에 손색이 없습니다.

正) 연간에 직례총독(直隸總督) 유사서(劉師恕)가 조정에 천거하고자 하였으나 응하지 않고서, 석산(錫山)에서 도를 강하고 자양(紫陽)의 학을 천명하였다. 저술로는《주자성학고략(朱子聖學考略)》·《왕학변(王學辨)》·《지천문집(止泉文集)》등이 있다.

59 영관(瀛館) : 본래 당 태종(唐太宗)이 세운 문학관(文學館)으로, 전하여 홍문관(弘文館)과 같이 문인(文人)이나 학사(學士)들이 모여 경적(經籍) 및 문한(文翰)을 맡아보던 관청을 가리킨다.

최용구[60] 홍석 에게 답함 기유년(1849, 헌종15)

答崔用九 鴻錫○己酉

주공(周公)이 동쪽지방을 정벌한 일과 관숙(管叔)과 채숙(蔡叔)을 주벌한 일의 선후[61]에 대하여는, 주자(朱子)가 초년에는 옛 주석인 공씨(孔氏 공안국(孔安國))의 설을 따라 《서경(書經)》 〈금등(金縢)〉의 "불벽(不辟)"의 "벽(辟)" 자를 "형벌을 이루다.〔致辟〕"라는 뜻으로 보았는데 뒤에는 《시전(詩傳)》의 마융(馬融)과 정현(鄭玄)의 설을 따라 "피

60 최용구 : 최홍석(崔鴻錫, 1784~?)으로, 자는 여고(汝皐), 본관은 수성(隋城)이다. 1850년(철종1) 증광시에서 생원 3등 56위로 합격하였다.

61 주공(周公)이……선후 : 주(周)나라의 무왕(武王)이 죽은 뒤에 성왕(成王)이 아직 어려서 주공(周公)이 섭정을 하였는데, 주공의 형제인 관숙(管叔)과 채숙(蔡叔)이 주공을 모함하여 장차 성왕에게 불리할 것이라는 유언비어를 퍼뜨렸다. 그러다가 나중에 무함(誣陷)이었음이 발각되자 은왕(殷王) 주(紂)의 아들인 무경(武庚)을 부추겨 반란을 일으켰는데, 주공이 동쪽지방을 정벌하여 이를 평정하였다. 이 일에 대해 주자는 《시경집전(詩經集傳)》에서 "주공이 동쪽정벌을 한지 2년 만에 관숙과 무경을 잡아 주벌하였다〔周公東征二年, 乃得管叔武庚而誅之.〕"라고 하였는데, 《서경집전(書經集傳)》에서는 주공이 앞서 동쪽에 2년 동안 머물렀던 것은 정벌을 위해서가 아니었으며 관숙과 채숙의 반란 진압을 위한 동쪽정벌은 그 후에 따로 있었던 일로 보아야 한다고 하였다. 또 《서경집전(書經集傳)》 〈주서(周書) 금등(金縢)〉에 "주공(周公)이 두 공(公)에게 고하기를 '내가 피하지 않으면 나는 우리 선왕(先王)에게 고할 수 없다.' 하셨다.〔周公乃告二公曰: 我之弗辟, 我無以告我先王.〕"라고 한 주에 "피(辟)는 피(避)로 읽는다. 정씨(鄭氏)의 《시전(詩傳)》에 '주공(周公)이 관숙(管叔)과 채숙(蔡叔)의 유언(流言) 때문에 동도(東都)에 피하여 거하였다.'는 것이 이것이다. 한(漢)나라 공씨(孔氏)는 '관숙(管叔)에게 형벌(刑罰)을 이루었다는 벽(辟)이다.' 하였으니, 주살(誅殺)함을 이른다."라고 하였다. 《書經集傳 周書 金縢》《詩經集傳 豳風 鴟鴞》

하다〔避〕"라는 뜻으로 보았으니, 이것이 바로 《시경집전》과 《서경집전》의 주(註)가 각기 다른 까닭입니다. 《주자대전속집(朱子大全續集)》의 〈답채중묵서(答蔡仲默書)〉가 정해진 의론이니, 지금은 《서경집전》을 정론으로 삼아야 합니다. 《시경집전》의 주는 미처 개정(改定)하지 못하였던 것입니다. 《주자대전》의 〈답서원빙서(答徐元聘書)〉, 〈답하숙경서(答何叔京書)〉, 〈답동숙중서(答董叔重書)〉와 〈잡저(雜著) 금등설(金縢說)〉은 모두 《시경집전》과 같지만, 이는 〈답채중묵서(答蔡仲默書)〉 이전에 쓴 것이기 때문입니다. 우리 동방의 선배들 중 유시남(兪市南) 같은 분은 《시경집전》을 따라 해석하였고[62] 《삼연집(三淵集)》 〈일록(日錄)〉-17책 34권 20, 21판(板)-에도 주자의 초년설을 옳다고 하였으나, 나는 믿지 못하겠습니다. 《서경집전》 소주(小註)에 전후의 설이 모두 실려 있어 몹시 혼잡하니, 자세히 가려내지 않아서는 안 됩니다.

주(周)나라 사람은 음(陰)에서 먼저 구하였으므로 울창주를 붓는 일을 먼저 하였고, 은(殷)나라 사람은 양(陽)에서 먼저 구하였으므로 쑥을 사르는 일을 먼저 하였습니다. 후세의 예가(禮家)에서 분향(焚香)으로써 쑥을 사르는 일을 대신하여서 술을 붓기 전에 행하는 것은

62 유시남(兪市南)……해석하였고 : 유시남은 유계(兪棨, 1607~1664)로 자는 무중(武仲), 호는 시남, 본관은 기계(杞溪)이다. 김장생(金長生)의 문인으로 예학과 사학에 정통하였으며, 송시열(宋時烈)·송준길(宋浚吉)·윤선거(尹宣擧)·이유태(李惟泰) 등과 더불어 충청도 유림의 오현(五賢)으로 일컬어졌다. 《시경집전》을 따라 주공(周公)의 동쪽 정벌을 해석한 것은 《시남집(市南集)》 권15 〈잡저(雜著) 독시쇄설(讀詩瑣說)〉에 보인다.

은나라 사람이 양(陽)에서 먼저 구하는 뜻을 따른 것입니다. 지금 우선 《서의(書儀)》와 《주자가례》를 따라서[63] 분향을 먼저 하고 뇌주(酹酒)를 뒤에 한다면, 옛 법식에 어긋나지 않는다고 할 만할 것입니다. 분향과 뇌주는 모두 강신(降神)에 속하는데 보내온 편지에서 분향과 강신을 둘로 본 것은 어째서입니까? 주자(朱子)께서 일찍이 온공(溫公 사마광(司馬光))의 《서의》의 강신(降神) 한 절목을 참람한 예에 가깝다고 한 것이 《주자어류(朱子語類)》에서 집안 제사를 논한 조목 -90권 34판(板)- 에 보이기는 하지만,[64] 《주자가례》에서는 사마광(司馬光)의 《서의》를 그대로 따른 듯합니다.

《노론(魯論) 논어(論語)》중에 "유(由)야, 너에게 아는 것을 가르쳐 주겠다."라고 한 부분[65]과 칠조개(漆雕開)가 "저는 벼슬하는 것에 대해

63 서의(書儀)와 주자가례를 따라서 : 《서의(書儀)》는 중국 송나라의 사마광(司馬光)이 고금의 예를 참작하여 전례(典禮)를 정리한 책이다. 《서의》에 "옛날에 제사하는 자는 신이 있는 곳을 알지 못했기 때문에 울창주를 부어 냄새가 음으로 연천에 도달하게 하고, 쑥에 메기장과 찰기장을 합하여 냄새가 양으로 장옥(牆屋)에 도달하게 하였으니 널리 신을 구하려는 까닭이었다. 지금 이러한 예는 사민의 집에서 행하기 어렵기 때문에 다만 분향하고 술을 땅에 붓는 것으로 대신한다.〔古之祭者不知神之所在, 故灌用鬱鬯, 臭陰達于淵泉, 蕭合黍稷, 臭陽達于墻屋, 所以廣求神也. 今此禮旣難行于士民之家, 故但焚香酹酒以代之.〕"라고 한 말을 《주자가례》의 참신(參神)조에서 인용하였다.

64 주자(朱子)께서……하지만 : 《주자어류(朱子語類)》에 "'뇌주는 조금 기울입니까? 모두 기울입니까?' 라고 묻자, 주자가 답하기를, '강신에는 모두 기울인다. 그렇지만 사마온공 《서의》의 강신(降神) 한 절목은 참람한 예인 듯하다. 대부에게는 울창주를 붓는 예가 없고 쑥을 사르는 예도 없다. 울창주를 붓고 쑥을 사르는 것은 천자와 제후의 예이다.'라고 하였다.〔問: 酹酒是少傾? 是盡傾? 曰: 降神是盡傾. 然溫公儀降神一節亦似僭禮. 大夫無灌獻, 亦無爇蕭. 灌獻爇蕭乃天子諸侯禮.〕"라고 한 대목이 보인다.

자신할 수 없습니다."라고 한 부분[66]과 이 장(章)[67]-〈공야장(公冶長)〉 11장- 세 곳의 말은 마땅히 완미해 살펴서 체득하여 알아야 하니, 각각 말한 상황에 따라 성현께서 가르침을 남기신 본의를 알아야 합니다. 그런 뒤에야 완전히 수용(受用)할 수 있을 것이니, 어찌 굳이 서로 끌어 맞춰서 발명(發明)하는 바는 없이 한갓 올바른 뜻을 어지럽히기만 할 것이 있겠습니까.

말에는 두 가지 단서가 있으니, 덕이 있는 사람의 말이 있고 도에 나아가는 말이 있습니다. 덕이 있는 사람의 말은 자기의 일을 말한 것이니 성인께서 성인의 일을 말한 경우이고, 도에 나아가는 말은 지혜가 이를 알 수 있는 것이니 현인(賢人)이 성인의 일을 말한 경우입니다.-정자(程子)께서 〈서명(西銘)〉을 논한 곳에 이 말이 있습니다.- 지금 이 자

65 유(由)야……부분 : 《논어》〈위정(爲政)〉 17장에 "유(由)야! 내 너에게 아는 것을 가르쳐 주겠다. 아는 것을 안다고 하고, 모르는 것을 모른다고 하는 것이, 이것이 아는 것이다.〔由, 誨女知之乎! 知之爲知之, 不知爲不知 是知也.〕"라고 하였고, 집주(集註)에서 "유(由)는 공자(孔子)의 제자이니, 성(姓)은 중(仲)이고, 자(字)는 자로(子路)이다. 자로(子路)는 용맹(勇猛)을 좋아하였으니, 아마도 알지 못하는 것을 억지로 우겨서 안다고 여기는 일이 있었을 것이다.〔由, 孔子弟子, 姓仲, 字子路. 子路好勇, 蓋有强其所不知以爲知者.〕"라고 하였다.

66 칠조개(漆雕開)가……부분 : 《논어》〈공야장(公冶長)〉 5장에 "공자(孔子)께서 칠조개(漆雕開)에게 벼슬을 하게 권하시자, 그가 대답하기를 '저는 벼슬하는 것에 대해 아직 자신할 수 없습니다.'라고 하니, 공자(孔子)께서 기뻐하셨다.〔使漆雕開仕, 對曰: 吾斯之未能信. 子說.〕"라고 하였다.

67 이 장(章) : 《논어》〈공야장(公冶長)〉 11장에 "자공(子貢)이 말하기를 '저는 남이 나에게 가(加)하기를 원하지 않는 일을 저도 남에게 가(加)하지 않으려고 합니다.'라고 하자, 공자(孔子)께서 말씀하셨다. '사(賜)야! 이것은 네가 미칠 바가 아니다.'〔子貢曰: 我不欲人之加諸我也, 吾亦欲無加諸人. 子曰: 賜也, 非爾所及也.〕"라고 하였다.

공(子貢)의 말은 바로 도에 나아가는 말이니, 자공의 행실은 아직 이 경지에 도달하지 못하였던 것입니다. 그러므로 부자(夫子 공자(孔子))께서 "네가 미칠 바가 아니다."라고 하신 것이니, 어찌 이로써 자로(子路)가 억지로 우겨서 알지 못하는 것을 안다고 여겼던 것과 같다고 하겠으며, 또 칠조개가 대지(大旨)를 안 데에는 미치지 못한다고 할 수 있겠습니까.

순(舜)·문왕(文王)·태백(泰伯)·무왕(武王)의 일은 공자께서 논하신 것을 모아서 보아 은미하게 가리킨 뜻이 어디에 있는지를 구하여야 할 것이고 그 나머지는 마간(馬肝)의 의론[68]처럼 여겨야 하니, 이는 주 부자(朱夫子 주희(朱熹))의 뜻이 그러했던 것입니다. 《주자대전(朱子大全)》〈답양지인서(答楊志仁書)〉에서 《논어》 중 두 군데에 나온 "지덕(至德)"의 뜻[69]을 논하여 말하기를, "뜻을 논하자면 문왕이 진실

68 마간(馬肝)의 의론 : 마간은 말의 간을 뜻하는데, 이는 원래 독이 있어서 먹지 못하는 것으로 알려져 있다. 주희의 제자 진안경(陳安卿)이 무왕(武王) 때에 혁명(革命)한 일에 대해 논하면서 천명(天命)이 끊어졌는지 끊어지지 않았는지를 인정(人情)을 기준으로 보는 문제에 대해 논하였다. 이에 대해 주희가 답하기를, "이런 부분은 바로 공자가 이른 바 '함께 권도를 행할 수 없는 자'라는 것이니, 고기를 먹을 때에 말의 간을 먹지 않더라도 맛을 모르는 것이 되지 않는다."라고 한 데에서 인용한 말이다. 즉 성인이 하는 일은 범인이 이해할 수 있는 것이 아니니, 우선 제쳐 두고 논하지 않더라도 의리를 모르는 것이 되지 않는다는 뜻이다. 《晦庵集 卷57 答陳安卿》

69 논어……뜻 : 《논어》〈태백(泰伯)〉에 공자가 태백(泰伯)을 칭찬하여 "태백은 지극한 덕을 갖추었다고 할 수 있다. 세 번이나 천하를 사양하였으되, 백성들이 그 사실을 몰랐다.〔泰伯其可謂至德也已矣. 三以天下讓, 民無得而稱焉.〕"라고 하였으며, 또 문왕(文王)을 칭찬하여 "문왕은 천하를 삼분하여 그 둘을 소유하시고도 복종하여 은나라를 섬기셨으니, 주나라 문왕의 덕은 지극한 덕이라 말할 만하다.〔三分天下, 有其二, 以服

로 무왕보다 높고, 태백이 처한 상황은 또 문왕보다 높았다. 그러나 일을 논하자면 태백・왕계(王季)・문왕・무왕이 모두 성인의 부득이한 경우에 처하였는데, 그 중에서도 태백이 유독 자신의 마음을 보전하여서 안팎으로 유감이 없었다. 그렇지 않다면 또 어찌 '무왕의 음악이 지극히 좋지는 못하다'는 탄식[70]이 있었겠으며, 백이(伯夷)와 숙제(叔齊)는 '인(仁)을 얻었다'[71]고 하였겠는가?"라고 하였습니다.

또 〈답범백숭서(答范伯崇書)〉에서 문왕과 무왕의 도(道)를 논하면서 중니(仲尼)가 천하를 소유하지 못하고 익(益)・이윤(伊尹)・주공(周公)이 천하를 소유하지 못한 뜻[72]을 언급하여서 말하기를, "성인께

事殷, 周之德, 其可謂至德也已矣.〕"라고 하였다.

70 무왕의……탄식 : 《논어》 〈팔일(八佾)〉에 "공자(孔子)께서 소악(韶樂)을 평하시되 '지극히 아름답고 지극히 좋다.' 하셨으며, 무악(武樂)을 평하시되 '지극히 아름답지만 지극히 좋지는 못하다.' 하셨다.〔子謂韶, 盡美矣, 又盡善也; 謂武, 盡美矣, 未盡善也.〕"라고 하였다.

71 백이(伯夷)와……얻었다 : 《논어》 〈술이(述而)〉에 "'백이와 숙제는 어떤 사람입니까?'라고 묻자 공자께서 '옛날의 현인(賢人)이시다.'라고 대답하셨다. '후회(後悔)하셨습니까?'라고 묻자, '인(仁)을 구하여 인(仁)을 얻었으니, 다시 어찌 후회(後悔)하였겠는가.'라고 대답하셨다.〔伯夷叔齊何人也? 曰: 古之賢人也. 曰: 怨乎? 曰: 求仁而得仁, 又何怨?〕"라고 하였다.

72 중니(仲尼)가……뜻 : 《맹자》 〈만장 상(萬章上)〉에 "필부(匹夫)로서 천하를 소유하는 자는 덕(德)이 반드시 순(舜)・우(禹)와 같아야 하고, 또 천자(天子)가 천거해줌이 있어야 한다. 그러므로 중니(仲尼)께서 천하를 소유하지 못하신 것이다.〔匹夫而有天下者, 德必若舜禹而又有天子薦之者, 故仲尼不有天下.〕"라고 하였고 또 "대를 이어 천하를 소유할 적에 하늘이 폐하는 바는 반드시 걸(桀)・주(紂)와 같은 자이다. 그러므로 익(益)과 이윤(伊尹)과 주공(周公)이 천하를 소유하지 못한 것이다.〔繼世以有天下, 天之所廢, 必若桀紂者也, 故益伊尹周公不有天下.〕"라고 하였다.

서 천하를 얻는 데에 마음을 두신 적이 없다.……"라고 하였고, 또 "이는 문왕은 상(商)나라를 취하고자 하셨지만 상나라 사람들이 기뻐하지 않아 그만두었고, 무왕은 상나라 사람들이 기뻐하며 자신에게 귀의하는 것을 보고서 마침내 가서 취하였다고 한 것이 아니다."라고 하였으며, 또 "어찌 익·이윤·주공·중니가 모두 천하를 소유하려는 바람이 있었지만 천자의 천거가 없었고 하늘의 뜻이 아직 대를 이은 임금을 폐하지 않아서 그렇게 하지 못한 것이겠는가. 다만 그 이치를 논하기를 이와 같이 하였을 뿐이다."라고 하였고, 또 "이러한 종류들은 모두 연구하고 체득해 음미하여 성인의 마음이 쇄락하고 자재(自在)하여 조금이라도 얽매인 곳이 없음을 알아야 하니, 그런 뒤에야 의리의 정미(精微)함을 알아서 일상생활을 하는 중에 자연히 효력을 얻게 될 것이다.……"라고 하였습니다. -〈답양지인서(答楊志仁書)〉는 58권 14판, 〈답범백숭서(答范伯崇書)〉는 39권 44판에 있습니다.-

이로써 살펴보건대, 보내온 편지에서 "천자가 되려고 한 것입니다.……"라고 한 것과 "어찌 그 지위를 대신하였겠습니까?……"라고 하였는데 이는 곧 망령되이 말하여 마치 성인께서 천하를 취하려는 마음을 지녔다고 여기는 것인 듯하니, 이는 어째서입니까? 또 "순임금이 무왕의 처지에 있었다면 순임금은 반드시 정벌하지는 않았을 것이라는 말은 백번 생각해도 그 요점을 연구하지 못하겠습니다.……"라고 하였으니 이는 그렇지 않습니다. 성인이 지나가면 교화(敎化)되고 마음에 보존함이 신묘(神妙)해지는 묘리를 어찌 보통사람의 정리(情理)로 헤아릴 수 있겠습니까.[73] 또 태왕(太王)의 일은 우선 제쳐두고 논하

73 성인이 지나가면……있겠습니까 : 《맹자》 〈진심 상(盡心上)〉에 "지나가는 곳이

지 말고, 태백의 일은 《논어혹문》의 "군신부자 간의 변고에 처하여 중용을 잃지 않았다.……"라고 한 것을 가지고 살펴보면 보내온 편지에서 말한 의심을 풀 수 있을 것입니다.

《주자대전》의 〈여장경부론계사논어설(與張敬夫論癸巳論語說)〉은 31권 31판에 있고, 〈답유계장(答劉季章)〉은 53권 10판에 있고, 〈답정자상(答鄭子上)〉은 56권 41,2판에 있고, 〈답이요경(答李堯卿)〉은 57권 45판에 있습니다. -이상은 '자위소(子謂韶)'장을 논한 것입니다.- 〈답진안경(答陳安卿)〉은 57권 38,9판에 있고, 〈답정자상(答鄭子上)〉은 56권 43판에 있고, 〈답서원빙(答徐元聘)〉은 39권 30판에 있고, -두 조목이 있습니다.- 〈답임택지(答林擇之)〉는 별집 6권 2판에 있습니다. -이상은 '문왕지덕(文王至德)'장을 논한 것입니다.- 〈답반단숙(答潘端叔)〉은 50권 6판에 있고, 〈답황직옹(答黃直翁)〉은 44권 63판에 있고, -두 조목이 있습니다.- 〈답이요경(答李堯卿)〉은 57권 6판 말단에 있고, 〈답진안경(答陳安卿)〉은 57권 31판에 있고, 〈답여백공(答呂伯恭)〉은 35권 6판에 있고, 〈답반공숙(答潘恭叔)〉은 50권 20판에 있습니다. -이상은 태백(泰伯) 장을 논한 것입니다.- 〈답범백숭(答范伯崇)〉, 〈답양지인(答楊志仁)〉은 위에 보였으니, 부디 참고하십시오.

정자(程子)가 공자(孔子)께서 광(匡) 땅에서 횡액을 면한 것을 "구

교화가 되고, 머물러 있는 곳이 신묘해진다.〔所過者化, 所存者神.〕"라고 하였는데, 《논어집주》 〈학이(學而)〉 제10장의 주에서 주자(朱子)가 "성인이 지나가면 교화(敎化)되고 마음에 보존함이 신묘(神妙)해지는 묘리를 엿보아 측량하기가 쉽지 않다.〔聖人過化存神之妙, 未易窺測.〕"라고 하였다.

면(苟免)"이라 한 것[74]에 대하여

정자의 이 말은 《논어정의(論語精義)》에 실려 있습니다. 《주자어류(朱子語類)》에 "'이 말은 무슨 뜻입니까?' 하고 묻자, 주자께서 '당시에 혹 광 땅 사람에게 죽임을 당할 수도 있었다는 것이다.〔謂當時或爲匡人所殺, 亦無十成.〕'라고 하였다. 또 '부자(夫子 공자(孔子))께서 스스로 「광 땅 사람들이 나에게 어찌하겠는가.」라고 한 것에 대하여 정자가 「반드시 하늘의 뜻을 어기고 자신을 해칠 수 없음을 아셨던 것이다.」라고 하였는데, 무엇 때문에 다시 구면(苟免)이란 말을 한 것입니까?' 라고 묻자, 주자께서 '이치는 진실로 이와 같지만 일이란 어떻게 될지 알 수 없어서이다.' 하였다. -'자외어광'장(子畏於匡章) 필대록(必大錄)- "라고 하였으니, 이는 마땅히 '천생덕어여'장(天生德於予章)[75]과 더불어 참고하여야 할 것입니다. 《주자어류》에서는 또 "공자께서 환퇴(桓魋)에게 죽임을 당하는 것〔孔子死於桓魋〕"을 명(命)이라 하였습니다.[76] -《맹자》

74 정자(程子)가……것 : 《논어》 〈자한(子罕)〉에 "공자께서 광(匡)땅에서 경계심을 품고 계시다가 말씀하셨다. '문왕(文王)이 이미 별세하셨으니, 문(文)이 이 몸에 있지 않겠는가. 하늘이 장차 이 문(文)을 없애려 하셨다면 뒤에 죽는 사람이 이 문(文)에 참여하지 못하였을 것이다. 그러나 하늘이 이 문(文)을 없애려 하지 않으셨으니, 광(匡)땅 사람들이 나에게 어찌하겠는가.〔子畏於匡, 曰: 文王旣沒, 文不在玆乎? 天之將喪斯文也, 後死者不得與於斯文也, 天之未喪斯文也, 匡人其如予何?〕"라고 한 말에 대해 정자가 "공자께서 광 땅 사람들의 포위를 면하신 것은 또한 구차히 벗어나신 것이었다.〔孔子免匡人之圍, 亦苟脫也.〕"라고 한 것이 《논어정의(論語精義)》에 보인다.

75 천생덕어여장(天生德於予章) : 이는 《논어》 〈자한(子罕)〉에 송(宋)나라 환퇴가 공자를 해치려하자, 공자가 "하늘이 나에게 덕(德)을 주었으니, 환퇴(桓魋)가 나에게 어찌 하겠는가.〔天生德於予, 桓魋其如予何?〕"라고 한 부분에 대한 주희(朱熹)의 말을 기록한 장으로 《주자어류(朱子語類)》에 보인다.

'막비명야'장(莫非命也章) 가학록(可學錄)-

이를 미루어 보건대 "구탈(苟脫)"은 '우연히 벗어났다.'라는 말과 같으니 《주자어류》에서 "무슨 일인지는 알 수 없다."라고 한 것이 이것이고, 또 이른바 "역무십성(亦無十成)"은 '열 번 온전하여서 반드시 면할 수 있는' 이치가 없음을 말한 것입니다. 그렇다면 보내온 편지에서 "보고서 크게 놀랐다."고 한 것은 아마도 "구탈(苟脫)" 두 글자의 뜻을 이해하지 못하여 그러했던 듯합니다. 또 전에 우옹(尤翁 송시열(宋時烈))의 〈간서잡록(看書雜錄)〉을 보았는데, "공문(孔門)에서는 공자가 요순보다 훨씬 어질었다고 하였는데 정자는 광(匡) 땅 사람의 횡액을 면한 일을 '구차히 벗어났다〔苟脫〕'라고 하였으니, 이러한 곳은 마땅히 미루어 마간(馬肝)의 설로 제쳐 두어야 하는 것인가?……" 하였으니,[77] 선현도 이를 의심하였던 것입니다. 그러나 《주자어류》로 증명하여 바

76 또……하였습니다 : 《맹자》 〈진심 상(盡心上)〉에 "명(命) 아님이 없으나, 그 정명(正命)을 순히 받아야 한다.〔莫非命也, 順受其正.〕"라고 하고 "질곡(桎梏)으로 죽는 자는 정명이 아니다.〔桎梏死者, 非正命也.〕"라고 하였다. 이에 대해 주희는 공자께서 환퇴(桓魋)에게 죽임을 당하는 것을 정명(正命)은 아니지만 명(命)이라고 하였다. 《매산집》의 원문에는 "정명(正命)"으로 되어 있으나 《주자어류(朱子語類)》에 근거하여 "명(命)"이라 하였음을 밝혀둔다. 《주자어류》에 "'비록 바른 것이 아니라고 하였으나 또한 명(命)이라고 하였으니, 그렇다면 이는 스스로 취한 것이 됩니다. 그런데 어찌하여 명(命)이라고 한 것입니까?'라고 묻자 '또한 스스로 일으키자 하늘이 죽게 하신 것인데, 다만 정명(正命)이 아닐 뿐인 것이다. 만일 문왕(文王)이 유리(羑里)에서 죽고 공자가 환퇴에게 죽임을 당하였다면, 이도 명(命)인 것이다.' 하였다.〔雖謂非正, 然亦以命言, 此乃自取, 如何謂之命? 曰: 亦是自作而天殺之, 但非正命耳. 使文王死於羑里, 孔子死於桓魋, 却是命.〕"라고 하였다.

77 또 전에……하였으니 : 이 부분은 《송자대전(宋子大全)》 권131 〈잡저(雜著) 간서잡록(看書雜錄)〉에 보인다. 마간(馬肝)의 설에 대해서는 378쪽 주68 참조.

로잡는 것이 옳습니다.

이른바 명덕설(明德說)은 주자(朱子)께서 "하늘에서 얻은 바〔所得乎天〕"로 '덕(德)' 자를 풀이하시고 "허령하고 어둡지 않음〔虛靈不昧〕"으로 '명(明)' 자를 풀이하신 것입니다. 명덕(明德)의 뜻이 여기에 충분히 밝혀져 있으니, 그 아래에 "온갖 이치를 갖추고 있다〔具衆理〕"와 "만사에 응한다〔應萬事〕"라는 것은 다만 그 실제를 가리켜서 거듭 말한 것일 뿐입니다.[78]

대저 사람의 마음을 명덕(明德)이라 하니, 무엇 때문에 명(明)이라 합니까? 마음이 허령하고 어둡지 않아서, 온갖 이치를 갖추고 만사에 응할 수 있기 때문입니다. 무엇 때문에 덕(德)이라 합니까? 이 허령하고 어둡지 않은 것이 바로 하늘에서 얻은 것이기 때문입니다. "사람이 하늘에서 얻은 바〔人之所得乎天〕"로부터 "만사에 응한다〔應萬事〕"까지가 모두 명덕을 해석한 것이지만, 명덕의 올바른 뜻을 말하자면 끝내 "허령불매(虛靈不昧)" 네 글자를 벗어나지 않습니다. 그러니 허령불매(虛靈不昧)하지 않으면 모르지만, 조금이라도 허령불매(虛靈不昧)하면 바로 온갖 이치를 갖추고 만사에 응할 수 있는 것이니, 허령불매(虛

78 이른바……뿐입니다 : 《대학집주》에서 "대학(大學)의 도(道)는 명덕(明德)을 밝힘에 있으며, 백성을 새롭게 함에 있으며, 지선(至善)에 그침에 있다.〔大學之道, 在明明德, 在親民, 在止於至善.〕"라고 한 경문에 대한 주희(朱熹)의 주에 "명덕(明德)은 사람이 하늘에서 얻은바, 허령하고 어둡지 않아서 온갖 이치를 갖추고 있고 만사(萬事)에 응하는 것이다. 다만 기품(氣稟)에 구애되고 인욕(人欲)에 가리면 때로 어두워진다.〔明德者, 人之所得乎天而虛靈不昧, 以具衆理而應萬事者也. 但爲氣稟所拘, 人欲所蔽, 則有時而昏.〕"라고 하였다.

靈不昧)하고서 온갖 이치를 갖추고 만사에 응할 수 없는 경우는 있지 않습니다.

《대학혹문(大學或問)》의 말[79]은 또한 같은 뜻일 뿐이니, "허령통철(虛靈洞徹)"하지 않으면 모르지만, 조금이라도 허령통철(虛靈洞徹)하면 바로 온갖 이치를 모두 갖출 수 있는 것이니, 허령통철(虛靈洞徹)하고서 온갖 이치를 모두 갖추지 못하는 경우는 있지 않습니다. 그러므로 다만 "허령불매(虛靈不昧)"와 "허령통철(虛靈洞徹)"을 말했으면 "온갖 이치를 갖추고 만사에 응한다.〔具衆理應萬事〕"와 "온갖 이치를 모두 갖추고 있다.〔萬理咸備〕"라는 뜻이 그 가운데에 있는 것이니, 어찌 그 말이 끝마치기를 기다릴 것이 있겠습니까.

《주자경연강의(朱子經筵講義)》에서 명덕(明德)을 해석하여 말하기를 "사람이 하늘에서 얻은 바로, 지극히 밝아서 어둡지 않다."라고 하였고, 《주자어류(朱子語類)》에서 "명명덕(明明德)"을 논하여 말하기를, "다만 이 명덕(明德)이 어떠한 물건인지를 알아서 곧바로 자신에게 절실하게 공부하여 기품과 물욕에 의해 가려짐을 제거하고 능히 자신의 허령하고 어둡지 않은 마음을 보존하여야 하니, 그러면 족히 온갖 이치

79 대학혹문(大學或問)의 말 : 《대학혹문》에 "오직 사람이 태어나서 바르고 통하는 기(氣)를 얻는데 성(性)이 가장 귀함이 된다. 그러므로 방촌(方寸)의 사이는 허령(虛靈)하고 통철(洞徹)하여 온갖 이치를 모두 갖추고 있으니, 금수와 다른 까닭이 바로 여기에 있는 것이고, 누구나 요순(堯舜)이 되어 천지의 조화에 참여하여 화육(化育)을 도울 수 있는 까닭 또한 여기에서 벗어나지 않는다. 이것이 이른바 명덕(明德)이다.〔唯人之生, 乃得其氣之正且通者, 而其性爲最貴. 故其方寸之間, 虛靈洞徹, 萬理咸備, 蓋其所以異於禽獸者, 正在於此, 而其所以可爲堯舜而能參天地以贊化育者, 亦不外焉. 是則所謂明德者也.〕"라고 한 것을 가리킨다.

를 갖추고 만사에 응할 수 있다. 이것이 바로 자신의 명덕(明德)을 밝히는 것이다."라고 하였습니다. 그렇다면 《주자경연강의》에서 이른바 "지극히 밝아서 어둡지 않다."라는 것은 바로 《대학장구》의 "허령불매(虛靈不昧)"입니다. 다만 "지극히 밝아서 어둡지 않다."라는 것만 말하고 "온갖 이치를 갖추고 있다.……"라는 것으로 이어가지 않은 것은 바로 이른바 "마음을 가지고 말하면 성(性)과 정(情)이 그 안에 들어있다."라는 뜻입니다. 그 아래 또 말하기를, "그 방촌(方寸)의 사이는 허령하고 통철(洞徹)하여 온갖 이치가 찬연(燦然)하여서 사물의 변화에 응하여 어둡지 않으니, 이것이 이른바 명덕이다."라고 하였습니다. 이는 《대학장구》·《대학혹문》과 차이가 없지만, 위에 "허령(虛靈)" 두 글자를 먼저 놓고 아래에서 또 "불매(不昧)"자로 끝마친 것에서 더욱 마음을 위주로 하여 말한 것을 알 수 있습니다.

《주자어류》의 "족이구(足以具)"와 "가이응(可以應)"에서의 두 '이(以)' 자는 곧 《대학장구》의 "이구(以具)"에서의 '이(以)' 자와 같습니다. 《대학장구》에서 "허령불매" 아래에 '이(以)' 자 한 글자를 놓은 것은 실로 정미한 뜻이 있으니, 이를 들여다보면 마음을 위주로 한 뜻을 더욱 분명히 깨달을 수 있습니다. 오직 그 마음이 허령불매하기 때문에 이로써 이치를 갖추고 일에 응할 수 있는 것이니, 이치를 갖추고 일에 응하는 것은 곧 허령불매함이 능히 할 수 있는 일입니다. 그러나 이치는 마음을 떠나지 않으니, 만일 이 능히 할 수 있는 일이 없다면 또한 어찌 허령(虛靈)을 귀하게 여길 것이 있겠습니까.

어떻게 허령하고 어둡지 않음이 마음이 되어 기(氣)에 속한다는 것을 알겠습니까? 《주자어류》에 이르기를 "허령함은 본래 마음의 본체이다."라고 하였고, 또 "허령하고 어둡지 않은 것이 기(氣)입니까?"라는 질문에 답하기를, "비고 맑아 어둡지 않은 것이 곧 마음이다."라고 하고, 또 "마음의 지각(知覺)은 기(氣)의 허령한 것이니, 이 지각이 있어야 비로소 이 도리를 운용할 수 있다. 이 때문에 횡거(橫渠 장재(張載))가 '마음은 능히 성(性)을 다할 수 있고, 성(性)은 마음을 검속할 줄 모른다.'[80] 한 것이다."라고 하였습니다. 《주자대전》〈답임덕구서(答林德久書)〉에 이르기를, "지각(知覺)은 바로 기(氣)의 허령한 곳이다."라고 하였고, 또 〈답장흠부서(答張欽夫書)〉에 이르기를, "마음의 본체는 본래 허령하지 않은 때가 없으나 인욕과 사심(私心)에 골몰된 지 오래되었으니, 어찌 하루아침에 갑자기 이 경계를 볼 수 있겠는가. 그러므로 성인께서 반드시 말씀하시기를, '그 마음을 바르게 해야 하는데, 마음을 바르게 하고자 하면 반드시 먼저 뜻을 성실하게 해야 하고 뜻을 성실하게 하고자 하면 반드시 먼저 앎을 지극히 하여야 한다.'라고 하였으니,[81] 그 힘을 쓴 차제(次第)가 이와 같은 뒤에야 마음의 바름을 얻어 그 본체의 허령함을 회복할 수 있다."라고 하였습니다.

《주자대전속집》〈답이효술계선문목(答李孝述繼善問目)〉에서 "학자

80 마음은……모른다 : 《논어집주》〈위령공(衛靈公)〉에 "사람이 도(道)를 넓히는 것이요, 도(道)가 사람을 넓히는 것은 아니다.〔人能弘道, 非道弘人.〕"라고 한 경문에 대한 집주에 장재(張載)가 "마음이 성(性)을 다할 수 있으니, 이것은 사람이 도(道)를 크게 하는 것이요, 성(性)은 마음을 검속할 줄 모르니, 이것은 도(道)가 사람을 크게 함이 아닌 것이다.〔心能盡性, 人能弘道也. 性不知檢其心, 非道弘人也.〕"라고 한 말이 실려 있다.

81 그러므로……하였으니 : 《대학장구》에 "몸을 닦고자 하는 자는 먼저 마음을 바르게 하고, 마음을 바르게 하고자 하는 자는 먼저 뜻을 성실하게 하고, 뜻을 성실하게 하고자 하는 자는 먼저 앎을 지극히 하여야 한다.〔欲修其身者, 先正其心, 欲正其心者, 先誠其意, 欲誠其意者, 先致其知.〕"라고 한 말을 가리킨다.

(學者)의 배움이란 다만 기품(氣稟)과 물욕(物慾)의 어두움을 제거하여 그 허령(虛靈)의 전체를 회복하고자 하는 것이다."라고 하였고, 또 "《대학장구》와 《대학혹문》에서 명덕(明德)을 말할 적에 반드시 허령(虛靈)을 본질로 삼았고, 명덕(明德) 공부를 말할 적에도 허령의 본체를 온전히 하고자 하는 데에 지나지 않았다."라고 하였으며, 또 "허령불매는 바로 심(心)이 심이 된 이유이니, 성인의 학문의 기본이다."라고 하였습니다. -이계선(李繼善)의 문목(問目)은 여기까지입니다. 이 몇 마디 말은 모두 곧바로 '허령(虛靈)' 두 글자를 가지고 '명덕(明德)'의 뜻을 완전히 포괄한 것입니다.- 주자께서 답하실 적에 "이치가 진실로 이와 같다.……"라고 하여 조금도 폄하하는 말이 없었으니 주자의 본의임을 알 수 있습니다.

《대학장구》의 전문(傳文)에서 인용한 "하늘의 밝은 명〔天之明命〕"[82]과 같은 경우에 이르러서는 진실로 이(理)를 가지고 말한 것 같지만 여러 '명(明)' 자들을 살펴본다면 심(心)에 적용해야 하고 성(性)에는 들어맞지 않으니, 그렇다면 기(氣)를 겸하여 말한 것이지 이(理)를 위주로 하여 말한 것이 아님을 알 수 있습니다. 주자께서 〈답장경부서(答張敬夫書)〉에서 "그 마음을 보존하여 그 성(性)을 기름은 하늘을 섬기는 것이다."[83]라고 한 뜻을 논하여 말하기를, "심(心)과 성(性)은 모두 하늘이 나에게 부여한 것이다.……" -그 말이 모두 심(心)을 위주로 하였습니다.- 라고 하였으니, 이는 《대학장구》의 이른바 "하늘이 나에게

82 대학장구의……명 : 《대학장구》에서 《서경》 〈상서(商書) 태갑 상(太甲上)〉의 말을 인용하여 "〈태갑〉에 이르기를, '하늘의 밝은 명을 돌아본다.' 하였다.〔太甲曰: 顧諟天之明命.〕"라고 한 말을 가리킨다.

83 그 마음을……것이다 : 이 말은 《맹자》 〈진심 상(盡心上)〉에 보인다.

부여한 바이다."라는 것과 다름이 없습니다. 《주자어류》에서 "하늘의 밝은 명〔天之明命〕"을 논한 부분에서도 모두 심(心)을 위주로 말하였는데, 그 중 기손록(夔孫錄)에서는 "이어서 '하늘의 밝은 명〔天之明命〕'을 말하여서 '이 사물은 바로 기(氣)이니, 곧 허다한 도리가 그 안에 들어있다.'라고 말씀하셨다." 하였습니다. 또 "'하늘의 밝은 명을 돌아본다.〔顧諟天之明命〕'라는 것은 다름이 아니라 잃어버린 마음을 구하는 것일 뿐이다."라고 하였으며, 또 "명(明)"자를 해석할 적에 "광명찬란(光明燦爛)"을 가지고 말하였으니, "광명찬란(光明燦爛)"이라는 네 글자는 기상과 면모가 끝내 '이(理)' 자에는 합당치 않습니다.

이(理)는 진실로 순전히 선(善)하여서 악(惡)이 없지만 그 소리도 냄새도 형상도 작위도 없는 묘함은 결코 물건으로는 비유할 수가 없으니, 어찌 '명(明)', '암(暗)' 등의 글자로 말할 수 있겠습니까. 주자께서 〈답서자융서(答徐子融書)〉에서 "성(性)에 혼명(昏明)이 있다."는 설을 배척하여 "이는 성(性)을 지각(知覺)으로 보는 것이다."라고 하였으니,[84] 이 글을 근거해보면 또한 "광명(光明)" 등의 글자는 이(理)를 말한 것이 아님을 알 수 있습니다. 또 《주자어류》의 심(心)을 논한 조목에서의 광록(廣錄)[85]과 14권 16판(板)의 명덕(明德)을 논한 부분[86]에 모두

84 주자께서……하였으니 : 《주자대전(朱子大全)》 권58 〈답서자융(答徐子融)〉에 "지난번 편지에서 논하신 방숙(方叔)의 설은 대개 옳습니다만, 다만 마지막에 '성(性)에 혼명(昏明)이 있다.'라고 한 것은 성(性)을 지각(知覺)으로 보는 것이니, 다시 생각해 보는 것이 어떻겠습니까?〔前書所論方叔之說, 大概已是, 但其末云性有昏明, 則又將性作知覺看矣, 試更思之如何?〕"라고 하였다.

85 심(心)을……광록(廣錄) : 《주자어류》 권5에 "심(心)은 이(理)와 하나이니, 이(理)가 앞에 있어서 하나의 물건이 되는 것이 아니다. 이(理)는 곧 마음에 있지만 마음

"광명찬란(光明燦爛)" 네 글자가 있으니, 주자의 본의는 실로 심(心)을 가리켜 말했던 것입니다. 그런데 지금 도리어 "하늘의 밝은 명〔天之明命〕"을 오로지 이(理)만을 말한 《중용장구》의 "하늘이 명한 성〔天命之性〕"[87]과 같은 맥락에서 본다면 온당치 못한 것이 아니겠습니까.

그렇다면 보내온 편지에서 "《대학장구》·《대학혹문》·《주자경연강의》·《주자어류》 등의 책에 무엇 때문에 명덕(明德)은 심(心)이고 명덕(明德)은 기(氣)라는 말이 없는 것입니까?"라고 한 것은 마치 애당초 주자의 글을 본 적 없는 사람의 말인 듯하니, 어찌하여 이처럼 자세히 궁구하지 않아서 이렇게 온당치 못한 말을 하였단 말입니까.

이 이를 포괄할 수 없으며, 일에 따라 드러난다. 이어서 웃으며 말씀하시기를, '말이 이에 이르자 절로 웃음이 난다. 이는 흡사 저 장(藏)과 비슷하니, 경함(經函)을 없애고 안에 불을 켜면 사방팔방이 모두 이처럼 광명찬란(光明燦爛)한데, 다만 지금 사람들이 이와 같음을 보지 못하는 것이다.〔心與理一, 不是理在前面爲一物. 理便在心之中, 心包蓄不住, 隨事而發. 因笑云: 說到此自好笑. 恰似那藏相似, 除了經函, 裏面點燈, 四方八面皆如此光明燦爛, 但今人亦少能看得如此.〕"라고 하였다.

86 14권……부분 : 《주자어류》 권14에 "재명명덕(在明明德)은 모름지기 자신이 이 사물의 광명찬란(光明燦爛)함을 보아서 항상 눈앞에 있어야 비로소 얻을 수 있는 것이다.〔在明明德, 須是自家見得這物事光明燦爛, 常在目前, 始得.〕"라고 한 부분을 가리킨다.

87 오로지……성 : 《중용장구》에 "하늘이 명(命)하신 것을 성(性)이라 이른다.〔天命之謂性.〕"라고 한 부분에 대한 주(註)에 "명(命)은 영(令)과 같으며, 성(性)은 바로 이(理)이다. 하늘이 음양과 오행으로 만물을 화생(化生)함에 기(氣)로써 형체를 이루고 이(理) 또한 부여(賦與)하니 명령함과 같다. 이에 사람과 물건이 태어남에 각기 부여 받은 바의 이(理)를 얻음으로 인하여 건순(健順)·오상(五常)의 덕(德)을 삼으니, 이른바 성(性)이라는 것이다.〔命猶令也, 性卽理也. 天以陰陽五行, 化生萬物, 氣以成形而理亦賦焉, 猶命令也. 於是人物之生, 因各得其所賦之理, 以爲健順五常之德, 所謂性也.〕"라고 하였다.

몹시 괴이할 만합니다. 지난번에 양근(楊根) 이백흠(李伯欽 이준(李埈))을 만났더니 또한 이러한 말을 하였는데, 보내온 편지에서 말한 것이 어쩌면 그리도 이와 서로 비슷한 것입니까?

또 명덕(明德)을 마음의 존칭(尊稱)이라 한 것은 근본을 둔 바가 있습니다. 《주자어류》 74권의 〈주역 계사 상(繫辭上) 상〉 43판(板) 영록(泳錄)에 이르기를, "명덕(明德)은 표덕(表德)과 같다."라고 하였는데, 표덕(表德)이란 '자(字)'이니 존칭(尊稱)과 같은 뜻입니다. 태극(太極)은 다만 '이(理)' 자일 뿐인데 주자께서 태극을 이(理)의 표덕이라 하였으므로 선유(先儒)들이 이로 인하여 이(理)의 존칭으로 태극을 일컬었습니다. 명덕(明德)은 다만 '심(心)' 자일 뿐인데 주자께서 또 표덕(表德)이라는 비유를 남기셨으니, 명덕을 심(心)의 존칭이라 하는 것이 어찌 불가할 것이 있겠습니까.

마음은 본디 기(氣)이지만, 기(氣)에는 본말(本末)과 정추(精粗)가 있습니다. 그러므로 "담일(湛一)은 기(氣)의 근본이다."[88] 하고, "심(心)은 기(氣)의 정상(精爽)이다."[89] 하고, "심(心)은 성(性)에 비교한다면 조금 자취가 있고, 기(氣)에 비교한다면 자연히 더욱 허령하다."[90] 라고 하였으니, 이를 말미암는다면 심(心)은 기(氣)의 분수에서 떠나지는 못하지만 또한 기(氣)에 국한되지 않는다는 것을 알 수 있습니다. 명덕(明德)의 심(心)을 어찌 기질(氣質)에 가린 심(心)과 뒤섞어 나란히 말하여서, 심(心)과 기질(氣質)이 나뉜 까닭을 변별하지 않을 수

88 담일(湛一)은 기(氣)의 근본이다 : 이 말이 《주자어류》 권98에 보인다.

89 심(心)은 기(氣)의 정상(精爽)이다 : 이 말이 《주자어류》 권5에 보인다.

90 심(心)은 성(性)……허령하다 : 이 말이 《주자어류》 권5에 보인다.

있겠습니까.

천지의 성(性) 중에 사람이 귀함이 되고 사람은 만물의 영장(靈長)이 되니, 요순(堯舜)이 되어 능히 천지의 조화에 참여할 수 있는 까닭이 어찌 단지 성선(性善)만으로 그러한 것일 뿐이겠습니까. 실로 또한 이 마음이 허령(虛靈)하고 통철(洞徹)하여 분수가 없고 우열이 없어서, 이(理)의 선(善)과 간격이 없기 때문인 것입니다. 그렇다면 이(理)는 본래 성인(聖人)과 범인(凡人)이 똑같은 것이거니와, 심(心) 또한 어찌 성인과 범인의 다름이 있겠습니까.

이른바 "기(氣)에는 같지 않음이 있다."는 것은 다만 맑음과 탁함, 순수함과 잡박함이 갖가지로 같지 않은 기(氣)를 가리킨 것일 뿐이고, 마음의 본체를 말한 것은 아닙니다. 마음의 본체라는 것은 무엇입니까? 바로 《대학장구》의 이른바 "본체의 밝음〔本體之明〕"이라는 것[91]이고 《대학혹문》의 이른바 "본체의 온전함〔本體之全〕"과 "본래 밝은 본체〔本明之體〕"라는 것[92]이니, 하늘에서 얻은 것이어서 애당초 말할 만한

91 대학장구의……것 : 《대학집주》에서 명덕(明德)에 대한 주자(朱子)의 주에 "명덕(明德)은 사람이 하늘에서 얻은바, 허령하고 어둡지 않아서 온갖 이치를 갖추고 있고 만사(萬事)에 응하는 것이다. 다만 기품(氣稟)에 구애되고 인욕(人欲)에 가리면 때로 어두울 적이 있으나, 그 본체(本體)의 밝음은 그쳤던 적이 없다. 그러므로 배우는 자가 마땅히 발하는 바를 인하여 마침내 밝혀서 처음을 회복하여야 한다.〔明德者, 人之所得乎天而虛靈不昧, 以具衆理而應萬事者也. 但爲氣稟所拘, 人欲所蔽, 則有時而昏. 然其本體之明則有未嘗息者. 故學者當因其所發而遂明之, 以復其初也.〕"라고 한 데에서 온 말이다.

92 대학혹문의……것 : 《대학혹문》에 "기(氣)로써 말하자면 바르고 통하는 기(氣)를 얻은 것은 사람이 되고, 치우치고 막힌 기(氣)를 얻은 것은 물건이 되므로, 혹 귀하기도 하고 천하기도 하여서 같을 수 없는 것이다. 저 천하여 물건이 된 것은 형기(形氣)의

맑음과 탁함, 순수함과 잡박함이 없습니다.

보내온 편지에서 심(心)과 명덕을 둘로 나누어 본 것은 경문(經文)의 본의가 아니어서 자질구레하게 쪼개어 본 것에 해당됨을 분명히 알겠습니다. 기질(氣質)로 인해 불선(不善)을 하는 마음을 어찌 명덕의 마음과 함께 논할 수 있겠습니까. 《하서집(河西集)》의 〈대학강의발(大學講義跋)〉에 논한 '명덕(明德)'과 '명명(明命)'에 대한 설[93]은 사람들이 심(心)을 말하면서 이(理)를 빠뜨릴까 염려하여 그렇게 말한 것입니다. 이(理)를 위주로 하여 말하고자 한 것은 뜻이 또한 본래 좋으나 다만 《대학장구》에서 심(心)을 위주로 하여 말한 것과는 같지 않은 듯하니, 지금 마땅히 《대학장구》와 《대학혹문》을 정론(正論)으로 삼는 것이 옳을 것이고, 그 밖의 의리(義理)를 덧붙여 넣을 필요가 없습

치우치고 막힌 데에 질곡 되어서 본체의 온전함을 확충할 수가 없다.〔以其氣而言之, 則得其正且通者爲人, 得其偏且塞者爲物, 是以或貴或賤而不能齊也. 彼賤而爲物者, 旣梏於形氣之偏塞, 而無以充其本體之全矣.〕"라고 하고, "그 밝게 하는 단서를 열고 또 밝게 하는 실제를 지극히 한다면, 내가 하늘에서 얻은바 밝지 않은 적이 없었던 것이 어찌 초연하게 기질과 물욕에 얽매임이 없어서 본체의 온전함을 회복하지 않겠는가.〔夫旣有以啓其明之之端, 而又有以致其明之之實, 則吾之所得於天而未嘗不明者, 豈不超然無有氣質物欲之累, 而復得其本體之全哉?〕"라고 하고, "본래 밝은 본체는 하늘에서 얻어서 끝내 어두워질 수 없는 것이다.〔本明之體, 得之於天, 終有不可得而昧者.〕"라고 한 데에서 온 말이다.

93 하서집(河西集)의……설 : 김인후(金麟厚)의 문집인 《하서집》 권11 〈대학강의발(大學講義跋)〉에 "명덕(明德)은 하늘이 사람에게 명한 바의 이(理)로서 사람이 마음에 갖추고 있는 것이다. 그 명(命)이 밝지 않았던 적이 없으므로 그 덕(德) 또한 밝지 않은 적이 없고, 그 본체가 선하지 않았던 적이 없으므로 그 용(用) 또한 선하지 않은 적이 없는 것이다.〔蓋明德者, 天之所以命乎人之理, 而人所得以具於心者也. 其爲命未嘗不明, 故其爲德亦未嘗不明, 其爲體未嘗不善, 故其爲用亦未嘗不善.〕"라고 하였다.

니다.

대저 성문(聖門)에서 깊이 경계하신 것은 구이(口耳)의 학문[94]이니, 지금 이 명덕(明德)의 뜻을 다만 한바탕 설화로 만들지 말고 부디 농암(農巖)의 〈답오대하서(答吳大夏書)〉[95]를 깊이 체득해 아십시오. 그리하여 한갓 입에서 끊임없이 나오는 말만 읊어서 천화(天花)가 어지러이 떨어지는 것을 말하는 귀결[96]에 이르지 말기를 몹시 바랍니다. 이 글은 본집 제10책 20권 32,3판에 보입니다.

94 구이(口耳)의 학문 : 귀로 듣고 그대로 입으로 전하기만 한다는 말로, 뜻을 생각하지 않아서 자신에게 전혀 도움이 되지 않는 학문을 가리킨다. 《순자(荀子)》〈권학(勸學)〉에 "소인이 공부하는 것을 보면, 귀로 듣고는 곧바로 입으로 내놓는다. 입과 귀의 사이는 네 치일 따름이니, 일곱 자인 몸을 어떻게 아름답게 할 수가 있겠는가.〔小人之學也, 入乎耳, 出乎口. 口耳之間則四寸耳, 曷足以美七尺之軀哉?〕"라고 한 데에서 온 말이다.

95 농암(農巖)의 답오대하서(答吳大夏書) : 농암은 김창협(金昌協)의 호로, 김창협의 문집인 《농암집(農巖集)》 권20 〈답오대하(答吳大夏)〉에 "'명덕(明德)' 두 글자에 대해 《대학장구》에서는 본디 심(心)을 가지고 말하였는데, 성정(性情)도 자연히 그 속에 들어 있다. 간혹 성(性)을 위주로 말했다는 곳도 있고 심과 성을 겸하여 말했다는 곳도 있으니, 그렇다면 이는 문장의 뜻과 주객(主客) 문제에 있어 다소 차이가 없을 수 없다. 그러나 명덕의 실제를 대략 말하자면 오성(五性)과 사단(四端)으로부터 백행(百行)에 이르기까지 이 명덕 아닌 것이 없다. 그 체(體)는 본디 마음에 갖추어져 있고 그 용(用)은 항상 사물에 나타나므로, 일상 생활을 하는 사이에 늘 스스로 체득해 살펴서 지키고 확충함으로써 기품(氣稟)과 물욕에 구애받지 않고 그 체와 용의 온전한 모습이 모두 구현되도록 해야 한다."라고 하였다.

96 천화(天花)가……귀결 : 본래 불교에서 나온 말인데, 여기서는 말이 헛되어 실제가 없음을 비유하는 뜻으로 쓰였다. 《심지관경(心地觀經)》에, "욕계육천이 와서 공양하고, 천화가 어지러이 떨어져 허공에 가득하네.〔六欲諸天來供養, 天花亂墜徧虛空.〕"라고 하였다.

육상산(陸象山)은 "심(心)이 곧 이(理)이다."라고 말하였고, 왕양명(王陽明)은 "양지(良知)가 곧 천리(天理)이다."라고 하였으니,[97] 이는 모두 심(心)을 성(性)으로 오인하고 기(氣)를 이(理)로 오인한 견해입니다. 지금 만약 명덕(明德)을 성(性)이라 하고 이(理)라고 한다면 육상산, 왕양명의 설과 무엇이 다르겠습니까. 명덕(明德)이 비록 이(理)를 갖춘 기(氣)이기는 하지만 곧장 이(理)로 여긴다면 이는 옳지 않으며, 성(性)을 포함한 심(心)이기는 하지만 곧장 성(性)으로 본다면 이는 잘못된 것입니다. 그러므로 《주자대전》〈답임덕구서(答林德久書)〉에서 "지각(知覺)은 바로 기(氣)의 허령한 곳이다."라고 하였고, 《주자어류》의 덕명록(德明錄)에 "양심(良心)이 곧 명덕(明德)이다."라고 하였습니다. 이것은 《대학장구》와 서로 발명이 되니, 명덕(明德)을 이(理)라 할 수 없는 뜻을 여기에서 볼 수 있습니다.

임용숙(任容叔)[98]은 《대학장구》의 "하늘에서 얻은 바[所得乎天]"를 오

97 육상산(陸象山)은……하였으니 : 상산은 송(宋)의 학자 육구연(陸九淵)의 호이며, 양명은 명(明)의 학자 왕수인(王守仁)의 자이다. 육구연은 지행합일설(知行合一說)을 주장하여 "존덕성(尊德性)"만을 강조하고 "심즉리(心卽理)"를 주장하여 주자(朱子)의 학설과 상반되었으며, 왕수인은 육구연의 학설을 따라 심즉리(心卽理)와 양지설(良知說)을 주장하였다.

98 임용숙(任容叔) : 임규직(任圭直, 1811~1853)으로 자는 용숙, 호는 금천(錦川), 본관은 풍천(豊川)이다. 북인세가(北人世家)로서 노론을 지지하였으며, 주자(朱子)와 송시열(宋時烈)을 숭배하여 회우당(晦尤堂)을 짓기도 하였다. 노론의 선배인 서충보(徐忠輔)·권희(權曦)·이정리(李正履) 등과 친교가 두터웠는데, 소론인 김계영(金啓泳)과의 회니시비론(懷尼是非論)이 발단이 되어 소론에게 미움을 받았다. 1836년(헌종2) 옥사가 일어나 이듬해 김제로 정배되었는데, 당시 김제 군수 조병헌(趙秉憲)과

로지 이(理)에 대한 말로 보았습니다. 심(心)과 성(性)은 모두 하늘에서 얻은 것인데 지금 다만 이(理)자만을 들어 하늘에서 얻은 바라고 하니, 이는 어디에서 근거한 것입니까? 우암(尤庵 송시열(宋時烈))은 〈답심명중논명덕서(答沈明仲論明德書)〉에서 "만약 성(性)만을 가리켜 하늘에서 얻은 바라고 한다면 심(心)과 정(情)은 유독 하늘에서 얻은 바가 아니란 말인가."라고 하였고, 〈답정경유(答鄭景由)〉에서 "하늘에서 얻은 바는 심(心)과 성(性)과 정(情) 세 가지를 통틀어 말한 것인데 지금 다만 성(性)만을 말하니, 그렇다면 심(心)과 정(情)은 유독 하늘에서 얻은 바가 아니란 말인가."라고 하였습니다. 임용숙이 스스로 우암을 존경하고 믿는다고 말하였지만, 이러한 설들에 있어서는 혹 미처 살펴보지 못하여서 이처럼 말한 것입니까?

율곡(栗谷)의 〈답안응휴서(答安應休書)〉에 이르기를, "심(心)과 성(性)을 합하여서 총괄하여 명덕(明德)이라 한다."라고 하였으니, 심(心)과 성을 합한다고 말한 것은 진실로 다시 평할 것이 없지만, 미호(渼湖 김원행(金元行))는 "말뜻이 두루뭉술하여 마치 주빈(主賓)의 구분이 부족한 듯하니, 곧바로 '심(心)이 성(性)을 갖추고 있는 것'이라고 하는 것만 못하다."[99]라고 하였습니다.

병덕(秉悳) 형제의 대우로 후진교육과 저술에 전념하였고, 적소에서 풀려나 조병헌의 주선으로 은진에서 살았다가 상주로 이사하여 거처하였다. 저술로는 〈대학장구주해(大學章句註解)〉·〈중용보해(中庸補解)〉·〈율려산법(律呂算法)〉·〈구두해법(句讀解法)〉 등이 있으며, 문집으로 《금천집》 18책이 있다.

99 말뜻이……못하다 : 이 말은 《미호집(渼湖集)》 권7 〈답현자경(答玄子敬)〉에 보인다.

녹문(鹿門 임성주(任聖周))이 말씀하기를, "주자(朱子)께서 명덕(明德)을 풀이하여서 '허령하고 어둡지 않다.〔虛靈不昧〕'라고 하고, 또 반드시 '온갖 이치를 갖추고 만사에 응한다.〔具衆理應萬事〕'라고 하였다. '허령하고 어둡지 않다.〔虛靈不昧〕'는 것은 명덕(明德)의 본체이고, '온갖 이치를 갖추고 만사에 응한다.〔具衆理應萬事〕'는 것은 명덕(明德)의 실로 온축한 바이니, 두 구(句)를 합한 뒤라야 완비될 수 있다. 그러나 요약하여 말한다면 다만 '허령불매(虛靈不昧)' 네 글자가 이미 아래의 구(句)를 그 가운데 포함하고 있으니, 고요하여 온갖 이치가 찬연(燦然)한 것은 '불매(不昧)'의 체(體)이고, 동(動)하여 사단(四端)이 밝게 드러난 것은 '불매(不昧)'의 용(用)이다. 다시 아래의 구(句)를 말한 것은 성정(性情)의 공효의 실제를 다하여서 사람들로 하여금 쉽게 깨닫게 하기 위함인 것이다. 이것이 심(心)이 성정(性情)의 주인이 되는 까닭이니, 주 선생(朱先生 주희(朱熹))이 경문(經文)을 해석한 법칙이 통령(統領)이 있어서 새어나갈 틈이 없는 것이다."[100]라고 하였습니다.

100 주자(朱子)께서 명덕(明德)을……것이다 : 이 말은 《녹문집(鹿門集)》 권2 〈답미호김공(答渼湖金公)〉에 보인다.

홍 승지[101] 자주 언모 에게 답함 경술년(1850, 철종1)

答洪承旨子周 彦謨○庚戌

아버지 상복이 비록 중하지만 시마(緦麻)이고, 어머니 상복이 비록 가볍지만 자최(齊衰)이니, 마땅히 항상 자최를 입되 아버지 빈소에 일이 있으면 시마를 입었다가 마치면 다시 어머니 상에 해당하는 자최를 입어야 할 듯합니다. 합장한 뒤에는 묘 앞에서 제수를 차려서 체백(體魄)을 편안하게 하고, 즉시 어머니 상의 우제(虞祭)를 거행하여 이 날을 벗어나지 않는 것이 옳을 것입니다.

옛 묘(墓)를 옮겨 새로운 묘와 합장하는 경우에 조역(兆域)을 열면서 토지신(土地神)에 제사를 지낼 때의 축문(祝文)에는 "지금 모친(某親) 모관(某官) 성명(姓名)이 택조(宅兆)가 이롭지 못하여 장차 이곳으로 개장하려 하고, 또 모봉(某封) 모씨(某氏)를 위하여 택조(宅兆)를 세우려고 합니다."라고 해야 하고, 장사지낼 때의 축문에는 "지금 모친(某親) 모관(某官) 성명(姓名)과 모봉(某封) 모씨(某氏)를 함께 봉하여 이 유택(幽宅)에 하관하였습니다."라고 해야 합니다.

101 홍 승지(洪承旨) : 홍언모(洪彦謨, 1783~?)로 자는 성원(聖元), 본관은 풍산(豐山)이다. 조부는 홍문호(洪文浩), 부친은 통훈대부(通訓大夫) 어모장군(禦侮將軍) 행 용양위부사과(行龍驤衛副司果) 홍희수(洪羲綏)이다. 형제는 홍선모(洪善謨)·홍헌모(洪憲謨)·홍원모(洪遠謨) 등이다. 1804년(순조4) 식년시에 진사 2등 10위로 합격하였고, 1814년(순조14) 정시에 병과 4위로 문과 급제하였다. 관직은 지평(持平)·부교리(副教理) 등을 역임하였으며, 품계는 통정대부(通政大夫)에 올랐다.

안생에게 답함
答安生

《의례(儀禮)》〈상복(喪服)〉에 "고모와 자매와 딸자식으로 다른 사람에게 시집가서 제주(祭主)가 없는 사람은 고모와 자매는 보복(報服)[102]을 입는다."라고 하였으니, 딸자식에게는 보복(報服)을 말하지 않은 것은 부모를 위해서는 자연히 그대로 기년복을 입어서 보복(報服)에 대해서는 말할 필요가 없기 때문입니다. 《주자가례》 '부장기'조(不杖期條)에 "고모와 자매로 다른 사람에게 시집가서 남편과 자식이 없는 사람을 위한 것이다."라고 하였으니, 남편과 자식이 없는 사람은 형제자매와 형제의 자식을 위하여 도로 부장기(不杖朞)에 해당되는 복을 입습니다. 다만 형제자매와 조카만을 말하고 부모를 말하지 않은 것은 부모를 위하여 도로 삼년복을 입으면 이는 참최복을 두 번 입지 않는 의리[103]에 위배되기 때문이니, 다만 마땅히 "부모를 위해서는 그대로

102 보복(報服) : 여기서의 보복(報服)은 고모와 자매와 딸자식으로 다른 사람에게 시집갔는데 제주(祭主)가 없는 경우 그 사람을 가엾게 여겨 차마 강복(降服)하지 못하고 본복(本服)을 입어주기 때문에, 그 사람도 똑같이 본복(本服)을 입어 이에 보답하는 것을 말한다. 《儀禮注疏 卷11 喪服》

103 참최복을……의리 : 시집을 가서 대종(大宗)이 바뀌었으므로 시부모에게만 참최복을 입고 친정부모에게는 참최복을 입을 수 없다는 뜻이다. 《의례(儀禮)》〈상복(喪服)〉에 "시집간 딸이 부모를 위해서나 아버지의 대를 이은 형제를 위하여 기년복을 입는다.〔女子子適人者爲其父母昆弟之爲父後者.〕"라고 하였는데 이를 해설한 전문(傳文)에 "부인은 삼종(三從)의 의리가 있고, 전제(專制)하는 도리가 없다. 그러므로 시집가기 전에는 아버지를 따르고, 시집간 뒤에는 남편을 따르고, 남편이 죽은 뒤에는 자식

기년복을 입는다."라는 글을 따라야 할 것입니다. 사옹(沙翁 김장생(金長生))께서 "부모를 위해서는 그대로 기년복을 입는다."라는 글을 《상례비요(喪禮備要)》에 싣고서 "일설(一說)에는 삼년복을 입는다고 하였으니, 다시 상고해보아야 한다."라고 하였는데, "다시 상고해보아야 한다."라고 말하신 것은 비록 아직 결정하지 않은 말인 듯하지만, 삼년복을 가지고 가부(可否)를 논해야 한다고 여기신 것은 아닙니다.

을 따른다. 따라서 아버지는 자식의 하늘이고 남편은 아내의 하늘인 것이다. 부인이 참최복을 두 번 입지 않는 것은 '하늘을 둘로 하지 않는다.'라고 말하는 것과 같다.〔婦人有三從之義, 無專用之道. 故未嫁從父, 旣嫁從夫, 夫死從子, 故父者子之天也, 夫者妻之天也. 婦人不貳斬者, 猶曰不貳天也.〕"라고 하였다.

김명원[104] 익량 에게 답함 신해년(1851, 철종2)

答金明遠 益亮○辛亥

이 몸은 작은 땅에서 나고 자라서 항상 천하를 휘젓고 다니는 소원을 지니고 있었으나, 몸이 얽매여 다만 삼주(三洲 김창협(金昌協))의 시 중에 "평생 중주(中州)가 큰 줄을 알지 못하고, 죽을 때까지 오랑캐 운수 다했음을 듣지 못하네."[105]라는 시구만을 읊을 뿐이었습니다. 좌하(座下)께서는 단후의(短後衣)[106]를 입고 사신의 수레에 올라 연경에 들어가서 장대한 유람을 얻으셨으니, 필시 뜻있는 선비를 한번 만날 수 있겠습니까? 아니면 역시 그렇지 못하겠습니까? 역수(易水)와 장성(長城)을 늘 옛 서적에서 볼 적에도 오히려 절로 펄펄하게 기운이 움직였는데, 더구나 눈과 발로 직접 경험한 사람에게 있어서겠습니까. 도시(屠市)에서 혹여 한(漢)을 생각하는 선비를 만나 함께 세태를 한탄하겠습니까?[107] 청나라를 엿보아 삼주(三洲)께서 하신 것처럼 〈심적

104 김명원(金明遠) : 김익량(金益亮, 1822~?)으로 자는 명원, 본관은 청풍(淸風)이다. 1852년(철종3) 식년시에서 진사 3등 1위로 합격하였고, 음관으로 벼슬을 하여 효릉 참봉(孝陵參奉) 등을 지냈다.

105 평생……못하네 : 이 시구는 《농암집》 권4 〈봉증북계이공부연(奉贈北溪李公赴燕)〉에 보인다.

106 단후의(短後衣) : 옷의 뒤쪽 옷깃을 짧게 누벼서 활동하기에 편리하도록 만든 옷을 말한다.

107 도시(屠市)에서……한탄하시겠습니까 : 중국에 가서 명(明)나라를 생각하는 사람을 만나 서로 세태를 한탄할 수 있겠느냐는 말이다. 도시는 푸줏간이 있는 저잣거리로, 전국 시대 협객인 주해(朱亥)나 형가(荊軻)가 모두 푸줏간에 은둔해 살았었다고

편(審敵篇)〉을 지으실 수 있겠습니까?[108] 한번 받들어 완미하고서, 남겨두어 와유(臥遊)할 때의 밑천으로 삼고자 합니다.

한다.

108 청나라를……있겠습니까 : 김창협(金昌協)의 〈심적편(審敵篇)〉은 《농암집(農巖集)》 권25 잡저(雜著)에 실려 있다. 이 글은 김창협이 1674년(현종15)에 사은사로 청나라에 갔다가 돌아온 아버지 김수항(金壽恒)으로부터 오삼계(吳三桂)가 군사를 일으켰다는 소식을 듣고 적은 것이다. 김창협은 이 글에서 청나라가 형세 상 필시 멸망할 것임을 말하였으며, 이에 대한 조선의 대응책에 대하여 논의하였다.

황경하 윤원 에게 답함 경술년(1850, 철종1)

答黃景河 崙源○庚戌

아버지께서 살아계시고 어머니의 상(喪)을 당하여 아버지께서 상주가 되어 망실(亡室)이라고 신주에 쓴 경우에, 아버지께서도 어머니의 상이 끝나기 전에 돌아가셨다면, 어머니 상의 소상(小祥)과 대상(大祥)에 아들이 어머니에게 고유하는 축문을 써야 하니 하루 전에 상식(上食)을 인하여 고유하는 것이 옳을 것입니다. 고유하는 말은 아래에 있습니다.

> 유세차…… 효자 아무개는 현비(顯妣) 모봉(某封) 모씨(某氏)께 감히 밝게 고합니다. 현비께서 처음 돌아가셨을 때에 현고(顯考) 부군(府君)께서 상주(喪主)가 되셨으므로 망실(亡室)이라고 신주에 쓰셨습니다. 그런데 현고께서 별세하시어 불초(不肖)가 상(喪)을 주관하게 되었으니, 내일 연제(練祭)에 아들이 어머니를 제사하는 예(禮)를 써야하는지라 애통한 마음 망극합니다. 삼가 상식(上食)을 인하여 정성을 펴 경건히 고합니다.

이능박 수부 에게 보냄 정묘년(1807, 순조7)

答李能愽 遂溥○丁卯

선대인 문장(文丈)[109]께서 높은 행실과 재주로 묘년(妙年)에 뜻을 세워서 초야에서 늙어가면서 곤궁함을 굳게 지키고 경전을 연구하셨으니, 진실로 밝은 시대의 일민(逸民)이자 남쪽 고을의 대유(大儒)입니다. 지위가 덕에 걸맞지 않아 도(道)를 간직하고 시행하지 못하여서 황왕(皇王)의 계책을 펴려던 뜻을 이 세상에 조금도 드러나지 못하게 하였기에 덕(德)을 아는 사람이 드무니, 누가 그 보존하셨던 바를 알겠습니까. 그러나 선대인께서 스스로 명덕(明德)을 밝히는 분수에 있어서 어찌 보태어지거나 손상됨이 있겠습니까. 평소 논하여 저술하신 것이 책 상자에 가득함을 알고 있습니다. 독행(獨行)의 마음으로 일가(一家)의 말을 이루어 족히 영구한 훗날에 남겨 우리 도(道)를 호위할 것이니, 이것이 어찌 지금 세상에 있는 바이겠습니까. 마땅히 고인(古人) 가운데서 찾아야 할 것입니다.

저는 늦게 태어나 먼 곳에 살면서 직접 상(床) 아래에서 인사를 올리지 못하고 먼저 편지를 보내어 구구한 제 뜻을 말씀드렸는데, 외람되게

109 선대인 문장(文丈) : 선대인은 이의조(李宜朝, 1727~1805)로, 자는 맹종(孟宗), 호는 경호(鏡湖), 본관은 연안(延安)이며, 경상북도 김천 출신이다. 이재(李縡)와 송능상(宋能相)의 문인으로, 벼슬하지 않고 학문에 전념하였으며, 1779년(정조3) 학행으로 천거되어 공릉 참봉에 임명되었으나 사양하고 후진양성에 일생을 보냈다. 저술에 주자(朱子)의 《가례(家禮)》를 보충하고 해설한 9권 10책의 《가례증해(家禮增解)》가 있다.

도 멀리하시지 않아주시고 몹시 두터이 저를 아껴주셔서, 여쭈어보면 반드시 응해주셨습니다. 서찰이 정중하여 장려하고 경책해 주셨으니, 모두 성덕(盛德)의 말씀이었습니다. 행여 후일에 두곡(杜谷)과 경호(鏡湖)에서 궤장(几杖)을 받들고서 면대하여 가르침을 받고자 하였으니, 이 마음이 진실하고 간절하여 잠시도 잊은 적이 없었습니다. 그런데 어찌 불행함이 갑자기 이 지경에 이를 줄 생각이나 하였겠습니까.

영질(令姪)이 선달 기망(旣望)에 보내신 편지를 소매에 담아 왔으니, 바로 역책(易簀)하시기 30여 일 전에 쓰신 것이었습니다. 삼가 인사(人事)가 바뀌어 변한 뒤에 편지를 받들어보니, 어루만지며 완미함에 창망하여 눈물이 흘러서 마음을 가눌 수 없었습니다. 또 많은 가르침이 정성스럽고 간곡하니, 이는 몸소 행하고 마음에 얻음을 말미암아 미루어간 것이지 더듬어 찾고 임시변통으로 꾸며내어 보기에만 아름답게 한 것이 아니었습니다. 삼가 큰 띠에 적어두고 마음에 새겨서 말이 선한 지극한 뜻을 저버리지 않겠습니다.

저술하신 독서 수차(隨箚)는 몇 권이며, 《가례증해(家禮增解)》는 몇 권이며, 이 밖의 문고(文稿)는 합하여 몇 권입니까? 이미 정리해 적어서 고증하여 바로잡아 전서(全書) 한 질을 이루었습니까? 육경(六經)은 성인의 찌꺼기이지만, 성인께서 계시지 않다면 육경을 따라 성인의 마음을 구하지 않을 수 없으니, 문고(文稿) 또한 그러하여 하찮게 여겨서는 안 됩니다. 간행하지 못한다고 하더라도 마땅히 책을 만들어 때를 기다려야 할 것이니, 애시(哀侍)[110]께서는 이를 도모하시기를 바랍니다.

110 애시(哀侍) : 우리나라의 서간에서 주로 쓰이는 용어로, 양친 중 한 분의 상을 당했을 경우 삼년상을 치르는 동안에 상주를 호칭하는 말이다.

선우덕이[111]에게 답함

答鮮于德而

십수 년 전에 두어 차례 뵌 것이 아득히 꿈만 같았는데, 얼마 전 8월 18일에 보내주신 손수 쓰신 편지를 받아 체후(體候)가 편안하심을 알게 되었으니, 마음에 감격스럽고 위로됨이 자리에 나아가 모시고 이야기하는 것과 다름이 없었습니다. 좌하(座下)는 돈암(遯庵)[112]의 손자로서 태사(太師)에게 올리는 제사를 이어받아,[113] 멀리는 깊은 근원에 거슬러 올라가고 가까이는 진실한 전수(傳授)를 이어서 조술(祖述)하고 헌장(憲章)함[114]이 종조(宗祧)의 밖을 벗어나지 않는바 다른 사람

111 선우덕이(鮮于德而) : 선우석(鮮于錫, 1788～?)으로, 자는 성소(聖召), 본관은 태원(太原)이다. 선우협(鮮于浹)의 7세손으로, 1826년(순조26) 평안도별시에서 병과에 1위로 급제하였다.

112 돈암(遯庵) : 선우협(鮮于浹, 1588～1653)을 가리킨다. 자는 중윤(仲潤), 호는 돈암, 본관은 태원(太原), 시호는 문간(文簡)이다. 평안도에 거주하였으므로 '관서부자(關西夫子)'라고 불렸다. 1628년(인조6)에 학행으로 천거되었으나 모두 사양하고 후진 양성에 전념하였다. 심성이기(心性理氣)를 깊이 연구하였으며, 특히 《주역》에 통달하였다. 저서로는 《돈암전서(遯菴全書)》가 있다.

113 태사(太師)에게……이어받아 : 태사는 은(殷)의 태사였던 기자(箕子)를 가리키며, 이를 모시는 사당이 평양에 있었다. 선우씨(鮮于氏)의 원래 조상이 기자인바 기자에게 올리는 제사를 이어받았기에 이렇게 말한 것이다. 《宋子大全 卷172 遯菴鮮于公墓碣銘》

114 조술(祖述)하고 헌장(憲章)함 : 《중용장구(中庸章句)》에 "공자는 멀리 요 임금과 순 임금을 조종(祖宗)으로 받들어 계승하고, 가까이로는 문왕(文王)과 무왕(武王)의 법도를 드러내 밝혔다.〔仲尼祖述堯舜, 憲章文武.〕"라고 한 데에서 온 말이다.

들에게 있어서도 이 무거운 책임이 있으니, 저의 기대는 또 다른 사람들에게 비할 바가 아닙니다.

학문과 벼슬이 모두 넉넉하여[115] 복과 덕이 모두 성대하다는 것을 들어 알았으니, 지붕 위 까마귀마저 좋아하는 마음[116]이 이에 더욱 돈독해졌습니다. 좌하께서 조상의 덕을 닦아서[117] 부모를 욕되게 하지 않는 것[118]이 오로지 삼가 사당을 받들고 날마다 닦고 쓰는 일을 힘쓰는 데에만 있지는 않을 것입니다. 그러니 늙은 나이라 하여 스스로를 한정짓지 말고 노쇠하다 하여 스스로를 막지 말아서 힘써 공경하고 삼가기를 위(衛)나라 무공(武公)의 훌륭한 경계와 같이 하고,[119] 깊은 못에 임하

115 학문과 벼슬이 모두 넉넉하여 : 《논어》 〈자장(子張)〉에 "학문을 하고서 여유가 있으면 벼슬을 한다.〔學而優則仕.〕"라고 하였다.

116 지붕……마음 : 상대방을 좋아하여 지붕 위의 까마귀마저 좋아한다는 말이다. 《상서대전(尙書大傳)》 〈대전(大戰)〉의 "어떤 사람을 좋아하면 지붕 위의 까마귀도 좋아지게 마련이고, 어떤 사람을 좋아하지 않으면 담벼락의 모서리도 미워지는 법이다.〔愛人者, 兼其屋上之烏, 不愛人者, 及其胥餘.〕"라는 말에서 온 것이다.

117 조상의 덕을 닦아서 : 《시경》 〈대아(大雅) 문왕(文王)〉의 "너의 조상을 생각하지 않느냐, 그 덕을 닦을지어다. 길이 천명에 짝하는 것이, 스스로 많은 복을 구하는 길이니라.〔無念爾祖? 聿修厥德. 永言配命, 自求多福.〕"라는 말에서 온 것이다.

118 부모를……것 : 《시경》 〈소아(小雅) 소완(小宛)〉에 "내 날로 매진하거든 너도 날로 매진하라. 일찍 일어나고 밤늦게 자서 너를 낳아 주신 분을 욕되게 하지 말라.〔我日斯邁, 而月斯征. 夙興夜寐, 無忝爾所生.〕"라고 하였다.

119 힘써……하고 : 춘추시대 위나라 무공이 95세의 나이에도 늙었다고 자처하지 않고 경계하는 잠(箴)을 지어 자신의 잘못을 바로잡으려고 노력하면서, 신하들에게 "내가 늙었다고 하여 나를 버리지 말고 반드시 아침저녁으로 공경하는 마음으로 서로 나를 경계하라.〔無謂我老耄而舍我, 必恭恪於朝夕, 以交戒我.〕" 하였는데, 《시경》 〈대아(大雅) 억(抑)〉의 시가 바로 그것이다. 《國語 楚語上》

고 살얼음을 밟듯 삼갈 날이 얼마 남지 않은 듯 여기기를 회옹(晦翁 주희(朱熹))의 초상화에 붙인 시와 같이 하여,[120] 관 뚜껑을 덮는 순간까지를 기약으로 삼아 이 큰 사업을 마치기를 우러러 바랄 뿐입니다.

학문은 도(道)를 듣기 위한 것이니, 도를 듣지 못하면 학문이 아닙니다. 하학(下學)을 이해하면 자연히 상달(上達)하게 되니,[121] 위로 천덕(天德)에 이르는 것이 도(道)를 들음이 되는 것입니다. 상달(上達)의 방도는 경(敬)일 뿐입니다. 주 선생(朱先生 주희(朱熹))께서 일찍이 "경(敬)은 천덕(天德)이니, 경(敬)은 곧 위를 관통하고 아래를 관통하여 하늘과 간격이 없다."라고 하였으니, 이른바 경(敬)이라는 것이 그대의 집안에 대대로 전해오는 참된 도리가 아니겠습니까. 그러니 좌하께서 경(敬)에 거하여 경(敬)을 행해야 하는 것이 응당 다른 사람의 배가 될 것입니다.

돈암(遯庵) 선생의 서초(書抄)를 외람되이 받으니, 책을 어루만짐에 감흥이 일어나 같은 시대에 태어나지 못한 한탄이 더욱 간절해질 뿐입니다. 《돈암전서(遯菴全書)》를 중간(重刊)하려는 계획은 지금 그만두신 것입니까? 제가 연전에 중간(重刊)하자고 발론(發論)하였던

120 깊은……하여 : 주희(朱熹)가 자신의 초상화에 적은 시에, "늙은 얼굴 이미 십년 전 모습이니, 거울 잡고 돌아봄에 서글프구나. 살얼음 밟고 깊은 못에 임한 듯 살아갈 날도 진실로 얼마 남지 않았으니, 남은 날은 독서에 더욱 힘쓰리라.〔蒼顔已是十年前, 把鏡回看一悵然. 履薄臨深諒無幾, 且將餘日付殘編.〕"라고 한 것을 가리킨다. 《朱子大全 卷9 南城吳氏社倉書樓爲余寫眞如此因題其上》

121 하학(下學)을……되니 : 아래로 인사(人事)를 배워서 위로 천리(天理)를 안다는 말이다. 《논어》 〈헌문(憲問)〉에 "하늘을 원망하지 않고 남을 탓하지 않으며, 아래로 인사를 배워 위로 천리를 통달한다.〔不怨天, 不尤人, 下學而上達.〕"라고 하였다.

것은 스스로 고심(苦心)에서 나온 것이라 생각하였었는데 아직도 적막히 들리는 소식이 없으니, 관서(關西)의 인사들을 위하여 개탄하고 애석해할 뿐입니다.

공자영 윤석 에게 답함 기사년(1809, 순조9)

答孔子永 允錫○己巳

세한(歲寒)에 객지에서 별탈은 없으십니까? 이삭(離索)[122]한 지 여러 날이 되었는데, 덕을 진전시키고 학업을 닦는 일은 어떻습니까? 우리들이 바로 바라는 바는 공자(孔子)를 배우는 것이니, 비록 도달하지 못하더라도 칭송하고 본받는 것은 여기에 있습니다. 자영(子永)과 같은 이는 더욱 남들보다 뛰어나니, 성조(聖祖)의 책을 읽고 성조의 마음을 구하여 조상을 생각하여 덕을 닦아 조상에게 욕되지 않게 할 수 있겠습니까? 선철(先哲) 중에 이름을 돌아보며 뜻을 생각하는 경우가 있었는데, 그대는 그대의 성(姓)을 돌아보는 것이 옳습니다. 이름은 홀로 가진 것이고 성은 받은 것이므로 성은 이름보다 중합니다. 그러니 이름도 뜻을 생각하여야 하는데 하물며 성의 경우이겠습니까. 이 의리를 안다면 비록 힘쓰지 않고자 하더라도 그렇게 할 수 없을 것이니, 그대는 힘쓰시기를 바랍니다.

물으신 내용은 잘 알았습니다. 그대는 한퇴지(韓退之 한유(韓愈))의 〈사설(師說)〉을 읽은 적이 있습니까? 이 글에 "나보다 뒤에 태어났더라도 도(道)를 들음이 또한 나보다 먼저라면 내가 따라서 그를 스승으로 삼을 것이다. 나는 도(道)를 스승으로 삼으니, 그 나이가 나보다

122 이삭(離索) : 이군삭거(離群索居)의 준말이다. 벗들을 떠나 쓸쓸히 홀로 사는 것으로, 자하(子夏)가 "내가 벗을 떠나 쓸쓸히 홀로 산지가 오래이다."라고 한 말에서 유래하였다. 《禮記 檀弓》

먼저 태어났는지 뒤에 태어났는지를 어찌 따지겠는가. 그러므로 신분의 귀천도 없으며 나이의 많고 적음도 없고 도(道)가 있는 곳이 스승이 있는 곳이다."라고 한 말이 있습니다. 이 말이 정미한 뜻을 얻었으니, 따를 만합니다.

또 참고해 증험할 수 있는 것이 있습니다. 옛날 왕중엄(王仲淹)이 15세에 스승이 되었는데, 왕효일(王孝逸)은 선달(先達) 중 오만한 자였지만 흰 머리로 북면(北面)하고 스승으로 섬겼던 것은 도(道) 때문이었으니, 어찌 나이 때문이었겠습니까.[123] 우리 동방에 우계(牛溪) 성 선생(成先生 성혼(成渾))이 율곡(栗谷) 이 선생(李先生 이이(李珥))보다 나이가 많았지만 우계가 율곡을 사사(師事)하기를 청하였으니, 율곡이 비록 이를 사양하기는 하였으나 우계가 나이에 구애받지 않았음을 여기에서 볼 수 있습니다. 만일 의롭지 않다면 우계가 그렇게 하였겠습니까.

스승과 학생은 붕우의 의리가 있으니, 제자는 마땅히 아버지에 대한 도리로 스승을 섬겨야 하고, 스승은 마땅히 벗의 도리로써 제자를 대해야 합니다. 부자(夫子 공자(孔子))께서 일찍이 "천하의 달도(達道)가 다섯 가지이다."[124]라고 하시고, 또 "군자의 도는 네 가지이다."[125]라고 말

123 옛날……때문이었겠습니까 : 왕중엄은 왕통(王通)으로 자는 중엄이며, 수 문제(隋文帝) 때의 사람이다. 왕통의 《중설(中說)》 〈입명(立命)〉에 "부자(夫子)께서 15세에 스승이 되셨는데, 진류(陳留) 왕효일(王孝逸)은 선달 중 오만한 자였지만 흰 머리로 북면하고 스승으로 섬겼으니, 어찌 나이 때문이었겠는가. 내 들으니, 덕(德)은 나이에 있지 않고 도(道)는 지위에 있지 않다고 하였다.〔夫子十五爲人師焉, 陳留王孝逸先達之傲者也, 然白首北面, 豈以年乎? 瓊聞之, 德不在年, 道不在位.〕"라는 왕통의 문인(門人) 가경(賈瓊)의 말이 보인다.

씀하시면서 스승과 학생은 언급하지 않으셨으니, 이는 붕우의 가운데 포함되어 있음을 알 수 있습니다. 대순(大舜)이 오교(五敎)를 펼친 것[126]과 맹자가 오륜(五倫)을 서술한 것[127]과 주자(朱子)가 《소학》에 나열한 것이 모두 이러한 뜻입니다.

스승은 다른 사람의 모범이니, 모범되지 못하는 사람을 모범으로 만들 수 있는 이가 아니라면 다른 사람의 스승이 될 수 없습니다. 사람

124 천하의……가지이다 : 《중용장구》에, "천하의 달도가 다섯 가지인데 이를 행하는 것은 세 가지이다. 군신간 · 부자간 · 부부간 · 형제간 · 붕우간의 사귐 이 다섯 가지는 천하의 달도요, 지 · 인 · 용 이 세 가지는 천하의 달덕이니, 이를 행하는 것은 하나이다.〔天下之達道五, 所以行之者三. 曰君臣也, 父子也, 夫婦也, 昆弟也, 朋友之交也, 五者天下之達道也, 智仁勇三者, 天下之達德也, 所以行之者一也.〕"라고 하였다.

125 군자의……가지이다 : 《중용장구》 에 "군자의 도에는 네 가지가 있다. 자식에게 바라는 것으로 어버이를 섬기는 것과 신하에게 바라는 것으로 임금을 섬기는 것과 아우에게 바라는 것으로 형을 섬기는 것과 붕우에게 바라는 것으로 자기가 먼저 베푸는 것이 그것이다.〔君子之道四, 所求乎子以事父, 所求乎臣以事君, 所求乎弟以事兄, 所求乎朋友先施之.〕"라고 하였다.

126 대순(大舜)이……것 : 오교는 다섯 가지 가르침으로, 부자유친(父子有親), 군신유의(君臣有義), 부부유별(夫婦有別), 장유유서(長幼有序), 붕우유신(朋友有信)의 오륜을 말한다. 《서경》 〈순전(舜典) 고요모(皐陶謨)〉에 "설(契)아, 백성이 친목하지 않고 오품(五品)이 순하지 않으므로 너를 사도(司徒)로 삼으니, 공경히 다섯 가지 가르침을 펼치되 너그러움에 있게 하라.〔契, 百姓不親, 五品不遜, 汝作司徒, 敬敷五敎在寬.〕" 하였다.

127 맹자가……것 : 《맹자》 〈등문공 상(滕文公上)〉에 "성인(聖人)이 이를 근심하시어, 설(契)로 하여금 사도(司徒)를 삼아 인륜(人倫)을 가르치게 하셨으니, 부자(父子)간에는 친함이 있으며, 군신(君臣)간에는 의리가 있으며, 부부(夫婦)간에는 분별이 있으며, 장유(長幼)간에는 차례가 있으며, 붕우(朋友)간에는 믿음이 있는 것이다."라고 하였다.

들의 병통도 오직 여기에 있으니, 만일 성명(性命)의 은미함을 궁구하고 천인(天人)의 학문을 다함이 없다면, 대번에 스승의 도로써 자임하여 고비(皐比)[128] 위에서 뻔뻔하게 얼굴을 들어서는 안 될 것입니다. 그러나 덕(德)은 일정한 스승이 없어서 선(善)을 위주로 함이 스승이 되니, 그렇다면 도의(道義)로 서로 함께하고 장단(長短)이 서로 보충되어 사제(師弟)의 명칭이 없으면서도 사제(師弟)의 실제가 있는 것이 옳을 것이니, 굳이 속수(束脩)를 귀하게 여길 것이 없습니다. 이렇게 함이 어떨지 모르겠습니다.

128 고비(皐比) : 호랑이의 가죽인데, 옛날에는 스승이 호피(虎皮)를 깔고 앉아 강학(講學)하였으므로 강석(講席)의 뜻으로 쓰인다.

김직양 기하 에게 답함 계사년(1833, 순조33)

答金直養 箕夏○癸巳

계빈(啓殯)은 정(情)을 빼앗는 일이 아니니, 그렇다면 마땅히 중한 상(喪)을 먼저 하고 가벼운 상을 나중에 해야 할 듯합니다.

대상(大祥)의 복(服)을 입고서 전상(前喪)의 대상을 행하고, 대상의 일이 끝나고서 후상(後喪)의 복으로 돌아와야 합니다. 중한 바가 전상(前喪)을 마치는 데에 있으니, 굳이 압존으로 구애받을 필요는 없을 듯합니다. 또 대상에 입는 복의 호소(縞素)는 순길(純吉)이 아니니, 길복(吉服)을 입었다가 흉복(凶服)을 입었다가 한다는 혐의는 없을 듯합니다. 대상을 지내고 상복을 다시 입는 것은 마땅히 대상이 끝나고 신주를 받들어 묘당에 들인 이후에 해야 합니다.

대상(大祥)의 복(服)은 관과 옷이 모두 흰 색인데 망건만 검다면 어찌 반박(斑駁)이 아니겠습니까? 금일의 망건은 옛날의 머리싸개이니, 옛 호관(縞冠)은 머리싸개를 그 가운데 포함하고 있습니다. 우옹(尤翁 송시열(宋時烈))께서 "립(笠)이 흰색이면 건(巾)도 흰색인 것이 옳다."[129]라고 말씀하였습니다. 이 때문에 병계(屛溪 윤봉구(尹鳳九)), 역천(櫟泉 송명흠(宋明欽)), 녹문(鹿門 임성주(任聖周)) 제현들이 모두 흰 색을 사용하였으니, 이를 따라야 할 듯합니다. 흰 말총과 검은 말총을 섞어

129 립(笠)이……옳다 : 이 말은 《송자대전》 권110 〈답윤증(答尹拯)〉에 보인다.

서 만드는 것은 시속을 놀라게 하는 일이니 결코 사용해서는 안 되고, 담제(禫祭)에 이르러 옷을 바꿔 입을 때에 마땅히 검은 말총으로 만든 망건을 사용해야 할 것이니, 그래야 참포(黲布)로 된 관대(冠帶)에 걸맞을 것입니다.

이 진사 승경 에게 답함 계묘년(1843, 헌종9)

答李進士 承敬○癸卯

전배(前配)와 후배(後配)의 성(姓)과 관향이 모두 같은 경우에 혹 서로 혼돈될 것을 염려하여 신주에 써서 표시하여 구별하는 것은 구차함에 해당될 듯합니다. 우옹(尤翁 송시열(宋時烈))이 외재(畏齋 이단하(李端夏))에게 답하기를, "부인은 진고(眞誥 실제 고신)를 쓰지 않고 증직(贈職)만을 쓰는 것은 속례(俗例)가 그러하다. 만일 진고를 함께 쓰고자 한다면 《주자대전》 봉호(封戶)의 예를 따라 '실봉(實封)' 두 글자를 정부인(貞夫人) 위에 쓴다."라고 하였습니다. 생각건대 '실봉(實封)' 두 글자도 신주를 쓸 때에 시행할 수 있는 것이 아닌 듯하니, 계배(繼配)의 신주를 고치는 것도 전배(前配)를 따라 증고(贈誥)만 쓰는 것이 옳을 듯합니다. 부인의 봉호는 비록 남편의 실직(實職)을 따르지만 만일 '숙부인(淑夫人) 증 정부인(贈貞夫人)'이라고 한다면 이는 상고할 만한 것이 없을 듯하니, 이는 남자가 행직(行職)과 증직(贈職)으로 양직을 아울러 쓰는 것과는 일의 체모가 다르기 때문입니다.

윤생[130] 양선 에게 답함 갑오년(1834, 순조34)

答尹生 養善○甲午

부제(祔祭)는 종자(宗子)의 일인데, 종자가 이미 죽고 상기(喪期)가 아직 끝나지 않았으면 종자의 자식은 부위(祔位)에 있어 오대손이 되니, 종(宗)이 이미 끊어진 것이라 부제를 주관할 의리가 없을 듯합니다. 《의례(儀禮)》에 부제(祔祭)는 다만 효자(孝子)가 주관하였으니,[131] 효자의 이름으로 부제를 주관하는 것이 옛 법식에 가까울 듯합니다. 효자가 주관한다면 부위(祔位)의 축문에 '효(孝)' 자를 없애고 다만 '증손 아무개〔曾孫某〕' -만약 승중(承重)의 상이면 현손(玄孫)이라 칭합니다.- 라고 칭하는 것이 옳을 듯합니다. 부위(祔位)에는 마땅히 상식(上食)을 인하여 고유해야하니, 고유하는 말은 아래에 있습니다.

유세차…… 애손(哀孫) 아무개는 현 조비(顯祖妣) 모봉(某封) 모씨(某氏)께 감히 밝게 고합니다. 내일 부제(祔祭)를 종자(宗子)가 주관하여야 하는데 종자의 상기가 아직 끝나지 않아서 부위(祔位)의 신주를 아직 체천하지 못하였고, 종자의 자식은 친(親)이 다하여

130 윤생(尹生) : 윤양선(尹養善, 1802~?)으로, 자는 희문(希文), 본관은 해평(海平)이다. 1852년(철종3) 식년시에서 진사 3등 37위로 합격하였다.

131 의례(儀禮)에……주관하였으니 : 《의례》 〈사우례(士虞禮)〉에 담제(禫祭)의 축문에 "효자(孝子) 아무개 효현상(孝顯相)은 아침 일찍부터 저녁까지 조심하며 두려운 마음으로……흠향하소서.〔孝子某孝顯相夙興夜處, 小心畏忌……尙饗.〕"라고 한 것을 가리킨다.

종(宗)이 끊겼으므로 삼가 옛 예(禮)를 따라 불초(不肖)가 스스로 부제(祔祭)의 일을 맡습니다. 삼가 고합니다.

지자(支子)의 집에서 부제(祔祭)를 행하게 되면 종가의 사당에 기일에 앞서서 부위(祔位)가 아직 체천되기 전에 고유하여야 하니, 오대손(五代孫)이 그 일을 주관하여야 합니다. 고유하는 말은 아래에 있습니다.

유세차…… 오대손(五代孫) 아무개는 현 오대조고(顯五代祖考) 모관(某官) 부군(府君)과 현 오대조비(顯五代祖妣) 모봉(某封) 모씨(某氏)께 감히 밝게 고합니다. 내일 손부(孫婦) 모봉(某封) 모씨(某氏)를 제부(隮祔)하는데 상이 이궁(異宮)에 있어서 현 오대조비(顯五代祖妣)의 지방(紙牓)을 마련하고 상가(喪家)에서 부제를 행해야 하기에, 삼가 술과 과일을 차려 놓고 정성을 펴 경건히 고합니다.

윤생에게 답함 갑오년(1834, 순조34)
答尹生 甲午

우제(虞祭)를 지낸 뒤에는 신도(神道)로써 섬기니, 비록 살아계신 때를 본떠서 차리는 음식일지라도 산 사람이 삼일동안 먹지 않는 예(禮)[132]를 따르기는 어려운바 동궁(同宮)의 상에 있어서도 마땅히 이와 같아야 할 것입니다. 국상(國喪)[133]이 비록 중하지만 이궁(異宮)의 예(禮)를 따라야 하니, 성복 전 상식(上食)을 폐할 의리가 없을 듯합니다. 삭망전(朔望奠)의 경우에는 《예기》 〈증자문(曾子問)〉의 "은사(殷事)가 있을 때에는 집에 돌아간다."라고 한 글[134]을 미루어본다면 또한 폐할 수 없습니다. 그러니 국상의 성복 전후에는 구애될만한 것이 없는 듯합니다.

132 산 사람이……예(禮) : 군주의 상(喪)이나 부모의 상(喪)에 삼일 동안 음식을 먹지 않는 예를 말한다. 《禮記 喪大記, 喪服四制》

133 국상(國喪) : 편지를 보낸 해인 1834년 11월 13일에 있었던 순조(純祖)의 상을 말한다.

134 예기……글 : 《예기》 〈증자문〉에 , "증자가 묻기를, '임금이 훙(薨)하여 아직 설빈(設殯)하기 전에 신하가 부모의 상을 당하였을 경우에 어떻게 합니까?' 하니, 공자가 답하기를, '집에 돌아가 부모의 시신을 빈(殯)한 뒤에 군소(君所)로 돌아오며, 부모의 상은 은사(殷事)가 있을 때에는 집에 돌아가고 조석(朝夕)의 상식(上食)에는 가지 않는다. 그동안 대부(大夫)의 경우에는 실로(室老)가 조석전(朝夕奠) 등의 일을 섭행(攝行)하고, 사(士)의 경우에는 자손이 섭행한다.' 하였다.〔曾子問曰: 君未殯而臣有父母之喪, 則如之何? 孔子曰: 歸殯, 反于君所, 有殷事則歸, 朝夕否. 大夫室老行事, 士則子孫行事.〕"라고 하였다.

윤생에게 답함 을미년(1835, 헌종1)

答尹生 乙未

개사초(改莎草)를 분묘(墳墓)에 하지 않더라도 조역(兆域) 안에 하였다면 마땅히 고유하여야 할 듯하니, 고유하는 말은 아래에 있습니다. 국상(國喪)의 졸곡(卒哭) 전에 사당과 분묘에 일이 있으면 고유하고서 제수를 올리지 말아야 하니, 작은 제사에 가깝다는 혐의가 있기 때문입니다.

> 유세차……효자 아무개는 현고(顯考)……와 현비(顯妣)……께 감히 밝게 고합니다. 삼가 생각건대 조역(兆域)을 다스리는 일을 부지런히 하지 못하여 세월이 오래되어 사초(莎草)가 무너졌기에 지금 다시 수리하고자 하니, 삼가 바라건대 존령(尊靈)께서는 영세토록 편안하십시오. 삼가 사유를 고합니다.-이상은 해당 신위에 고하는 말입니다.-
>
> 유세차……모관(某官) 성명(姓名)은 토지의 신에게 감히 밝게 고합니다. 지금 모관(某官)과 모봉(某封) 모씨(某氏)의 조역(兆域)이 사초가 무너져서 수리하고자 하니, 신께서는 보우하시어 훗날의 어려움이 없도록 하소서. 삼가 고합니다.-이상은 토지신에게 고하는 말입니다.-

윤생에게 답함 을미년(1835, 헌종1)

答尹生 乙未

그대의 조비(祖妣)와 선비(先妣)의 대상(大祥)과 담제(禫祭)가 모두 같은 달에 있으면, 대상(大祥)은 기일(忌日)을 사용하여 중한 상(喪)과 가벼운 상(喪)에 구애받지 말고, 담제(禫祭)는 택일하여 마땅히 중한 상(喪)을 먼저 하고 가벼운 상(喪)을 뒤에 해야 하는데, 하루에 차례대로 행하는 것이 불가하지 않을 듯합니다. 비록 같은 날에 두 담제를 거행하더라도 결코 한 때에 아울러 행해서 마치 협사(祫祀)와 같이 하여서는 안 될 듯합니다. 만일 하루에 두 번 제사하는 것을 행하기 어렵다고 한다면 굳이 중순(中旬)의 정일(丁日)과 해일(亥日)을 기다릴 것이 없이, 필히 상순(上旬)의 신일(辛日)을 사용함이 어떻겠습니까. 비단 신일이 아니라도 모든 유일(柔日)에는 제사를 지낼 수 있습니다.

만일 일자를 나누어 두 담제를 거행한다면 전상(前喪)의 담제에는 마땅히 미길(微吉)의 복을 입고서 제사를 받들고 제사가 끝나면 후상(後喪)의 대상(大祥)에 해당되는 복으로 돌아왔다가, 후상(後喪)의 담제에 비로소 순길(純吉)의 복을 사용하여 제사를 받들고 제사가 끝나면 미길(微吉)의 복으로 갈아입습니다. 그러나 방상(方喪)[135] 중에는 다른 변제(變制)가 없으니, 삼베로 만든 도포를 길복(吉服)에 해당시

135 방상(方喪) : 신하가 임금의 초상에 입는 복제로, 임금의 상을 당했을 때 부모상을 당한 경우에 견주어 참최 삼년(斬衰三年)으로 복을 입는 것을 말한다. 《禮記 檀弓上》

키고 삼베로 만든 직령(直領)을 담복(禫服)에 해당시킬 뿐입니다. 비록 보름날에 담제를 행하더라도 담제는 성대한 제사이고 삭망(朔望)의 참배(參拜)는 작은 제사이니, 하루에 두 번 제사하는 혐의는 없을 듯합니다.

윤생에게 답함 을미년(1835, 헌종1)

答尹生 乙未

장사지내기 전의 고유(告由)는 술과 과일을 사용하되, 묘에는 술과 과일을 올리고 사당에는 올리지 않습니다. 사당에 올리지 않는 것은 국상(國喪)으로 인하여[136] 제사를 폐하기 때문이고, 묘에 올리는 것은 무덤을 경영하기 위해서이니, 각각 그 의의가 있습니다.

고례(古禮)에 삼년상이 있는 자는 소공(小功) 이하에게 복을 바꿈이 없습니다. 예컨대 《예기》 〈잡기(雜記)〉에 "부모의 상에 아직 장례지내지 않아 빈소에 있을 때에 먼 형제의 외상(外喪)을 들으면 복을 바꿔 입고 자리로 나아간다."라고 하였으니, 이른바 "복을 바꿔 입는다."라는 것은 바로 초상에 질(絰)을 벗어서, 관(冠)과 질(絰)을 갖추어 성복하지 않는 것입니다. 그러나 후세에는 중한 상(喪) 중에 가벼운 상(喪)에 해당되는 복을 입으니, 아버지 상 중에 어머니를 개장(改葬)하고, 어머니 상 중에 아버지를 개장(改葬)하는 사람이 어찌 전상(前喪)의 시마복(緦麻服)을 입지 않을 수 있겠습니까.[137] 두 상(喪)에 일이 있으면 각각 그 해당하는 복을 입되 평상시에 거처할 적에는 마땅히 중한 상에 해당되는 복을 입어야 합니다.

136 국상(國喪)으로 인하여 : 편지를 보내기 한 해 전인 1834년 11월 13일에 있었던 순조(純祖)의 상을 가리킨다.

137 아버지……있겠습니까 : 개장을 할 때에 삼년복을 입는 대상에 있어서는 시마복을 입기에 이와 같이 말한 것이다. 《의례》 〈상복(喪服)〉에 "개장 때에는 시마복(緦麻服)을 입는다."라고 하였다.

한항중 덕일 에게 답함 갑오년(1834, 순조34)

答韓恒仲 德一○甲午

영해(嶺海)에서 반갑게 만난 지가 그 사이 어느덧 2년이 되었습니다. 매번 생각이 날 때마다 아득히 꿈만 같았는데, 요사이 아드님이 찾아와서 소매를 헤쳐 보내신 서한을 얻었으니, 온 마음이 열리고 트여 뵙고 대하는 것과 다름이 없었습니다. 중추(仲秋)에 기거가 정(貞)하고 길(吉)하심을 갖추어 알게 되었으니, 더욱 저의 소원에 부합됩니다. 기황(饑荒)을 거듭 겪어 살아남은 사람이 많지 않은데 온 집안이 온전하고 평안한 것은 완전한 복이니, 세속 일에 빠져 매어 있는 것은 근심할 것이 못 됩니다.

선(善)은 성(性)에서 근원하여 마음에서 닦는 것입니다. 사람들이 복이 있는 곳은 알지만 복이 선경(善慶)[138]에서 말미암는다는 것은 알지 못하니, 선(善)은 복의 터전이 됩니다. 또 사람들이 선(善)이 있는 곳은 알지만 복이 선을 쌓는 데에서 말미암는다는 것은 알지 못하니, 복은 선(善)을 행한 응험이 됩니다. 선(善)을 행함이 보시(報施)를 하고자 하는 것이 아니지만 "복을 구함이 삿되지 않다."[139]라는 것이 여기에 보존되어 있습니다. 부디 이 뜻을 체득하여 항상 "유창(劉蒼)이 집에 있을 때에 '선을 행하는 것이 가장 즐겁다'고 하였다."[140]라는 한

138 선경(善慶) : 《주역(周易)》 〈곤괘(坤卦) 문언(文言)〉에, "선을 쌓은 집안에는 반드시 남은 경사가 있다.〔積善之家, 必有餘慶.〕"라고 한 데서 온 말이다.

139 복을 구함이 삿되지 않다 : 이 말은 《시경》 〈대아(大雅) 한록(旱麓)〉에 보인다.

구절의 말을 가지고 집안을 소유한 사람의 절도로 삼는 것이 어떻겠습니까?

아드님은 훌륭한 자질과 높은 재주가 마땅히 한 고을의 수재가 되고, 학문에 뜻을 둠이 진실하고 간절하여 한 때의 의기(意氣)가 아니니, 만일 이 뜻을 확충하고 밝힐 수 있다면 우리 도(道)를 펼칠 수 있을 것입니다. 또 천릿길을 냄새를 맡고 따라오니[141] 또한 높은 정성을 볼 수 있지만, 그 기대에 부응하지 못하는 점이 부끄럽습니다. 병으로 늘 괴로워서 침상에 쓰러져 앓느라 아드님과 한 달여간 함께 마주해 지냈으나 고무하여 계발한 것이 없었습니다. 그러나 보잘것없는 저에게 있어서는 자뢰하여 도움을 받은 것이 많으니, 이것이 다행일 뿐입니다.

그대에게 이와 같은 자식이 있으니, 진실로 아무런 걱정이 없는 사람일 것입니다. 벼슬에 나아감을 절도로 삼지 말고, 학문에 전심치지하여 마음을 씀이 분산되지 않게 하는 것이 올바른 방법의 가르침이 될 것입니다. 옛 사람이 "황금이 상자에 가득한 것이 자식에게 경전 한 권을 가르치는 것만 못하다."[142]라고 하였으니, 만일 경전에 통달하고 도(道)

140 유창(劉蒼)이……하였다 : 후한(後漢) 광무제(光武帝)의 여덟째아들인 동평왕(東平王) 유창(劉蒼)이 집에 있을 때 어떤 일이 가장 즐겁냐는 광무제의 물음에 "선을 행하는 것이 가장 즐겁다.〔爲善最樂.〕"라고 대답한 고사가 있다.《後漢書 卷42 光武十王列傳 東平憲王蒼》

141 냄새를 맡고 따라오니 : 취향에 맞는 이를 찾아 따라왔다는 뜻이다. 어떤 사람이 몹시 냄새가 나서 친척·형제·처첩들이 알고서 같이 있으려는 자가 없게 되자 괴로워하다가 홀로 바닷가에서 살았는데, 한 사람이 그런 냄새를 좋아하여 밤낮으로 떠나지 않고 따라다닌 고사가 있다.《呂覽 遇合》

를 들을 수 있다면, 어찌 단지 삼생(三牲)과 오정(五鼎)의 봉양[143]에 비할 뿐이겠습니까. 칠업(七業)과 사경(四經)의 고사[144]로 하여금 옛 사람만의 일이 되지 않게 하는 것이 어떻겠습니까?

142 황금이……못하다 : 한(漢)나라 때 추로(鄒魯)의 대유(大儒)라고 일컬어졌던 위현(韋賢)이 네 아들을 잘 가르쳐 모두 현달하게 한 것을 두고 전해지게 된 말로, 《한서(漢書)》 권73 〈위현전(韋賢傳)〉에 보인다.

143 삼생(三牲)과 오정(五鼎)의 봉양 : 효자가 성대한 음식으로 부모를 봉양하는 것을 이른다. 삼생은 소·양·돼지의 세 가지 희생(犧牲)이며 오정은 소·돼지·양·물고기·사슴 등 다섯 고기를 담는 제기(祭器)로, 풍성하게 갖춘 음식을 가리킨다.

144 칠업(七業)과 사경(四經)의 고사 : 훌륭한 아버지 아래에서 자식들도 훌륭해지는 것을 말한다. 진(晉)나라 유은(劉殷)의 아들 7명이 5명은 각각 하나의 경(經)을 전수받고 2명은 각각 사기(史記), 한서(漢書)를 전수받아 한 집안에서 칠업이 모두 이루어졌고, 한(漢)나라 풍봉세(馮奉世)의 아들 4명이 각각 시(詩), 역(易), 춘추(春秋), 상서(尙書)에 통달하여 사경에 통달하였다는 고사가 전한다. 《晉書 卷88 劉殷傳》 《漢書 卷79 馮奉世傳》

한항중에게 답함 기해년(1839, 헌종5)
答韓恒仲 己亥

궁벽한 호숫가에 병들어 누워서 항상 기다리는 마음 부지런하였는데, 편지를 받아 가슴에 새겼으니 어찌 잊을 수 있겠습니까. 이어서 근래에 기거가 맑고 평안하심을 알았으니, 더욱 듣고서 기쁩니다. 족하(足下)께서 돈독히 현명한 아들을 낳아 뜻을 힘쓰게 하고 학문을 권면하여 우뚝하게 영남 유학자들의 본보기가 되었으니, 족하께서 선(善)을 행하시는 실제를 여기에서 볼 수 있습니다. 하늘의 보시(報施)는 전적으로 선(善)을 행하는 사람이 정성스러운가, 정성스럽지 못한가에 달려있습니다. 그런데 선(善)과 이(利)를 생각함은 그 사이에 털끝만한 것도 용납지 않아서 한 터럭만큼의 차이로 인해 마침내 순(舜)과 도척(盜蹠)으로 나뉘게 되니,[145] 이것이 조심해야 할 바입니다. 부디 이 뜻을 체득하여, 항상 "밝을 때에는 하늘을 속이지 않고 어두울 때에는 신을 속이지 않으며 안으로는 마음을 속이지 않고 밖으로는 다른 사람을 속이지 않는 것"[146]을 종신토록의 절도로 삼는다면 하늘로부터 보우하여 길하여 이롭지 않음이 없을 것입니다. 이는 복을 얻고자 하려는

145 선(善)과 이(利)를……되니 : 《맹자》 〈진심 상(盡心上)〉에 "닭이 울면 일어나서 부지런히 선행을 하는 자는 순(舜)의 무리이고, 닭이 울면 일어나서 부지런히 이익을 탐하는 자는 도척(盜蹠)의 무리이다. 순과 도척의 구별을 알고자 한다면 다름이 없다. 이익과 선행의 사이인 것이다.〔鷄鳴而起, 孶孶爲善者, 舜之徒也; 鷄鳴而起, 孶孶爲利者, 蹠之徒也. 欲知舜與蹠之分, 無他. 利與善之間也.〕"라고 하였다.

146 밝을……것 : 이 말이 《소학집주》 〈선행(善行)〉에 보인다.

것이 아니라 실제 이치가 그러한 것이니, 힘쓰시기를 바랍니다.

보내온 편지에서 하신 말씀은 감탄스럽지 않는 것은 아니지만 보잘것 없는 저를 칭술(稱述)하심이 실제와 가깝지 않은 듯하니, 다른 사람을 두고 말씀하시는 것이 아니겠습니까. 족하(足下)께서 비록 이초평(李初平)이 되기를 바라시지만, 늙은 저는 주무숙(周茂叔)이 아님에 어찌하겠습니까.[147] 농사를 짓고 난 여력으로《논어》한 질을 온습해 익힌다면 분수에 따라 효력을 얻을 것이니, 어찌 비루한 제 말을 날마다 듣는 것보다 낫지 않겠습니까.

아드님이 삼천리를 발이 부르트도록 와서 적막한 물가에 나를 찾아오니, 정의(情誼)가 돈독함이 도리어 혜강(嵇康)에게 여안(呂安)이 천릿길을 멍에 하여 찾아갔던 일[148]보다도 더한지라 온 마음에 새기고 감사하게 여길 따름입니다. 그러나 실제 행위는 지극한 뜻에 부응하지 못하니, 놀라고 부끄러운 마음을 형언할 수 없습니다. 제가 비록 가리

147 족하(足下)께서……어찌하겠습니까 : 상대방이 강론을 듣기를 청하지만 자신은 그럴 만한 사람이 아님을 겸손하게 말한 것이다. 무숙(茂叔)은 북송(北宋)의 유학자 염계(濂溪) 주돈이(周敦頤)의 자이다. 염계가 지방의 수령으로 있을 때 이초평(李初平)이 군수(郡守)로서 그의 상관이었는데, 염계가 현인이라는 것을 알고 후대하였다. 이초평이 염계의 강론을 듣고 탄식하며 "나도 글을 읽고자 한다."라고 하자, 염계가 "공(公)은 노쇠하여서 글을 읽을 수 없을 것이니, 제가 말로 일러 주겠습니다."라고 하였다. 이에 초평이 마음을 다해 2년 동안 염계의 강설(講說)을 듣고 성취가 있었다고 한다.《宋元學案 卷12 濂溪學案》

148 혜강(嵇康)에게……일 :《진서(晉書)》권49 〈혜강열전(嵇康列傳)〉에, "여안(呂安)이 혜강의 고상한 풍도를 존경하여 매양 그리울 때마다 천리를 멀다 아니하고 수레를 타고 찾아갔다." 하였다.

켜 인도하지는 못하지만 족하(足下)께서 빨리 몸소 가르쳐 주셔서 안팎으로 서로 도와 큰 사업을 성취하시기를 몹시 바랍니다.

남천강 대임 에게 답함 무술년(1838, 헌종4)

答南天降 大任○戊戌

관북(關北)의 명망 있는 선비들이 대부분 좌하에게 경서를 가져와 수업한다고 하니, 도야가 미치는 바에 한번 변화시켜서 도(道)에 이르게 하였습니까.[149] 만일 보통 사람보다 빼어나 문장(文章)을 이루기를[150] 기약할 수 있는 사람이 있다면 보여주시기를 바랍니다. 세교(世敎)가 쇠하여 선비들이 학문을 알지 못하여, 학문하는 이들이 왕왕 자신을 충분하다 여겨 스스로 한정을 짓고 비루한 습속을 편히 여겨 타성에 젖어서 겸허(謙虛)하고 퇴양(退讓)하는 풍속은 사라지고 교만하고 즐기는 습속은 성해져서 참되고 간절하게 도(道)를 향하는 사람이 적습니다.

천운(天雲) 이북은 풍기(風氣)가 쇠하지 않았기에 이 땅에서 태어난 사람들이 질박함과 순후함을 지니고 있어 스스로 하늘로부터 품부받은 그릇을 온전히 하니, 가르침을 베풀 만합니다. 유도(幽都)를 교

149 한번……하였습니까 : 《논어(論語)》〈옹야(雍也)〉에 "제(齊) 나라를 한 번 변화시키면 노(魯) 나라의 수준을 만들 수 있고, 노(魯) 나라를 한 번 변화시키면 선왕(先王)의 도에 이르게 할 수 있다.〔齊一變, 至於魯; 魯一變, 至於道.〕" 하였다.

150 문장(文章)을 이루기를 : 문리(文理), 즉 위의(威儀)와 학문이 성취되는 것을 말한다. 《논어》〈공야장(公冶長)〉에 "오당(吾黨)의 소자(小子)들이 뜻은 크나 일에는 소략하여 찬란하게 문장(文章)을 이루었을 뿐이요, 이것을 마름질할 줄은 모른다.〔吾黨之小子狂簡, 斐然成章, 不知所以裁之.〕"라고 하였는데, 이에 대한 주자(朱子)의 주에 "성장(成章)은 문리(文理)가 성취되어 볼 만함이 있음을 말한다.〔成章, 言其文理成就, 有可觀者.〕"라고 하였다.

화하여 모두 추로(鄒魯)가 되게 하는 것[151]도 어떻게 변화하고 바꾸는가에 달려있을 뿐입니다. 인재(人才)는 장소에 관계되지 않고 고금에 구애되지 않으니, 그 성하고 쇠함과 남고 부족함이 가르침이 지극하였는가, 지극하지 못하였는가에 달려있을 뿐입니다. 스승의 도(道)가 세워지면 응당 재질을 통달하게 하고 덕을 이루게 한 사람들이[152] 계속 이어질 것이고 송암(松巖)[153]과 귀암(龜巖)[154]의 유풍(流風)과 여운에

151 유도(幽都)를……것 : 지역의 거친 문풍을 교화시켜 유학에 힘쓰는 고장이 되게 하는 것을 말한다. 유도(幽都)는 요(堯) 임금 때 북방의 땅으로 유주(幽州)를 말하는데, 여기서는 풍속이 거친 관북 지역을 가리킨다. 《서경》 〈요전(堯典)〉에 "화숙에게 거듭 명하여 삭방에 머물게 하시니, 유도라는 곳이다. 여기서 삭역을 고르게 살피게 하셨다.〔申命和叔, 宅朔方, 曰幽都. 平在朔易.〕" 하였다. 추로(鄒魯)는 각각 공자(孔子)와 맹자(孟子)의 고향을 가리키며, 전하여 공맹(孔孟)의 유학을 힘쓰는 고장이라는 뜻을 가지고 있다.

152 재질을……사람들이 : 《맹자》 〈진심 상(盡心上)〉에 "군자(君子)가 가르치는 것이 다섯 가지이니, 단비가 변화하듯이 하는 경우가 있으며, 덕(德)을 이루게 한 경우가 있으며, 재질을 통달하게 한 경우가 있으며, 물음에 답한 경우가 있으며, 사사로이 선(善)으로 다스린 경우도 있다.〔君子之所以教者五. 有如時雨化之者, 有成德者, 有達財者, 有答問者, 有私淑艾者.〕"라고 한 데에서 온 말이다.

153 송암(松巖) : 이재형(李載亨, 1665~1741)으로, 자는 가회(嘉會), 호는 송암(松巖), 본관은 전주(全州)이다. 증조부는 이상효(李尙孝), 조부는 이성(李晟), 부친은 이응서(李應瑞)이다. 함경도 경성(鏡城)에서 태어나, 1667년(현종8) 당숙(堂叔) 이응징(李應徵)의 후사가 되었다. 최신(崔愼)에게 사숙하였고, 1685년(숙종11) 북평사(北評事)로 부임한 김창협(金昌協)을 찾아가 수학하기도 하였다. 1713년(숙종39)에 홍치중(洪致中)이 북로(北路)의 문학지사(文學之士)로 천거하였고, 1722년(경종2) 영의정 이광좌(李光佐)의 천거로 소지(召旨)가 내렸으나 나아가지 않았다. 1731년(영조7)에 장악원주부(掌樂院主簿)가 되었고, 1740년(영조16)에 사헌부지평(司憲府持平)에 제수되었으나 노병(老病)으로 나아가지 못하였다. 후에 이조 참판과 이조 판서로 추증되었다. 당시에 북관(北關)을 대표하는 성리학자로 불리며 노론(老論) 계열에서 큰

또 마땅히 감발되는 사람이 있을 것이니, 다만 두 손을 모으고 기다리겠습니다.

관심을 가지기도 하였다. 문집으로 《송암집(松巖集)》이 있다.

154 귀암(龜巖) : 이원배(李元培, 1745~1802)로, 자는 여달(汝達), 호는 귀암, 본관은 공주(公州)이다. 처사 구취(矩就)의 아들로, 12대조인 선전관 겸(謙)이 함경도 경성으로 유배 가서 살게 된 뒤로 대대로 그곳에 거주하였다. 이재형(李載亨)의 학문을 이어받았다. 1798년(정조22) 전국의 경학에 밝은 선비들을 뽑을 때 함경도의 추천을 받았으며, 구경(九經)에 대한 정조의 친문(親問) 60여 조에 대답하여 포상을 받았다. 병으로 벼슬에는 나가지 않다가 함경도 분교관(分教官)으로 임명되어 그 지방의 많은 선비들을 훈도하였다. 1801년(순조1) 의금부도사를 거쳐 상의원별제(尙衣院別提)·장릉령(莊陵令)에 임명되었으나 모두 나가지 않았다. 경학과 예학에 힘썼으며, 문장에도 능하여 많은 제자들을 길러냈다. 제학(提學)에 추증되었으며, 함경도 경성의 도북서원(道北書院)에 배향되었다. 문집으로 《귀암집》이 있다. 시호는 문의(文懿)이다.

김 치한 규선 과 숙구 영선 에게 보냄 무술년(1838, 헌종4)

與金穉韓 圭善 叔歐 永善○戊戌

대상(大祥)에 신주를 사당에 들여 망자의 조부의 감실(龕室)에 부(祔)하는 것은 종자(宗子)와 지자(支子)라 하여 다르게 하지 않습니다. 그러나 지자(支子)가 다른 집에서 살면 사당을 달리 하기 때문에, 조부의 감실에 가서 부(祔)할 수 없다면 혹은 아버지의 감실에 부(祔)하기도 하고 혹은 그대로 정침(正寢)에 모시기도 하니, 이 또한 통용되는 예입니다. 만약 같은 집에 산다면 마땅히 조부에게 부(祔)하여 소목(昭穆)[155]을 같이한다는 뜻을 붙여두고, 길제(吉祭)를 기다려서 새로운 사당으로 옮기는 것이 옳을 듯합니다.

사옹(沙翁 김장생(金長生))께서도 또한 "아버지의 신주를 먼저 사당에 들인 경우에 어머니의 상(喪)이 끝나면 우선 어머니를 증조비(曾祖妣)에게 부(祔)하였다가 협제(祫祭)를 기다려서 아버지에게 배향(配享)하는 것이 옛 뜻이 가깝다."[156]라고 하였습니다. 이 뜻을 미루어보면 어머니가 먼저 돌아가시고 아버지가 그 뒤에 돌아가신 경우도 마땅히 같은 법도일 듯합니다. 대상(大祥)을 지낸 뒤에 그대로 옛 자리에 봉안하였다가 협제 때에 합독(合櫝)하여 사당에 들이는 것은 돌아가신 존

155 소목(昭穆) : 선조의 신주를 사당에 모시는 차례를 이르는 말로, 왼쪽 줄을 소(昭), 오른쪽 줄을 목(穆)이라 한다. 시조의 1세(世)를 가운데 모시고 2·4·6세를 소에, 3·5·7세를 목에 모신다.

156 아버지의……가깝다 : 이 말은 《사계전서》 권34 〈상례비요〉 대상(大祥)조에 보인다.

장(尊丈)께서 평소에 녹문(鹿門 임성주(任聖周))의 말씀을 독실하게 믿어 행하셨던 것이니, 선친의 뜻을 계술(繼述)하는 것도 혹 하나의 방도일 것입니다.

부인은 사당이 없어서 남자의 신위를 기다려서 합독(合櫝)하여야 비로소 사당에 들일 수 있습니다. 돌아가신 존장의 대상(大祥)을 지낸 이후에 배위(配位)의 사당에 들여서 받드는 것은 근거할 바가 없으니, 이렇게 하여서는 안 될 듯합니다. 대상 이후에 만약 조묘(祖廟)에 부(祔)하지 않는다면 협제(祫祭)를 기다려 사당을 세우는 것이 근거가 없는 일이 되지 않을 것이니, 이 두 가지 중에서 택하여 처리하십시오. 조묘(祖廟)에 부(祔)한다면 고유하는 말은 마땅히 《상례비요(喪禮備要)》에 실린 바를 따라서 해야 할 것이고, 만약 협제(祫祭)를 기다려 사당을 세운다면 협제를 마치고 신주를 들임에 고유하는 말이 없는 것이 옳을 듯합니다.

임내경[157] 종칠 에게 답함 정유년(1837, 헌종3)

答林來卿 宗七○丁酉

낙건(洛建)의 학문[158]은 송(宋)과 원(元)으로부터 전해졌는데 명(明)나라 중엽에 이르러서 모두 성법(成法)을 삼가 지켜서 그 책이 학궁(學宮)에 나열되어 스승에게는 이단의 가르침이 없고 사람에게는 이단의 논의가 없어서 통서(統緖)가 통일되어 풍속이 순후해졌으니, 마땅히 만세토록 드리워져 바꿀 수 없는 것입니다. 그러다가 가륭(嘉隆) 연간[159]에 이르러 왕수인(王守仁)과 진헌장(陳獻章)의 무리[160]가 입을

157 임내경(林來卿) : 임종칠(林宗七, 1781~1859)로 자는 내경, 호는 둔오(屯塢), 본관은 전주(全州)다. 아버지는 임상직(林相稷)이며, 관북(關北)의 학자 이원배(李元培)의 문하에서 수학하였다. 1827년(순조27) 참판 박내겸(朴來謙)의 천거를 받아 관직에 등용되어, 강릉참봉(康陵參奉)・사옹원주부(司饔院主簿)・부호군(副護軍)을 역임하고, 1851년(철종2) 오위장(五衛將)에 올랐다가 이어 첨지중추부사(僉知中樞府使)가 되었으나 사퇴하였다. 널리 경사(經史)에 통하였고, 특히 주자학에 전심하였다. 《주자어류(朱子語類)》 중 가장 중요한 것을 가려 뽑아 《주자어류절약(朱子語類節約)》을 저술하여 주자학 연구의 바탕으로 삼았다. 이재형(李載亨)・이원배(李元培)의 학통을 이어 관북지방의 유학을 진작시키는 데 크게 공헌하였고, 효성과 청렴으로 존경받았다. 문집으로 《둔오집》이 있다.

158 낙건(洛建)의 학문 : 정주학(程朱學)을 말한다. 정자(程子), 즉 정호(程顥)와 정이(程頤) 형제는 낙양(洛陽) 사람이었고, 주자(朱子)는 복건(福建)인 민(閩)에서 강학하였으므로 이렇게 말한 것이다.

159 가륭(嘉隆) 연간 : 가륭은 명 세종(明世宗)의 연호인 가정(嘉靖)과 목종(穆宗)의 연호인 융경(隆慶)을 말한다.

160 왕수인(王守仁)과 진헌장(陳獻章)의 무리 : 정주학(程朱學), 주자학(朱子學)에

놀려 다투어 떠들어대서 천하를 고무해 따르게 하였습니다. 이에 도술(道術)이 분열되고 세교(世敎)가 사라져서, 화(禍)의 혹독함이 거의 홍수와 맹수보다 심하여 나라의 운명을 재촉하는 데 이르러서 지극하게 되었습니다.

경헌(敬軒) 설선(薛瑄)[161]과 경재(敬齋) 호거인(胡居仁)[162]은 명나라 유학자 중에서 가장 순전(純全)한 사람인데, 경헌(敬軒)은 영락(永樂)의 시대[163]에 벼슬을 하였으니 이것이 옥에 티가 되는 정도만이 아니

대치되는 학설을 주장하던 이들을 가리킨다. 왕수인(1472~1528)은 절강(浙江) 사람으로, 호가 양명(陽明)이며, 지행합일설(知行合一說)과 치양지설(致良知說)을 주장하여 주자학파(朱子學派)와 서로 다투었는데, 세상에서는 그의 학파를 요강학파(姚江學派)라고 불렀다. 진헌장(1428~1500)은 자가 공보(公甫), 호가 석재(石齋)이며, 백사(白沙)에서 살았기 때문에 백사(白沙) 선생이라고도 한다. 지경(持敬)을 위주로 하는 정좌법(靜坐法)을 중시하여 그의 학풍 역시 주자의 학풍과는 대치되었다.

161 경헌(敬軒) 설선(薛瑄) : 설선(1389~1464)은 명나라의 유학자로 자는 덕온(德溫), 호는 경헌, 시호는 문청(文淸)이며 산서(山西) 하진(河津) 사람이다. 명 성조(明成祖) 때 진사(進士)로 발탁되어 한림학사(翰林學士)가 되었고, 영종(英宗) 때 예부우랑(禮部右郎)에 한림학사(翰林學士)를 겸하였다. 학문은 정주학(程朱學)을 근본으로 하여서 명대(明代) 이학(理學)의 종(宗)으로 일컬어진다. 저서에 《독서록(讀書錄)》·《설문청집(薛文淸集)》 등이 있다.

162 경재(敬齋) 호거인(胡居仁) : 호거인(1434~1484)은 명나라의 유학자로 자는 숙심(淑心), 호는 경재이며 오여필(吳與弼)의 문인이다. 《주역》에 조예가 깊었으며, 백록동서원(白鹿洞書院)의 주강(主講)을 지냈다. 그의 학문은 '주충신(主忠信)'과 '구방심(求放心)'을 요체로 삼고 경(敬)을 특히 중시하여 함양(涵養)과 실천에 힘썼다. 저서에 《거업록(居業錄)》·《경재집》·《호문경공집(胡文敬公集)》 등이 있다.

163 영락(永樂)의 시대 : 영락은 명나라 성조(成祖)의 연호이다. 성조는 조카인 건문제(建文帝), 즉 태조(太祖) 주원장(朱元璋)의 적손(嫡孫)으로 왕위에 오른 혜제(惠帝)를 몰아내고 황제의 자리를 빼앗아 1402년 경사(京師)를 함락시키고 제위에 올랐다.

며, 오직 경재(敬齋)는 순수하게 완전한 옥벽(玉璧)이 됩니다. 정암(整庵) 나흠순(羅欽順)[164]은 출처의 바름과 사설(邪說)을 막고 물리친 엄중함이 견줄만한 사람이 없지만, 다만 '인도일심(人道一心)'과 '이기일물(理氣一物)'의 설이 바른 견해의 누가 되었으니, 이것이 흠이 될 만합니다. 경양(涇陽) 고헌성(顧憲成)과 양계(梁溪) 고반룡(高攀龍)[165]은 명나라 말엽 양구(陽九)의 액운[166]을 만나 동지들을 힘써 인솔하고 동남(東南) 지방에서 도학(道學)을 창도하여 어지러운 물결을 돌이키고

혜제를 따르던 제태(齊泰)·황자징(黃子澄)·방효유(方孝孺) 등을 죽이고 그 가족들을 몰살시켰으며, 간당(奸黨)으로 연루되어 죽은 사람도 상당수였다.

164 정암(整庵) 나흠순(羅欽順) : 나흠순(1465~1547)은 명나라의 유학자로 자는 윤승(允升), 호는 정암, 시호는 문장(文莊)이다. 국자감 사업(國子監司業)과 이부 상서(吏部尙書) 및 예부 상서(禮部尙書) 등을 지냈으나, 사직하고 학문에 전념하였다. 처음에 불교의 선학(禪學)을 연구하였으나 후에 주자학(朱子學)으로 돌아섰다. 저서에 《곤지기(困知記)》·《속기(續記)》·《나정암집》 등이 있다.

165 경양(涇陽) 고헌성(顧憲成)과 양계(梁溪) 고반룡(高攀龍) : 둘 다 명나라 후기 사람으로 동림학파(東林學派)를 일으켜 함께 '고고(顧高)'라고 불렸다. 송(宋) 나라 양시(楊時)가 무석(無錫)에 동림서원(東林書院)을 건립하여 강학하였는데, 명(明) 나라 만력(萬曆) 연간에 고헌성이 그의 아우 고윤성(顧允成)과 함께 이를 재건하여 동지인 고반룡 등과 강학을 하였다. 강습하는 중에 조정의 정치를 풍자하기도 하며 시대의 인물을 평가하기도 하니, 조사(朝士)들도 멀리서 향응하였다. 그러나 명 신종(明神宗) 때 환관 위충현(魏忠賢)이 동림서원(東林書院)에서 당시 집권층의 부정부패를 비판하던 사류(士流) 고헌성 일파를 사당(邪黨)으로 몰아 무고(誣告)하여 모두 죽였는데, 이를 동림당고(東林黨錮)라 한다. 숭정(崇禎) 초두에 위충현이 극형을 당한 후 공론이 비로소 밝아지고 동림당이 다시 떨치게 되었다. 《明史 卷231 顧憲成列傳》

166 양구(陽九)의 액운 : 하늘의 재액(災厄)이 몰아닥치는 불운한 시대를 말한다. 도가(道家)에서는 천액(天厄)을 양구(陽九)라 하고, 지액(地厄)을 백륙(百六)이라 한다.

넘쳐흐르는 내를 막는 공(功)을 맡아서 명나라 삼백년 학문과 명절의 결정판이 되었지만, 학술은 크게는 순후하나 작게 흠이 있어 끝내 절의가 부족한 듯합니다. 그 나머지는 마땅히 회풍(鄶風) 이하에 해당되어 평할 것도 없습니다.[167]

우리나라의 여러 선철(先哲)로 말하면, 아버지와 스승에 대한 의리가 있으므로 감히 함부로 우열을 가하여서 연갑(年甲)을 비교하고 따진다는 나무람을 받을 수가 없으니, 삼가 사림의 정해진 공안(公案)을 서술하여 답하는 것이 가하겠습니까? 포은(圃隱)[168]은 정학(正學)을 높이고 대경(大經)을 세워서 우뚝이 사문(斯文)의 조종(祖宗)이 되었고, 한훤(寒暄)[169]과 일두(一蠹)[170] 등 여러 현인들은 모두 그 유파인데

167 회풍(鄶風)……없습니다 : 오(吳) 나라 계찰(季札)이 노(魯) 나라에 사신으로 갔을 때에 주악(周樂)의 연주를 요청하여 들으면서 주남(周南)에서 진풍(陳風)까지는 모두 평을 하다가 회풍(鄶風) 이하는 말하지 않았는데, 평할 가치도 없다고 생각하였기 때문이었다. 《春秋左氏傳 襄公29年》

168 포은(圃隱) : 정몽주(鄭夢周, 1337～1392)로 자는 달가(達可), 호는 포은, 본관은 연일(延日)이다. 공민왕 9년에 문과에 오르고 벼슬이 문하시중(門下侍中)에 이르렀으며 시호는 문충(文忠)이다. 고려조의 충신으로서 성리학에 대한 조예가 깊어 목은(牧隱) 이색(李穡)이 그를 동방 이학(理學)의 시조라고 하였다. 저서에 《포은집》이 있다.

169 한훤(寒暄) : 김굉필(金宏弼, 1454～1504)로 자는 대유(大猷), 호는 한훤, 본관은 서흥(瑞興)이다. 《소학(小學)》을 읽고 깨달은 바가 있어서 스스로를 '소학동자'라 일컬었고 육경(六經)의 연구와 성리학(性理學)에 통달하였다. 1504년 갑자사화(甲子士禍)에 점필재(佔畢齋) 김종직(金宗直)의 문인이라 하여 처형되었는데, 이후 조광조를 비롯한 제자들의 정치적 성장에 힘입어 정여창(鄭汝昌)·조광조(趙光祖)·이언적(李彦迪)·이황(李滉)과 함께 오현(五賢)으로 문묘에 종사되었다. 저서에 《경현록(景賢錄)》·《한훤당집》 등이 있다.

170 일두(一蠹) : 정여창(鄭汝昌, 1450～1504)으로 자는 백욱(伯勗), 호는 일두, 시

은미한 말씀과 큰 의리는 미처 드러내지 못하였습니다. 한훤(寒暄)은 한 번 전하여 정암(靜庵)[171]이 되어서, 기묘년에 휘정(彙征)하여[172] 인문(人文)이 크게 드러났으니, 바로 해동(海東)에 처음 있는 일이었습니다.

농암(農巖 김창협(金昌協))께서 일찍이 말하기를, "조 문정(趙文正 조광조(趙光祖))이 도학을 창명하여 기준이 된 것과 이 문순(李文純 이황(李

호는 문헌(文獻), 본관은 하동(河東)이다. 무오사화(戊午士禍) 때 김종직(金宗直)의 일파로 몰려 종성(鍾城)에 유배되었고, 갑자사화(甲子士禍) 때 부관참시(剖棺斬屍)되었다. 중종(中宗) 때 우의정에 추증되고, 광해군(光海君) 때 문묘(文廟)에 배향(配享)되었다. 저서에 《일두유집(一蠹遺集)》이 있다.

171 정암(靜庵) : 조광조(趙光祖, 1482~1519)로 자는 효직(孝直), 호는 정암, 시호는 문정(文正)이다. 벼슬은 부제학과 대사헌을 지냈으며 김종직(金宗直)의 학통을 이은 사림파의 영수로서, 급진적인 개혁을 추진하다가 훈구파(勳舊派) 남곤(南袞) 일파가 일으킨 기묘사화 때 죽임을 당하였다. 저서에 《정암집》이 있다.

172 기묘년에 휘정(彙征)하여 : 휘정은 선류(善類)가 많이 등용된다는 뜻으로, 《주역(周易)》 〈태괘(泰卦) 초구(初九)〉에 "서로 엉켜 있는 잔디의 뿌리를 뽑듯, 어진 동류들과 함께 나아가니 길하다.〔拔茅茹, 以其彙征, 吉.〕" 하였고, 그에 대한 주에, "군자가 등용되면 그 유가 따라서 등용된다는 뜻이다." 하였다. 기묘년은 중종 14년(1519)으로, 에 남곤(南袞)·심정(沈貞) 등이 조광조 등 많은 명사들을 죽이거나 쫓아낸 사건인 기묘사화(己卯士禍)가 있었던 해이기도 하다. 중종이 즉위하면서 선비들을 등용하여 연산군 때에 무오·갑자사화로 몰락되었던 사람들이 다시 등용되었는바, 그 중 가장 뛰어난 사람이 조광조였다. 현량과(賢良科)를 통하여 많은 젊은 유학자들이 요직에 등용되었는데, 조광조를 중심으로 한 이들은 옛날 삼대(三代) 때의 도덕 정치의 구현을 목표로 하고 성리학(性理學)을 크게 숭상하였으며 사장(詞章)을 경시하였다. 임금의 신임을 얻어 과감하게 정치 개혁을 시도하는 한편 훈구파(勳舊派)들의 비행을 탄핵하고 중종의 반정 공신인 정국공신(靖國功臣)을 가려내어 훈호(勳號)를 삭탈하게 하자, 훈구파에서 그들의 제거를 음모하여 사화를 일으켰던 것이다.

滉))이 학문에 침잠하여 드러내 연역한 것과 이 문성(李文成 이이(李珥)) 이 발휘하고 운용한 것은 마땅히 본조(本朝)의 유현(儒賢)들 가운데 으뜸이 된다."라고 하였고, 또 "정암(靜庵)과 율곡(栗谷 이이(李珥))은 하늘로부터 품부 받은 자품이 모두 고명(高明)한 데에 속하지만 정암은 소탈하면서도 신중하고 온화하면서도 엄숙하였고 율곡은 깨끗하고 통달하며 쇄락하였으니, 정암은 정제한 금과 아름다운 옥과 같았고 율곡은 상쾌한 바람과 개인 뒤의 달빛과 같았다. 두 선생이 입조(入朝)했을 때의 일과 행실을 보면, 정암은 정백(精白)하고 전일하여 정신이 다른 사람을 분발하게 할 만하고, 율곡은 공평하고 진실하며 평탄하여 심사가 다른 사람을 기뻐하며 복종하게 할 만하였다. 그러나 율곡은 재주가 보다 더 컸다."라고 하였고, 또 "율곡은 백세의 뒤라도 그 심사를 상상해보면 푸른 하늘의 밝은 해와 같다."라고 하였습니다. 도암(陶庵 이재(李縡))께서도 말씀하기를, "정암의 순정(純正)함과 율곡의 명투(明透)함과 퇴계(退溪 이황(李滉))의 각실(慤實)함과 우암(尤庵 송시열(宋時烈))의 강대(剛大)함이 있다면 성인(聖人)이다."라고 하였으니, 이는 모두 금 저울로 저울질하여 말한 것입니다.

율곡(栗谷)[173], 사계(沙溪)[174], 우암(尤庵)[175] 세 현인이 주고받은 것

173 율곡(栗谷) : 이이(李珥, 1536~1584)로 자는 숙헌(叔獻), 호는 율곡, 시호는 문성(文成), 본관은 덕수(德水)다. 퇴계와 더불어 조선 시대 중기의 성리학계를 양분하여 이른바 기호학파(畿湖學派)를 선도하였고 벼슬은 이조 판서에 이르렀다. 저서에 《율곡전서》가 있다.

174 사계(沙溪) : 김장생(金長生, 1548~1631)으로 자는 희원(希元), 호는 사계, 시호는 문원(文元), 본관은 광산(光山)이다. 이이(李珥)와 송익필(宋翼弼)의 문인이자 서인 명문의 대학자로 과거를 포기하고 학문에 정진하였고, 인조반정 이후 여러 차례

은 우리 도의 바른 적통이 되는데 지난 현철(賢哲)들은 이를 조부, 아들, 손자 3대에 빗대었습니다. 사계(沙溪)는 광대하며 높고도 깊고, 덕이 후하여 빛이 흘러서 양송(兩宋)[176]의 문호를 열었고, 또 장릉(章陵)의 전례(典禮)에 있어 떳떳한 도리를 지켜서[177] 예교(禮教)가 밝게 드러나 영세(永世)토록 이를 의뢰하니, 마땅히 대동(大東)의 주공(周公)[178]이 될 것입니다. "우암(尤庵)은 삿되고 음란한 말을 막아 세 성인

관직에 제수되었으나 나아가지 않고 후진 양성에 힘써 아들인 김집(金集)을 비롯해 송시열(宋時烈), 이유태(李惟泰), 장유(張維) 등 걸출한 서인 학자를 많이 배출하였다. 특히 예학에 뛰어나 《가례집람(家禮輯覽)》·《상례비요(喪禮備要)》·《근사록석의(近思錄釋疑)》·《경서변의(經書辨疑)》 등의 저술을 남겼다.

175 우암(尤庵) : 송시열(宋時烈, 1607~1689)로 자는 영보(英甫), 호는 우암, 시호는 문정(文正), 본관은 은진(恩津)이다. 현종 때 좌의정으로 치사(致仕)하고, 숙종 기사년에 화를 당했다가 갑술년에 설원되었으며, 시호는 문정(文正)으로 문묘(文廟)에 종사(從祀)되었다. 이이(李珥)·김장생(金長生)의 문인으로 기호학파의 대표이자 노론(老論)의 영수(領袖)였다. 저서에 《송자대전(宋子大全)》 1백 2권이 있다.

176 양송(兩宋) : 송준길(宋浚吉)과 송시열(宋時烈)을 가리킨다.

177 장릉(章陵)의……지켜서 : 장릉은 원종(元宗)의 능호(陵號)이다. 선조의 다섯째 아들로 처음에는 정원군(定遠君)에 봉해졌었는데, 아들인 인조(仁祖)가 즉위함에 따라 원종으로 추존되었다. 인조가 선조의 다섯째 아들인 정원군의 장남으로서 반정을 일으켜 왕위에 오른 뒤, 인조의 생부인 정원군을 추숭하는 일에 대한 논의가 일어났다. 이에 박지계(朴知誡)는 정원군을 왕으로 추존하여 인조와는 부자 관계로 칭해야 한다고 주장하였고, 정경세(鄭經世)는 부자 관계로 칭하되, 일반적인 부자 관계로 칭하는 것은 옳지 않으니 고(考)라고 칭하되 현고(顯考)라고는 하지 않으며, 자(子)라고 칭하되 효자라고는 칭하지 말아야 한다고 주장하였지만, 김장생(金長生)은 인조는 선조의 뒤를 이은 것이므로 정원군과는 숙질관계로 칭해야 한다고 끝까지 주장한바 있다. 이에 대해서는 《사계전서(沙溪全書)》 권21 〈전례문답(典禮問答)〉에 자세하다.

178 대동(大東)의 주공(周公) : 사계(沙溪)가 예학에 뛰어났으며 또한 《가례집람(家禮輯覽)》·《상례비요(喪禮備要)》 등의 저서를 많이 남겼으므로 우리나라의 주공(周

(聖人)을 계승하고,[179] 절의를 숭상하여 동주(東周)를 높이고, 징토(懲討)를 엄히 하여 인륜과 기강을 부지하고, 향원(鄕愿)[180]을 미워하여 정경(正經)으로 돌이켰으니, 네 의로운 행동이 천지가 건립되고 해와 별이 걸린 것과 같다."라고 한 삼연(三淵 김창흡(金昌翕))의 의론이 다시 고쳐서 평할 것이 없으니, 이 때문에 오늘날의 주자(朱子)가 되는 것입니다. 동춘당(同春堂)[181]은 우암과 시대를 나란히 하여 도(道)를 한가지로 하였는데 옥빛과 같고 금성(金聲)과 같으며 상서로운 해와 구름 같아서 명도(明道)가 다시 났다고 일컬어졌습니다.[182] 역천(櫟泉)[183]은

公)이라고 한 것이다. 주공은 주나라 문왕(文王)의 셋째 아들로, 어린 성왕(成王)을 도와 왕실의 기초를 세우고 제도(制度)와 예악(禮樂)을 정하였는데, 주대(周代)의 제도와 예악은 대개 그가 계획하여 이룬 것이다.

179 샀되고……계승하고 : 《맹자》 〈등문공 하(滕文公下)〉에 "나 또한 인심(人心)을 바로잡아 사설을 그치게 하고 잘못된 행실을 막으며 음탕한 말을 추방하여 세 성인을 계승하려고 하는 사람이다.〔我亦欲正人心, 息邪說, 距詖行, 放淫辭, 以承三聖者.〕"라고 한 데에서 온 말로, '세 성인'은 곧 우왕(禹王), 주공(周公), 공자(孔子)를 가리킨다.

180 향원(鄕愿) : 향리(鄕里)에서 근후(謹厚)하다고 일컬어지는 사람으로, 세상에 아첨하여 철저하게 위선(僞善)을 하는 사람을 가리키는데, 공자(孔子)가 이를 두고 "향원은 덕의 적이다.〔鄕愿德之賊也.〕"라고 하였다. 《論語 陽貨》 《孟子 盡心下》

181 동춘당(同春堂) : 송준길(宋浚吉, 1606~1672)로 자는 명보(明甫), 호는 동춘당, 시호는 문정(文正), 본관은 은진이다. 이이(李珥)·김장생(金長生)의 문인으로 송시열과 동종(同宗)이면서 학문 경향을 같이한 성리학자로 이이의 학설을 지지하였다. 저서에 《어록해(語錄解)》·《동춘당집》이 있다.

182 옥빛과 같고……일컬어졌습니다 : 명도는 송나라 학자 정호(程顥)로, 동춘당(同春堂) 송준길(宋浚吉)을 정호를 형용한 표현에 빗댄 것이다. 주희(朱熹)의 〈정명도찬(程明道贊)〉에 "양기로 만물을 기르듯 하고 산처럼 우뚝 섰으며, 옥빛처럼 아름답고 금성처럼 쟁쟁하였네.……상서로운 해와 구름이요 온화한 바람 단비와 같도다.〔揚休山立, 玉色金聲.……瑞日祥雲, 和風甘雨.〕"라고 하였다.

그 후손으로 조부와 손자가 덕이 같아 선후가 똑같은 법도였습니다.

수암(遂菴)[184]은 근본을 돈독히 하고 실천하였고, 진실함을 쌓고 힘쓰기를 오래하여 우옹(尤翁 송시열(宋時烈))의 서업(緖業)을 크게 이어 호학(湖學)의 성대함을 도와서 계도하였습니다. 병계(屛溪 윤봉구(尹鳳九)), 외암(巍巖 이간(李柬)), 남당(南塘 한원진(韓元震)) 등의 유학자들이 모두 그 문하에서 나와서 화양(華陽)[185]의 풍교와 공렬을 길이 천명(闡明)하였습니다. 농암(農巖),[186] 삼연(三淵),[187] 포음(圃陰)[188]은 체악

183 역천(櫟泉) : 송명흠(宋明欽, 1705~1768)으로 자는 회가(晦可), 호는 역천, 본관은 은진(恩津)이다. 송준길(宋浚吉)의 후손이자 이재(李縡)의 문인으로, 이재·민우수(閔遇洙)·송사능(宋士能)·김양행(金亮行)·신소(申韶) 등과 학문에 대한 의견을 교환하였다. 이조판서에 추증되었고 시호는 문원(文元)이다. 저서에 《역천집》이 있다.

184 수암(遂菴) : 권상하(權尙夏, 1641~1721)로 자는 치도(致道), 호는 수암 또는 한수재(寒水齋), 본관은 안동(安東)이다. 송시열(宋時烈)과 송준길(宋浚吉)의 문인이다. 그의 문인들에 의해 전개되는 호락논쟁(湖洛論爭)의 시발점이 되었는데, 이는 한원진(韓元震)과 이간(李柬) 사이에서 시작된 것으로 한원진은 인물성상이론(人物性相異論)과 미발심체유선악론(未發心體有善惡論)을, 이간은 인물성구동론(人物性俱同論)과 미발심체본선론(未發心體本善論)을 주장하였다. 이간의 주장에 동조하는 학자들이 대부분 낙하(洛下), 즉 서울 출신이었기 때문에 낙론(洛論) 또는 낙학이라 부르고, 한원진의 주장에 동조하는 학자들이 대부분 호남(湖南) 출신이었기 때문에 호론(湖論) 또는 호학이라 불렀다. 저서에 《한수재집》·《삼서집의(三書輯疑)》 등이 있다.

185 화양(華陽) : 송시열(宋時烈)을 뜻한다. 송시열이 말년에 청주(淸州)의 화양동에 살았기 때문에 이렇게 일컫는다.

186 농암(農巖) : 김창협(金昌協, 1651~1708)으로 자는 중화(仲和), 호는 농암, 본관은 안동이다. 아버지는 영의정 김수항(金壽恒)이고, 형 창집(昌集)·아우 창흡(昌翕)·창업(昌業)·창즙(昌緝)과 함께 문장대가로 알려졌다. 1689년 기사환국(己巳換局)으로 아버지가 사사되자 포천에 은거하였으며, 성리설은 대체로 이이(李珥)보다는

(棣萼)이 명성을 잇고 훈지(壎篪)가 번갈아 화답하여서[189] 마치 하남(河南)에서 명도(明道)와 이천(伊川) 형제가 함께 배출된 것[190]과 같습니다. 농암(農巖)은 정미하고 깊어서 이치를 말한 것에 어긋남이 없었으며, 삼연(三淵)은 통달하고 훌륭해서 전언(前言)을 답습하지 않았으니, 이는 중국에 둔다 하더라도 필적할 사람이 적습니다. 포음(圃陰)은 정신을 전일하게 하여 경전을 연구하여서 오묘한 지식과 뛰어난 견해가 왕왕 두 형이 미처 발명하지 못한 것을 발명하였습니다. 농암(農巖)의 손자 미호(渼湖)[191]는 문로(門路)가 발라서 법칙이 편벽되지 않고

이황(李滉)에 가까웠고, 호론(湖論)을 지지하였다. 저서에 《농암집》·《주자대전차의문목(朱子大全箚疑問目)》·《논어상설(論語詳說)》 등이 있다.

187 삼연(三淵) : 김창흡(金昌翕, 1653~1722)으로 자는 자익(子益), 호는 삼연, 시호는 문강(文康)이다. 이단상(李端相)의 제자이며 기사환국(己巳換局)으로 아버지가 사사되자 은거하였다. 성리학에 뛰어나 형 김창협(金昌協)과 함께 대학자로 이름을 떨쳤다. 저서에 《삼연집》·《문취(文趣)》 등이 있다.

188 포음(圃陰) : 김창즙(金昌緝, 1662~1713)으로 자는 경명(敬明), 호는 포음, 본관은 안동(安東)이다. 1689년 기사환국(己巳換局)으로 아버지가 사사되자 벼슬을 그만두고 학문에 전념하였다. 문장과 훈고(訓詁)에 능하고 성리학에도 조예가 깊었다. 저서에 《포음집》이 있다.

189 체악(棣萼)이……화답하여서 : 체악과 훈지는 모두 형제를 가리키는 말로, 김창협(金昌協) 형제가 모두 우의가 깊고 훌륭한 인물이었음을 뜻한다. 《시경》 〈소아(小雅) 상체(常棣)〉에 "활짝 핀 아가위꽃, 얼마나 곱고 아름다운가. 이 세상에 누구라 해도, 형제만 한 이가 없네.〔常棣之華, 鄂不韡韡? 凡今之人, 莫如兄弟.〕"라고 하였고, 〈소아(小雅) 하인사(何人斯)〉에 "백씨가 질나발〔壎〕을 불면, 중씨는 저〔篪〕를 분다.〔伯氏吹壎, 仲氏吹篪.〕"라고 하였다.

190 하남(河南)에서……배출된 것 : 하남은 북송(北宋)의 정자(程子) 형제의 고향으로 명도(明道) 정호(程顥)와 이천(伊川) 정이(程頤)가 형제간에 함께 하남 땅에서 나온 일을 가리킨다.

이치를 아는 것이 또 지극히 명백하고 통창하였으니, 단지 연원(淵源)에 점차 물들었을 뿐만이 아닙니다.

도암(陶庵)[192]은 사승(師承)을 말미암지 않고 홀로 깊은 경지에 나아갔습니다. 늘 "정암(靜庵)과 율곡(栗谷)은 나의 스승이다."라고 말하였으니, 이륜(彝倫)을 부지하고 인재를 길러서 세교(世敎)에 도움이 된 것이 우암(尤庵) 이후에 있지 않던 바였습니다. 김후재(金厚齋),[193] 박여호(朴黎湖),[194] 민정암(閔貞庵),[195] 이설천(李雪川)[196] 제현(諸賢)은

191 미호(渼湖) : 김원행(金元行, 1702~1772)으로, 자는 백춘(伯春), 호는 미호(渼湖) 또는 운루(雲樓), 시호는 문경(文敬), 본관은 안동이다. 당숙인 김숭겸(金崇謙)에게 입양되어 종조부 김창협(金昌協)의 손자가 되었다. 이재(李縡)의 문인으로, 그의 사상은 대체로 김창협의 학설을 답습하여 주리(主理)와 주기(主氣)의 절충적인 입장에서 있었다. 그의 학통을 이은 제자로는 아들 김이안(金履安)과 박윤원(朴胤源), 오윤상(吳允常), 홍대용(洪大容), 황윤석(黃胤錫) 등이 있다. 저서에 《미호집》이 있다.

192 도암(陶庵) : 이재(李縡, 1678~1746)로 자는 희경(熙卿), 호는 도암, 본관은 우봉(牛峰)이다. 벼슬이 대제학을 거쳐 의정부 좌참찬에 이르렀는데, 신임사화(辛壬士禍)에 숙부 이만성(李晩成)이 처형되자, 벼슬을 버리고 설악(雪岳)에 들어가 성리학을 닦는 데 힘썼다. 1725년(영조1) 여러 차례 소명(召命)을 받자 소를 올려 소론(少論) 세력을 몰아낼 것을 청했으나 영조가 받아들이지 않자, 용인(龍仁)으로 퇴거하여 후진들에게 학문을 가르쳤다. 저서에 《도암집》 등이 있다.

193 김후재(金厚齋) : 김간(金榦, 1646~1732)으로 자가 직경(直卿), 호가 후재, 본관은 청풍(淸風)이다. 박세채(朴世采)·송시열(宋時烈)의 문인으로 예학에 조예가 깊어 각 문집에 흩어져 있는 선인들의 예설(禮說)을 뽑아 12편의 《동유예설(東儒禮說)》을 편찬 간행한 바 있다. 저술에 《후재집》·《소학차기(小學箚記)》 등이 있다.

194 박여호(朴黎湖) : 박필주(朴弼周, 1665~1748)로 자는 상보(尙甫), 호는 여호, 본관은 반남(潘南), 시호는 문경(文敬)이다. 천거로 시강원 자의(侍講院諮議)가 된 뒤 세자찬선(世子贊善)·이조판서·우찬성 등을 역임하였다. 저서에 《여호집》·《독서수차(讀書隨箚)》·《주자왕복휘편(朱子往復彙編)》 등이 있다.

입덕(立德)과 입언(立言)[197]이 모두 지극히 순전하여 전해져도 병폐가 없을 만합니다. 김밀암(金密菴),[198] 임녹문(任鹿門)[199]은 깊은 이치를 탐구하여 오로지 자득하기를 힘써서 또한 스스로 일가(一家)를 이루었습니다. 박근재(朴近齋)[200], 오노주(吳老洲)[201] 두 현인은 근세에 일어

195 민정암(閔貞庵) : 민우수(閔遇洙, 1694~1756)로 자는 사원(士元), 호는 정암. 본관은 여흥(驪興), 시호는 문간(文簡)이다. 권상하(權尙夏)를 사사하였고, 1726년(영조2) 봉릉 참봉(奉陵參奉) 및 세자익위사 세마에 제수되었으며 다시 명릉참봉에 제수되었으나 물러나와 학업을 계속하였다. 1743년 사헌부 지평이 되었고 이후 성균관 좨주·세자찬선(世子贊善)·원손 보양관 등을 역임하였다. 저서에 《정암집》이 있다.

196 이설천(李雪川) : 이의활(李宜活, 1573~1627)로 자는 호연(浩然), 호는 설천, 본관은 여주(驪州)다. 광해군 연간에 벼슬을 하다가 이이첨(李爾瞻) 등이 전횡을 하자 낙향하였고 인조 조에 다시 벼슬을 하였다. 저서에 《설천문집》이 있다.

197 입덕(立德)과 입언(立言) : 덕업(德業)을 이루고 훌륭한 말을 남기는 것을 말한다. 《춘추좌전(春秋左傳)》 양공(襄公) 24년에 "최상은 입덕(立德)이요, 그 다음은 입공(立功)이요, 그 다음은 입언(立言)이니, 아무리 세월이 흘러도 없어지지 않는 이것을 불후(不朽)라고 하는 것이다." 하였다.

198 김밀암(金密菴) : 김지행(金砥行, 1716~1774)으로 자는 유도(幼道), 호는 밀암, 본관은 안동이다. 윤병계(尹屛溪)에게 수학하였고 공주(公州) 계실곡(溪室谷)에 은거하며 학문을 닦았다. 저서에 《밀암선생문집》이 있다.

199 임녹문(任鹿門) : 임성주(任聖周, 1711~1788)로, 자는 중사(仲思), 호는 녹문(鹿門), 본관은 풍천이다. 1733년(영조9) 사마시에 합격하였으며, 1750년 세자익위사 세마가 되었으나 곧 사직하고, 1758년 공주의 녹문에 은거하였다. 1776년 정조가 즉위한 뒤 동궁을 보도(輔導)하고 지방관을 지내다가 다시 녹문에 은거하여 학문연구로 여생을 보냈다. 저서에 《녹문집》이 있다.

200 박근재(朴近齋) : 박윤원(朴胤源, 1734~1799)으로, 자는 영숙(永叔), 호는 근재(近齋), 본관은 반남(潘南)이다. 1792년 학행으로 천거되어 선공감역에 임명되었으나 사퇴하였으며, 1798년 원자를 위하여 강학청이 설치되자 서연관에 임명되었으나 역시 거절하여, 평생 벼슬하지 않고 학문 연구에 전념하였다. 김창협(金昌協), 이재(李

나 지극한 덕으로 도(道)를 응집하였으며 이치를 밝히고 말을 잘 변별하였으니, 이는 마땅히 후세의 표준과 법칙이 될 것입니다. 서화담(徐花潭)[202]은 수학(數學)을 신묘하게 깨우쳤으니 우리나라의 강절(康節 소옹(邵雍))이고, 조중봉(趙重峯)[203]은 도(道)를 체행하다가 순절하였으니 본조(本朝)의 포은(圃隱 정몽주(鄭夢周))입니다.

부자간에 계업(繼業)한 사람으로는 청송(聽松)[204]의 아들 우계(牛

綷), 김원행(金元行)의 학통을 계승하였으며, 다시 문하의 매산에게 전수해 신응조(申應朝), 임헌회(任憲晦), 조병덕(趙秉德) 등으로 이어지게 하였다. 대사헌에 추증되었으며, 저서에 《근재집》과 《근재예설(近齋禮說)》이 있다.

201 오노주(吳老洲) : 오희상(吳熙常, 1763~1833)으로 자는 사경(士敬), 호는 노주, 본관은 해주(海州), 시호는 문원(文元)이다. 1800년(정조24) 천거로 세자익위사세마(世子翊衛司洗馬)에 제수되고, 황해도 도사 등을 지낸 뒤, 벼슬에서 물러나 광주(廣州)의 징악산(徵嶽山)에 은거하고 이후 찬선(贊善) 등 여러 관직에 제수되었으나 모두 사양하고 나아가지 않았다. 성리학에 조예가 깊어 이황(李滉)과 이이(李珥)의 설을 절충하였다. 저서에 《노주집》이 있다.

202 서화담(徐花潭) : 서경덕(徐敬德, 1489~1546)으로 자는 가구(可久), 호는 화담 혹은 복재(復齋), 본관은 당성(唐城), 시호는 문강(文康)이다. 수리학(數理學)과 예학(禮學)에 밝았고 성리학을 깊이 연구하고 송나라의 주돈이(周敦頤)·소옹(邵雍) 및 장재(張載)의 철학사상을 조화시켜 독자적인 기일원론(氣一元論)의 학설을 제창하였다. 저서에 《화담집》이 있다.

203 조중봉(趙重峯) : 조헌(趙憲, 1544~1592)으로 자는 여식(汝式), 호는 중봉 혹은 도원(陶原)·후율(後栗), 시호는 문열(文烈)이다. 임진왜란 때 의병장으로 활동하다 금산전투(錦山戰鬪) 때 전사하였다. 이이(李珥)와 성혼(成渾)에게 배웠고 기발이승일도설(氣發理乘一途說)을 지지하여 이이의 학문을 계승 발전시켰다.

204 청송(聽松) : 성수침(成守琛, 1493~1564)으로 자는 중옥(仲玉), 호는 청송·죽우당(竹雨堂)·파산청은(坡山淸隱)·우계한민(牛溪閑民), 본관은 창녕(昌寧), 시호는 문정(文貞)이다. 저서에 《청송집》이 있다.

溪),[205] 사계(沙溪)의 아들 신재(愼齋),[206] 정관재(靜觀齋)[207]의 아들 지촌(芝村),[208] 증소(橧巢)[209]의 아들 지암(止庵),[210] 미호(渼湖)의 아들

205 우계(牛溪) : 성혼(成渾 1535~1598)으로 자는 호원(浩源), 호는 우계, 본관은 창녕(昌寧), 시호는 문간(文簡)이다. 중종조에 은일로 벼슬이 좌참찬(左參贊)에 이르렀고, 이이(李珥)와 서신을 주고받으면서 사칠이기설(四七理氣說)을 논하였다. 저서에 《우계집》·《주문지결(朱門旨訣)》 등이 있다.

206 신재(愼齋) : 김집(金集, 1574~1656)으로 자는 사강(士剛), 호는 신독재(愼獨齋), 본관은 광산(光山), 시호는 문경(文敬)이다. 사계(沙溪) 김장생(金長生)의 아들로 부자가 모두 예학에 조예가 깊었다.

207 정관재(靜觀齋) : 이단상(李端相, 1628~1669)으로 자는 유능(幼能), 호는 정관재 혹은 서호(西湖), 본관은 연안(延安), 시호는 문정(文貞)이다. 문하에서 아들인 이희조(李喜朝)와 김창협(金昌協)·김창흡(金昌翕)·임영(林泳) 등의 학자가 배출되었다. 저서에 《대학집람(大學集覽)》·《정관재집》 등이 있다.

208 지촌(芝村) : 이희조(李喜朝, 1655~1724)로 자는 동보(同甫), 호는 지촌, 본관은 연안(延安)이다. 이단상(李端相)의 아들이자 송시열의 문인이다.

209 증소(橧巢) : 김신겸(金信謙, 1693~1738)으로 자는 존보(尊甫), 호는 증소, 본관은 안동(安東)이다. 아버지는 진사 김창업(金昌業)이며, 숙부인 김창흡(金昌翕)을 사사하였다. 1721년(경종1) 진사시에 합격했으나, 큰아버지인 영의정 김창집(金昌集)이 노론 4대신의 한 사람으로 신임사화에 거제도로 유배될 때 연루되어 함께 유배되었다. 1725년(영조1)에 풀려나 내시교관(內侍教官)에 임명되었으나, 취임하지 않고 강원도 영월의 산중에 들어가 산수를 즐기면서 후진 교육에 힘썼다. 당시의 석학인 민우수(閔遇洙)·유숙기(兪肅基)·이봉상(李鳳祥) 등과 더불어 인심도심설(人心道心說)·명덕설(明德說) 등을 강론하였다. 시문에 뛰어나 많은 저술을 남겼고, 이조판서 겸 좨주(祭酒)에 추증되었으며, 시호는 문경(文敬)이다. 저서에 《증소집》 10권 5책이 있다.

210 지암(止庵) : 김양행(金亮行, 1715~1779)으로 자는 자정(子靜), 호는 지암·여호(驪湖), 본관은 안동(安東)이다. 아버지는 참판에 추증된 김신겸(金信謙)이다. 민우수(閔愚洙)의 문인으로 벼슬에 뜻을 두지 않고 성리학 연구에 힘썼으며, 낙론(洛論)을 지지하는 태도를 취하였다. 1754년(영조30) 세자익위사 세마(世子翊衛司洗馬), 이듬

삼산재(三山齋)[211]가 바로 그분들입니다. 그 아버지에 그 아들로 명실(名實)이 순수하여 벼슬에 나가서는 큰일을 하고 물러나서는 지키는 바가 있어 찬란하게 집안과 국가의 광채가 되었습니다. 영남의 학파에는 또 회재(晦齋),[212] 남명(南冥),[213] 한강(寒岡),[214] 여헌(旅軒),[215] 우

해 세자익위사 부수(世子翊衛司副率)에 임명되었으나 부임하지 않았다. 이후에도 시강원 자의(侍講院諮議), 사옹원 주부, 사헌부의 지평·장령·집의, 성균관 사업(成均館司業), 호조 참의, 예조 참의, 경연관, 공조 참의 등 여러 차례 벼슬을 제수 받았으나 모두 사직하였다. 그 뒤 직제학과 이조 참의를 역임하였으며, 정조 때 형조 참판을 지냈다. 문하에서 이우신(李友信)·민치복(閔致福)·박준원(朴準源) 등 많은 학자들이 배출되었으며, 저서로 《지암문집(止菴文集)》 9권이 있다. 이조 판서에 추증되었으며, 시호는 문간(文簡)이다.

211 삼산재(三山齋) : 김이안(金履安, 1722~1791)으로 자는 원례(元禮), 호는 삼산재, 본관은 안동이다. 김상헌의 후손으로 노론의 낙론(洛論)을 대표하는 김창협(金昌協)의 증손자이자 김원행(金元行)의 아들로 정조대 산림으로 우대되었던 인물이다. 당대의 학자였던 아버지에게서 학문을 배워 1762년(영조38) 학행(學行)으로 천거 받아, 경연관(經筵官)에 기용되었고, 1781년(정조5) 충주목사를 지냈으며, 1784년 지평(持平)·보덕(輔德)·찬선(贊善) 등을 거쳐 1786년 좨주(祭酒)가 되었다. 홍대용(洪大容)·박제가(朴齊家) 등과 교유를 맺어 실학에 관심을 보이기도 하였다. 그러나 아버지 문하에 출입하던 성리학자 박윤원(朴胤源)·이직보(李直輔)·오윤상(吳允常) 등과의 교유 속에 전통적 성리학자로 더 알려졌으며, 또한 예설(禮說)과 역학(易學)에도 조예가 깊어 많은 저술을 남겼다. 시호는 문헌(文獻)이다. 저서에 《삼산재집(三山齋集)》 12권이 있다.

212 회재(晦齋) : 이언적(李彦迪, 1491~1553)으로, 자는 복고(復古), 호는 회재·자계옹(紫溪翁), 본관은 여주(驪州)다. 주희(朱熹)의 주리론적 입장을 정통으로 확립하여 이황(李滉)에게 전해주었다. 문묘에 배향되었고, 경주 옥산서원(玉山書院)에 제향되었다. 저서에 《구인록(求仁錄)》·《대학장구보유(大學章句補遺)》·《중용구경연의(中庸九經衍義)》·《회재집》 등이 있다.

213 남명(南冥) : 조식(曺植, 1501~1572)으로 자는 건중(楗仲), 호는 남명·산해

복(愚伏)[216]이 성대한 분들이고, 호남의 학파에는 하서(河西),[217] 고봉(高峯),[218] 일재(一齋),[219] 은봉(隱峯),[220] 손재(遜齋)[221]가 가장 드러난

(山海)・방장노자(方丈老子)・방장산인(方丈山人), 본관은 창녕(昌寧), 시호는 문정(文貞)이다. 조정에서 누차 벼슬을 제수하였으나 부임하지 않았으며 만년에는 지리산의 덕천동(德川洞)에 산천재(山天齋)를 짓고 더욱 강학(講學)에 힘썼다. 저서에《남명집》・《남명학기유편(南冥學記類編)》・《신명사도(神明舍圖)》등이 있다.

214 한강(寒岡) : 정구(鄭逑, 1543~1620)로 자는 도가(道可), 호는 한강, 본관은 청주(淸州), 시호는 문목(文穆)이다. 퇴계(退溪)와 남명(南冥)에게서 성리학을 배웠으며, 과거를 단념하고 학문에만 전념하였다. 천거로 창녕 현감에 제수되고 이후 공조참판, 대사헌 등을 역임하였다. 저서에《한강집》이 있다.

215 여헌(旅軒) : 장현광(張顯光, 1554~1637)으로 자는 덕회(德晦), 호는 여헌, 본관은 인동(仁同)이다. 학문과 덕행으로 천거되어 전후 20여 차례 관직에 임명되었으나 모두 사퇴하고 학문에만 전념하였다. 이기설(理氣說)에 있어 이이(李珥)의 설에 찬동하여 이와 기는 서로 체용(體用)이 될 뿐이므로 경(經)과 위(緯)로 나누어 설명할 것을 주장하였다. 저서에《여헌문집(旅軒文集)》이 있다.

216 우복(愚伏) : 정경세(鄭經世, 1563~1633)로 자는 경임(景任), 호는 우복・하거(河渠)・승성자(乘成子)・석중도인(石潨道人)・송록(松麓), 본관은 진주(晉州)이다. 인조반정(仁祖反正)으로 부제학(副提學)에 발탁되었고, 대사헌(大司憲)을 거쳐 이조판서 겸 대제학(吏曹判書兼大提學)에 이르렀다. 유성룡(柳成龍)의 문인으로 성리설(性理說)에 있어서 율곡(栗谷)의 설에 찬동하였으며, 특히 예학에 밝았다. 저서에《우복집》・《상례참고(喪禮參考)》・《주문작해(朱文酌解)》 등이 있다.

217 하서(河西) : 김인후(金麟厚, 1510~1560)로 자는 후지(厚之), 호는 하서, 시호는 문정(文正), 본관은 울산(蔚山)이다. 1540년(중종35) 별시 문과에 급제하고, 홍문관 부수찬으로 세자를 가르치는 직임을 맡았다. 1545년(인종1) 인종이 승하하고 을사사화가 일어나자 향리로 돌아가 학문과 제자 양성에 전념하였다. 저서에《하서집》,《백련초해(百聯抄解)》 등이 있다

218 고봉(高峯) : 기대승(奇大升, 1527~1572)으로 자는 명언(明彦), 호는 고봉・존재(存齋), 시호는 문헌(文憲), 본관은 행주(幸州)다. 벼슬은 대사간, 공조 참의에 이르렀다. 이황과 12년간 서한으로 사칠논변(四七論辨)을 벌인 일로 유명하다. 저서에《고

분들입니다.

이밖에 여러 유자(儒者)들이 우뚝하게 서로 이어져서 대가(大家)도 있고 명가(名家)도 있어서 칭술(稱述)할만한 분들을 일일이 말씀 드릴 수가 없는데, 성취의 고하(高下)와 천심(淺深)에 대해서는 감히 망령되이 월조(月朝)의 평가[222]를 둘 수가 없습니다. 똑같이 공맹(孔孟)을 조술(祖述)하고 정주(程朱)를 법으로 삼았으니, 진실로 능히 사서(四

봉집》이 있다.

219 일재(一齋) : 이항(李恒, 1499~1576)으로 자는 항지(恒之), 호는 일재, 본관은 성주(星州)다. 1566년(명종21) 사축승전(司畜承傳)에 임명되었고, 이후 의영고령(義盈庫令)·임천 군수·선공감부정·사헌부장령·장악원정 등을 역임하였다. 기대승(奇大升)·김인후(金麟厚)·노수신(盧守愼) 등과 교유하였으며, 성리학에 조예가 깊어 이기설(理氣說)에 있어 이와 기, 태극과 음양을 일체라고 주장하였다. 저서에 《일재집》이 있다.

220 은봉(隱峯) : 안방준(安邦俊, 1573~1654)으로 자는 사언(士彦), 호는 은봉·우산(牛山)·빙호(氷壺), 시호는 문강(文康), 본관은 죽산(竹山)이다. 박광전(朴光前)·박종정(朴宗挺)에게서 수학하고 성혼(成渾)의 문인이 되었다. 임진왜란이 일어나자 박광전과 함께 의병을 일으켰고, 이후 보성 북쪽 우산(牛山)에 들어가 후진을 교육하며 성리학에 전념하여 호남 지방에서 명성을 떨쳤다. 인조 초에 벼슬에 임명되었으나 사직하였고, 정묘·병자호란 등 국난에 의병을 일으켰다. 효종 때에 지평·장령·공조 참의를 역임하였다. 저서에 《은봉전서》·《항의신편(抗義新編)》·《사우감계록(師友鑑戒錄)》·《혼정편록(混定編錄)》 등이 있다.

221 손재(遜齋) : 박광일(朴光一, 1655~1723)로 자는 사원(士元), 호는 손재, 시호는 문숙(文肅), 본관은 순천(順天)이다. 송시열(宋時烈)에게 사사하였고, 숙종 때 천거되어 세자익위사 익위·왕자사부(王子師傅)·세자시강원 자의 등에 임명되었으나 모두 사직하고 지리산에 들어가 은거하였다. 저서에 《손재집》·《나소변무(羅疏辨誣)》·《진호문답(晉湖問答)》 등이 있다.

222 월조(月朝)의 평가 : 후한(後漢) 허소(許劭)가 매달 초하루에 향당(鄕黨) 인물을 평정(評定)하던 고사(故事)에서 온 말이다. 《後漢書 卷68 許劭列傳》

書)를 연구하고 명리(名理)를 꿰뚫는다면 절로 군현(群賢)의 뜻을 이해하게 되어 시대는 멀지만 같은 귀결로 돌아가게 될 것이니, 어찌 굳이 그분들이 남기신 글을 두루 본 뒤에야 가능한 것이겠습니까?

외람되이 하문(下問)을 받음에 덕을 높이고 현인을 존숭하는 간절한 마음을 알겠기에 끝내 침묵할 수가 없어서 삼가 우러러 대답해 드리나 이것은 그 대략입니다. 다만 저의 권도(權度)가 부족하니, 어찌 감히 여기서 취하고 버릴 바가 있겠습니까. 부디 서둘러 차근차근 연구하고 다른 사람에게 보여주지 마시기를 몹시 바랍니다. 알지 못하는 이들은 필시 손 가는대로 마음대로 써내어 이렇게 말하였다고 할 것입니다.

지(知)와 행(行) 두 가지는 수레의 두 바퀴와 새의 두 날개와 같아서 하나를 폐할 수 없으니,[223] 이는 유문(儒門)의 법칙입니다. 선후(先後)를 논하면 지(知)가 먼저이고, 경중(輕重)을 논하면 행(行)이 중요하니, 이는 배우는 이의 공력을 쓰는 분수를 가지고 말한 것입니다. 지(知)는 행(行)을 기준으로 삼으므로 행(行)이 중요하지만, 지(知)와 행(行)의 전체를 논하면 건(乾)이 비록 만물이 이를 자뢰(資賴)하여 시작되지만 곤(坤)이 만물을 이루어줌이 아니라면 진실로 자뢰하여 시작됨이 귀할 것이 없고, 또한 자뢰하여 시작함이 없고서 능히 만물을 이루어줄 수 있는 경우는 있지 않은 것[224]과 같습니다. 이 뜻을 미루

223 지(知)와……없으니 : 지행(知行)이 상호 병행되어야 함을 말한 것이다. 《주자대전(朱子大全)》 권63 〈답손경보(答孫敬甫)〉에 "정자(程子)의 말씀에 '함양(涵養)은 반드시 경으로써 해야 하고, 진학(進學)은 치지에 달려 있다.' 하였는데, 이 두 마디 말은 수레의 두 바퀴와 같고 새의 두 날개와 같아서 하나를 폐하고서 가거나 날 수 없다.〔程夫子之言曰: 涵養必以敬, 而進學則在致知. 此兩言者, 如車兩輪, 如鳥兩翼, 未有廢其一而可行可飛者也.〕"라고 하였다.

어보건대, 지행(知行)의 경중(輕重)을 나누어서는 안 될 듯합니다. "반드시 지(知)에서는 그 큼을 보고 행(行)에서는 그 중함을 보아야만 한쪽으로 치우치면 한쪽이 병통을 얻는 우환을 면할 수 있다."[225]라고 하였는바 노주(老洲) 오공(吳公 오희상(吳熙常))께서 이 뜻을 말씀하였으니, 예부터 지행(知行)을 논한 이들이 많지만 이처럼 참되고 절실했던 경우는 없었습니다. 공부를 둘 다 지극하게 하여서 지(知)가 밝아질수록 행(行)이 더욱 독실해지고, 행(行)이 독실해질수록 지(知)가 더욱 밝아지기를 사람의 두 다리가 서로 앞서거니 뒤서거니 하여 걸어가는 것과 같이 해야 할 것이니, 지극한 경지에 나아가면 지(知)와 행(行)이 하나일 뿐인 것입니다. 지난 현철(賢哲)들이 모두 왕수인(王守仁 왕양명(王陽明))의 "지행합일(知行合一)"의 설을 배척했던 이유는 바로 차서를 나누지 않고 뒤섞어 하나로 여겨서 곧바로 간편함에 나아가는 방술을 이루었기 때문입니다. 보내온 편지에서 "거경(居敬)과 궁리(窮理)를 다만 마땅히 각각 그 지극한 공부를 해야 하고 굳이 어떤 것을 많이 하고 어떤 것을 적게 하는지를 말할 필요가 없으니, 조금이라도 많이 하고 적게 함을 말한다면 곧 한쪽으로 떨어지게 된다."라고 말한 것은 견해가 지극히 옳으니, 이 때문에 찬탄하였습니다.

주자(朱子) 문하의 학문하는 법도는 처음인 지(知)와 끝인 행(行)을 나란히 하여서 털끝만큼도 치우친 점이 없습니다. 그러니 주자께서

224 건(乾)이 비록……것 : 《주역(周易)》 〈건괘(乾卦) 단사(彖辭)〉에 "위대하도다, 건원이여! 만물이 자뢰해 시작하니, 이에 하늘의 일을 총괄하도다.〔大哉乾元! 萬物資始, 乃統天.〕"라고 하였고, 〈계사 상(繫辭上)〉에 "건(乾)은 큰 시작을 주관하고, 곤(坤)은 물건을 만들어 완성한다.〔乾知大始, 坤作成物.〕"라고 하였다.

225 반드시……있다 : 이 말은 《노주집(老洲集)》 권25 〈잡지(雜識)〉에 보인다.

초년(初年)에 진실로 묻고 배움에 크게 힘을 쏟았으나, 또한 어찌 실천을 소홀히 한 적이 있었겠습니까. 경전을 공부하는 학자들이 문의(文意)와 훈고(訓詁)에만 얽매여서 한 근원으로 공부를 거두어들일 줄을 몰랐기 때문에, 선생께서 만년에 고심하여 고쳐 경계하여서 사람들로 하여금 요약된 데로 돌아가서 본원을 함양(涵養)하도록 하였으니, 또한 어찌 강학(講學)을 내버려 둔 적이 있었겠습니까. 그 사람의 지나치거나 미치지 못한 점에 나아가 말씀을 다르게 하신 것은 마치 의사(醫師)가 병을 치료할 때에 온량 보사(溫涼補瀉)[226]하기를 증상에 따라 약을 처방하는 것과 같으니, 어찌 초년과 만년의 차이가 있겠습니까.

진북계(陳北溪)와 이과재(李果齋)의 두 설[227]은 인자(仁者)와 지자(知者)가 소견이 다른 것이고,[228] 면재(勉齋)의 설[229]은 또한 구이지학

226 온량 보사(溫涼補瀉) : 한열(寒熱)을 헤아려 치료하는 것으로, 한의학에서 보(補)하는 일과 사(瀉)하는 일을 통틀어 이르는 말이다. 보(補)는 원기를 돕는 것이고 사(瀉)는 설사〔下劑〕로 병을 고치는 것이므로, 허증(虛症)은 보(補)하고 실증(實症)은 사(瀉)한다.

227 진북계(陳北溪)와……설 : 진북계는 진순(陳淳), 이과재(李果齋)는 이방자(李方子)로 모두 주자(朱子)의 문인이다. 임종칠(林宗七)이 매산에게 보낸 편지에서, "진북계(陳北溪)는 선생께서 크게 공력을 들인 곳은 대부분 도문학(道問學)에 있었다고 하였고, 이과재(李果齋)는 선생께서 만년에 제생(諸生)들이 문의(文意)에만 얽매여 있는 것을 보고 도(道)가 전해지지 못할까 깊이 염려하여 비로소 자못 본체를 가리켜 보이셨다고 하였습니다. '대부분 있었다〔多在〕'라고 한 것과 '비로소 자못〔始頗〕'이라고 한 것은 혹 문학(問學) 한 쪽으로 치우치거나 혹 만년에 깨달으신 뜻을 가지고 말한 것이니, 이것이 사문(師門)의 본지라 할 수 있겠습니까?〔陳北溪以爲先生大段着力處多在道問學上, 李果齋以爲先生晚見諸生繳繞於文意間, 深慮斯道之無傳, 始頗指示本體. 所謂多在、所謂始頗云者, 或偏於問學一邊, 或帶得晚覺底意思, 果得斯文本旨乎?〕"라고 하였는바, 두 설은 여기서 한 말을 가리킨다. 《屯塢集 卷2 上洪梅山》

(口耳之學)의 폐단을 바로잡으려는 데에서 나온 것입니다. 〈답이경자서(答李敬子書)〉[230]는 교왕과직(矯枉過直)의 염려가 있을 듯하지만, 활간(活看)[231]한다면 병통을 만드는 데 이르지는 않을 듯합니다. 강학을 힘쓰는 사람은 실천을 빠뜨리는 일이 많고, 실천에 전심하는 사람은 또 강학을 무익하다 여기니, 취한 사람을 부축함에 동(東)으로 거꾸러지고 서(西)로 떨어지는 것과 같은바 이는 고금의 공통된 문제입니다. 주 선생(朱先生 주희(朱熹))께서 마음속 가득 고심하셨던 것은 천하 만세와 함께 지극히 중정(中正)한 데로 나아가고자 함이었으니, 이는 우리들이 마땅히 마음에 새겨야 할 바입니다.

228 인자(仁者)와……것이고 : 같은 도(道)를 두고 인자(仁者)는 인(仁)이라고 하고 지자(智者)는 지(智)라고 한다는 뜻이다. 《주역(周易)》〈계사 상(繫辭上)〉에, "인자는 이를 보고 인이라 이르고, 지자는 이를 보고 지라 이르며, 백성들은 날마다 쓰면서도 알지 못한다.〔仁者見之, 謂之仁, 智者見之, 謂之智, 百姓日用而不知.〕" 하였다.

229 면재(勉齋)의 설 : 면재(勉齋)는 남송의 이학가(理學家)이자 주자의 문인(門人)인 황간(黃榦, 1152~1221)을 가리킨다. 면재의 설이란 임종칠(林宗七)이 매산에게 보낸 편지에서, "황면재(黃勉齋)는 끝내 존덕성(尊德性)에 대한 의사가 중하였으니, 이는 참으로 말학의 폐단을 고쳐서 바로잡으려 함에 그러지 않을 수 없었던 것이니, 뜻이 비교적 참되고 간절합니다.〔黃勉齋則終是尊德性意思重了, 此固矯捄末學之弊不得不然, 意較眞切.〕"라고 하였는바 이를 가리킨다. 《屯塢集 卷2 上洪梅山》

230 답이경자서(答李敬子書) : 《주자대전(朱子大全)》 권62 〈답이경자여국수(答李敬子余國秀)〉를 가리킨다. 임종칠(林宗七)이 매산에게 보낸 편지에서 이 글에 대하여, "다만 〈답이경자서(答李敬子書)〉는 문학(問學) 한 쪽에 있어 말이 생략되었으니, 치우침이 없을 수 없어서 혹 이학(異學)이 구실로 삼는 폐단을 불러일으키게 될 듯합니다. 어찌 편치 못한 부분이 아니겠습니까.〔但答李敬子書, 於問學一邊, 說得歇後, 恐不能無偏而或致異學藉口之弊, 豈非未安乎?〕"라고 한 것이 보인다. 《屯塢集 卷2 上洪梅山》

231 활간(活看) : 글을 볼 때에 글자나 글귀에 얽매이지 않고 전체의 뜻을 널리 보아 본의를 파악함을 가리킨다.

임내경에게 답함 경자년(1840, 헌종6)

答林來卿 庚子

삼가 생각건대 서책에 나열되어 있는 성철(聖哲)의 가르침이 모두 도(道)에 나아가고 덕(德)을 이루는 참된 요결(要訣)입니다. 그러나 말은 일에 따라 달라지고 이치는 말에 따라 나뉘어서 아득하여 착수하기가 어려우니, 배우는 이들이 그 넓음을 통하여 요점에 도달하지 못하면 진실로 말미암을 바를 잃게 됩니다. 그리하여 이와 같이 하고자 하고 또 저와 같이 하고자 하여 끝내 머무르는 곳이 없게 되니, 도(道)가 이 때문에 밝아지지 못하고 행해지지 못하는 것입니다.

그러나 천하의 이치는 하나일 뿐이니, 말은 같지 않더라도 이치는 달랐던 적이 없습니다. 그러니 그 중에 한 가지 이치를 터득하여 이를 통해 들어간다면 그 나머지는 유추하여서 어디를 가도 통하지 않음이 없게 됩니다. 그러므로 천 길 만 길이 모두 국도(國都)로 갈 수 있다고 하는 것입니다. 부자(夫子)께서 안연(顔淵)과 염유(冉有)의 인(仁)을 행하는 것에 대한 질문에 답하신 내용이 진실로 동일하지 않았지만 정자(程子)가 "경(敬)하면 이길 만한 사욕(私慾)이 없게 될 것이다."라고 한 것[232]은 바로 이 때문입니다. 주 선생(朱先生 주희(朱熹))께서 평소

232 부자(夫子)께서……것 : 《논어》 〈안연(顔淵)〉에서 안연(顔淵)이 인(仁)을 묻자 공자가 "사욕(私慾)을 이겨 예(禮)에 돌아감이 인(仁)을 하는 것이니, 하루 동안이라도 사욕을 이겨 예(禮)에 돌아가면 천하가 그 인(仁)을 허여할 것이다.〔克己復禮爲仁, 一日克己復禮, 天下歸仁焉.〕"라고 하였고, 또 중궁(仲弓)이 인(仁)을 묻자, "문을 나갔을 때에는 큰손님을 뵌 듯이 하며, 백성에게 일을 시킬 때에는 큰 제사를 받들 듯이

학문을 하는 차서를 말씀하시면서 "내가 자득한 곳은 매우 간약(簡約)하니, 다만 한두 구(句)의 긴절하고 요긴한 말씀일 뿐이다. 밤낮으로 이에 나아가 노력한다면 마음속이 쇄락(灑落)해짐을 절로 깨닫게 될 것이다."[233]라고 하였습니다. 이와 같은 뒤에야 이 이치가 지극히 간약하여 많은 말이 필요 없다는 것을 알게 되는 것이니, 학문을 하는 방법으로 이보다 좋은 것이 없습니다.

도(道)를 구하는 데 뜻을 둔 사람은 진실로 차서에 따라 정밀하게 하여야 하는데, 그러고서도 그 요점을 얻지 못하였다면 침잠(沈潛)하여 밝히고 연역하는 공부를 지극히 하고 근본을 세우고 요약함을 잡아 지키는 방법에 힘쓸 것을 서둘러 도모하여야 합니다. 만약 그렇게 하고자 한다면 한 군데에 전심치지하는 것보다 좋은 것이 없으니, 이는 "한쪽으로 지극히 함이니, 한쪽으로 지극히 하면 능히 성실할 수 있다. 〔致曲 曲能有誠〕"[234]라는 것과 같습니다. 육경(六經)과 사서(四書)에

하고, 자신이 하고자 하지 않는 것을 남에게 베풀지 말아야 한다.〔出門如見大賓, 使民如承大祭, 己所不欲, 勿施於人.〕"라고 하여 대답한 것이 각각 달랐다. 이에 대해 집주(集註)에서 정자(程子)의 말을 인용하여 "극기복례는 건도(乾道)이고, 경(敬)을 주장하고 서(恕)를 행함은 곤도(坤道)이다. 안자(顔子)와 염자(冉子)의 학문의 높고 낮음과 얕고 깊음을 여기에서 볼 수 있다. 그러나 배우는 자가 진실로 경(敬)과 서(恕)의 사이에서 종사하여 얻음이 있으면 또한 장차 이길 만한 사욕이 없게 될 것이다.〔克己復禮, 乾道也; 主敬行恕, 坤道也. 顔冉之學其高下淺深, 於此可見. 然學者誠能從事於敬恕之間而有得焉, 亦將無己之可克矣.〕"라고 하였다.

233 내가……것이다 : 이 말은 《주자어류(朱子語類)》 권104에 보인다.

234 한쪽으로 지극히 함이니……있다 : 이 말은 《중용장구》에 보인다. 이에 대한 주자(朱子)의 주에 "대현(大賢) 이하로 성실함에 지극하지 못함이 있는 모든 자를 통틀어 말씀한 것이다. 치(致)는 미루어 지극히 함이요, 곡(曲)은 한쪽이다.〔通大賢以下凡誠

담긴 성현(聖賢)들의 말에 나아가 몸과 마음에 긴절(緊切)하여 알기 쉽고 행하기 쉬운 것을 취하여서 깊이 스스로 체득해 성찰하기를 마치 주돈이(周敦頤)의 기(幾),[235] 장재(張載)의 예(豫),[236] 정자(程子)의 경(敬),[237] 주자(朱子)의 성(誠)[238]처럼 각기 주장한 바가 있었던 것과

有未至者而言也. 致, 推致也. 曲, 一偏也.〕"라고 하였고, "오직 성인(聖人)만이 그 성(性)의 전체(全體)를 들어 다하는 것이요, 그 다음은 반드시 선(善)한 단서가 발현되는 한쪽으로부터 모두 미루어 지극히 하여, 각각 그 지극함에 나아가는 것이다.〔惟聖人能擧其性之全體而盡之, 其次則必自其善端發見之偏而悉推致之, 以各造其極也.〕"라고 하였다.

235 주돈이(周敦頤)의 기(幾) : 송(宋)나라 유학자 주돈이(周敦頤)가 《통서(通書)》에서 "성(誠)의 상태일 때에는 작위가 없다가, 기(幾)에서 선과 악이 나뉘어진다.〔誠無爲, 幾善惡.〕"라고 하였는데, 이에 대해 주자(朱子)가 "기(幾)라는 것은 처음 동(動)할 때의 미세한 움직임이니, 선과 악이 이를 말미암아 나누어지게 된다.〔幾者動之微, 善惡之所由分也.〕"라고 하였다. 《近思錄 卷1 道體類》

236 장재(張載)의 예(豫) : 송(宋)나라 유학자 장재(張載)가 《정몽(正蒙)》 〈신화(神化)〉에서 "의리를 정밀히 연구하여 신묘한 경지에 들어감은 일이 내 안에서 미리 정해져서 나의 밖에서 이로움을 얻게 되는 것이다.〔精義入神, 事豫吾內, 求利吾外也.〕"라고 하였고, 또 "의리를 정밀히 연구하여 신묘한 경지에 들어감은 예(豫)일 뿐이다.〔精義入神者豫而已.〕"라고 한 말이 《횡거역설(橫渠易說)》 및 《주자어류(朱子語類)》 등에 보인다.

237 정자(程子)의 경(敬) : 송(宋)나라 유학자 정이(程頤)가 "함양은 모름지기 경(敬)을 써야 하고, 진학은 치지에 달려 있다.〔涵養須用敬, 進學則在致知.〕"라고 한 말이 《이정전서(二程全書)》 및 《대학혹문(大學或問)》 등에 보인다.

238 주자(朱子)의 성(誠) : 《중용장구(中庸章句)》에, "천하의 달도가 다섯 가지인데 이를 행하는 것은 세 가지이다. 군신간, 부자간, 부부간, 형제간, 붕우간의 사귐 이 다섯 가지는 천하의 달도요, 지, 인, 용 이 세 가지는 천하의 달덕이니, 이를 행하는 것은 하나이다.〔天下之達道五, 所以行之者三. 曰君臣也, 父子也, 夫婦也, 昆弟也, 朋友之交也, 五者天下之達道也, 智仁勇三者, 天下之達德也, 所以行之者一也.〕"라고 하였

같이 하여서 늘 생각하고 잊지 말아 오래도록 지켜야 합니다. 그리하여 마음이 이치와 함께 젖어들고 이치가 일과 더불어 안정되어서 본원이 심후해지고 지류(支流)가 분명해지면, 자연히 좌우에서 근원을 만나[239] 신묘하게 계합하고 홀로 경지에 나아가서, 그렇게 된 까닭도 스스로 알지 못한 채 그렇게 됨이 있을 것입니다.

공부하는 절도의 경우에는, 마땅히 뜻을 세워 규모를 정하고, 경(敬)에 거하여 큰 근본을 세우고, 이치를 밝혀 심체(心體)를 다하고, 사욕을 극복하여 호연지기를 기르고, 덕(德)을 돈독히 하여 신(神)의 조화에 이르게 되는 것 이 다섯 가지를 생을 마칠 때까지 덕을 쌓고 학업을 닦아 박문(博聞)을 말미암아 약례(約禮)로 돌아오는 의체(義諦)로 삼아야 하니, 그대와 함께 이에 힘쓰고자 합니다. 불자(佛者)는 스스로 말하기를, "일대사인연(一大事因緣)을 위해 세상에 나왔다." 하는데, 성인(聖人)께서도 일대사(一大事)를 위해 세상에 나오셨으니, 이 때문

는데, 이에 대한 주자(朱子)의 주에 "일(一)은 곧 성(誠)일 뿐이다. 달도(達道)는 비록 사람이 똑같이 행하는 바이나 이 세 가지 덕(德)이 없으면 이것을 행할 수 없고, 달덕(達德)은 비록 사람이 똑같이 얻은 바이나 한 가지라도 성실(誠實)하지 못함이 있으면 인욕(人慾)이 사이에 끼어서 덕(德)다운 덕이 아닐 것이다.〔一則誠而已矣. 達道雖人所共由, 然無是三德, 則無以行之. 達德雖人所同得, 然一有不誠, 則人欲間之而德非其德矣.〕"라고 하였다.

239 좌우에서 근원을 만나 : 자득(自得)을 통해 학문의 경지가 높아지면, 모든 주변의 사물에서 도(道)의 근원을 만날 수 있다는 뜻이다. 《맹자》 〈이루 하(離婁下)〉에 "군자가 깊이 나아가기를 도(道)로써 함은 그 자득(自得)하고자 해서이니, 자득(自得)하면 처하는 것이 편안하고, 처하는 것이 편안하면 자뢰함이 깊고, 자뢰함이 깊으면 좌우에서 취함에 그 근원을 만나게 된다.〔君子深造之以道, 欲其自得之也. 自得之則居之安, 居之安則資之深, 資之深則取之左右, 逢其原.〕"라고 하였다.

에 하늘을 떠받치고 땅을 지탱하여 이 도리(道理)를 부지하여 수립하신 것입니다. 그렇지 않았다면 하루도 유지할 수 없어서, 다리로 하늘을 떠받들고 머리로 땅을 받쳐서 인도(人道)가 종식되었을 것입니다.[240] 만일 이 뜻을 봄이 참되고 간절하다면, 노력하여 위로 향하지 않고자 하더라도 그럴 수 있겠습니까.

《의례(儀禮)》〈사상례(士喪禮)〉에 "공(公 국군(國君))은 검은 비단과 붉은 비단을 부의로 하사한다." 하였고, "나라의 도성 문에 이르렀을 때에 공(公)이 재부(宰夫)로 하여금 검은 비단과 붉은 비단 한 속(束)을 증(贈)하면 그제야 하관한다." 하였고, 또 "주인(主人 상주(喪主))은 제폐(制幣)로 검은 비단과 붉은 비단 한 속(束)을 증(贈)한다."라고 하였으며,[241] 《예기》〈잡기(雜記)〉에는 "노(魯)나라 사람은 폐백을 증(贈)할 때에 삼현이훈(三玄二纁)[242]을 사용하였다."라고 하였습니다. 증(贈)은 주인(主人)이 죽은 이에게 물건을 드리는 것을 말하는데, 증(贈)에는 제폐(制幣)의 검은 비단과 붉은 비단 한 속을 사용합니다. 무릇 예식에 쓰이는 폐백에 모두 제(制)를 쓰는 것은 검소하게 하는

240 불자(佛者)는 스스로……것입니다 : 이 부분은 《주자어류(朱子語類)》 권13에 있는 말을 요약하여 말한 것이다.

241 또……하였으며 : 이 부분은 현재 《의례》〈기석례(旣夕禮)〉에 실려 있다. 일반적으로 〈기석례〉가 〈사상례〉의 하편처럼 인식되었으므로 이와 같이 출전을 적은 듯하다. 주(註)에 따르면, 제폐(制幣)에서의 제(制)는 1길 8자를 가리키는데, 예식에 쓰이는 폐백에 모두 제(制)를 쓰는 까닭은 검소하게 하는 것으로 절제함을 취한 것이다.

242 삼현이훈(三玄二纁) : 현(玄)과 훈(纁)의 비율이 현(玄)이 3을 차지하고 훈(纁)이 2를 차지하기 때문에 이렇게 말한 것이다. 《儀禮注疏 旣夕禮》

것으로 절제함을 취한 것이니, "제폐(制幣)" 두 글자를 보면 임금의 증(贈)과 주인의 증(贈) 사이의 경계가 본래부터 다르다는 것을 알 수 있습니다.

가공언(賈公彦)의 소(疏)에 주인이 증(贈)한 것을 임금이 내린 물건으로 삼은 것[243]은 근거가 없는 말이고, 후세에는 임금이 내리는 것이 없어서 주인이 스스로 마련하여 이를 행하였습니다. 〈사상례(士喪禮)〉에 염습(殮襲)할 때에 옷을 진설함에 있어서 반드시 서인(庶人)이 드리는 수의와 임금이 내린 수의를 구별한 것은 주인이 마련하는 것이 아님을 밝힌 것이니, 어찌 임금이 내린 것을 주인과 혼칭하여 말할 수 있겠습니까.

또 예(禮)에 여러 빈객들에게는 절하지만 관 속의 하사품에는 절하지 않으니,[244] 이는 사람이 스스로 그 정(情)을 다하기를 허락한 것입니다. 군주가 명하여서 폐백을 버들고리 안에 넣으면 스스로 합하여 광(壙)에 넣는 것은 군주의 은혜를 보존하는 것이니, 어찌 주인이 다시 버들고리에서 꺼내서 절하고 증(贈)하여서 마치 자신이 마련한 것처럼 할 수 있겠습니까. 임금의 증(贈)과 친척과 빈객의 증(贈) 이외에 따로 주인

243 가공언(賈公彦)의……것 : 《의례주소(儀禮注疏)》〈기석(旣夕)〉에 "주인(主人)이 죽은 이에게 물건을 드릴 적에는 검은 비단과 붉은 비단의 속백(束帛)을 사용하는데, 임금이 내린 물건이 중하기 때문에 이것을 사용하여 죽은 이를 보낸다.〔主人贈死者, 用玄纁束帛, 以其君物所重, 故用之送終也.〕"라고 한 가공언의 소(疏)가 보인다.

244 예(禮)에……않으니 : 《의례》〈사상례〉 "삼일 만에 성복하고 상장을 짚고서 임금의 명과 여러 빈객들에게 절하고, 관 속의 하사품에는 절하지 않는다.〔三日成服, 杖拜君命及衆賓, 不拜棺中之賜.〕"라고 하였는데, 정현(鄭玄)의 주에 관 속의 하사품에는 절하지 않는 까닭은 주인 자신에게 베푼 것이 아니기 때문이라고 하였다. 《儀禮注疏 卷12》

의 증(贈)이 있음에 의심의 여지가 없으니, 이 때문에 《가례》에서 특별히 주인의 증(贈)을 언급한 것[245]입니다. 이 증(贈)은 고례(古禮)에서 근원한 것이니, 존양(存羊)의 의리[246]에서 나온 것이 아닌 듯합니다.

고례(古禮)에 공(公)이 증(贈)하는 것은 명사(命士)[247] 이상에게 베푸는 예(禮)이지만, 주인이 스스로 증(贈)할 때에는 귀천의 구별이 없었으니, 어찌 임금의 하사가 없다고 하여 주인이 증(贈)하지 않을 수 있겠습니까. 무릇 폐백을 드릴 때에는, 마땅히 집안의 재력에 맞추어서 재력이 미칠 수 있는 사람은 정례(正禮)인 육현사훈(六玄四纁)을 따라야 하고, 가난한 사람은 검은 비단과 붉은 비단 각각 하나를 드릴 뿐입니다. 증(贈)은 물건을 가지고 곽 안에서 망자를 전송하는 것이니, 마련하기 어렵다고 하여 빠뜨려서는 안 됩니다. 임금의 증(贈)과 빈객의 증(贈)과 주인의 증(贈)이 모두 정리(情理)와 예의로서 그만 둘 수 없는 것이니, 어찌 허례(虛禮)라고 하겠습니까.

백건(白巾)과 환질(環絰)의 제도로 말하면, 이는 바로 효자가 관을 벗어서 꾸밈이 없이 염하는 것을 볼 수가 없기 때문입니다. 〈사상례(士

245 가례에서……것 : 《주자가례》 권4 〈상례(喪禮)〉의 하관(下官)조에 "주인증(主人贈)"에 관한 설명이 보인다.

246 존양(存羊)의 의리 : 명실이 서로 부합되지는 못하더라도 형식만이라도 남겨 두어 옛 제도를 보존하자는 취지를 뜻한다. 《논어》 〈팔일(八佾)〉에 "자공(子貢)이 곡삭(告朔)의 예에 바치는 희생양을 없애려고 하니, 공자가 '사(賜)야, 너는 그 양을 아끼느냐? 나는 그 예를 아낀다.' 하였다."라고 한 말이 보인다.

247 명사(命士) : 천자나 제후로부터 명(命)을 받은 관원을 말한다. 명은 관직자의 작복(爵服)을 더하는 명칭으로, 초명(初命)은 사(士)가 되고, 재명(再命)은 대부(大夫)가 되고, 삼명(三命)은 경(卿)이 된다고 하는데, 이 외에도 이설(異說)이 있다.

喪禮)〉에서 말하지 않은 것을 《예기》 〈단궁(檀弓)〉에서 말하였고,[248] 《가례》에 기재하지 않은 것을 《상례비요》에서 기재하였으니,[249] 〈단궁(檀弓)〉과 《상례비요》를 따라 행하는 것이 옳을 듯합니다. 우옹(尤翁 송시열(宋時烈))께서 이를 행하지 않으셨던 것은 《가례》를 독실하게 믿어서 그러했던 것이지만, 이를 근거로 삼아 검은 비단과 붉은 비단을 드리는 예를 폐하는 증거로 삼아서는 안 됩니다. 폐백을 드리는 것은 망자를 위한 것이고 건(巾)과 질(絰)을 사용하는 것은 산사람에 속하는 것인바, 예(禮)의 경중이 다르기 때문입니다.

심성(心性)과 이기(理氣)는 지극히 정미하고 고묘(高妙)하여 천박한 마음과 조잡한 지식으로 대번에 말할 수 있는 것이 아닙니다. 그러나 명칭과 도리의 학문을 하는 사람은 마땅히 먼저 각각의 부위(部位)를 찾아야 하니, 만약 자리를 변별하지 않는다면 높은 수준을 세워 깊이 파고들어가더라도 많은 수고로움만 낭비할 뿐 본의(本意)를 알 수 없을 것입니다.

248 예기 단궁(檀弓)에서 말하였고 : 염할 때의 효자의 환질에 대한 내용은 현재 《예기》 〈잡기(雜記)〉에 보인다. "소렴(小斂)할 때에 환질을 착용하는 것은 공(公)과 대부(大夫)와 사(士)가 동일하다.〔小斂環絰, 公大夫士一也.〕"라고 하였는데 이에 대한 공영달(孔穎達)의 소(疏)에 "환질은 한 가닥으로 돌린 것이니, 어버이가 처음 죽었을 때에 효자가 관을 제거했다가 소렴할 때에 이르러서는 꾸밈이 없을 수 없으므로 사(士)는 흰 명주 베로 위모(委貌)를 하고 대부(大夫) 이상은 흰 명주 베로 소변(素弁)을 하니, 귀천이 모두 그 위에 환질을 가할 수 있다.〔環絰, 一股而纏也, 親始死, 孝子去冠, 至小斂, 不可無飾, 士素委貌, 大夫以上素弁, 而貴賤悉得加於環絰.〕"라고 하였다.

249 상례비요에서 기재하였으니 : 백건(白巾)과 환질(環絰)에 관한 내용은 김장생(金長生)의 《사계전서》 권31 〈상례비요 소렴(小殮)〉에 보인다.

일신(一身) 상에서 징험하는 것은 단지 형(形)·기(氣)·신(神)·이(理) 네 글자일 뿐입니다. 형(形)이 있으면 기(氣)가 있고, 기(氣)가 있으면 신(神)이 있고, 신(神)이 있으면 이(理)가 있는 것이니, 이(理)는 신(神)보다 정미하고, 신(神)은 기(氣)보다 정미하고, 기(氣)는 형(形)보다 정미합니다. 형(形)은 형질의 예쁘고 추악함, 길고 짧음이 한번 정해져서 바꿀 수 없는 것이며, 기(氣)는 기질의 맑고 탁함, 순수하고 잡박함이 갖가지로 가지런하지 않음이 있는 것입니다. 신(神)은 기(氣)의 근본으로 이(理)와 간격이 없어서 본심의 묘함이 되는 것이고, 이(理)는 심(心)에 갖추어져서 순수하여 망령됨이 없어서 동정(動靜)의 법칙이 되는 것입니다.

성(性)은 비록 순전히 선하지만 작위(作爲)하는 바가 없으므로 운용하는 기틀이 전적으로 신(神)에 의지하니, 신(神)에게 만약 불선(不善)이 있다면 무엇을 의지하여 선(善)을 드러낼 수 있겠습니까. 지극히 신령한 심(心)으로 순전히 선한 이(理)에 배합하므로 기질을 능히 변화시킬 수 있는 것입니다. 만일 기질로써 심체(心體)에 해당시킨다면 본체 상에 먼저 좋지 않음이 있게 되니, 말류(末流)의 가지런하지 않음을 어떻게 변화시킬 수 있겠습니까. 본심의 불선(不善)을 가지고 성(性)이 선하다는 뜻에 해될 것이 없다고 말한다면, 이는 이(理)와 기(氣)가 하나의 근원이라는 뜻을 보지 못한 것입니다.

이른바 기질이라는 것은 따로 하나의 기(氣)가 있는 것이 아니라, 담일(湛一)한 기(氣)[250]의 찌꺼기로서 몸의 안팎에 두루 있어서 그 기

250 담일(湛一)한 기(氣) : 송(宋)나라 유학자 장재(張載)가 "담일(湛一)은 기(氣)의 근본이고, 공취(攻取)는 기의 욕구이다.〔湛一, 氣之本, 攻取, 氣之欲.〕"라고 하였는

멸(起滅)이 무상한 것이 마치 운무가 펼쳐졌다가 걷혔다가 하는 것과 같습니다. 미발(未發)의 상태에 물러나서 기질이 도심(道心)의 명을 들을 때에는 흡사 없는 듯하다가, 이발(已發)하여 용사(用事)할 때에는 방촌(方寸)의 마음을 어지럽히기를 마치 구름이 해를 가리듯이 합니다. 그러나 기(氣)의 작용이 한번 멈추어져서 작용을 거두어 본체(本體)로 돌아가면 옛날처럼 태청(太淸)하게 되니, 만일 일정하여 변하지 않는다면 어떻게 기질을 변화할 수 있겠습니까.

사람이 얻어서 심(心)으로 삼은 것은 바로 천지가 만물을 낳는 심(心)이니, 주자(朱子)께서 이른바 "낳아준 바를 얻지 못함이 없어서 일신(一身)의 주인이 된다."[251]라는 것으로서 이(理)와 간격이 없는 것입니다. 이는 하늘에 있다고 하여 남음이 있고 사람에게 있다고 하여 부족한 것이 아니니, 어찌 청탁(淸濁)과 후박(厚薄)으로 말할 만한 것이 있어서 기질과 뒤섞어 구분하지 않을 수 있겠습니까. 맹자(孟子)께서 "뜻은 기(氣)의 장수이고 기(氣)는 몸에 가득 차있는 것이다."[252]라고 말씀하신 것이 이미 심(心)과 기질(氣質)의 변별인 것이고, 〈재거감흥(齋居感興)〉 시의 "인심(人心)은 오묘하여 헤아릴 수 없으니, 기(氣)의 작용을 타고 출입하네."[253]라는 구절과 《주자어류》의 "심(心)

데, 주자가 해석하기를, "담일이란 외물에 감촉하기 전의 담연(湛然)하고 순일(純一)한 상태이니, 이것이 기의 근본이다.〔湛一, 是未感物之時, 湛然純一, 此是氣之本.〕"라고 하였다. 《正蒙 誠明》

251 낳아준……된다 : 이 말은 《주자어류(朱子語類)》 권18에 보인다.

252 뜻은……것이다 : 이 말은 《맹자》 〈공손추 상(公孫丑上)〉에 보인다.

253 인심(人心)은……출입하네 : 이 구절은 《주자대전(朱子大全)》 권4 〈재거감흥(齋居感興)〉에 보인다.

은 성(性)에 비하면 조금 자취가 있고, 기(氣)에 비하면 자연히 더욱 신령하다."라고 한 말과 율곡(栗谷 이이(李珥))께서 "사람의 허령(虛靈)함은 품부 받은 것에 얽매이지 않는다."[254]라고 한 말씀에서 그 구별한 바를 볼 수 있습니다.

노주(老洲) 오장(吳丈 오희상(吳熙常))께서는 "심(心)과 기질은 똑같은 기(氣)인데 다만 본말(本末)의 차이가 있을 뿐이다. 혹 서로 뒤섞일까 염려하여 방촌(方寸)의 내외(內外)로 구별하여 말하는 이들은 심(心)이 형이하(形而下)에 속하는 것이지만 또한 형상과 형체가 없어서 방소(方所)를 가지고 구할 수 없음을 전혀 알지 못하는 것이다. 다만 요컨대 본체 상에서 동정(動靜)과 본말(本末)을 구분하여 이(理)와 기(氣)가 서로 떨어지지도 않고 섞이지도 않은 묘함을 보아야 한다."[255]라고 하였습니다. 여기에서 체득하여 이해한다면, 절로 심(心)과 기질이 합하여 하나가 될 수 없음을 간파하게 될 것입니다

254 사람의……않는다 : 이 말은 《율곡전서(栗谷全書)》 권27 〈격몽요결(擊蒙要訣)〉 보인다.

255 심(心)과 기질은……한다 : 이 말은 《노주집(老洲集)》 권21 〈잡저(雜著)〉에 보인다.

임내경에게 답함 갑진년(1844, 헌종10)

答林來卿 甲辰

참최(斬衰)의 효대(絞帶)[256]를 연제(練祭)를 지낸 후에 마(麻)를 바꾸어 포(布)로 만들어 착용하는 것은 공(公)・사(士)・대부(大夫)의 중신(衆臣)들로부터 나왔는데 비천(卑賤)하기 때문에 포대(布帶)와 승구(繩屨)로 강복하여 낮춘 것이니,[257] 이는 의복(義服)의 변례(變禮)입니다. 가공언(賈公彦)의 소(疏)에서 이를 취한 것과 《의례상복도식(儀禮喪服圖式)》에 이를 실은 것은 진실로 감히 알 수 없는 바가 있으나 사계(沙溪) 선생이 이미 《상례비요(喪禮備要)》에 기록해두어서[258]

256 효대(絞帶) : 상복 제도에 있어서 참최복을 입는 사람이 띠는 허리띠로, 마(麻)를 꼬아서 만든 허리띠이다. 《儀禮 喪服》

257 공(公)……것이니 : 《의례(儀禮)》 〈상복(喪服)〉에 "공(公)・사(士)・대부(大夫)의 중신(衆臣)들은 그 군주를 위하여 포대와 승구를 착용한다.〔公士大夫之衆臣, 爲其君布帶繩屨.〕"라고 하였는데, 이는 공경대부(公卿大夫)들이 천자(天子)와 제후(諸侯)에 압존 되어서 강복(降服)을 한 것이다.

258 가공언(賈公彦)의……기록해두어서 : 가공언의 소는 가공언의 《의례의소(儀禮義疏)》를 말하며, 《의례상복도식》은 남송(南宋) 때 사람 양복(楊復)이 지은 도식을 가리킨다. 사계(沙溪) 김장생(金長生)이 《상례비요(喪禮備要)》 〈소상(小祥)〉에서 "《의례상복도식》에 의하면, 참최의 효대는 우제(虞祭) 후에 포(布)로 바꾸되, 포(布)는 일곱 새 포를 쓴다고 하였다. 오늘날 《가례》를 따라서 비록 우제의 변복(變服)은 없으나, 연제(練祭) 때에 만약 옛 예를 써서 요질(腰絰)을 갈(葛)로 바꾼다면 효대 역시 마땅히 포(布)를 써야 한다."라고 하였다. 참고로 가공언의 《의례의소》에서 효대(絞帶)에 대해 언급한 부분에, "질대(絰帶)는 우제(虞祭) 뒤에 마(麻)를 바꾸어 갈(葛)로 입는다. 참최의 효대(絞帶)는 우제 뒤에 비록 바꿔 입는 것을 말하지 않았으나,

행해진 지가 이미 오래되었으니, 오래되면 바꾸기가 어렵습니다. 요질(腰絰)은 중요하고 효대(絞帶)는 가벼우니, 요질을 이미 갈(葛)로 바꾸었다면 효대 또한 바꾸어야 할 것입니다. 만약 포(布)로 입는 것이 참최와 자최 사이에 구분이 없음을 꺼린다면 숙마(熟麻) 또한 사용할 만합니다. 포(布)는 누이되 가장자리를 꿰매지 않아야 하고, 효대에 이미 연포(練布)를 썼다면 관(冠)의 제도는 영(纓)과 무(武)에 차이가 없습니다.

참최의 연복(練服)[259]을 가장자리를 꿰매야 한다는 논의는 "공최복과 같다.〔如功衰〕"[260]라는 글로 인하여 나온 것이지만, "공최복과 같다.〔如功衰〕"라고 할 때의 "여(如)" 자는 부판(負版)과 벽령(辟領)과 최(衰)를 제거하기를 그처럼 한다는 것[261]을 말하였을 뿐이고, 가장자

살펴보건대 공사(公士)의 중신(衆臣)이 군주를 위하여 포대(布帶)를 입고, 또 자최 이하에도 역시 포대를 입으니, 효대는 우제 뒤에 마(麻)를 바꾸어 포(布)로 입는 것이 의리에 맞을 것이다.〔絰帶至虞後變麻服葛. 絞帶虞後, 雖不言所變, 案公士衆臣爲君服布帶, 又齊衰以下亦布帶, 則絞帶虞後變麻服布, 于義可也.〕"라고 하였다.

259 연복(練服) : 소상(小祥) 때부터 담제(禫祭) 때까지 입는 상복이다. 초상 때에는 누이지 않은 생포(生布)로 지은 상복을 입지만, 소상 때가 되면 전에 입었던 상복을 벗고 누인 연포(練布)로 상복을 지어 입는다.

260 공최복과 같다 : 공최복은 삼년상을 당하여 소상(小祥)이 지난 뒤에 입는 참최복을 말한다. 참최복을 만드는 데 사용하는 마포(麻布)의 승수(升數)가 대공복을 만드는 데 사용하는 마포와 같기 때문에 이렇게 칭한다. 《예기집설》 〈단궁(檀弓)〉에 남전(藍田) 여씨(呂氏)가 "연복(練服)의 승(升)은 공최복(功衰服)과 같아야 한다.〔練衣之升, 當如功衰.〕" 하였고, 김장생(金長生)의 《상례비요(喪禮備要)》 〈소상(小祥)〉조에 "의상은 제도가 대공(大功)의 최복(衰服)과 같다.〔衣裳, 制如大功衰服.〕"라고 하였다.

261 부판(負版)과……것 : 부판은 상복(喪服)의 등 쪽에 붙어 있는 너비가 1척 8촌인 네모진 베 조각이며, 벽령은 상복의 부판 양쪽 옆 깃 아래에 댄 베 조각으로, 슬퍼하는

리를 꿰매는 것도 그처럼 함을 말한 것은 아니니, 만약 가장자리를 꿰맨다면 "참최 삼년(斬衰三年)"[262]의 의리에 어긋날 듯합니다. 혹자는 "'참최 삼년'의 글은 다만 처음을 말미암아서 그렇게 말한 것일 뿐이고, 삼년 내내 참최를 입는 것을 말한 것은 아니다."라고 합니다. 하지만 연복(練服)을 가장자리를 꿰맨다면, 진실로 이외암(李巍巖)이 비판하신 기참(期斬)의 혐의[263]가 있으니, 제도는 비록 대공(大功)과 같지만 가장자리를 꿰매지 않는 것이 정도(正道)에 맞을 듯합니다.

충(忠)・질(質)・문(文)을 번갈아 숭상한 것[264]은 병폐에 따라 바로잡

정을 표시하기 위한 것이다. 최는 참최복과 자최복에서 길이가 6촌이고 너비가 4촌이 되도록 베 한 조각을 잘라서 가슴 부위에 붙인 것을 말한다. 김장생(金長生)의《상례비요(喪禮備要)》〈소상(小祥)〉에 "또 살피건대,《의례》・《예기》・《통전》 등의 책에는 모두 최(衰)・부판(負版)・벽령(辟領)을 뗀다는 문구가 없으나,《가례》는《서의》를 따라 뗀다고 하였다.〔又按儀禮、禮記、通典等書, 幷無去衰負版辟領之文, 家禮因書儀去之.〕"라고 하였다.

262 참최 삼년(斬衰三年) : 오복(五服) 중 가장 무거운 복(服)으로, 거친 삼베로 짓고 아랫단을 꿰매지 않은 상복을 3년 동안 입는 복제(服制)를 말한다.《朱子家禮 卷4 喪禮 成服》

263 이외암(李巍巖)이……혐의 : 이외암은 이간(李柬, 1677~1727)으로, 호는 외암・추월헌(秋月軒), 본관은 예안(禮安)이다. 기참(期斬)의 혐의라는 말은 연복(練服)의 가장자리를 꿰맨다면 삼년 동안 참최복을 입는 것이 아니라 기년(期年)만 참최복을 입게 되는 것과 같다고 이간이 비판했던 것으로, 이에 대한 논의는《외암유고(巍巖遺稿)》권5〈상수암선생(上遂庵先生)〉기해(己亥)년에 보낸 편지의 별지(別紙)에 자세하다.

264 충(忠)……것 : 하(夏)・상(商)・주(周) 삼대(三代)에 각각 충(忠)과 질(質)과 문(文)을 숭상했다는 설을 말한다. 송(宋)나라 유학자 정이(程頤)의《춘추전(春秋傳)》서문에 "세 분의 왕이 번갈아 일어나면서 삼대의 왕의 예법이 갖추어졌나니, 자・

은 것이니, 삼대(三代)의 손익(損益)[265]은 시기를 인하여 마땅하도록 절제한 것입니다. 정자(程子)께서 말씀하기를, "하(夏)나라는 상고 시대와 가까워서 사람들 중에 충성(忠誠)한 이가 많았으므로 충(忠)을 하였고, 충(忠)이 병폐가 생겼으므로 질(質)로써 바로잡았고, 질(質)이 병폐가 생겼으므로 문(文)으로써 바로잡았으니, 도(道)에 병폐가 있는 것이 아니라 후세(後世)에 도(道)를 지키지 않았으므로 점차 병폐를 이룬 것이다."[266]라고 하였습니다. 이를 주자(朱子)께서 말씀하신 바 "질박함은 아직 문(文)이 있지 않은 것이고, 충(忠)은 혼연하게 정성스럽고 확고하여서 말할만한 질(質)이 없는 것이다."와 "충(忠)은 다만 질박하고 성실하게 곧장 해나가는 것이며, 질(質)은 점차 형질(形質)과 제도(制度)는 있지만 아직 문채는 없는 것이며, 문(文)은 제도에 나아가 일일이 문채를 더하는 것이다. 그러나 천하의 형세에 절로 이 세 가지가 있다."[267]라는 설과 통하여 본다면 올바른 뜻을 알게

축·인의 달을 정월로 각각 삼고 충·질·문을 번갈아 숭상함에, 인도가 갖추어지고 천운이 골고루 미치게 되었다.〔暨乎三王迭興, 三重旣備, 子丑寅之建正, 忠質文之更尙, 人道備矣, 天運周矣.〕"라는 말이 나오는데, 《근사록(近思錄)》 권3 치지류(致知類)에 소개되어 있다.

265 삼대(三代)의 손익(損益) : 《논어》 〈위정(爲政)〉에 "은(殷)나라는 하(夏)나라의 예(禮)를 인습(因襲)하였으니 손익(損益)한 것을 알 수 있으며, 주(周)나라는 은(殷)나라의 예(禮)를 인습하였으니 손익(損益)한 것을 알 수 있다. 혹시라도 주(周)나라를 잇는 자가 있다면 비록 백세의 뒤에서라도 알 수 있을 것이다.〔殷因於夏禮, 所損益, 可知也, 周因於殷禮, 所損益, 可知也, 其或繼周者, 雖百世, 可知也.〕" 하였다.

266 하(夏)나라는……것이다 : 이 말은 《성리대전서(性理大全書)》 권66에 보인다.

267 주자(朱子)께서……있다 : 이 말은 모두 《주자어류(朱子語類)》 권24 〈논어 6(論語六)〉에 보인다.

될 것입니다.

"주충신(主忠信)"[268]이라는 것이 어찌 바로잡을 만한 유폐(流弊)가 있겠습니까마는 충성하기만하고 깨우쳐주지 않는 경우는 첩과 내시의 충성이고,[269] 아첨하고 영합하는 것은 소인의 충성입니다. 그러므로 《대학》에서 "인신(人臣)은 충(忠)에 그친다."라고 하지 않고 "경(敬)에 그친다."라고 하였으니,[270] 경(敬)이라는 것은 선(善)을 진달하고 사특함을 막을 수 있으니 순전한 충성이 됩니다. 충(忠)과 질(質)은 모두 근본을 높이고 실천에 힘쓰는 것이어서 차이가 없는 것 같지만, 충(忠)의 병폐는 속이는 것이므로 질(質)로 고치고, 질(質)의 병폐는 촌스러

268 주충신(主忠信) : 충신(忠信)을 주장한다는 뜻으로 《논어》 〈학이(學而)〉에 보인다.

269 충성하기만하고……충성이고 : 《논어》 〈헌문(憲問)〉에 "사랑한다면 수고롭게 하지 않을 수 있겠는가. 충성한다면 깨우쳐주지 않을 수 있겠는가.〔愛之, 能勿勞乎? 忠焉, 能勿誨乎?〕"에 대한 주(註)에 "사랑하기만 하고 수고롭게 하지 않는 것은 짐승들의 사랑이요, 충성하기만 하고 깨우쳐 주지 않는 것은 부인(婦人)과 내시(內寺)들의 충성이니, 사랑하면서도 수고롭게 할 줄 안다면 그 사랑함이 깊은 것이요, 충성하면서도 깨우쳐줄 줄 안다면 그 충성이 큰 것이다.〔愛而勿勞, 禽犢之愛也; 忠而勿誨, 婦寺之忠也. 愛而知勞之, 則其爲愛也深矣; 忠而知誨之, 則其爲忠也大矣.〕"라고 하였다. 《論語集註》

270 대학에서……하였으니 : 《대학장구》 전(傳) 3장에 "《시경(詩經)》에 이르기를 '목목(穆穆)하신 문왕(文王)이여, 아! 계속하여 밝혀서 공경하여 그치셨다.' 하였으니, 인군(人君)이 되어서는 인(仁)에 그치시고, 인신(人臣)이 되어서는 경(敬)에 그치시고, 인자(人子)가 되어서는 효(孝)에 그치시고, 인부(人父)가 되어서는 자(慈)에 그치시고, 국인(國人)과 더불어 사귐엔 신(信)에 그치셨다.〔詩云: 穆穆文王, 於緝熙敬止. 爲人君, 止於仁; 爲人臣, 止於敬; 爲人子, 止於孝; 爲人父, 止於慈; 與國人交, 止於信.〕"라고 하였다.

운 것이므로 문(文)으로 고칩니다.[271] 동중서(董仲舒) 역시 "은(殷)나라는 경(敬)을 숭상하였다."라고 하였으니,[272] 경(敬)은 질(質)에 비하여 더욱 충(忠)을 바로잡기 좋습니다. 만약 삼대(三代) 이래로 성왕이 계속하여 나왔다면 질(質)로써 문(文)을 바로잡고 충(忠)으로써 질(質)을 바로잡았을 것이니, 백세의 뒤에서라도 알 수 있습니다. 말엽에 문식(文飾)이 날로 성해지고 본질이 날로 상실되어서 그 병폐를 이루 다 말할 수가 없었습니다. 이미 문(文)과 질(質)을 마땅하게 하지 못한다면 차라리 질(質)이 지나친 편이 허물이 적을 것이니, 이것이 부자(夫子)께서 선진(先進)을 따르신 까닭입니다.[273]

271 충(忠)의 병폐는……고칩니다 : 《논어(論語)》 〈옹야(雍也)〉에 "질(質)이 문(文)을 이기면 촌스럽게 되고, 문(文)이 질(質)을 이기면 겉치레만 잘하게 되니, 문(文)과 질(質)이 적당히 배합된 뒤에야 군자라고 할 수 있다.〔質勝文則野, 文勝質則史, 文質彬彬然後君子.〕"라고 하였다.

272 동중서(董仲舒)……하였으니 : 동중서는 한(漢)나라 무제(武帝) 때 사람으로, 이 말은 그가 올린 현량 대책(賢良對策)에 보인다. 《漢書 卷56 董仲舒傳》

273 이미 문(文)과……까닭입니다 : 부자께서 선진을 따르셨다는 것은 《논어》 〈선진(先進)〉에 "선진(先進)이 예악에 대하여 한 것을 지금 사람들이 야인(野人)이라 하고, 후진(後進)이 예악에 대하여 한 것을 지금 사람들이 군자(君子)라고 하니, 만일 예악을 쓴다면 나는 선진을 따르겠다.〔先進於禮樂野人也, 後進於禮樂君子也, 如用之則吾從先進.〕"라고 한 공자(孔子)의 말을 가리킨다. 《논어집주》 〈옹야(雍也)〉에 "질(質)이 문(文)을 이기면 촌스럽게 되고, 문(文)이 질(質)을 이기면 겉치레만 잘하게 되니, 문(文)과 질(質)이 적당히 배합된 뒤에야 군자라고 할 수 있다.〔質勝文則野, 文勝質則史, 文質彬彬然後君子.〕"라고 한 경문에 대한 주에 "문(文)이 이겨 질(質)을 없애는 데 이른다면 그 근본이 없어지는 것이니, 비록 문(文)이 있은들 장차 어디에다 베풀겠는가? 그렇다면 그 문이 지나쳐 겉치레만 잘하는 것보다는 차라리 질이 지나쳐 촌스러움이 나은 것이다.〔文勝而至於滅質, 則其本亡矣, 雖有文, 將安施乎? 然則與其史也, 寧野.〕"라고 하였다.

임내경에게 답함 병오년(1846, 헌종12)
答林來卿 丙午

유가(儒家)에도 양생(養生)의 요결(要訣)이 있습니다. 동정(動靜)을 반드시 경(敬)하게 하면 심장(心臟)의 화(火)가 안정되고, 총애와 모욕에 놀라지 않으면 간장(肝臟)의 목(木)이 편안해지고, 먹고 마심에 절도가 있으면 비장(脾臟)의 토(土)가 새지 않고, 침묵하여 말을 적게 하면 폐장(肺臟)의 금(金)이 온전해지고, 담박하게 욕심이 없으면 신장(腎臟)의 수(水)가 절로 풍족해집니다.[274] 이는 전현(前賢)들의 명언이니, 평이(平易)하면서도 정미하며 간요(簡要)하면서도 두루 완벽하여 대도(大道)를 통하는 것입니다. 그러니 어찌 도가(道家)에서 웅경조신(熊經鳥伸)[275]하는 것보다 낫지 않겠습니까. 삼가 좌하(座下)를 위하여 이를 바라니, 부디 노년기에 수양하는 진정한 요체를 갖추십시오.

수양하여 수명을 연장시킨 것은 진실로 실제 이치가 있으니, 정 선생(程先生)이 "하늘의 영원한 명을 기원함"과 "배워서 성현의 경지에 도달

274 동정(動靜)을……풍족해집니다 : 이는 목(木)·화(火)·토(土)·금(金)·수(水)의 오행을 오장(五臟)에 배속시킨 것으로, 그 관능(官能)에 있어서는 놀람은 간장, 울화는 심장, 음식은 비장(脾臟), 소리는 폐장(肺臟), 욕심은 신장(腎臟)에 속함을 말한 것이다. 《醫學入門》

275 웅경조신(熊經鳥伸) : 선가(仙家)의 양생방(養生方)에 있는 말인데, 사람이 일찌감치 일어나 운동을 하되 마치 새가 날개를 펴듯 곰이 재주를 넘듯이 하면 건강하고 장수한다는 뜻이다. 《莊子 刻意》

함"이라는 두 가지와 함께 들어 보이신 것[276]은 그 공력이 지극하여 응험이 드러났기 때문입니다. 회옹(晦翁 주희(朱熹))이 황자경(黃子畊)에게 답한 편지의 내용[277]도 어찌 공연히 말한 것이겠습니까. 형체를 보존하고 기운을 단련함은 이치를 거슬러 삶을 훔쳐서 조화의 기틀을 도둑질하고자 함이 아니고, 바람 앞의 화롯불인 위태로운 상황을 면하려는 것이니, 또한 그만둘 수 있는 것이 아닙니다.

276 정 선생(程先生)이……것 : 정 선생은 송(宋)나라 유학자 정이천(程伊川)을 말하는데, 그가 "수양이 수명을 연장시킴과 국운이 하늘의 영원한 명을 기원함과 보통 사람이 성현에 이르는 것은 모두 공부가 이 안에 지극하면 이러한 응험(應驗)이 있는 것이다.〔修養之所以引年、國祚之所以祈天永命、常人之至於聖賢, 皆工夫到這裏, 則有此應.〕" 하였다.《近思錄 卷2 爲學》

277 회옹(晦翁)이……내용 :《주자대전》권51〈답황자경(答黃子耕)〉에 "다만 가부좌를 틀고 정좌(靜坐)하여 눈으로는 코끝을 보고 마음을 배꼽 아래 모으기를 오래 하면 절로 아랫배가 따뜻해지면서 점차 공효(功效)를 보게 될 것이다.〔但跏趺靜坐, 目視鼻端, 注心臍腹之下, 久自溫暖, 卽漸見功效矣.〕"라고 한 말을 가리킨다.

임내경에게 답함 무신년(1848, 헌종14)

答林來卿 戊申

시조(始祖)와 선조(先祖)의 제사는 정자(程子)가 의(義)로써 일으킨 데에서 나왔으니,[278] 이는 바로 효자와 자손(慈孫)이 근본에 보답하고 먼 조상을 추모하여 지극함이 이르지 않음이 없는 정성입니다. 주자(朱子)께서 처음에는 이를 시행하였다가 끝내 폐한 것은 위로 참람되다는 혐의를 피하고자 해서였습니다.[279] 두 경우가 각각 정미한 뜻이 있지만 마땅히 주자가 행하신 바를 정도(正道)로 삼아야 할 것입니다.

예제(禰祭)[280]로 말하면 체제(禘祭)나 협제(祫祭)[281]와는 다르니,

278 시조(始祖)와……나왔으니 : 《소학집주(小學集註)》 〈가언(嘉言)〉에 정자(程子), 즉 정이천(程伊川)의 말을 인용하여 "동지에는 시조를 제사하며, 입춘에는 선조를 제사하며, 계추(季秋)에는 아버지의 사당에 제사한다.〔冬至祭始祖, 立春祭先祖, 季秋祭禰.〕"라고 하였다. 의(義)로써 일으켰다는 것 예문(禮文)에 없더라도 이치를 참작하여 새로운 예를 만드는 것을 말한다. 《예기(禮記)》 〈예운(禮運)〉에 "예(禮)라는 것은 의(義)의 실질이니, 의에 맞추어서 맞으면 예는 비록 선왕(先王) 때에 없는 것일지라도 의로써 새로 만들 수 있다.〔禮也者, 義之實也, 協諸義而協, 則禮雖先王未之有, 可以義起.〕"라고 하였다.

279 주자(朱子)께서……해서였습니다 : 《소학집주(小學集註)》 〈가언(嘉言)〉에서 정자(程子)가 "동지에는 시조를 제사하며, 입춘에는 선조를 제사하며, 계추(季秋)에는 아버지의 사당에 제사한다."라고 한 말에 대해 주자(朱子)가 "시조의 제사는 국가의 체제(禘祭)와 같고 선조의 제사는 협제(祫祭)와 같으니, 옛날에는 이것이 없었는데 이천(伊川)이 의(義)로써 일으키셨다. 나도 당초에는 또한 제사했었으나 뒤에 참람함을 깨달아 이제는 감히 제사하지 않는다." 하였다.

280 예제(禰祭) : 음력 9월에 아버지에게 지내는 제사이다. 《家禮 卷5 祭禮》

281 체제(禘祭)나 협제(祫祭) : 둘 다 국가의 제사로 체제는 임금이 시조(始祖)를

행해서는 안 될 의리는 없을 듯합니다. 만약 조묘(祖廟)에 올리는 시제(時祭)를 폐하고서 예제(禰祭)만 거행한다면, 실로 아비사당만을 풍성하게 한다는 혐의[282]가 있으므로 그만두는 것이 옳습니다. 그렇지만 사시(四時)의 정제(正祭)를 예(禮)대로 행하고서도 아비사당만을 풍성하게 한다고 하여 아버지 제사를 폐하는 것은 《격몽요결(擊蒙要訣)》과 《상례비요(喪禮備要)》에 실려 있지 않은 것으로서 지나칠 듯합니다. 주자(朱子)께서 정자(程子)가 의(義)로써 일으킨 세 제사 중에서 예제(禰祭)만을 남겨두었던 것은 시조와 선조의 제사처럼 참람한 데에는 이르지 않기 때문이니, 《주자가례》를 따라서 예제(禰祭)를 행하는 것이 옳을 듯합니다.

실전(失傳)된 선조의 묘소는 체천하지 않는 신위로서 사당에 제사를 올릴 수 있는 경우가 아니니, 또 무엇을 의거하여 묘에 제사를 올리겠습니까? 분묘(墳墓)가 실전(失傳)되었지만 우 좨주(禹祭酒)[283]의 사단(社壇)이 있는 것은 그래도 그 고택의 남겨진 터가 아직 존재하기 때문이고, 김 태사(金太師)[284]의 묘단(墓壇)이 있는 것은 증명할 수 있는

하늘에 배향(配享)하는 큰 제사이고, 협제는 여러 사당의 신주를 태조의 사당에 함께 모셔서 선조(先祖)를 합사(合祀)하는 제사이다.

282 아비사당만을……혐의 : 다른 선조들은 염두에 두지 않고 자기 부친만 위하여 존숭하는 것을 말한다. 《서경(書經)》 〈상서(商書) 고종융일(高宗肜日)〉에, "제사를 거행함에 있어 오직 아비 사당에만 풍성하게 하지 마소서.〔典祀無豐于昵.〕"라고 하였다.

283 우 좨주(禹祭酒) : 고려 말에 성리학을 수용한 학자인 우탁(禹倬, 1263~1342)으로 본관은 단양(丹陽)이며 역동(易東) 선생으로 불린다. 충렬왕과 충선왕 때 벼슬을 하였으며 성균관 좨주(成均館祭酒)로 치사하였다. 관직에서 물러난 뒤로 예안(禮安)에서 성리학을 연구하며 후진을 교육하였다. 퇴계(退溪) 이황(李滉)이 예안에 역동서원을 건립하여 그를 제향하였다.

구산(舊山)과 동명(洞名)이 있기 때문입니다. 목은(牧隱)[285]은 묘소는 한산(韓山)에 있지만 경성(鏡城)에 영당(影堂)이 있는 것은 사(社)에 제사하는 예(禮)[286]를 쓴 것입니다. 초 한림(楚翰林)은 묘가 없고 영당(影堂)도 없으니 그렇다면 어디에서 제사를 올릴 수 있겠습니까?[287] 자손이 대대로 묻힌 무덤가에 제단(祭壇)을 마련하여 한해에 한번 제사를 지내는 것이 근본에 보답하는 의리에 맞을 듯하지만, 끝내 시행할 수 있는 증거를 보지 못하겠습니다. 정(情)은 무궁하나 예(禮)는 기준으로 삼을 수 있는 것이 없으니, 그만두는 것이 정도(正道)에 맞는 것만 못할 듯합니다.

284 김 태사(金太師) : 안동 김씨의 시조 김선평(金宣平 ?~?)을 가리킨다. 김선평은 고창군(古昌郡)의 성주(城主)로서 930년(고려 태조13)에 권행(權幸), 장길(張吉) 등과 함께 태조를 도와 후백제의 견훤(甄萱)을 고창군에서 대파하는 공을 세우고 함께 삼태사(三太師)가 되었다. 안동에 삼태사묘(三太師廟)가 있다.

285 목은(牧隱) : 이색(李穡, 1328~1396)으로 자는 영숙(穎叔), 호는 목은이다. 고려 말 삼은(三隱)의 한 사람으로 고려 말 학계를 이끌었던 인물이다. 문집으로 《목은집》이 전한다.

286 사(社)에 제사하는 예(禮) : 그 지방 출신의 학자나 절의가 높은 사람이면 사당을 짓고 제사할 수 있음을 뜻한 것이다. 《고문진보후집(古文眞寶後集)》 권3 〈송양거원소윤서(送楊巨源少尹序)〉에 "옛날에 이른바 '향선생(鄕先生)으로 죽으면 사(社)에 제사한다.'라는 것은 바로 이 사람에게 있을 것이다.〔古之所謂鄕先生沒而可祭於社者, 其在斯人歟!〕" 하였다.

287 초 한림(楚翰林)은……있겠습니까 : 초 한림은 명(明)나라 한림학사였던 초해창(楚海昌)을 말한다. 1644년 명나라가 멸망하고 청(淸)나라가 일어나자 충절을 지키기 위해 조선에 망명해 충의장군(忠義將軍)으로 성산백(星山伯)에 봉해지고 성주(星州)에 정착하였다. 참고로 그의 후손인 초징명(楚徵明)이 임종칠(林宗七)에게 선조의 제사를 올리고 싶은데 예(禮)에 맞는지를 물어왔는데 임종칠이 매산에게 편지로 이에 대하여 질문하였기에 이처럼 대답한 것이다. 《屯塢集 卷2 上洪梅山》

지은이 **홍직필(洪直弼)**

1776년(영조52) 6월 13일 신시(申時)에 한성의 주자동(鑄字洞)에서 태어나 1852년(철종3) 7월 17일 유시(酉時)에 노호(鷺湖)의 노의정사(蘆漪精舍)에서 향년 77세로 세상을 떠났다. 초명은 긍필(兢弼), 자는 백응(伯應)·백림(伯臨), 호는 매산(梅山), 본관은 남양(南陽)이며, 시호는 문경(文敬)이다. 평생 출사하지 않고 학문 강학에 힘써 근재(近齋) 박윤원(朴胤源) 문하에서 그 학맥을 계승하고 이를 후대에 전한 노론(老論) 낙론(洛論)의 핵심 사상가이자 문인 교육자이다. 학문은 박윤원 외에도 노주(老洲) 오희상(吳熙常)의 영향을 많이 받았으며 문하의 제자로 전재(全齋) 임헌회(任憲晦), 중암(重菴) 김평묵(金平默) 등이 있다.

옮긴이 **이정은(李貞恩)**

1983년 경기도 포천에서 태어났다. 성신여자대학교 한문교육과를 졸업하고 동 대학원 한문학과 석사학위를 취득하였다. 한국고전번역원 부설 고전번역교육원의 연수과정과 전문과정을 마쳤다. 현재 성신여자대학교 고전연구소 연구원으로 재직하고 있다. 번역서로는 《도곡집》(공역)이 있다.

옮긴이 **신상후(申相厚)**

1981년 서울에서 태어났다. 이화여자대학교 철학과를 졸업하고 동 대학원 철학과에서 석사학위와 박사학위를 취득하였다. 한국고전번역원 부설 고전번역교육원의 연수과정과 전문과정을 마쳤다. 현재 성신여자대학교 고전연구소 연구원으로 재직하고 있다. 번역서로는 《주역정의》(공역), 《도곡집》(공역)이 있으며, 논문으로는 〈주희의 미발지각론 연구〉, 〈사서의 경문 및 주문 해석에서 현토 논란 사례에 관한 고찰〉, 〈조선조 낙학의 미발심론 연구〉 등이 있다.

옮긴이 **김성은(金成恩)**

1986년 서울에서 태어났다. 연세대학교 국어국문학과를 졸업하고 동 대학원 국어국문학과에서 석사학위를 취득하고 박사과정을 수료하였다. 한국고전번역원 부설 고전번역교육원의 연수과정과 전문과정을 마쳤다. 현재 성신여자대학교 고전연구소 연구원으로 재직하고 있다.

※ 각 권별 옮긴이는 권17 이정은, 권18 신상후, 권19 김성은이다.

권역별거점연구소협동번역사업 연구진

연구책임자 신영주(성신여자대학교 한문교육과 부교수)
공동연구원 김여주(성신여자대학교 한문교육과 교수)
김용재(성신여자대학교 한문교육과 부교수)
류준경(성신여자대학교 한문교육과 부교수)
이종덕(한국고전번역원 부설 고전번역교육원 강사)
책임연구원 성백효
연 구 원 김창효 김형석
연석환 사경화
신상후 이정은
김성은 박희정
윤 문 윤은숙 이영준

매산집 7

홍직필 지음 | 이정은·신상후·김성은 옮김
2018년 12월 31일 초판 1쇄 발행
편집·발행 학자원
등록 2011.4.6 제2011-14호
주소 (05355) 서울시 강동구 천호대로 1121
전화 02-6403-1000 | 팩스 02-6338-1001 | 이메일 hakjaone@daum.net

값 30,000원

ISBN 979-11-6247-093-0 94810
979-11-87806-00-4 (세트)